U0940494

《郭沫若研究年鉴》编辑委员会

郭沫若研究年鉴

2011卷

《郭沫若研究年鉴》编委会 编

人民出版社

责任编辑:李惠 pphlh@126.con
装帧设计:雅思特雅
责任校对:史　伟

图书在版编目(CIP)数据

郭沫若研究年鉴(2011卷)/《郭沫若研究年鉴》编委会 编.
-北京:人民出版社,2012.10
ISBN 978-7-01-011275-6

Ⅰ.①郭…　Ⅱ.①郭…　Ⅲ.①郭沫若(1892~1978)-人物研究-2011-年鉴　Ⅳ.①K825.6-54

中国版本图书馆CIP数据核字(2012)第233058号

郭沫若研究年鉴
GUOMORUO YANJIU NIANJIAN
(2011卷)

《郭沫若研究年鉴》编委会　编

人民出版社 出版发行
(100706　北京市东城区隆福寺街99号)

环球印刷(北京)有限公司印刷　新华书店经销

2012年10月第1版　2012年10月北京第1次印刷
开本:710毫米×1000毫米 1/16　印张:23.5
字数:397千字　印数:0,001-2,000册

ISBN 978-7-01-011275-6　定价:52.00元

邮购地址 100706　北京市东城区隆福寺街99号
人民东方图书销售中心　电话(010)65250042　65289539

目 录

史料辨正

论文选粹

文　摘

学术会议

资讯·动态

史料辨正

郭沫若辛亥佚作见证百年历史变迁

——郭沫若《敝帚集》整理手记

秦　川　郭平英

1939年初夏，时任国民政府军事委员会政治部第三厅厅长的郭沫若由陪都重庆返回故乡四川乐山，为父亲郭朝沛治丧。居家期间，他对少年时代所作的旧体诗文、对联作了清理，事后，在重庆请人代为誊抄复写成册，题名为《敝帚集》。

他在《敝帚集·题记》中这样写道：

> 出蜀以前所为诗文，曩奔父丧返里，于旧纸堆中搜得旧诗七首、文四篇、对联五十二副，虽均幼稚而又陈腐，然亦足以踪迹当年之情绪。爰錄为一集，顾曰敝帚，非欲自珍，以明其扫除尘秽之意而已。

《敝帚集》是迄今唯一一部由郭沫若生前编订，先后为郭沫若本人和家属珍藏多年的佚诗佚文集。现今的抄稿没能留下诗人少年时代的墨痕，多少有几分遗憾，但集中的诗文、联语足以见证中国跨越百年的巨变，堪称一部不可多得的文学珍本。纵然这些文字被作者定性为“幼稚而又陈腐”，但是尤为难得的是，其中的《答某君书》、《寄大兄书》和五十二副对联，正创作于辛亥年末至壬辰年初，字里行间充满清末民初青年学子的变革思潮，唱响了四川保路运动和巴蜀辛亥巨变亲历者的心声与对革命的礼赞，渲出了人民大众对民族国家的光明未来与独立富强的渴望与憧憬，“足以踪迹当年之情绪”。

郭沫若在自传《反正前后》中，曾经对辛亥年间的自我作过这样的比喻和评价：那是一个“天才的时代”，“让我们这些平常人四处碰壁。我自己颇感觉着也就像大渡河里面的水一样，一直是在崇山峻岭中迂回曲折地流着”。《反正前后》这本书得到过毛泽东不止一次的赞扬，说它真实生动地表现了辛亥革命的社会历史场景，同他在湖南所感到的一模一样。从这个意义上讲，《敝帚集》与《反正前后》恰有可比之处，其珍贵的史料价值及其在文学史上的地位不言而喻。

一、作品的写作时间与背景

郭沫若习惯于编集时对作品进行校订、考证，《敝帚集》亦不例外，每篇作品均标明了写作时间，它们分别作于 1906 年至 1913 年，共七年时间。1906 年的作品有《题〈王制讲义〉》二首、《跋〈王制讲义〉》等旧体诗四首；文《愚者辨》一篇。其时郭沫若十四岁，在嘉定小学堂读书。其余的诗文基本是中学时期在乐山中学堂、成都高等学堂分设中学就读时所作。1907 年、1910 年的旧体诗各一；1913 年夏的七言长篇《游古佛洞》，按时间顺序排列其后。三篇文章分别作于 1911 年春、1911 年冬和 1912 年 1 月初，题为《答某君书》、《祭三叔祖文》、《寄大兄书》。联语一共五十二副，全部作于辛亥革命之后第一个农历新年前夕，是辛亥、壬辰之交的社会写真。

清末民初，正值 20 世纪之交中国社会由封建帝制向民主共和急遽转型期。一方面，自 1840 年鸦片战争以来帝国主义列强加紧侵略瓜分中国，致使中国沦为半殖民地半封建社会的悲惨境地；另一方面，随着国门洞开，欧风美雨席卷中国大地，地处偏僻的四川、乐山也源源不断地传入西方的先进文化和革命思潮。“富国强兵”，求强求富，已在作者思想中扎根。强烈的爱国主义精神，民主、宪政、共和的革命思潮，促使少年郭沫若踏上革命之路。他亲身参加了立宪派国会请愿风潮，经历了四川保路运动，反对铁路收归国有，见证了辛亥革命前后中国社会的剧烈震荡。1913 年夏季，郭沫若虽被成都高等学堂理科录取，但他很快就离开四川。振兴国族与解放自我的担当意识，召唤他随着大渡河的激流奔腾呼啸而去，奔向一个无限宽广的世界。

《敝帚集》如实地记录了少年郭沫若走出夔门前七年的心路历程。集子的注释整理和即将问世，无论对于中国推翻清朝走向共和这段历史的研究，或对于郭沫若的生平与思想研究，想必都具有填补空白的作用。

二、《答某君书》、《寄大兄书》与辛亥革命

文四篇中的《答某君书》、《寄大兄书》与作者参与辛亥革命斗争实践直接关联，是他漫长人生路途中的革命起步。

1911年春所作《答某君书》,虽是一篇绝交信,却透视了郭沫若人生道路和思想历程的新起点。1906年9月,清政府下诏仿行宪政,预备立宪。1907年秋又颁发章程,在中央设资政院,各省筹设咨议局。但国会迟迟不开,引发各省咨议局纷纷发起请愿运动。1909年底,资产阶级改良派在上海成立"国会请愿同志会",发动了三次要求速开国会、实行宪政的请愿。清政府迫于压力,一面应允缩短三年预备立宪时间,改于宣统五年(1913年)开设议院,一面又下令遣散各地请愿代表,将同志会领袖温世霖等逮捕充边。

在京、津、沪等地的风潮平息之后,四川成都又于1911年初发生大规模请愿风潮。请愿风潮由成都高等学堂发起,召集各校代表在教育总会开会,呼吁明年开设国会,由四川总督代奏,各校一律罢课,不达目的不复课。次日,在举行第二次代表大会时,被军警和巡防军包围,请愿风潮归于失败。

郭沫若作为成都高等学堂分设中学丙班的代表参加了请愿大会。他和同班好友张伯安,因拒绝带头复课而遭到校方斥退。此时,郭沫若的长兄郭开文恰由北京回省任职,分设中学请他讲授法科课程,郭沫若和张伯安才得以留校续读。

《答某君书》记录了郭沫若的这段经历:"去岁冬请愿风潮卷弟入大漩中,未预试验";"今岁严加惩办,摒退多人,还观敝堂,亦复如是"。1911年初的请愿风潮使他和旧友某君在思想志趣上拉开的距离越来越远,志趣不相投,对人生道路的选择背道而驰。故信中说:"降生不辰,遭国阽危,奋飞高举,以蕲去患,吾辈之职也。"又说:"日暮途远,古人用以兴悲,故我与足下,分道扬镳,各有所怀,敢抚心自问,总皆有蕲裨益。"形势已不允许他们重温那种像小儿女,或驽马恋栈式的生活。《答某君书》不只是对旧友的绝别,更是对过去生活的决裂。然而,这毕竟是写给旧友的一封信,尽管双方思想立场差距甚大,甚而相反,但是书信的文字委婉,情感敦厚,是一篇情辞恳切的美文。

参加国会请愿斗争,是郭沫若第一次真正意义上的社会革命斗争,也是他第一次经受社会革命实践的挫折,在他一生为国家民族解放奋斗的征途中具有特殊的意义。今天看来,立宪派的请愿活动是一种改良,但当年在民众眼中就是"造反",造反就是革命。郭沫若也认为这次的请愿风潮是一次"革命的行动",与孙中山的武装革命,"两者在促进社会的变革上""是同一的"(《反正前后》)。经历过这番挫折之后的郭沫若,在辛亥革命终于成功的时候,享受到莫大的狂喜,等不到独立的宣布,便在头一天晚上把辫子剪了,又拿着剪刀在校园里替那些怕事的同学和老教员们革掉了脑后的那条拖累。

实现社会的彻底变革,远要比剪除头上的辫子艰难曲折。四川反正后,各地相继发生兵变,成都、乐山亦复如此,枪支散落民间,社会秩序大乱。《寄大兄书》就是郭沫若这时写给大哥郭开文的一封信。辛亥农历十一月六日,即1911年12月25日,年假回家出发前,郭沫若在成都与大哥话别,受大哥的嘱托,回乡办保卫团,保卫乡里。返回沙湾后,郭沫若立即向大哥报告了镇上的局势。

他的《五十年简谱》里曾有简短记录:

> (辛亥、一九一一年)
>
> ……
>
> 秋,武昌起义。
>
> 冬,清廷退位。四川省独立,成都兵变,学校提前放假,在乡倡办民团,创立观字营,保卫乡里。

《寄大兄书》为这段简谱补充了有声有色、有血有肉的场景。信中讲述了沙湾的土著与客家人向来的不和与时下的摩擦,讲述了沙湾镇保卫团的组织经过。反正之后,沙湾小镇先有保甲局团总徐某敲诈乡民,滥费金钱,不谋公益;后有土著头领杨朗生另组保安团,见利相争,勾心斗角,几乎酿成流血惨剧。沙湾老百姓有如"疮痛并头","受尽诸小人之蹂躏",无人不欲"拍案痛骂"。值得庆贺的是,沙湾镇上一位黎姓志士与郭开文不谋而合,同父老兄弟一起率先组织起保卫团,保护乡里不受蹂躏。尽管保卫团不是郭沫若提出建立的,但他立即为之大声喝彩,不争首倡之功,并积极参与其中,认为梓里公益事"岂能作壁上观,吝此区区身而不为吾乡效犬马奔走之劳"?这封信通过一个沙湾镇的动荡不安,如实呈现了辛亥革命期间川西乡镇的民情、民愿,也真实记录了郭沫若在危难之中敢当大任,热心公益,欲为民除害的道德准则。

三、辛亥革命的赞歌——新春联语

作于辛亥岁末的这五十二副新春联语,是一曲辛亥革命的赞歌。《敝帚集》的解说写道:

沙湾镇居民喜贴长联，每逢春节或红白喜事，竞撰长文联语贴于门楣，不能自撰者则备酒食请镇中读书人代撰代书。因而春节书联为读书人之一繁忙工作，多者百数十副，少亦三二十。辛亥革命之岁，因兄长多在外，余遂得承其乏，成联若干首，今幸原稿犹存，整理出之如次。

这段解说与《反正前后》互为印证。时值辛亥革命发生不足半年，因此无论喜联、寿联或挽联，或为商铺堂号、佛家寺庙所书春联，无一例外地紧扣一个中心主题：歌颂孙中山领导的辛亥革命的胜利。选择几例分别论之。

其一，歌颂辛亥革命，给予辛亥革命“空千古”的评价。如对联五十一：

舍利子扶疏，五族一家，共和事业空千古。
自由花灿烂，千红万紫，锦绣韶光异旧年。

何以“共和事业空千古”？这是立足于中国五千年社会发展的历史评价。自秦始皇一统中国建立封建帝制以来，历经两千年的专制统治。闭关锁国、反动腐朽的清王朝不仅使中国沦为半殖民地半封建地位，而且濒临被瓜分的危机。辛亥革命实现了由封建帝制到民主共和的历史跨越，是一场翻天覆地、代易时移的革命，是中国历史上前所未有的一次跟进世界发展潮流的大胜利。

辛亥革命期间，孙中山针对民众“灭满兴汉”的思想，提出中华各民族不分大小一律平等、兴建民主共和国的“五族共和”口号和主张。“五族”即汉满蒙回藏，是中华民族的代表。“五族一家，共和事业空千古”，表明郭沫若在思想上已突破狭隘民族主义的观念，接受了“五族一家”、“五族共和”的时代思潮。

其二，歌颂民主共和新政体、新国体。如对联一：

光复事殊难，花旗矗树，华盛顿铜像如生，祖国丘墟，哥修孤英魂罔吊。于瞻于仰，或败或成，人力固攸关，良亦天心有眷顾。

边维氛未靖，东胡逐去，旧山河完璧以还，宝藏丰繁，碧眼儿垂津久注，而今而后，载兴载励，匹夫岂无责，要将铁血购和平。

进入作者视野并为之心仪的是美国独立战争后建立的民主共和新体

制；最令他警醒的是18世纪波兰被俄、普、奥三国三次瓜分亡国的惨祸，及列强对我国的瓜分阴谋；值得注意的是“匹夫岂无责，要将铁血购和平”的高昂爱国主义精神。此联的核心内容着重歌颂和渲染民主共和制的民主、共和、自由、平等，以及中国民权运动爆发无可阻挡的气势。表现这一内容的联语还很多，如“新燕鼓吹平等说，香花鼎祝自由钟”（对联十二）；“竹报桃符更岁月，鹦簧蝶板庆共和”（对联十七）；“民权如海潮暴发，肃清夷虏，壶觞飞羽醉共和”（对联二十七）；等等。

其三，歌颂同心协力，共同奋斗。如对联二十九：

大声一呼，唤起七千万数同胞，毋庸鼾睡。
成城众志，收回二百年前故业，还作主人。

郭沫若认为辛亥革命“功成九十日”，是全国人民同心协力、共同奋斗取得的，值得大加赞誉。但辛亥革命功成九十日的速胜也堪引忧虑。对联十提出了警告：

二千年专制帝国，骤跻共和，盛业赖维持，夸父莫遗追日诮。
廿世纪竞争风云，横锁东亚，建夷今扑灭，诗人好赋出车章。

这就是说清王朝被推翻，民主共和国骤然建立，伟业至大，尚须努力维护，不要留下夸父逐日的笑柄。在歌颂胜利的时候，切莫忘记20世纪国际竞争加剧，战争阴云横锁东亚，中国被侵略、瓜分的危机尚存。联语中的忧患意识和爱国情怀，撼动人心。

其四，尽管郭沫若认为立宪派的请愿斗争同是革命，但历史告知，由孙中山领导的武装革命的路径更加适合中国的国情。如对联十三：

武装作和平，维持人道。
铁血为资本，购买自由。

这里的“武装”，即革命战争。只有以武装起义推翻封建帝制，建立民主共和国，才换得和平、自由，维护人类社会的基本道德、权利。又如对联十五：

实行黑铁主义，可保平和；世道尽强权，问欧洲十九世纪之神圣同盟，究有若何成绩在。

竟有黄种新书，殊堪快慰：同胞齐努力，愿汉家四百兆数之文明上族，演出这般事业来。

“黑铁”即煤铁，乃工业之母。发展煤铁，发展工业化，是富国强兵之本。尽管世道尽强权，但即如19世纪欧洲的神圣同盟，迟早会崩溃。今日中国值得快慰的是，有孙中山的民主共和思想主张和建国方略，只要全国同胞齐心协力，拥有五千年文明的中国，就能在世界舞台上演出如辛亥革命这般伟大空前的事业来。中国的现代文明指日可待。

其五，用极为夸张、大胆、浪漫的笔触，歌颂辛亥革命给古老中国带来新的气象、新的期望，甚至是新的幻想，抒发包括作者在内的广大民众扬眉吐气、醉酒狂歌的欢乐情绪。如对联十九：

武功不亦伟哉，直欲砚池东海笔昆仑，裁天样大旗，横书汉字。

国势未可量也，何难郡县西欧城美澳，统地球员幅，尽入版图。

作者加注说，此联曾记录于《反正前后》中，唯字句间有记忆错误处。这副对联所代表的正是辛亥革命期间一般青年的心理，这当然是一种极幼稚的幻想。他在另一部自传《黑猫》里回忆道：“那时的少年人大都是一些国家主义者，他们有极浓重的民族感情，极葱茏的富国强兵的祝愿，而又有极幼稚的自我陶醉。他们以为只要把头上的豚尾一剪，把那原始的黄色大旗一换，把非汉族的清政府一推倒，中国便立地可以成为‘醒狮’，便把英、美、德、法、意、奥、日、俄等当时的‘八大强’，当成几个汤团，一口吞下。”

又如对联五十：

共和岁月一年春，看莺梭梆岸，燕织桃堤，最是得意忘言，自由人醉神仙窟。

革命风云千载盛，把马放华阳，牛归林野，不妨成功作乐，大武声和雅颂诗。

写春联，与平日作对子、写联语不同，更要有喜庆欢乐的气氛，有些夸张浪漫狂放似乎顺理成章。况且，那些夸张浪漫狂放也确确实实、真真切切地反映了当时社会民众的普遍情绪。

其六，在欢歌辛亥革命胜利的同时，宣泄了汉族及其他民族饱受清王朝二百余年专制统治的积愤。这中间必然地夹杂了一些狭隘的民族主义情绪，甚至封建的传统观念，如对满族的蔑称："胡儿"、"犬胡族"、"胡清"等。其实，辛亥革命以前，在长期反清斗争中形成和使用的，如"灭满兴汉"、"恢复汉业"、"天汉复兴"等语句，即如"光复"这一用词都与此相联，或多或少带有封建残余的色彩。不管这些词语是否针对的是清朝封建皇权，都有悖于今天民族团结的精神。诚然，这并非辛亥革命的主流，并非作者的主导思想。《敝帚集》中五十二副新春联语着力宣扬的是20世纪现代共和国的国体，突出强调的是民主、共和、自由、平等这些现代思想和价值观念，同时也积极响应了汉满蒙回藏"五族共和"、各民族一律平等，共建民主共和国的主张。

《敝帚集》成集于20世纪40年代初，距今已经一个甲子又十年。作者在整理这些诗文时，思想观念早已发生深刻变化。作者自认为那些"幼稚而又陈腐"的印迹，怕正是《敝帚集》成集之后一直未予面世的一个重要因素。辛亥革命一百年过去了，作者百年前个别联语内容上的思想局限，相信读者已能以历史的眼光去看待和理解。

《敝帚集》真实地反映了辛亥革命期间广大民众普遍的思想和情绪，也真实地反映了革命进程中复杂的思想和现实，对客观评价一百年前中国近代史上的这场大革命不无裨益。

（原载2011年10月13日《中国社会科学报》，作者秦川为四川省社科院文学所研究员，郭平英为北京郭沫若纪念馆馆长）

《沫若诗词选》与郭沫若后期诗歌文献

魏　建

从郭沫若的人生历程来看，对前期郭沫若的研究，成果最多；中期次之；后期再次之，基本规律是越靠后研究成果越少。近年来，学界对郭沫若的后期(新中国时期)逐渐重视起来。但就已发表的研究成果来看，郭沫若后期大量的原始文献并没有进入研究者的视野，有些研究成果论及后期郭沫若的文献依据多有挂一漏万之嫌。其客观原因主要是郭沫若后期、特别是晚年的大量作品没有收入《郭沫若全集》。以郭沫若后期诗歌研究为例，许多研究者的文献依据主要是《郭沫若全集》里从《新华颂》到《沫若诗词选》等作品集，而《郭沫若全集》里的《新华颂》、《沫若诗词选》等作品集都是很不完整的。本文在对《沫若诗词选》不同版本篇目进行整理、核查、考订、辨析的基础上，对郭沫若后期，特别是晚年诗歌文献的复杂性，做了初步的探究。

一、郭沫若作品的异本现象与《沫若诗词选》的版本问题

于立群说："郭老在他每一部著作出版前都要亲笔校阅、反复修改。"[①]郭沫若的这一特点是造成他作品出现多版本现象的主要原因。这使得他的许多单篇作品在报刊上发表的版本与进入作品集的版本有所不同；还导致他的一些单部作品集再版和收入文集的时候又有版本之别。本来，修改自己的作品是著作人的基本权利，把自己的作品修改得更好是为读者负责的积极态度。但是，如果作者修改后不说明修改，就不应该了；若修改后依然保留最初的写作时间，这就很容易对读者形成误导。郭沫若正是这样，他经常修改自己的作品，却几乎从不说明做过修改。对于研究者来说，这是郭沫若的一个非常突出的缺点，也是郭沫若研究的一大难点。

---

① 于立群：《东风第一枝・序》，四川人民出版社 1978 年版。

用版本学的说法，不同的版本叫做异本。郭沫若后期诗作的异本现象非常突出。其中不少文本的变化呈现了历史的某种变动，也反映了作者心灵的波动。忽略这些文本的变动，研究者就有可能得出错误的结论；而认真研究这些作品变化的面目，才有可能深化对文学史复杂面目的认识。如新中国成立后不久，郭沫若为斯大林写的祝寿诗，就是一改再改的典型。

1949 年 12 月 21 日是斯大林七十寿诞。从这年的 11 月到 12 月，郭沫若先后发表了献给斯大林的两首祝寿诗，还发表了两篇纪念文章。这两首祝寿诗，第一首名为《斯大林万岁》，最早见于中国文艺界人士为庆祝斯大林大元帅七十寿辰赠送的纪念册，后发表于 1949 年 12 月 13 日《人民日报》。第二首诗题为《我向你高呼万岁！》，几乎同时刊登在两个杂志：一是《观察》第六卷第四期[①]，二是《中苏友好》第一卷第二期[②]。在两个刊物上刊登的这一首诗实际上是两个版本。这两个版本除了个别字词、标点、空行等微小差别之外，最大的不同是"《中苏友好》版"署名是"中央人民政府政务院副总理兼文教委会主任、中华全国文学艺术界联合会主席、中苏友好协会总会副会长郭沫若"。这第二首诗的两个版本差别且不论，同样是给斯大林的祝寿诗，先看看它与第一首诗有哪些不同。

显然，《斯大林万岁》、《我向你高呼万岁！》两首诗是以不同的身份写作的。前者是个人行为，后者是官方行为。前者是郭沫若作为"中国文艺界人士"的一员写给斯大林的，创作相对自由，有一定的文学性。全诗 14 行，220 多字，围绕核心意象"亲爱的钢"，"永恒的太阳"，抒情与说理结合，形式较为整饬。后者是以国家和具有官方性质的人民团体名义写的，需要表达的内容大为增加，全诗 89 行，1000 多字。诗歌应有的抒情被大量的说理乃至口号掩盖。前一首诗的纲领性诗句是"伟大的斯大林，亲爱的钢，永恒的太阳"，后一首诗的纲领性诗句是"斯大林元帅，你全人类的解放者"。《我向你高呼万岁！》中多处出现概念化的表达，如："你和辩证唯物主义一样永远不变，你和历史唯物主义一样永远不变"之类。

《斯大林万岁》和《我向你高呼万岁！》都收入了 1953 年出版的郭沫若诗集《新华颂》。然而，到了 1957 年 3 月出版《沫若文集》第二卷的时候，其中的诗集《新华颂》变成了另一个版本：《斯大林万岁》被删除了，《我向你高呼万岁！》被改得面目全非。面目全非不仅是指诗作的题目《我向你高呼万岁！》被改成了《集体力量的结晶》，首尾两段的删除和诗中许多词句的修

---

① 1949 年 12 月 16 日出版。

② 1949 年 12 月出版。

改，更重要的是，诗作主题由对斯大林的个人崇拜，改成了对“集体力量”的赞颂。当时，苏联共产党对斯大林个人崇拜的否定还处在“秘密报告”的阶段，在中国共产党还没有确定如何公开这一信息的微妙情势下，郭沫若随着国际、国内政治风云的变幻，对《我向你高呼万岁！》一诗做了一次面目全非的“整容”。特别要说明的是：赫鲁晓夫是在1956年2月25日抛出了否定斯大林《关于个人迷信及其后果》的“秘密报告”，也就是说，郭沫若对《我向你高呼万岁！》的“整容”肯定是在1956年2月25日以后。可是，变动如此之大的《集体力量的结晶》，诗篇最后注明的写作时间竟是“1949年11月”。1928年郭沫若在编《沫若诗集》时就对《女神》中的几部作品做了不同程度的“整容手术”，不但没有注明修改，而且保留8年前或9年前的写作时间[①]，使得许多粗心的学者得出了一些可笑的结论。这种现象在郭沫若后期作品的不同版本中也不断发生。

《沫若诗词选》是“文化大革命”结束后郭沫若参与编选并亲自校阅的一部诗词选集，1977年9月由人民文学出版社出版。尽管郭沫若不断修改自己的作品和作品集，但他未必想到：这部经他改定的最后一部诗集，后来又出现了新的版本。《沫若诗词选》出版几个月以后郭沫若就去世了，他没有修改，本不应存在以往出现过的版本问题。可是，单行本《沫若诗词选》（以下简称“单行本”）与进入《郭沫若全集》第五卷的《沫若诗词选》（以下简称“全集本”）相比，差别很大。仅从篇目来说，“全集本”比“单行本”少了一百八十多首诗。

“单行本”《出版说明》一开篇就告诉读者：

> 《沫若诗词选》是作者自建国以后至一九七七年三月的诗词创作选集，共收入诗词二百七十余首，按写作时间先后顺序编次。这些诗词，一部分选自《新华颂》、《百花齐放》、《潮汐集》、《长春集》、《骆驼集》、《东风集》等，由作者重新校阅过。另一部分是作者一九六三年以来的新作，其中一部分没有公开发表过。[②]

这个《出版说明》里所提到的这部诗集由两部分作品构成，与“全集本”和“单行本”的版本差别有直接的联系。

先说第一部分作品，这些作品原本选自《新华颂》、《百花齐放》、《潮汐

① 《郭沫若全集·文学编》第一卷，人民文学出版社1982年版，第111、115页。

② 见单行本《出版说明》，人民文学出版社1977年9月出版。

集》、《长春集》、《骆驼集》、《东风集》等诗集，所以编《郭沫若全集》的时候，理应回归原诗集。这些诗有一百六十多首。这是“全集本”比“单行本”作品减少的第一个方面的原因。再说第二部分作品，也就是郭沫若 1963 年以后创作的作品。毫无疑问，这一部分作品本来应该全部收入“全集本”。可事实上，有二十多首诗词被人删除在《郭沫若全集》之外。这是“全集本”比“单行本”作品减少的第二个方面的原因。如果说第一个方面的原因无可厚非的话，那么，这第二个方面的原因简直匪夷所思！本来，“全集”就应该尽可能地全。1982 年 9—10 月间，《郭沫若全集》历史编、考古编、文学编的第一批著作面世。印在各编第一卷上的《出版说明》是这样表述的：“《郭沫若全集》先收集整理作者生前出版过的文学、历史和考古三个方面的著作……作者生前未编集和未发表的作品、书信等，将陆续收集整理、编辑出版。”[①]按照这个《出版说明》，《郭沫若全集》的编辑出版，要分两步走。第一步，先出郭沫若生前已经结集出版的作品；第二步，再出郭沫若生前未编集和未发表的作品。然而，《郭沫若全集》“文学编”非但没有做增加佚作的工作，才编到第五卷，就把“郭沫若生前已经结集出版的”作品剔除了许多。“单行本”中郭沫若晚年（“文革”时期至逝世）发表的诗作共 48 首，但“全集本”删除了其中的 21 首（该卷《说明》说只是“少数篇章未收录”[②]）。

本来，郭沫若著作编辑出版委员会的主要工作就是让《郭沫若全集》更全，然而，恰恰是这些该让《全集》更全的人竟人为地使它更不全，是何原因？“不全”之“集”，何称“全集”呢？究竟是谁的责任呢？谁给他们这样的权力？难道不需要问责吗？这需要追究的责任，对于《沫若诗词选》来说，就是有人人为地制造出了一个新的版本，一个不全的“全集本”。

二、版本篇目校勘所得数据和认识

为了弄清《沫若诗词选》的“全集本”和“单行本”作品篇目的确切差别，笔者对这两个版本做了一次篇目校勘。校勘文章将单独发表。笔者以“单行本”为校勘底本，对其中每一个作品（含组诗）的初版本、“单行本”中的版本（以下简称“单行本版”）和《郭沫若全集》文学编第五卷、第四卷、第三卷中的版本（以下简称“全集版”）的篇目进行了对校。这次校勘虽然涉及具体作品版本内容字句、标点和格式的差别，但重在校勘作品篇目，所得关于

① 见《郭沫若全集》各编第一卷。

② 见《郭沫若全集·文学编》第五卷《说明》，人民文学出版社 1984 年版。

作品篇目的数据，有利于澄清人们对《沫若诗词选》的一系列模糊和错误的认识。这些模糊和错误认识，是随着人们对《沫若诗词选》的了解逐渐深入的：从对这部诗集真实的篇目情况缺乏了解，到望文生义，再到误以为了解……

（一）纠正对两个版本的混淆

通过校勘，笔者首先得到的《沫若诗词选》两个版本篇目的具体数据是："单行本"入选诗词278题，305首；"全集本"入选诗词67题，118首。这两个版本差别是187首。仅这一个数据就有助于澄清人们对《沫若诗词选》的一个错误认识：以为"单行本"与"全集本"差不多。莫说一般人不了解二者的差异，就连一些专家都把这两个差异很大的版本混同了，更有甚者在郭沫若研究的工具书里也出现了这种失误——河南教育出版社1991年出版的《郭沫若作品词典》解释"《沫若诗词选》"："收建国后至1977年3月间所作诗词67题、118首，1977年9月由人民文学出版社出版。"[①]这条释文前半句和后半句是矛盾的。"67题、118首"说的是"全集本"，那就不是"1977年9月"出版；后半句说的出版时间是"单行本"，但不是"67题、118首"。再如，甘肃教育出版社1999年出版的《简明郭沫若词典》解释"《沫若诗词选》"："1977年9月人民文学出版社出版，收入郭沫若新中国以后各个时期创作的新诗和旧体诗词278首，是了解郭沫若新中国以后诗歌创作全貌的重要资料。现编入《郭沫若全集》文学编第5卷。"[②]这条释文比《郭沫若作品词典》的释文好一些，但也不准确，因为"单行本"里编入《郭沫若全集》文学编第三卷和第四卷里的诗词比编入第五卷的诗词多得多。可见，连这些郭沫若研究工具书的编者们都不清楚这种差异。

（二）纠正对具体诗作"题"和"首"的混淆

或许有的学者早就发现了《沫若诗词选》两个版本篇目的明显差别，便仔细阅读"单行本"的《出版说明》，然后对着两个版本的目录数将下来，得出诗作"××首"，以为统计出了这两个版本篇目数量的准确数据。其实不然。"单行本"《出版说明》所说的"收入诗词二百七十余首"[③]是用词不当的。这里的"首"应当换成"题"才准确。也就是说，"单行本"收入诗词不是

① 《郭沫若作品词典》，河南教育出版社1991年版，第12页。
② 《简明郭沫若词典》，甘肃教育出版社1999年版，第190页。
③ 见单行本《出版说明》，人民文学出版社1977年9月出版。

“二百七十余首”，而是二百七十多个诗题，实际是三百多首诗。为什么有这个差别？因为郭沫若很多诗一个题目下有多首。这种情况有三种不同的表现：有明的，有暗的，有半明半暗的。明的如《题傅抱石画〈延安画卷〉八首》、《十六字令三首》等，诗题本身就告诉你有几首诗；半明半暗的是指读者在目录上看不出来，读到具体作品才知道是几首诗，如《下龙湾》光看目录以为就是一首诗，顺着目录找到作品才看到这个标题下注明“（七律八首）”。这种情况最多①。所谓暗的，是指作者没有注明，但实际上一题多首的，如《歌剧〈白毛女〉重上舞台》从目录到作品都没有注明这是两首诗，但实际上它是由两首《忆秦娥》组成的。根据校勘学“多闻阙疑”的原则，凡作者没有注明是一题多首的，笔者保留存疑，并没有统计为多首诗。顺便说一句，郭沫若诗词中还有由暗的转为半明半暗的，如《颂湛江》初版本由四首诗组成，诗题上没有注明“（诗四首）”。后来“单行本”选了其中的两首，题下注明“（诗二首）”，当然就按两首诗统计了。郭沫若诗词的这种一题多首现象，很容易造成“题”和“首”的混淆，也就带来了对他作品篇目统计的困难。

（三）“单行本”里究竟哪些诗篇被《郭沫若全集》删除了？

如前所说，“单行本”《沫若诗词选》里的大量作品选自《新华颂》、《百花齐放》、《潮汐集》、《长春集》、《骆驼集》、《东风集》等诗集，所以编《郭沫若全集》的时候，便回归原诗集所属各卷。这批作品共有一百六十多首。若不仔细核对，很容易产生一个错误认识，以为“单行本”里缺少的作品在《郭沫若全集》的其他卷里。事实却不是这样。“单行本”里有 21 首诗词不幸被删除在《郭沫若全集》各卷之外。以下就是《沫若诗词选》中没有进入《郭沫若全集》的作品目录（共 18 题，21 首）：

1. 上海百万人大游行庆祝文化大革命（水调歌头）
2. 读毛主席的第一张大字报《炮打司令部》（水调歌头）
3. 文革（水调歌头）
4. 国庆（水调歌头）
5. “长征红卫队”（水调歌头）
6. 大民主（水调歌头）
7. 新核爆（水调歌头）
8. 科大大联合（满江红）

---

① 如《回京途中（二首）》、《宿楚雄（二首）》、《过西陵峡（二首）》、《访翠亨村（二首）》、《如梦令（二首）》、《访问厦门前线（二首）》、《西江月（二首）》、《赠日本松山芭蕾舞团（二首）》、《毛主席永在（二首）》等。

9. 科技大学成立革命委员会(沁园春)
10. 向工人阶级致敬(满江红)
11. 迎接一九六九年(沁园春)
12. 满江红(三首)
    庆祝"九大"开幕
    歌颂"九大"路线
    庆祝"九大"闭幕
13. 西江月(二首)——献给地震预报战线上的同志们
14. 西江月
15. 粉碎"四人帮"(水调歌头)
16. 农业学大寨(望海潮)
17. 工业学大庆(水调歌头)
18. 捧读《毛泽东选集》第五卷(沁园春)

需要指出的是,《郭沫若全集》文学编还删除了郭沫若其他作品集里的作品,都没有说明原因。这里要追问的是,《郭沫若全集》文学编为什么要删除"单行本"《沫若诗词选》里的这些作品呢?

(四)"可以理解"的和不能理解的佚诗

前面所列"单行本"《沫若诗词选》中没有进入《郭沫若全集》的作品目录,光看前面的14题17首诗,很容易得出这样的认识:这些作品之所以没有编入《郭沫若全集》,是表现"文革"的缘故。参加过《郭沫若全集》文学编诗歌部分的编选注释工作的当事人也有这样解释的:

> 郭沫若著作编辑出版委员会当时在京召集全体工作人员反复讨论,大家深感"文革"期间的某些诗词很难处理。为此不得不多次向有关部门领导与专家征求意见,确定那些肯定与歌颂"文化大革命"的诗词是否入集,最后各方较为一致的意见仍是以回避为宜。基于这一原因,《沫若诗词选》中不少正面反映"文化大革命"的诗词没有编入"全集"。这里虽有某些不得已的苦衷,但"全集"不全,总是让人感到遗憾的事情。①

按照这样的解释,"全集"不全,至少可以说《郭沫若全集》里的《沫若诗

① 丁茂远:《论郭沫若"文革"期间诗词创作》,《理论与创作》1997年第2期。

词选》之不全，都是“肯定与歌颂‘文化大革命’”的诗词惹的祸。但是，目录中最后那四首诗均写于“文革”之后，没有“肯定与歌颂‘文化大革命’”，为什么也没有编入《郭沫若全集》呢？《农业学大寨（望海潮）》以“四凶粉碎/春回大地”开篇，并没有反映“文革”，难道是因为大寨曾被极左政治利用而不选入《郭沫若全集》吗？那为什么郭沫若原先歌颂大寨的其他诗篇①可以入选呢？为什么原被剔除在《沫若诗词选》之外的歌颂大寨的诗篇都可以附录的形式进入《郭沫若全集》，而偏偏这一首诗不能入选呢？②

最奇怪的是《水调歌头·粉碎“四人帮”》③一诗的删除。此诗非但没有“肯定与歌颂‘文化大革命’”，而且是批判“四人帮”的名作、力作，怎能被剔除在《郭沫若全集》之外呢？《水调歌头·粉碎“四人帮”》在当时中国（1976年10月下旬到1977年间），在普通百姓当中，很可能是影响最大的诗作。给王洪文、姚文元、张春桥命名的绰号“政治流氓”、“文痞”、“狗头军师张”，均出自这首诗，并且轰动一时，流传甚广，再加上常香玉情绪激昂的豫剧演唱，曾让亿万人经三十多年不能忘怀。郭沫若诗中那压抑的释放，那愤懑的倾吐，那希望的狂欢，都与那个时代氛围契合无间。它是那个时代的代表作品之一，更是郭沫若晚年的代表作，然而，就是这样一篇在千家万户间传诵一时的名作，几年以后竟成了佚作。④ 这究竟是为什么呢？

（五）郭沫若晚年作品：“单行本”最全吗？

了解了以上情况，人们又会得出另一种认识，以为郭沫若晚年作品“单行本”最全。这也是不符合事实的。虽然郭沫若晚年的一些诗“单行本”里有，“全集本”里没有，但是有一些“全集本”里有的诗词，“单行本”里也没有。例如《井冈山巡礼》的“全集版”在附录里补上了未收入“单行本”的另外7首诗；《大寨行》的“全集版”在附录里补上了未收入“单行本”的另外8首诗；还有在“单行本”里被删节的具体作品，到了“全集版”里回复了原貌。如《纪念“七七”（用鲁迅韵）》原诗分“其一”、“其二”两首。“单行本”只选了“其一”，没有选“其二”。收入《郭沫若全集》第三卷时，恢复了“其一”、“其

---

① 如《沫若诗词选》里的《颂大寨》、《在太原参观大寨展览》、《访运城》等。

② 《大寨行》原是由18首诗辑成的组诗。“单行本”选了其中的9首。“全集本”把《大寨行》中没编入《沫若诗词选》的8首诗以附录的形式编入，其中多篇作品有赞颂大寨的词句。还有一首诗被删除，后文将论及。

③ 在不同的版本里，此诗标题的形式不同。在“单行本”里诗题标为《粉碎“四人帮”（水调歌头）》该诗的手迹原稿标为“水调歌头·粉碎‘四人帮’”。

④ 我们今天所说的“郭沫若的佚作”，是指散佚在《郭沫若全集》之外的作品。

二”两首诗。更重要的是，郭沫若晚年的一些作品，既没有进入“单行本”，也没有收入《郭沫若全集》。在《郭沫若全集》和“单行本”以外，散佚的1966年以后的郭沫若诗词至少还有三十多首。目前知道的有：《水调歌头一首（“晨自庐山发”）》、《水调歌头（二首）（“火热斗争地”）》、《赵小寿之歌》、《水调歌头·读〈欧阳海之歌〉》、《水调歌头（“诬我前曾叛党”）》、《满江红一首（为刘家峡水库而作）》、《水调歌头·庆祝无产阶级文化大革命十周年》、《悼诗——悼松村谦三先生》、《书赠唐弢同志》、《为中国出土文物展览和河南省画像石碑刻拓片展览的题词（七绝）》、《参观河南登封少林寺照公和尚塔铭题词（七绝）》、《书赠有山兼孝先生（七绝）》、《题长沙楚墓帛画（西江月）》、《题赠日本〈狮子座〉剧团（西江月）》、《赠日中友协（七绝）》、《悼阿英同志》、《水调歌头（“海字生纠葛”）》、《春雷》、《八一怀朱总（七律）》、《赠东风剧团（七绝）》、《歌颂十届三中全会（调寄满江红）》、《歌颂十届三中全会（五律）》、《祝〈望乡诗〉演出成功（七绝）》、《赠茅诚司先生（五绝）》、《祝共青团中国科学院第五次代表大会开幕（清平乐）》、《题关良同志画鲁智深》、《桔生南国》、《纪念毛主席诞辰（七律）》、《纪念周总理八十诞辰》、《贺五届人大、五届政协胜利召开（水调歌头）》、《看舞剧〈小刀会〉剧照口占》等。

（六）郭沫若作品需要全面的文献整理，尤其是晚年作品

那么，郭沫若后期诗歌文献哪里最全？根据前面的校勘数据，首先已经知道了“全集本”不全，因为它把“单行本”里的诗篇删掉了不少；进而又知道了“单行本”也不全，虽然“全集本”删掉了“单行本”里的若干诗篇，但又以附录的形式补充了一些诗，还有“单行本”里删节的具体作品，到了“全集版”里回复了原貌等；接着还知道郭沫若晚年的一些作品，既没有进入“单行本”，也没有收入《郭沫若全集》。那么散佚的这些作品在哪里呢？多数发表在当时的报刊上。于是又有人以为，当时的原始报刊应是郭沫若晚年作品最全的所在。而真实的情况是：郭沫若不完全是为报刊而创作，仅“单行本”里的诗词就有五十多首诗在选入《沫若诗词选》之前没有在报刊上发表过。

需要特别注意的是，完整的郭沫若后期诗歌文献不是以上几个所在之处的简单相加。每一处都有可能是一种版本，有些版本就是一种独立的文本形态，有时甚至成了另一篇作品。所以，郭沫若作品需要全面的文献整理，尤其是晚年诗歌文献，急需全面整理已知作品、收集散佚作品、考订各种版本的作品。

三、关于郭沫若晚年诗歌文献的几点思考

在郭沫若研究领域,以"《女神》时期"的研究成果最多,研究水平也最高。在过去相当长的时间里,许多研究者都爱以《女神》的思想和艺术代替郭沫若"五四"时期的思想和艺术,似乎二者是一而二、二而一的关系。然而,当与《女神》同时期大量的郭沫若佚诗被学界掌握,专家们知道了《女神》代替不了郭沫若这个时期的诗歌创作。他们甚至改变了对前人学术工作的估价。特别是蔡震编的《〈女神〉及佚诗》[①]出版后,许多郭沫若研究专家意识到对《女神》时期的郭沫若要重新研究。"《女神》时期"的郭沫若研究尚且如此,何况研究成果最少的郭沫若晚年呢?

郭沫若研究长期突而不破,长而不进的历史教训告诉我们,郭沫若研究需要"补课",也就是要补上基本文献整理和研究这一课。如果有谁怀疑这"补课"的意义,那这个人对郭沫若基本文献的掌握程度就值得怀疑。试问:《郭沫若全集》文学编可以放心大胆地使用吗?《中国当代文学研究资料·郭沫若专集》和《中国现代文学史资料汇编(乙种)·郭沫若研究资料》里面辑录的文献和资料可以放心大胆地使用吗?已出版的《郭沫若年谱》以及多种郭沫若文献著作里面有多少内容可以放心大胆地使用呢?建立在如此文献基础上的郭沫若研究,能有多少实质性的深入呢?这一现象在郭沫若晚年研究中,由于基本文献的不足和缺乏科学的整理,因而显得尤为突出。

(一)何谓"郭沫若的晚年"?

郭沫若的"晚年"应该从何时开始算起?学界大致有两种说法,一种是从新中国建国后开始算起,也就是1949年以后[②];另一种是从"文革"开始算起,也就是1966年以后[③]。我觉得新中国成立以后只能算做郭沫若的"后期",称"晚年"为时过早。1949年郭沫若57周岁,如果认为这在当时已经算是老年的话,那么抗战后期就有很多人称郭沫若为"郭老"了,难道郭沫若的"晚年"要从那个时候算起吗?从1966年算起,当然是可以的,但我

---

① 人民文学出版社2008年出版。

② 尽管很少有人非常明确地说郭沫若的晚年应从1949年算起,但在许多学人的论文或著作中,谈到郭沫若晚年的时候所举的例子多是新中国成立后郭沫若的作品或行为。类似的例证,如蔡震的文章《郭沫若晚年的精神之旅》,载《纵横》2010年第2期。

③ 最典型的代表是冯锡刚的《郭沫若的晚年岁月》,中央文献出版社2004年版。

觉得也只能算是一家之说。还可以有另外的界定。因为在1966年以前，郭沫若不仅生理年龄早已进入老年，心理也已经老了。我觉得，郭沫若的心理进入“晚年”，应以1963年为界。这一年，郭沫若已经是七十多岁的“古稀之年”，生理上无疑已经彻底进入暮年。最重要的是，这一年郭沫若遭受了一次前所未有的心理重创，那就是郭世英因“×小团体案”而被刑拘。这是一个非常明显的标志。从此郭沫若发生了一系列重大变化。单就诗歌创作来说，作品的数量大大减少了。此前的14年(1949—1963年)，郭沫若的诗作编成了五部创作集，还有多部交叉重复的选集；而此后14年(1963—1977年)，郭沫若的诗作只有一部《沫若诗词选》，而且其中有一百多首诗词作品还是此前六部诗集的重复。本来《沫若诗词选》只是郭沫若一生中十几本诗集中的一本，但由于它是覆盖诗人最后28年诗创作的选集，又是1963年以后郭沫若晚年诗作最为集中的所在，还是作者亲自参与编选、校阅的最后一本诗集，因而具有了特殊的历史文献价值。

(二)少一点“大胆假设”，多一点“小心求证”

真正的文史研究，无不是以文献为基础的。郭沫若晚年的各种文学文献至今没有得到有效的整理。仅以诗歌文献为例，郭沫若其他自选诗集的写作时间截止到1963年3月[①]，而“全集本”里的绝大多数作品写于1963年之后，所以，很多人研究1963年至1977年间郭沫若的思想和创作，在没有经过整理的基本文献可依的情况下，便以经过注释的“全集本”为依据。可是，以此为基础研究郭沫若的晚年诗歌，不仅文献的数量差得多，而且文献混杂淆乱难以把握，弄不好就有可能造成以其昏昏，使人昭昭。

经过对《沫若诗词选》的版本校勘，我发现，在这两个版本中，仅具体作品的呈现形态就有以下六种类型：第一类是“单行本”和“全集本”都有的，已公开发表的作品；第二类是“单行本”和“全集本”都有的，未公开发表的作品；第三类是收入“单行本”，但没有进入“全集本”的未公开发表作品；第四类是“单行本”和“全集本”都没有的已公开发表作品；第五类是“单行本”和“全集本”都没有的未公开发表的作品；第六类是没有公开发表、没有收入“单行本”，但以“附录”的形式收入“全集本”的。至于这些诗作的改动及版本内容的差异且不论，单就作品的呈现形式本身就如此复杂。

为什么这般复杂呢？首先是因为版本混乱。郭沫若对他的文学作品、特别是诗，从最初发表到收入《沫若文集》，很少有不改动的。这就造成他

---

① 《沫若诗词选》之前，郭沫若自选诗集中时间最晚的是《东风集》。《郭沫若全集》文学编第四卷《说明》，却说“《东风集》收1959年3月至1963年2月间诗作”，见该卷第1页。

的一部诗作就有若干个版本：最初发表的往往是报刊版，收入诗集加工成结集版，后来收入《沫若文集》时再加工成《文集》版。这期间，有些作品或被转载、或重新发表，还有可能出现新的异本。无论对作品怎样修改，郭沫若几乎从不说明修改过。其次，与版本相关的是作品题目混乱。不断修改自己的作品，不独郭沫若，新中国成立后许多著名作家亦如此。所不同的是，别人多是修改作品的内容，郭沫若不仅喜欢改作品中的文字，还经常修改作品的题目。在《沫若诗词选》中，有一些作品题目改动不大，还不至于造成太大的混乱。还有一些作品题目改动之大，像是改头换面，很容易被误认为是两部不同的作品，如：《毛泽东的旗帜迎风飘扬》原题是《工农兵歌唱"七·一"》、《新中国的儿童》原题是《中国少年儿童队队歌》、《颂劳模》原题为《你是一座山》、《回京途中(二首)》原题是《诗二首》、《赶超任务》的原题为《当仁不让》等。这些混乱现象不加以清理，若研究者再不认真核对原作，难免不闹张冠李戴的笑话。在基本文献缺乏有效整理的前提下，对郭沫若晚年的研究，还是少一点"大胆假设"，多一点"小心求证"为好。

(三)修复被歪曲的历史镜像，从哪里开始？

做这篇《沫若诗词选》校勘文章的时候，我忽然觉得好像回到鲁迅、郭沫若他们做学问的那个年代。多数人知道鲁迅是思想家、文学家，少有人知道鲁迅还是学问家。知道后者的，多数知道鲁迅是文学史家，少有人知道鲁迅是古籍校勘和辑佚专家。也只有这极少数人才有可能知道：正是鲁迅古籍校勘和辑佚才成就了鲁迅的学术研究。《中国小说史略》之所以不朽，那是建立在鲁迅的《古小说钩沉》、《小说旧闻钞》、《唐宋传奇集》等一系列古籍辑佚、校勘基础上的。他以对唐以前小说佚文的辑录，并逐篇校订考辨，才为我们勾勒出中国小说及其发展的基本图景。

真实的历史后人是无法直接感知的，它只能是以各种各样的叙述形式而存在。一部部被叙述出来的历史著作，程度不同地像一面面歪曲历史的哈哈镜。不知多少人想还原真实的郭沫若，而我看到的历史叙述或被拉长，或被压扁。导致这种严重变形的原因很多，有客观的，也有主观的。其中原因之一，是我们缺少当年鲁迅那样继承章太炎式的"熬苦求学"得"真学问"的精神。直接后果就是，郭沫若文献史料的研究出现了很多明显的错误，而且很少被学人发现。例如，郭沫若的诗作《新华颂》最初是作为国歌歌词而创作的，原作定稿于 1949 年 9 月，发表在 10 月的《人民日报》上。但是，这首诗后来被郭沫若改动了不少地方。最大的改动是删掉了当年作为歌词每节后都重复的复沓段落，也就是郭沫若所写国歌歌词着重强调的思想。然而,后来许多引用者所引用的不是在《人民日报》上最初发表的版本,而是郭沫若多年后修改的版本(均注明写作时间为"1949 年 9 月 20 日"且未说明修改)。引用修改后的版本,再与国歌歌词创作相联系,所得结论难免偏狭。出现这样的问题不能完全责怪这些大胆的引用者,只能怪他们没有"小心求证"。可见,正确的材料不一定能得出正确的结论,而错误的材料一定能得出错误的结论。难怪傅斯年说:"一分材料出一分货,十分材料出十分货,没有材料便不出货。"①他甚至偏执地说:"史学便是史料学。"②

我们现在面对的郭沫若的晚年文学文献近乎一堆难以计数的历史镜像的碎片。这些遗失的"碎片"有多少呢?在《郭沫若全集》之外,笔者目前搜集到的郭沫若 1963 年以后散佚的诗词八十余首。也许,要修复郭沫若晚年的完整镜像,首先要从这些"碎片"的搜集开始。

(四)从"碎片"到复原

面对郭沫若后期文献的一堆历史"碎片",我又想到了郭沫若的学术研究。郭沫若对古代社会形态的研究、对历史人物的研究、对农民战争史的研究、对先秦诸子的研究,在这些方面固然取得了很高的成就,但是,后人对郭沫若在这些方面的学说屡屡挑战,确有一些有理有据的成果刷新了郭沫若的研究。至今,郭沫若的学术成果难以动摇的,应是他的甲骨文研究、殷周青铜器铭文研究和古籍整理。特别令后人敬佩的还是他的《两周金文辞大系》、《卜辞通纂》、《殷契粹编》、《石鼓文研究》等著作。这些既是考古研究的杰作,又是古文献汇编的杰作。那些甲骨残片,那些青铜器铭、战国玉器,那石鼓文、诅楚文,那侯马盟书、楚帛书,那古墓里的画像……郭沫若对这些几千年前遗失的文明"碎片"酷爱到了偏嗜的程度。这些"碎片"里不知寄托了他多少学术抱负。也许正是因此,贯穿郭沫若学术生涯始终的是古代文献的整理。

单说新中国成立后他对《管子》的校勘。以郭沫若的才华,以他已有的学术成就,以他"大胆假设"的超人想象力,以他兼国家和部、委、会数十个要职的繁忙之身,竟能用几年的时间校勘这部古书,而且是从最基本的校核工作做起。之所以如此,无非是郭沫若深知这些工作的价值。他说:"此

---

① 傅斯年:《历史语言研究所工作之旨趣》,载欧阳哲生主编《傅斯年全集》第三卷,湖南教育出版社 2003 年 9 月第一版,第 10 页。

② 傅斯年:《史学方法导论·史料略论》,载欧阳哲生主编《傅斯年全集》第二卷,湖南教育出版社 2003 年 9 月第一版,第 309 页。

项工作,骤视之实觉冗赘,然欲研究中国古史,非先事资料之整理,即无从入手。"①"此书之作,专为供研究者参考之用耳。使用此书时或不免有庞然淆杂之感,然如耐心读之,披沙可以拣金,较之自行渔猎,獭祭群书,省时撙力多多矣。"②我们已经知道,郭沫若用甲骨文、青铜器铭文等文明"碎片"拼接出了那个早就消失了的、模糊不清的商代社会。我们还缺乏了解的是,在郭沫若直到20世纪70年代一直关注和整理的古代文献中,还有他要复原中国历史的多少学术雄心呢?

并不全是福柯教我们如何用知识考古学的方法致力于"历史情境"的复原,郭沫若早就致力于将历史的研究转变为在遥远的历史现场中与今天的人平等对话。由于世界性的关注历史遗产,所以,今天的我们处在一个比以往中国任何时候都关注收藏的时代,甚至高呼"收藏,我们变得更文明"。但是,我们只知道古代的文物值得收藏,却忽略了现代社会发展的加速度。这种历史加速度,在以几何级数覆盖已经过去的东西。与昨天的时空紧密联系在一起的昨天的物件倏忽之间就被今天的人视为一无所用的"敝屣"。当我们还没有想到它们是文物的时候,它们已经成为物以稀为贵的收藏品。这些东西似乎近在咫尺,实际上已经难以寻觅。例如,今天我们依然在控诉"文革"造成的精神浩劫,但我们是否意识到:今天的控诉与30年前的控诉发生了很大的变化。今天我们所得到的,比当年更具有理性,更具有历史积累的厚重,更具有历史评判的时间距离,更具有一个时代与另一个时代的平等对话的学术高度;但是,今天我们的手中还有多少来自那个时空的、可以直接感知的、又是学术研究所必须依赖的证据呢?难道只靠那时候"两报一刊"上面发表的文章吗?既然我们都知道,考古学是古代史研究的重要支撑,那么研究现代中国已经过去了的历史,同样需要对已经变成历史"碎片"的东西进行调查、发掘和考释。这是我们研究现代中国历史的基础工作,也是在复原历史本身。

(原载《中国现代文学研究丛刊》2011年第11期,作者为山东师范大学文学院教授、中国郭沫若研究会副会长)

① 郭沫若:《管子集校·叙录》,《郭沫若全集·历史编》第五卷,人民出版社1982年版,第18页。

② 郭沫若:《管子集校·校毕书后》,《郭沫若全集·历史编》第八卷,人民出版社1982年版,第467页。

郭沫若归国与王芃生所起作用考

廖久明

一、问题的提出

在笔者阅读范围内，看见有三人回忆王芃生曾为郭沫若归国出力：

我怂恿他（按：郭沫若）快把走的主意打定了，他叫我把这事到东京后和几个朋友去商量，使他怎样可以脱身；我当时就推荐叔厓先生，因为在几天前他曾同我谈起鼎堂先生回国的问题，他告诉我他在五月里回国的时候，在南京遇见了王某某，知道这时国内的国共合作的声浪已渐渐地高了，王某某在最高当局面前提起过鼎堂先生，后来，因为没有下文，又因他急急地要到日本，便请他在南京多住几天，等他上庐山去请示得到确实的消息后，再托他到日本去告知。[①]

他还同我谈了他在日本黑社会组织黑龙会首领头山满的协助下，帮助郭老（郭沫若）逃出日警监视回到中国的情况，以及接纳青山和夫任国研所顾问的经过。青山和夫虽是日共的脱党分子，由于他坚定地站在反侵略反侵华战争方面，日共同他还是保持联系的。先生还给我看了他为祝贺冯玉祥将军五十寿辰所做的古体诗，以及郭老为此责怪他为什么不给郭老五十寿辰写诗的信件。[②]

先生乐于助人和热心善事，也多与进步人士交往。有一次我

① 殷尘：《郭沫若归国秘记》，言行社 1945 年版，第 23—24 页。

② 袁孟超：《缅怀爱国主义战士日本问题权威王芃生先生和国际问题研究所》，载陈尔靖编：《王芃生与台湾抗日志士》，海峡学术出版社 2005 年版，第 19 页。

到主任公馆办公，先生问及我白天做了何事？我顺便说及到了政治部第三厅，看望了我原来的上司何浩若厅长。先生说第三厅原为郭沫若，郭曾一度忤蒋介石，逃亡日本，不敢回国。他即向蒋进言，竭尽担保，言郭老有才可用，何不调回为国家做点事，蒋才首肯。郭回国后，蒋即接见，委以政治部第三厅厅长职务。此事在郭老的著作中，亦自言及此。①

比较这三段文字可以看出，它们说的虽然是同一件事，说法却有所区别，目前郭沫若研究者大多采用第一种说法。笔者在阅读与王芃生有关资料过程中发现，这三种说法都有值得商榷的地方。为了不至于一错再错，为了搞清楚王芃生在郭沫若归国问题上到底起了多大作用，笔者不揣浅陋写作此文，希望能起到抛砖引玉的作用。

二、问题的考证

卢沟桥事变发生后，王芃生作《归国谣·本意并序》。其序言为：

奉召赴西安陈事毕，旋请准辞职。以个人资格为攻心缓兵之宣传。并奉命续作观变审机之研究。于丁丑五月十五日成总合报告，推论倭祸难免，战机不出七月。嗣于六月十九日，由沪电牯岭，陈报倭即将发动。适卫戍司令部张外事股长将赴日本有所谋，过访问计。告以不如速赴平津侦察，即将有变！不两旬而芦沟桥祸作，皆不幸而言中。及读庐山谈话，知大计已决。归国以来，心如悬旌。至此始定。歌以颂之。七月二十一日记。②

该段文字告诉我们，王芃生 1936 年底回国后直到 1937 年 7 月 21 日与蒋介石见面的机会只有两次："奉召赴西安陈事"、"于丁丑五月十五日成总合报告"。另外，根据《郭沫若归国秘记》可以知道，驻日大使馆收到王芃生发来同意郭沫若归国电报的时间是 7 月 23 日："王〇〇已有电报来了，并且

① 秉璋：《我在国际问题研究所的回忆》，陈尔靖编：《王芃生与台湾抗日志士》，海峡学术出版社 2005 年版，第 134 页。

② 王芃生：《归国谣·本意并序》，载陈尔靖编：《王芃生与台湾抗日志士》，海峡学术出版社 2005 年版，第 418—419 页。

汇来五百元旅费。"[①]这意味着在7月21日至7月23日这三天时间里王芃生有可能与蒋介石见面或委托他人进言。现在,我们只要搞清楚王芃生在这三个时段里是否与蒋介石见过面或者是否有可能托人为郭沫若归国事进言,便能大体知道王芃生在郭沫若归国问题上到底起过什么作用。

(一)"奉召赴西安陈事"

关于"奉召赴西安陈事"一事,人们的回忆存在很大差异:

> 国际问题研究所的开创人和自始至终的主持人王芃生(原名王大桢),在1936年任驻日大使馆参事的时候,大使馆事先得到了张学良、杨虎城两将军拟在西安发动"兵谏"的计划。当时的驻日大使许世英使命王芃生回国向蒋介石报告。但因王以他一个驻外使馆的参事,官卑职小,见不到最高当局,不敢透露这一行动计划,直到蒋介石西去的专车在下关升火待发了,王芃生走投无路,才硬着头皮钻进了张群的车厢,向张群说明了他回国的使命。据说在专车西进途中,张群向蒋介石报告了西安方面的企图。专车在洛阳车站停了一些时间,考虑应付的对策。刚愎自用的蒋介石认为专车停止不进或拨转车头回南京,有损"委员长"的威严,于是一方面继续前进,一方面加紧戒备,以防万一。[②]
>
> 粤战胜利,蒋介石非常得意,借避寿名义住洛阳,命令张学良再攻红军。继许世英为驻日大使的蒋作宾(雨岩)回国向蒋述职[③],同在洛阳军分校花园里散步密谈好几次,因声音很低又兼窃窃私语,我无从知其详,约略听到日本除提出许多无理要求外,已准备好武力,狂言三个月亡中国。王凡生(按:当为王芃生)原是许世英驻日大使馆高级职员,对日本问题很有研究,此时也来见蒋,蒋委之主持一个对日本问题研究单位,经常提供日本内部的

---

① 殷尘:《郭沫若归国秘记》,言行社1945年版,第115页。

② 潘世宪:《国际问题研究所概况》,载中国人民政协文史资料委员会编:《文史资料存稿选编·14·特工组织·下》,中国文史出版社2002年版,第916页。

③ 按:作者将蒋作宾和许世英出使日本的顺序搞颠倒了:蒋作宾出使日本的时间是1931年9月至1935年10月(《蒋作宾回忆录》,台北传记文学出版社1985年版,第54页),许世英出使日本的时间是1936年春至1938年1月(沈寂:《许世英年谱简编》,安徽省政协文史资料委员会、东至县政协文史资料委员会合编:《许世英》,中国文史出版社1989年版,第186页)。

动态。[①]

不过根据以下两则电报可以知道，王芃生应该见到了蒋介石：

【中央社西安八日电】我驻日大使馆参事王芃生七日夜由洛阳抵西安，即晋谒蒋委员长有所报告。[②]

南京外交部并请转许大使。两电敬悉。密。侯谒呈院座，彼议会开幕在即，内阁对交涉无法答辩，加以增税及安定生活与议院改革等难题，即政变预测所由起，因此对华不免恼羞成怒，似回到交涉初期空气恶劣时。馆电所预测，将藉故以海陆军进据要地，为现地保护或保障占领，一面在华北急煽浪人杂军作既成事实，相度内外情势，或将以最后通牒迫我承认而惹起正面冲突。现有此征兆否，倘我方此时除开华北防共及其他难题而故将轻易者做一小段落，使彼有词拖过，议会必所乐从。故答复川越备忘录之希望及其程度，已成目前我方决和战之一关键，拟即评呈请示，此时日情演变必速，请随时查察密示。芃。齐。[③]

根据以上两则电报可以知道，王芃生到西安华清池向蒋介石汇报的问题事关中日之间是否起“正面冲突”，在这种情况下是不可能轻重不分地谈起郭沫若归国问题的。况且，此时的蒋介石正忙于接见时在西安的军政大员以便发动全面进攻红军的战争，即使能够抽出时间接见王芃生也一定非常有限，所以王芃生不可能有时间对蒋介石谈郭沫若归国问题。

如果我们再来看看蒋介石对时任西北剿匪总司令部副总司令的张学良（总司令为蒋介石，由张学良代行其职务，此时张的地位仅次于蒋介石）请求释放 11 月 23 日被捕的“七君子”的态度便可以进一步断定，蒋介石此时不可能答应郭沫若归国：“他在上海逮捕了七位救国领袖，我为了这件事，曾单身一个人没有带，乘军用机飞洛阳，请他释放那几位无辜的同胞。其实我同那几位既不是亲戚，又不是朋友，有的见过面，也不大熟，而我所以积极援救他们，不过是因为主张相同，意志相同。蒋委员长决不采纳我

① 《跟随蒋介石六年——原蒋介石侍从秘书汪日章》，见宓熙、汪日章、孙宗宪、居亦侨、王正元、王舜祁等著：《在蒋介石宋美龄身边的日子：侍卫官回忆录》，团结出版社 2005 年版，第 40 页。

② 任学亮：《从九一八到七七事变》，广西师范大学出版社 2009 年版，第 226 页。

③ 《华清池王芃生来电》（1936 年 12 月 9 日），见中华民国外交问题研究会：《卢沟桥事变前后的中日外交关系》，中国国民党中央委员会党史委员会 1995 年版，第 85—86 页。

的请求，后来我说：'蒋委员长这样专制，这样摧残爱国人士，和袁世凯、张宗昌有什么区别？'他回答我说：'全国只有你这样看，我是革命政府，我这样作，就是革命。'诸位想想，他这话有没有道理？"[①]在这种情况下，被称为"职业外交官"[②]的王芃生如果还向蒋介石进言允许郭沫若回国，那么只能说他太不识时务了。

那么，王芃生有没有可能通过张群向蒋介石进言呢？根据以下两则电报可以知道，张群没有同车去西安：

> 连日川越请求会晤。中日既未断绝国交，似不能长期拒绝。而据须磨告高司长，此次晤谈或将讨论成都、北海事件之如何结束。兹以定期接见川越，提出绥远问题、泛论两国邦交、避免商谈具体问题之解决。[③]
>
> 急。张外交部长勋鉴：冬七电悉。正式会晤须待空气缓和之后，否则必受国民非难而以后更难措置。此时只可间接磋商，以安其心并告前途，青岛罢工问题如不从速解决，则必为共党利用，各处响应罢工与其他反动必日甚一日，青岛厂方之态度，实有使工人无路可走之势，此事极严重，望速办。中正。江申机洛。[④]

第一封电报是张群12月2日发给蒋介石的，该封电报告诉我们，12月1—2日张群不可能离开南京前往洛阳，否则他没必要发这封电报；第二封电报是蒋介石12月3日发给张群的，该封电报告诉我们，直到12月3日张群都未到洛阳，否则蒋介石也没必要发这封电报。由此可知，张群12月1—3日没有离开南京前往洛阳，既如此，王芃生便不可能通过张群向蒋介石进言。

---

① 张学良：《在西安市民大会上的讲演词》，见毕万闻主编：《金凤玉露：张学良与赵一荻合集》第5部，时代文艺出版社2000年版，第461—462页。

② 潘世宪：《国际问题研究所概况》，见中国人民政协文史资料委员会编：《文史资料存稿选编·14·特工组织·下》，中国文史出版社2002年版，第917页。

③ 《张群自南京致蒋中正十二月冬七电》(12月2日)，李君山：《抗战前中日"广田三原则"谈判(1935—1936年)》，《台大历史学报》2006年第37期。

④ 《蒋委员长致张群部长指示对日交涉并告日方青岛罢工问题如不从速解决则必为共党利用电——民国二十五年十二月三日》，见秦孝仪主编：《中华民国重要史料初编——对日抗战时期绪编(三)》，中国国民党中央委员会党史委员会1981年版，第686页。

(二)“于丁丑5月15日成总合报告”

关于“于丁丑5月15日成总合报告”一事，先来看看潘世宪的两段回忆文字：

在全国团结一致共同抗日的炽烈气氛下，王芃生和李万居(按：王芃生的连襟)、张锡祺(按：光华眼科医院院长，当时王芃生在该医院治疗眼疾)、谢南光(按：王芃生的台籍同乡，当时住在光华医院楼上自办华南通讯社)等人在光华眼科医院的病房里，也在搜集一切可以得到的情报，细心分析研究。他们根据日本国内政治、军事的动向，日本驻满洲的关东军的调动，以及日军驻华北部队的接防等具体情况，判断日本侵略者可能于7月上旬，在华北发动全面的侵华战争。于是，他们于1937年5月15日写成了一个报告，由王芃生署名，经南京政府外交部转给蒋介石。这就是王芃生把5月15日自定为“纪念日”的由来。可是，在国民党的官僚机构中，像王芃生这样一个小人物的报告是不会被重视的，王芃生曾多次去探听消息，竟不知道这份报告哪里去了。直到七七事变发生以后，外交部才通知王芃生“委座召见”。这样，蒋介石便叫王芃生组织一个对日的情报研究机关。这是国际问题研究所的由来。①

蒋介石从西安回到南京后，想起了在专车上王芃生的“报告”，于是命人找王芃生。外交部不知道王的所在，驻日大使馆也不知道王的去向。直到1937年5月中旬，王芃生把在上海与谢南光(原名谢春木，台湾二林人，曾在上海自办华南通讯社)、李万居及张锡琪(上海光华眼科医院院长)、张锡钧兄弟等共同研究后撰写的一份《报告》送到外交部请转交蒋介石时，于5月15日王见到了蒋(《报告》是分析当时华北方面日本侵略军的形势的，王芃生等预料不出七月上旬，日军将发动大规模攻势)。蒋即命令王芃生组织一个对日情报机关。②

---

① 潘世宪：《国际问题研究所概况》，见中国人民政协文史资料委员会编：《文史资料存稿选编·14·特工组织·下》，中国文史出版社2002年版，第917页。

② 潘世宪：《回忆王芃生与国际问题研究所》，见陈尔靖编：《王芃生与台湾抗日志士》，海峡学术出版社2005年版，第40页。

这两段文字虽然出自同一人，但第一段文字仅说王芃生将报告“经南京政府外交部转给蒋介石”，第二段文字却同时说“于5月15日王见到了蒋”。王芃生到底见到蒋介石没有呢？我们不妨看看另外12个人的相关文字：

一九三七年五月十五日和六月十三日，王芃生曾先后上万言书，根据他多年留学日本搜集的资料和掌握日本军国主义者妄图进行军事入侵的阴谋动向，建议南京当局早作准备，以资抵御。①

一九三七年五月，王芃生又一次推断日本将于七月上旬发动华北事变，扩大侵华战争，并从我驻日大使馆专程回国述职，于五月十五日将报告呈送蒋介石，说明日军动兵华北将不出七月上旬。②

一九三七年五月初，他以王芃生之名又向蒋送陈一份情报，大意说：英、法正苦于希特勒法西斯之崛起而无暇东顾，日本利用此机会向中国大举侵略扩张，“近卫文麿首相为仅次于天皇之大地主阶级，而关东军、少壮军人积极推行之扩张侵略战争，对国内大地土阶级有巨大利益，将支持这一战争。”末尾结论说：“今年（一九三七年七月）日军在平津将有行动。”③

民国廿六年（一九三七）寓居上海时，得悉日寇将侵略我国的情报，先生根据材料认真分析研究，断定日寇将于七月间，对我国进行武力侵略。乃报告蒋介石，请其注意，并做防范工作准备，蒋犹不信，电促其到南京，面询一切。④

在对日情报研究方面，他曾于民国二十六年（一九三七）五月密呈委员长蒋公，谓不出七月上旬，日本必发衅以囊括华北。⑤

---

① 袁孟超：《缅怀爱国主义战士日本问题权威王芃生和国际问题研究所》，见陈尔靖编：《王芃生与台湾抗日志士》，海峡学术出版社2005年版，第14页。

② 郭福生：《我所知道的王芃生及国际问题研究所》，见陈尔靖编：《王芃生与台湾抗日志士》，海峡学术出版社2005年版，第71页。

③ 辛先惠：《王芃生及其国际情报工作的回忆》，见陈尔靖编：《王芃生与台湾抗日志士》，海峡学术出版社2005年版，第77页。

④ 曾秉璋：《我在国际问题研究所的回忆》，见陈尔靖编：《王芃生与台湾抗日志士》，海峡学术出版社2005年版，第133页。

⑤ 刘咏尧：《我对王芃生先生的追思》，见陈尔靖编：《王芃生与台湾抗日志士》，海峡学术出版社2005年版，第143页。刘咏尧在《我对王芃生先生的一点追思》中有类似说法（陈尔靖编：《王芃生与台湾抗日志士》，海峡学术出版社2005年版，第180页）。

一九三七年七月芦沟桥事变，血洎华北，危及邦本。而芃生先生事先亦获有情报，于当年五月中旬即向政府当局谍报密呈。[①]

民国二十六年（一九三七）三月，先生由日返国在上海小住，整理研究资料，与诸同志商讨时局，于五月十五日密呈中央，谓日本军阀不出7月上旬，必将发动战争，而控制华北全局。[②]

二十六年五月，他曾密呈蒋委员长说，不出七月上旬，日本必发衅以囊括华北。[③]

一九三七年五月间，芃生独自返回上海，向政府最高当局密报，说一九三七年七月上旬，日本将有大规模之军事侵略……[④]

"七·七"事变，闻先生早于当年五月十五及六月十九日呈报当局，亦曾断定战祸必不出七月。先生主办之国际问题研究所，以五月十五日为该所纪念日即由于此。[⑤]

乃于二十六年五月，密呈今主席蒋公，谓其不出七月上旬，必发衅以囊括华北。因请设置军事委员会国际问题研究所，亲董持之，以伐敌狡谋为职志。[⑥]

二十六年春他即判断那年七月间日本军阀将发动大事，密陈蒋委员长，请事预备。[⑦]

这12段文字，第1段的"上万言书"、第2段的"呈送"、第3段的"送陈"、第5、6、7、8、11段的"密呈"、第10段的"呈报"都明白无误地告诉我们，王芃生确实没有将该"总合报告"面呈蒋介石；第9段的"密报"、第12段的"密陈"则模棱两可；第4段的"面询"告诉我们，王芃生见到了蒋介石。鉴于此，笔者认为王芃生没有因该"总合报告"见到蒋介石：首先，认为没有见

---

① 陆久之：《缅怀抗战时期的王芃生》，见陈尔靖编：《王芃生与台湾抗日志士》，海峡学术出版社2005年版，第148页。

② 陈固亭：《王芃生先生的生平及其著述》，见陈尔靖编：《王芃生与台湾抗日志士》，海峡学术出版社2005年版，第154页。

③ 刘咏尧：《我对王芃生先生的一点追思》，见陈尔靖编：《王芃生与台湾抗日志士》，海峡学术出版社2005年版，第180页。

④ 王钟贤英：《怀念先夫王芃生》，见陈尔靖编：《王芃生与台湾抗日志士》，海峡学术出版社2005年版，第227页。

⑤ 卢广声：《〈时局论丛〉原编选者言》，见陈尔靖编：《王芃生与台湾抗日志士》，海峡学术出版社2005年版，第315页。

⑥ 张群：《王芃生先生碑铭》，见陈尔靖编：《王芃生与台湾抗日志士》，海峡学术出版社2005年版，第434页。

⑦ 王芸生：《悼芃生兄》，见陈尔靖编：《王芃生与台湾抗日志士》，海峡学术出版社2005年版，第441—442页。

到蒋介石的人远远多于认为见到蒋介石的人，其比例为9∶1；在这12段文字中，笔者认为最可信的是国民党元老张群写的碑铭文字，而该段文字使用的是“密呈”。其次，如果说这样的推论还站不住脚，不妨看看王芃生自己的文字：“嗣于六月十九日，由沪电牯岭，陈报倭即将发动。”[①]该段文字写于1937年7月21日，离“成总合报告”的5月15日仅两个多月时间，离“由沪电牯岭”的6月19日才一个多月时间，可信度应该极高。现在可以据此作出如下推论：如果“总合报告”完成后见到了蒋介石，王芃生便没有必要一个多月后再“由沪电牯岭”；既然出现了一个多月后“由沪电牯岭”的情况，由此说明潘世宪在《国际问题研究所概况》中的如下回忆才是正确的：“由王芃生署名，经南京政府外交部转给蒋介石……在国民党的官僚机构中，像王芃生这样一个小人物的报告是不会被重视的，王芃生曾多次去探听消息，竟不知道这份报告哪里去了。”[②]既如此，王芃生便不可能为郭沫若归国事当面向蒋介石进言——连见面的机会都没有，怎可能当面进言？

不过，尽管王芃生不可能当面向蒋介石进言，但根据他的言行可以知道，“他告诉我他在五月里回国的时候，在南京遇见了王某某，知道这时国内的国共合作的声浪已渐渐地高了，王某某在最高当局面前提起过鼎堂先生”[③]的说法不会是空穴来风：

王芃生就任国际问题研究所主任后，一面从事对日情报的研究，一面强烈呼吁：“抗战必胜”是不可抗拒的规律。他的理论是：“抗战即革命”，“抗战是国民革命的重要阶段，先有民族独立，才能建设一个繁荣昌盛、自由平等的新中国。”在用人措施上，他提倡“第一是人才，第二是人才，第三还是人才”的观点，崇尚先贤蔡元培的高尚风范，主张兼容并包，不拘一格，用其所长。汇合“孔子仁义”、“我佛慈悲”、“基督博爱”、“可兰救世”，只要有益于抗战大业，有益于国，有益于民，都可冶合一炉，共同抗日。[④]

据笔者考证可以知道，1937年5月，一些国民政府高官为郭沫若归国事向蒋介石进言的情况为：“为了增加分量，受郁达夫所托的陈仪（应该是通过何廉）、何廉、钱大钧只好找到同为政学系的张群（张群不但是郭沫若

---

① 王芃生：《归国谣·本意并序》，见陈尔靖编：《王芃生与台湾抗日志士》，海峡学术出版社2005年版，第418页。

② 潘世宪：《国际问题研究所概况》，中国人民政协文史资料委员会编：《文史资料存稿选编·14·特工组织·下》，中国文史出版社2002年版，第917页。

③ 殷尘：《郭沫若归国秘记》，言行社1945年版，第23—24页。

④ 亚文：《回忆王芃生及国际问题研究所》，见陈尔靖编：《王芃生与台湾抗日志士》，海峡学术出版社2005年版，第3页。

的四川同乡，还是蒋介石的结拜兄弟），委托张群向蒋介石进言，张群在蒋介石'健康恢复'于 5 月 17 日回到南京时提出了这件事情，'也得到了允许'，于是何廉在 5 月 18 日'电请陈仪就近征询达夫意见'。"①

凑巧的是，就在张群为郭沫若归国事向蒋介石进言的前两天——5 月 15 日，王芃生的"总合报告"写成，并"经南京政府外交部转给蒋介石"。现在要搞清楚的是，王芃生是通过外交部中的何人转给蒋介石的？笔者认为最大可能性是张群。首先，此时的张群尽管已于同年三月辞去外交部长职务而改任国民党中央政治委员会秘书长，但仍兼任外交专门委员会主任委员，从他劝邵毓麟担任驻横滨总领事可以看出，他仍然关心中日外交："嗣蒙许世英先生屈驾劝邀，卸任外长张岳军先生耳提面命，谆谆叮嘱献身对日工作，期许之殷，情不可却，于是决心接受新命，试尽最后努力。"②其次，此时的王芃生已辞职，用不着按规矩交给外交部主管官员，他更有可能利用私人关系。在现任外交部长王宠惠和卸任外交部长张群之间，他更有可能选择张而不是王。首先，王芃生是在张群任外交部长时被任命为驻日大使馆参事的，并且在任职期间为张群的对日谈判作出了贡献："民国二十五年(一九三六)，先生应许大使静仁之约，任我驻日大使馆参事。时中日关系外弛内张，张岳军先生任外交部长，与日使川越迭次谈判，先生在东京搜集资抖，贡献意见，辛苦较前更甚"③；其次，此时的张群仍然兼任外交专门委员会主任委员，同时是蒋介石的结拜兄弟。在王芃生将"总合报告"交给张群的时候，两人一定谈起过郭沫若，否则王芃生不会对钱瘦铁说自己"在最高当局面前提起过鼎堂先生"。因此我们可以得出这样的结论，在请张群向蒋介石进言的人中应增加王芃生。尽管王芃生也曾请张群向蒋介石进言，但张群 5 月 17 日向蒋介石进言后，却只将蒋的意见告诉了何廉，所以在何廉 5 月 18 日"电请陈仪就近征询达夫意见"④的情况下，王芃生却对钱瘦铁说："请他在南京多住几天，等他上庐山去请示得到确实的消息后，再托他到日本去告知"。张群只将蒋的意见告诉了何廉却没有告诉王芃生的原因可能有三个：一、张群一时找不到王芃生所以无法告诉；二、张群认为既然已经告诉了何廉便没有必要告诉王芃生；三、在张群看来，告诉何廉比

① 廖久明：《郭沫若归国与郁达夫所起作用考》，《新文学史料》2010 年第 3 期。

② 邵毓麟：《追念一个大不平凡的国民党员》，见陈尔靖编：《王芃生与台湾抗日志士》，海峡学术出版社 2005 年版，第 98 页。

③ 陈固亭：《王芃生先生的生平及其著述》，见陈尔靖编：《王芃生与台湾抗日志士》，海峡学术出版社 2005 年版，第 153—154 页。

④ 蒋授谦：《我与达夫共事》，《回忆郁达夫》，湖南文艺出版社 1986 年版，第 363—364 页。

告诉王芃生更合适一些。在此基础上，我们可以推断出如下结论："王某某在最高当局面前提起过鼎堂先生"的说法有夸大成分——王芃生只是、也只能通过别人向蒋介石进言，否则他应该立即得到答案。至于王芃生不说自己在张群面前而说"在最高当局面前"提起过郭沫若则可做如是理解：由于郭沫若曾写《请看今日之蒋介石》，他能否回国取决于"最高当局"蒋介石的意见，为了让郭沫若放心，王芃生只好夸大其词。

(三)卢沟桥事变爆发后

由于卢沟桥事变爆发前王芃生一直没有机会与蒋介石见面，所以即使他曾为郭沫若归国事进言，也只有通过他人。但是，卢沟桥事变爆发后，情况有了很大变化：

> 不久七·七事变，果如所料，于7月上旬爆发，全面抗战开始，委员长蒋公，倚畀更殷。八·一三后，先生受命任交通部次长，南游缅越，勘察地势，准备开辟滇缅公路，以适应非常时期的需要。①
>
> 迨二十六年七七事变起，余随军事委员会委员长蒋公由牯岭回南京，一日，邓雪水兄邀余往访日本通之芃生于其寓所。倾谈之下，始知今日相见甚欢之王芃生，即神交已久之王大桢，中心之快慰可知。……时国际问题研究所初告成立，规模尚小，随战事之发展，此一责任重大之敌情研究机构，乃随之逐渐扩大，而其工作亦日益加重。②
>
> 不旋踵，而七七祸作，流血万里，危及邦本。先生之论议，为世所宗，今主席蒋公倚畀亦日以殷切。③
>
> 七七变作，其判断果验，乃为蒋委员长所重视，任为军事委员会国际问题研究所主任，为蒋委员长的敌情顾问，兼做对敌之情

---

① 陈固亭：《王芃生先生的生平及其著述》，见陈尔靖编：《王芃生与台湾抗日志士》，海峡学术出版社2005年版，第154页。

② 萧赞育：《我对芃生兄之追思》，见陈尔靖编：《王芃生与台湾抗日志士》，海峡学术出版社2005年，第170页。

③ 张群：《王芃生先生碑铭》，见陈尔靖编：《王芃生与台湾抗日志士》，海峡学术出版社2005年版，第434页。

报工作。[①]

卢沟桥事变爆发后，蒋介石“自庐山返抵南京”的时间是7月20日[②]。根据王芃生“及读庐山谈话，知大计已决。归国以来，心如悬旌。至此始定。歌以颂之”可以知道，直到7月21日蒋介石尚未召见王芃生。

卢沟桥事变爆发后，鉴于日本的险恶形势，郭沫若于7月15日写了一份“遗书”，其大意为：

> 临到国家需要子民效力的时候，不幸我已被帝国主义者所拘留起来了。不过我决不怕死辱及国家，帝国主义的侵略，我们惟有以铁血来对付他。我们的物质上的牺牲当然是很大，不过我们有的是人，我们可以从新建筑起来的。精神的胜利可说是绝对有把握的，努力吧！祖国的同胞！[③]

据金祖同的《郭沫若归国秘记》可以知道，钱瘦铁看见该“遗书”后于16日寄给了王芃生，五天后（7月21日，就在这天王芃生写作了《归国谣·本意并序》）又为郭沫若归国事给王芃生打电报，7月24日早晨钱瘦铁告诉金祖同：“王〇〇已有电报来了，并且汇来五百元旅费”[④]。根据以上相关材料可以作出如下推论：7月23日，王芃生在蒋介石召见自己时谈起了郭沫若，蒋同意郭沫若归国并愿意支付旅费，王芃生于是给钱瘦铁发电报并汇去五百元。所以，如果王芃生确曾为郭沫若归国事当面向蒋介石进言的话，那么时间一定在卢沟桥事变爆发以后，具体时间当在7月23日。

另外，根据武继平先生的以下考证可以知道，“他（按：王芃生）在日本黑社会组织黑龙会首领头山满的协助下，帮助郭老（郭沫若）逃出日警监视回到中国”[⑤]的说法值得怀疑：

> 除此之外，本次考察不但弄清楚了涉嫌帮助郭沫若逃离日本

---

① 王芸生：《悼芃生兄》，见陈尔靖编：《王芃生与台湾抗日志士》，海峡学术出版社2005年版，第442页。

② 韩信夫、姜克夫主编：《中华民国大事记》第四册，中国文史出版社1997年版，第105页。

③ 殷尘：《郭沫若归国秘记》，言行社1945年版，第23页。

④ 殷尘：《郭沫若归国秘记》，言行社1945年版，第115页。

⑤ 袁孟超：《缅怀爱国主义战士日本问题权威王芃生先生和国际问题研究所》，见陈尔靖编：《王芃生与台湾抗日志士》，海峡学术出版社2005年版，第19页。

的三人(按:金石篆刻家钱瘦铁、眼科医生藤原丰次郎、左翼社会活动家佐野袈裟美)被捕、被起诉以及被审判的详情,同时还查明了帮助郭沫若逃离日本并非他们被捕的唯一原因而只是一个嫌疑、日本警方在郭沫若逃离日本以后一举逮捕这批人的目的是为了破获一个反政府反战的日中国籍谍报组织以及在公诉和审判过程中,涉嫌帮助郭沫若逃离日本这一当初警方的指控皆未能成立、而且嫌疑最大的眼科医生藤原丰次郎由于跟"日支人民战线及谍报网"的关系未能被证实而免予起诉获释这一系列史实。[①]

综合以上考证可以知道,王芃生为郭沫若归国事所做的工作有:一、1937年5月中旬在将"总合报告"交给张群时,王芃生有可能请张群为郭沫若归国事向蒋介石进言;二、同年7月23日,在收到郭沫若"遗书"(钱瘦铁转来)和钱瘦铁发来的电报后,王芃生在蒋介石召见自己询问对日方略时曾当面为郭沫若归国事进言并得到了同意。从这两件事可以看出,王芃生一有机会便为郭沫若归国事努力。尽管如此,我们仍然不能过分夸大王芃生在郭沫若归国问题上所起的作用。首先,据现有资料可以知道,由于何廉、陈仪等的努力,1937年3月蒋介石已经同意郭沫若归国,并且作出了这样的指示:"惟不得有'越轨行动',在福州居住由陈仪监视"[②]。同年5月张群向蒋介石进言,除王芃生的可能请求外,还有何廉、钱大钧等人的功劳。其次,王芃生7月23日进言成功,并且实质性地通过驻日大使馆给郭沫若寄去500元旅费,是与以下两个因素密不可分的:一、抗战已经爆发,需要团结更多中国人抗击日本;二、郭沫若的"遗书"至少会让蒋介石认为,郭沫若回国一定会参加抗战,并且,郭沫若回国不但会使人们认为政府确实已经"抛弃前嫌,共同御侮",还有可能带动更多人回国。既然形势逼人,又有这么多现实好处,蒋介石还有什么理由不确实让郭沫若归国呢?所以在笔者看来,如果不是抗战爆发,郭沫若归国事完全可能像1937年3月和5月那样,蒋介石尽管口头答应了,最终却不了了之。

(原载《新文学史料》2011年第3期,作者为四川郭沫若研究中心主任,乐山师范学院文学与新闻学院教授)

---

① 武继平:《"日支人民战线"谍报网的破获与日本警方对郭沫若监视的史实》,《新文学史料》2006年第1期。

② 蔡圣焜:《忆郁达夫先生在福州》,见《回忆郁达夫》,湖南文艺出版社1986年版,第369页。

新中国成立后郭沫若两篇佚作笔名考释

张　勇

综观近些年郭沫若研究的成果可以明显地发现，郭沫若新中国成立后的文学创作及其对新中国文化建设的贡献也开始逐步地被纳入研究者的视野之中，特别是许多争议较大的问题在争鸣中逐渐清晰。

面对如此众多涉及新中国成立后郭沫若创作的研究成果，我们本应该感到欣慰，但一个奇怪的现象表现得越来越突出：有关新中国成立后郭沫若创作研究的成果号称“创新”、“突破”之类的东西越来越多，然而，许多成果中的观点却越来越偏离文学发展的历史实际，而绝大多数的研究成果依然在沿袭着“女神时期”或“抗战时期”的研究方法和路数，真正的突破点并不多。究其原因，诚如魏建先生所指出的：“多年以来，我们的郭沫若研究就是建立在大量作品遗漏的基础上进行的，所以以往发表的很多研究成果对郭沫若的基本把握多是很不完整的，其结论的科学性也是很难保证的。”[①]这方面要想突破现有的研究格局，还需要回到新中国成立后郭沫若文学创作的文本之中，特别是郭沫若大量散佚的作品之中。

笔者在对郭沫若文学佚作的收集整理的过程中，就发现了这样一个在郭沫若研究领域中很少关注的问题：郭沫若的笔名问题。[②]

---

① 魏建：《郭沫若佚作与〈郭沫若全集〉》，《文学评论》2010 年第 2 期。

② 目前有关郭沫若笔名的论文仅有 6 篇，分别是莫娟娟、傅嘉明的《郭沫若主要笔名的来历与含义》，《语文教学通讯》2007 年第 11 期；卢正言的《从“于硕”是否是郭沫若笔名谈起》，《郭沫若学刊》1991 年第 2 期；曾庆明的《郭沫若笔名拾趣》，《语文教学与研究》1983 年第 9 期；卢正言的《郭沫若笔名考释》，《上海师范大学学报》1979 年第 1 期；彭放的《郭沫若的笔名和别名》，《社会科学战线》1979 年第 4 期；李文遂、王泽君的《郭沫若笔名、别名、化名汇释》，《纪念郭沫若逝世十周年研讨会论文集》(1987)。

一、由郭沫若笔名的使用所引出的问题

目前为止，郭沫若到底使用了多少笔名还存在着争议。李文遂、王泽君发表在1987年《纪念郭沫若逝世十周年研讨会论文集》的《郭沫若笔名、别名、化名汇释》一文中认为有45个，艾扬的《郭沫若名、号、别名、笔名辑录》[①]一文中认为有34个，成都市图书馆编印的《郭沫若著译及研究资料》中认为有39个，卢正言的《郭沫若笔名考释》[②]一文中认为郭沫若的笔名有二十多个，更有甚者将郭沫若的笔名统计为"五十余个"[③]，有些学者干脆进行了模糊化的处理，称"郭沫若在漫长的文学创作与史学研究生涯中，先后用过的笔名不下二三十个"。[④]

就目前郭沫若研究的情况来看，单纯地追究郭沫若使用了多少笔名，我认为意义并不重要，因为仅仅"《郭沫若全集》'文学编'遗漏的文学作品至少有1600篇以上，随着我们辑佚工作的延伸，这个数量肯定还会增加，甚至会大大增加"[⑤]。可以说目前郭沫若究竟有多少作品还没有搞清楚，统计笔名又从何谈起呢？

郭沫若署用笔名，虽然情况各有不同，但都是经过慎重考虑、颇有深意的。因此，对于这些笔名的由来、含义和使用情况进行深入的思考，或许在深究之余我们会对郭沫若的创作有更深入的理解和认识，甚至有些对我们认识一个全面真实的郭沫若不无裨益。

仅就到目前为止所能够统计出的笔名来看，有如下几个问题值得我们关注：

1. 郭沫若在文学作品中很少使用笔名。就目前所能够确定下来的郭沫若的笔名，我们不难看出这些笔名绝大多数用在有关历史研究、文学翻译、政治宣传以及朋友通信之中，涉及文学作品的极少。[⑥] 由此可见，郭沫若在文学创作中很少使用笔名。对于文学作品的署名问题，郭沫若曾特作

---

① 艾扬：《郭沫若名、号、别名、笔名辑录》，《中国现代文艺资料丛刊》1979年第4期。

② 卢正言：《郭沫若笔名考释》，《上海师范大学学报》1979年第1期。

③ 莫娟娟、傅嘉明：《郭沫若主要笔名的来历与含义》，《语文教学通讯》2007年第11期。

④ 李道雨：《郭沫若化名引出的遭遇》，《郑州大学学报》1998年第1期。

⑤ 魏建：《郭沫若佚作与〈郭沫若全集〉》，《文学评论》2010年第2期。

⑥ 据笔者根据《郭沫若著译系年》和《郭沫若年谱》进行了统计，仅就目前为止所确定的郭沫若的在著述时所使用的笔名大约为17个，其中通信4个、翻译4个、历史研究4个、政治性宣传文章5个、文学作品2个。

申明："沫若从事文学的述作两年于兹，所有一切稿件，均署本名，不曾另有别号。今后亦永远抱此宗旨不改。恐有相似之处，特此先行申明，有昭己责。"[①]虽然这只是针对"五四"时期的创作而言的，但郭沫若一生的创作中对此原则基本上是坚持不变的。

2. 郭沫若的笔名绝大多数都是在 1927 年到 1949 年间使用的。通过对郭沫若笔名的研究和统计，我们发现郭沫若所用的 17 个笔名中有 14 个是在 1927 年到 1949 年间使用的。对此，王仰之认为："郭沫若用笔名发表作品，主要是在一九二七年蒋介石背叛革命以后。"[②]由此可见，郭沫若在创作作品时使用笔名最为直接的原因就是在白色恐怖时期同反动派作斗争所采用的一种手段和方法。

3. 新中国成立后郭沫若仅仅使用过三次笔名。三个作品分别是发表在 1956 年 7 月 18 日署名为龙子的《发辫的论争》、1956 年 8 月 4 日署名为克拉克的《乌鸦的独白》和 1959 年《历史研究》第 3 期署名为江藕的《曹操年表》。对于很少在文学创作中使用笔名，而且新中国成立后仅使用了三次笔名的郭沫若来讲，却在 1956 年 7、8 月间极短的时间段内，连续发表了两篇使用笔名的文学作品，这个现象较之于前两种现象更为独特。

那么，究竟是什么原因使得郭沫若要作出这样的选择呢？这种选择的背后究竟隐含着怎样的难以言说的问题呢？我们可以先看看郭沫若这两篇文章究竟是怎么回事，然后再进行详尽的分析。

二、郭沫若新中国成立后所使用的"龙子"和"克拉克"两个笔名

《发辫的争论》和《乌鸦的独白》都是通过寓言的形式展开对现实社会问题的评判，文中的语言风格幽默风趣，思维巧妙严谨，显示出郭沫若特有的生活和政治的敏感性。这两篇杂感成为郭沫若晚年创作生涯中难得一见的作品。

1.《发辫的争论》

该文发表于 1956 年 7 月 18 日《人民日报》，署名龙子。文章以拟人化的手法讲述了姑娘们头上的两条发辫之间的争论，语言活泼幽默，并且富于深意，表达了作者对当时文学创作和文化思想现状的不满。一派的发辫

① 郭沫若：《郭沫若启事》，《时事新报·学灯》1921 年 7 月 3 日。

② 王仰之：《郭沫若和他的笔名》，《羊城晚报》1959 年 9 月 5 日。

认为它们是无用的长物，脏衣服，费时间，容易导致工作拖沓，应该剪下来，还有很多更有价值的用途。另一派发辫则认为它们是一种美的民族形式，体现了民族文化，应该保留。前者被扣了“民族文化的虚无主义者”、“近视的实用主义者”、“左倾幼稚病患者”的大帽子，而后者则被称为“右倾保守主义”，这两派发辫争执不休。文章最后指出这不休的争论就像当时的八股文章一样，要是把发辫剪掉也就没有争论了。

从文章的篇幅及论调来看，郭沫若表现出的倾向是剪掉发辫，这也和新中国成立后的政治思想形势相吻合——消灭资产阶级小情调，积极投入国家建设中去。剪掉发辫省时省力，还有利于工作。而保留发辫则恰恰相反，会妨碍工作，只有一个好处，那就是所谓的“美”，而这“民族形式的美”还被视为惰性的表现。但是仔细读下来，就会觉察到作者对于这“民族形式的美”却有着割舍不断的感情，在批评前一派发辫的观点为“近视的实用主义者”时，作者认为它们“美术的观念太贫乏了”，从文中不多的几句话如“多谢姑娘们还每每跟我们打上一对红蝴蝶、白蝴蝶，或者别种颜色的蝴蝶”、“象长流苏，那就表明我们是民族形式的美”等话语的论述中，我们也可以感受到一种隐暗的眷恋，这流露出了作者对于“美”的纯粹性、独立性的坚持——“美”是不以功利性为目的的，而首先应该是一种审美愉悦。

郭沫若新中国成立后的文章大多是顺应时代潮流的，《发辫的争论》也不例外。文章对于追求“美”的文学创作者表示出了不满，并鼓励人民不要做无谓的争论而是要全力投入生产建设中去。但是从这些文字背后，我们可以体会到作者对于独立纯粹的“美”的深情眷恋。

2.《乌鸦的独白》

该文发表于1956年8月4日《人民日报》，署名克拉克。文章是由《打鱼杀家》中萧恩出场的一段唱词被修改而引发的：“清早起，开柴扉，乌鸦叫过；飞过去，叫过来，却是为何？”因为其中包含着迷信的观点，所以被改为：“清早起，开柴扉，日红如火；一群群，小鸟儿，飞出巢窝。”作者就此把自己比拟为乌鸦展开了论述。作者从科学的角度解释了乌鸦爱吃腐肉的天性，它们清除了田里的老鼠，是清道夫，它的叫声不是预示着死亡，恰恰相反，是它们闻到了腐肉的味道才出现的，因此把乌鸦视为不祥之物实在是冤枉它了。乌鸦不仅消除害虫还贡献营养丰富的鸟粪，对生产大有好处。解释了这些之后，在文章结尾乌鸦又发了点小牢骚：怕喜欢扫除迷信的中国“新文豪”们不知还会对多少经典之作进行无谓的改造。

以乌鸦的口吻进行写作，使文章活泼俏皮，富于生气，结尾的牢骚也让人忍俊不禁，在轻松中思考文学创作的不恰当做法，很容易使人接受。从中我们体会到郭沫若对于传统经典作品的崇敬和爱护之情，以及对当时学术界轻视文化遗产、对艺术欣赏的隔膜、对世事万物的无知又自大的现象进行了嘲笑和讽刺。这在当时是难能可贵的，同时也向我们展开了郭沫若的复杂内心世界。但是换一个角度，郭沫若自己又何尝不是他所谓的“新文豪”呢？这种以新时代的思想——革命的、人民的思想来苛求古人的做法在郭沫若新中国成立后的文章里并不少见。好的杂文不但要有予人启迪的见地，而且要有知识性、趣味性。这篇杂文显示了郭沫若渊博的学识和从容自如的行文风格。

三、从“龙子”和“克拉克”两个笔名来看新中国成立后的郭沫若

新中国成立后的郭沫若是其一生中最具有争议的阶段，这一阶段已经成为文化界与研究界最为关注和感兴趣的“难点”和“热点”。近年来，国内也有些人根据郭沫若在新中国成立后尤其是在“文化大革命”中的某些表现，“反思”之后认为郭沫若“对权力及持有者无条件的顶礼膜拜”，是中国知识分子“人文精神失落”的最大典型。个别人甚至扬言要对郭沫若进行“道德拷问”。难道事实果真如此吗？新中国成立后的郭沫若究竟一直生活在怎样的心境之中呢？下面就以郭沫若的这两篇文学佚作来作探讨。

如果从文学创作的角度来讲，这两篇文章是目前郭沫若新中国成立后文学创作中最好的两篇作品。就是这样两篇作品，在1957年3月由郭沫若亲自选编的《沫若文集》并未选录，另外在1982—2002年间陆续出版的《郭沫若全集》中也没有被选录，因此成了郭沫若文学创作的佚作。究竟是什么原因使得这两篇文章散佚在《郭沫若全集》之外，甚至郭沫若自己都把它们搁置起来了呢？这其中折射出怎样的问题？

1. 新中国成立后郭沫若纠结矛盾心态的鲜活展示

从《发辫的争论》及《乌鸦的独白》这两篇作品的外在形式、作者署名、出版刊物以及文字表述等方面，都集中展示了这样一个现象：作者的表面文字与内心世界发生了脱节。这既有郭沫若自身性格的因素，也有文学与政治的非正常关系所致。正因为有脱节，有疏离，才使得理解郭沫若的创作内涵、进而深入探究郭沫若内心世界变得更为复杂。

首先是有关这两个笔名的使用情况。不受谱名或学名约束的特性，使得笔名的使用可以完全体现作家自由意志，或假言托意，或明心见性，携带了作家个人及其创作活动的某些特点，而成为作品外在的一个特殊标志。

因此顺延着郭沫若这两篇文章所使用笔名的情况，挖掘其所蕴涵的文化内涵，便可加深对新中国成立后郭沫若文化心态及其创作情形的理解，也可以从一个新的视角加深对整个新中国成立后文学创作时代的了解。

彭放先生在《郭沫若的笔名和别名》一文中，便将郭沫若在 1956 年所使用的两个笔名与新中国成立之前的笔名一起论述，认为这些笔名的使用是“郭沫若同志进行革命斗争的一种策略和手段，而绝不是文人逸士的附庸风雅”。[①] 但是考虑到新中国成立后的社会政治形势以及郭沫若所处的社会境遇来看，恐怕没有这么简单。这时的郭沫若也在进行着斗争，只不过这时候的斗争已经由过去的与敌人外部的斗争，转化为现在与自己内心的斗争。

郭沫若在一生的文学创作中绝少使用笔名，纵观郭沫若在创作中所使用的笔名主要的功用就是躲避敌人的追捕，用最简单的话来讲就是不希望别人认出他来。那么，新中国成立后《发辫的争论》以及《乌鸦的独白》这两篇文章之所以使用笔名，依然是郭沫若不希望读者认出他来，不希望别人把这篇文章同那一个写作《在毛泽东旗帜下长远做一名文化尖兵》的郭沫若、高呼着“十年来以延安为发祥地蓬勃发展起来的人民文艺，不仅受着国内人民的欢迎，而且也受到国际友人的欢迎。这就明确地证明着毛主席所指示的文艺方向的正确性和普遍适应性”[②]的郭沫若联系在一起。

既然是不希望读者知道这是他的文章，按照常理这样的文章要么不发表，即使是发表也应该在一个不被别人注意到的报刊发表。但是郭沫若却恰恰相反，他反而发表在了 1956 年 7、8 月间的《人民日报》上。

我们都知道，《人民日报》是中国共产党中央委员会的机关报，是中国最具权威性、发行量最大的综合性日报。作为中共中央机关报，《人民日报》承担着每天向全国和世界传播与介绍中国共产党和中国政府的方针、政策及主张的重任，其中《人民日报》的言论（尤其社论和评论员文章等）已成为《人民日报》的一面旗帜，被认为直接传达着党中央的声音，而备受海内外读者、外国政府和机构的重视。因此，《人民日报》既是广大干部群众了解中国共产党中央精神的最主要媒体，也是世界了解和观察中国的重要窗口。

这同时也为我们洞悉新中国成立后郭沫若的文化心态打开了重要的窗口。郭沫若的这两篇文章使用笔名来发表说明，他的确在回避着读者甚

---

① 彭放：《郭沫若的笔名和别名》，《社会科学战线》1979 年第 4 期。

② 郭沫若：《在毛泽东旗帜下长远做一名文化尖兵》，《人民日报》1952 年 5 月 23 日。

至是中央高层的认知，但是他最终选择了在当时无论是社会影响力还是政治的敏感度都最大的《人民日报》上发表，也表明了他又的确希望读者能够知道他，中央高层能够了解他。

这其实就是郭沫若新中国成立后真实的生活态度。因此，那个在中国文化界中最活跃、最积极、最投入的政治人物郭沫若便显得更加真实。从郭沫若对于这两篇文章笔名的处理上我们发现，诗人、学者又兼政治与社会活动家的特殊身份与地位，使得他不同于一般的、纯粹意义上的文人。在他身上，两重性格似乎表现得更明显一些：一方面，他是热烈的、富有浪漫气质与叛逆性格的、性情真率的诗人，大胆地直面人生，直面现实，在学术上也爱做翻案文章；另一方面，他又和某些政治家一样，有着很深的城府，谨慎、小心，用真诚得近乎圆滑的外壳把大胆与浪漫包裹起来，在激烈复杂、残酷无情的政治斗争中得以逃身，虽经劫难而未倒。

其次，从郭沫若所使用的“龙子”笔名的内涵来看。《发辫的争论》署名为龙子，那么“龙子”究竟是什么意思呢？郭沫若为什么要取名为“龙子”呢？对此，卢正言在《郭沫若笔名考释》、陈福康在《郭沫若的笔名、别名小补充》一文中都同时提到了“龙子”为“聋子”谐音的说法。就目前本人的理解来看，这种解释是有道理的。但他们仅仅只是指出了这一点，究竟为什么要用这个谐音、郭沫若究竟想表达怎样的意思等方面的问题都没有进行阐释。

显然这个“聋子”的内涵绝不仅仅是指“郭有耳疾，常自称聋子”这么简单，这个“聋子”其实已经超越了单纯的生理内涵的所指，而蕴涵着深刻的含义。透过“聋子”的生理意义之外，就是它的外在表征，也就是“聋子”听不见外界的声音，以至于对于外界所发生的事物处于一种“失语”的状态。那么，郭沫若这是表明一种怎样的态度呢？他想逃避什么样的事物呢？这篇文章为什么会在这时候出现呢？等等一系列的问题需要我们解答。

1956 年是中国社会发展史上一个非常重要的年份。这一年的 4 月 28 日，中共中央政治局扩大会议上提出将艺术问题上的“百花齐放”、学术问题上的“百家争鸣”作为我国发展科学、繁荣文学艺术的方针。这一方针由毛泽东提出，经中共中央确定为关于科学和文化工作的重要方针。5 月 26 日，中共中央宣传部举行报告会，陆定一代表中共中央向知识界做了题为《百花齐放，百家争鸣》的讲话，对这个方针作了全面阐述。讲话中提出：要使文学艺术和科学工作得到繁荣发展，必须采取“百花齐放，百家争鸣”的政策。这一方针，是提倡在文学工作和科学研究工作中有独立思考的自由、有辩论的自由、有创作和批评的自由，有发表自己的意见、坚持自己的意见和保留自己的意见的自由。在学术批评和讨论中，任何人都不能有什么特权，以“权威”自居，压制批评，或者对资产阶级思想熟视无睹，采取自由主义甚至投降主义的态度，都是不对的。并提出在文学艺术工作方面，限制创作的题材“只许写工农兵题材，只许写新社会，只许写新人物等等，这种限制是不对的”。发言还强调文艺工作者和科学工作者要学习马克思列宁主义，以此来指导文学艺术创作和科学研究工作。从实质上来说，“百花齐放，百家争鸣”是人民内部的自由在文艺工作和科学领域中的表现。

同年1月14日至20日，中共中央召开关于知识分子问题的会议。周恩来代表党中央做了《关于知识分子问题的报告》。4月25日，在中共中央政治局扩大会议上，毛泽东做了《论十大关系》的讲话。中央高层如此密集地去探讨有关知识分子、有关文化建设方面的问题，这在中国社会发展史上是非常罕见的。

在这种政策的带动下，新中国成立后的文学界确实出现了很多新质的现象。如一批年轻作家写出了揭示社会内部矛盾的作品，王蒙发表了《组织部新来的年轻人》、刘宾雁发表了《在桥梁工地上》和《本报内部消息》等小说，大胆揭露和批判了官僚主义和其他阻碍社会主义建设的消极现象；建国初绝少见到的描写爱情生活的小说也开始亮相，包括陆文夫的《小巷深处》以及宗璞的《红豆》等，展示了真实的生活状态和人的心理变化，文学作品更富有人情味，无论是语言还是情绪的流动，读来也更富于美感。1956年的文学创作显现出一派勃勃生机的情形。但形势真的如表面上的一样吗？

如果仔细阅读一下郭沫若在《发辫的争论》中“看来，发辫的争论是不容易停止的。两条发辫愈拖愈长，象我们目前最流行的八股文章一样”的表述，我们便能够体会到此时郭沫若的一种对于现实难以把捉的心境。外在的政治形势和文学创作的情形仿佛昭示着一个文学创作繁荣时期的到来，但是凭借着郭沫若独有的政治敏感性，他又认为这种形势很有可能延续的时间并不会太长。究竟应该何去何从呢？对此不做任何反应或许会更好，但隐含在郭沫若内心中特有的文学基因还时时使他产生审美表达的冲动，但这仅仅是冲动而已，很快郭沫若便恢复了以往的政治表达。因此我们看到的仅仅是创作了两篇文章，而且还是使用了笔名，更甚者郭沫若将这两篇文章都排斥在了《沫若文集》之外，成了他文学创作的佚作。从这个方面来看，“聋子”的寓意便不言自明了。对此，我们可以将这两篇文章出现之前和之后郭沫若所公开发表的作品进行一番对比，他的这种心态便会一目了然了。

1952年5月23日《人民日报》的《在毛泽东旗帜下长远做一名文化尖兵》一文，虽然讲的是文化、文艺的问题，但却更是一篇政论文。文章中大量出现的是毛主席的讲话、国家的方针以及革命性、人民性："去年十一月下旬北京文艺界作为全国的先导发动了整风学习运动，用以整顿文艺思想、改进领导工作，是完全必要而适时的。这一学习运动、和教育界与科学界的思想改造运动，略有先后地在同一时期内发动了起来，而紧接着又发动了全国范围的三反五反运动。经过这样大规模的思想改造的学习，一部分人的思想麻痹症、思想瘫痪症，应该是有起死回生的希望了。"

1956年12月18日《人民日报》的《关于发展学术与文艺的问题——答保加利亚〈我们的祖国〉杂志总编》一文，虽然在文中郭沫若提倡"百花齐放，百家争鸣"，但文章最终的落脚点是强调要继续加强知识分子的自我教育，强烈的政论性色彩和行政化的语气已经将郭沫若用笔名写作时的那种诙谐的语调、轻松的语气完全抛弃了。至此，郭沫若明显地又恢复到了他自己所谓"正常"的创作状态和轨道之中，从中我们也能够发现郭沫若所特有的政治敏感度。

的确正如郭沫若所料，"百花齐放"只开展了一年，政治标准在社会生活中又占据了主导地位，1956年文坛所出现的多元化创作状态也只是昙花一现。因此郭沫若早就嗅到了政治变化的味道，及早收手，没有创作其他更为"活泼"的作品也就可以理解了。既是不想被认定为政府的声音，在很大程度上也是为了自保。现实确实是残酷的，1957年夏季，政治形势突然逆转，那些在"双百方针"背景下露头的知识分子，基本上都被打成"右派"。

郭沫若在私下对儿子讲过这样的话："现在有人把毛泽东思想绝对化，把毛主席的每句话遵为圣旨，这其实是在反对毛泽东思想。"又不止一次地感慨过："很可惜，这是帝王思想，而且妒贤，这样下去是很危险的。"①

我们可以从郭沫若文章创作风格的变化中，看到一个特定的历史时期政治斗争的复杂性，可以看到文艺和政治之间的复杂关系。如果说问题的关键在于如何处理好两者关系的话，那么由于知识分子在这一问题上常常处于被动的地位，因而有时也就显得有些无能为力。对于中国现代知识分子来说，即使在这样的情况下也不愿卸下自己的文化使命，这已经是难能可贵的了。

---

① 桑逢康：《晚日浮沉急浪中——对郭沫若晚年的思考》，见《郭沫若与百年中国学术文化回望》，四川人民出版社2005年版，第531页。

2. 对于有关新中国成立后郭沫若问题的评价

现在有关郭沫若在新中国成立后的文学创作、政治选择甚至是人格心态等方面问题研究,非常明显地划分为两派。一派认为新中国成立后的郭沫若一无是处,要进行严格的批评,更有甚者认为郭沫若把“文学和学术当作换取显赫头衔和王府大宅的等价物……他获得了政权所能给当代知识分子的最高礼遇。然而,这种礼遇的背后却是对其人文价值的彻彻底底的消解”①;另一派认为新中国成立后的郭沫若之所以出现这种情形是一种无奈的选择,是“出于政治事故的生存策略”,对于中央高层郭沫若在“真心倾倒的同时也有了遵命无奈敷衍塞责,如作诛心之论,恐怕主动‘邀宠’的动机多已让位给被动自保的苦衷了”②。为此两派陷入了旷日持久的论争之中,由此也生发出了一个最基本的问题:这两派谁是正确的呢?哪个才是真正的新中国成立后的郭沫若呢?

对此问题我们跳出单纯的政治判断,从文学和政治交合的角度,通过对 1956 年郭沫若的这两篇署名为“龙子”和“克拉克”的文章的分析,便不难看出其实这两派所持有的观点都是对的,作为政治人物所存在的郭沫若是真实的,作为文人所存在的郭沫若同样也是真实的。

政治场合的郭沫若和文学创作的郭沫若在新中国成立后更为紧密的合二为一,“化合”成一个最为真实的郭沫若,这才是完全的郭沫若,最真实的郭沫若。这样的“化合”无疑是痛苦的,是不得已而为之的,但最有意思、最值得玩味的是郭沫若本人把这两部分结合得天衣无缝,不能不让人佩服他是融合两重性格于一体的大家。对此,郭沫若曾在 1969 年 1 月写给周国平的信中说:“我这个老兵非常羡慕你,你现在走的路才是真正的路。可惜我‘老了’,成了一个一辈子言行不一致的人。”③

(原载《山东师范大学学报(人文社会科学版)》2011 年第 3 期,作者为山东师范大学传播学院讲师)

注:本文为 2008 年国家社科项目“郭沫若文学佚作的收集整理和研究”的阶段性成果。项目编号:08BZW069。

---

① 余杰:《王府花园中的郭沫若》,《反思郭沫若》,作家出版社 1998 年版,第 284 页。

② 邵燕祥:《关于晚年郭沫若》,《郭沫若学刊》2004 年第 4 期。

③ 邵燕祥:《关于晚年郭沫若》,《郭沫若学刊》2004 年第 4 期。

沈从文书信中的郭沫若

任葆华

沈从文留下的书信不仅内容丰富，而且数量惊人，其全集收录的有九卷之多，这在中国现代作家中并不多见。书信作为一种私密性极强的文体，其写作不是为了发表，而仅限于亲友之间的私下交流，因此它能更多地坦露一个人内心真实的想法，从而在作家研究中具有极高的史料价值。值得注意的是，尽管沈从文未曾有信与郭沫若，但在他给亲友的书信中，郭沫若的名字出现的频率却很高。解读沈从文书信中的郭沫若，对于我们深入了解沈从文眼中的郭沫若形象、探究其内心世界，很有意义。

现存沈从文新中国成立前的书信中，仅在致友人王际真的三封信中提到了郭沫若。1930 年 1 月 3 日，沈从文致信王际真说："你要不明白'中国新诗过去的种种'，若是要，我要一个学生抄一份笔记送你，因为我讲这个似乎还清楚(因为中国诗人我只不熟郭沫若，其余多是熟人)，去年到此就讲诗，别的不说。"稍后几日，他又在复王际真的一封信中说到郭沫若："中国目下青年作家，说故事好文字好的，似乎还有几个人，若是想选出说精致话做漂亮文章的可就难了，依我看，是郭沫若、郁达夫都不行的，鲁迅近来不写，冰心则永远写不出家庭亲子爱以外。"同年 1 月 29 日，他在致王际真的另一信中再次提及："许多英文系(外国语文学)毕业的大学生，皆不能读外国报纸，所以在上海，近来是无数靠译日本作品成伟人的。从前的周氏兄弟，郭沫若，现在的沈端先等，甚至于日本二流作品也转贩到中国来了，这原因一则是翻书人太多，其次则为译者的文学理解力，懂文学的不肯随便翻，翻的人多数是不大懂的角色，所以现在译品杂而且滥，呈空前混乱。"

沈从文说中国新诗人中他"只不熟郭沫若，其余多是熟人"，这一点基本符合事实。并且他认为郭沫若、郁达夫的文章"不行"，只有鲁迅、冰心文章还不错，可鲁迅"近来不写"，冰心的题材又太狭窄。沈从文这里对郭沫若的评价，与他稍后写的《论郭沫若》一文对郭的批评是一致的。在该文中，他一方面肯定了郭沫若在新诗创作上的成绩，一方面又指出其在小说创作上的缺陷:“让我们把郭沫若的名字置在英雄上、诗人上、煽动者或任何名分上,加以尊敬和同情。在小说方面,他应该放弃他那地位,因为那不是他发展天才的处所。”他又在《论中国创作小说》一文中指出,郭沫若可以写诗写杂文,但不适合写小说,因为他“不节制”的文风将使他的小说一无是处。1948年郭沫若在香港发表《斥反动文艺》,对沈从文背离左翼的老账新账一起算,给沈扣上了“粉红色作家”的大帽子,并说他“一直是有意识地作为反动派而活动着”的。他的这一观点,不仅影响了沈从文的前程,而且也影响了近半个世纪的文学史研究。

新中国成立后,沈从文被迫改业于文物研究,再也没有专门的文章论及郭沫若,但有零星的文字散落在他给亲友的书信中,很值得辑出来,集中起来看看。

“文革”刚开始不久,老舍自杀,丁玲、茅盾、巴金、曹禺等先后遭到批判。面对凋敝的文坛,沈从文颇感痛心。1968年3月9日,他致信儿子沈虎雏,说道:“许广平日前故去,用‘作家’名分在外宾中出面的,似乎只剩下一个郭沫若。就只那么一个人。总理曾说,大意是‘新起的比旧有的多好多倍,名字一时还不曾为人熟习罢了’。这是很自然的。不过大多数人盼望的不仅是‘人’,主要还是‘作品’。”在沈从文看来,虽说新起的作家有一些,但和老一代作家相比,他们尚拿不出“十分辉煌和大时代相称的作品”。唯一留在台上、用“作家”名分在外宾中出面的郭沫若,其作品算不得过硬的。上面信中“就只那么一个人”一句,似在用春秋笔法传达出他对郭的某种不屑。

1969年11月15日,沈从文在复张兆和的信中说:“我是从近五十年总历史去学习,觉得对主席的敬爱是已具体表现到近廿年工作中的。有做得对处,例如工作方向对了,方法也对了,所以好几部门新工作,千年来无人敢下手、肯着手的,我就老老实实从《实践论》指示求知识方法,不多几年,全学通了,有了发言权(还不仅是在国内)。也有做的不尽对处,如帮同郭沫若四个历史戏搞服装道具,曹禺搞《胆剑篇》也参预其事。但是两个人都不成问题,曹禺已在写新戏,我的错误因而也不提了。”由于此前毛泽东曾点名批评当时戏曲,几乎全是歌颂“帝王将相,才子佳人”,并称文化部是“帝王将相,才子佳人部,或者外国死人部”,所以一些表现“帝王将相,才子佳人”的戏剧,先后被视为“毒草”。沈从文帮郭沫若等人的历史戏搞服装道具,也曾被列为他“放毒”的罪状之一。令沈从文感到庆幸的是,郭沫若、曹禺两人比较“识相”,因而他们的问题似乎并不大,很快就又得到当局的起用。他信中谈的即是此事。

1971年10月,郭沫若的大作《李白与杜甫》由人民文学出版社正式出版,颇令时人侧目。但在文禁森严的时代,鲜有公开评价者。"文革"结束之后,论者骤增,但多为批评之声,盖源于该书对"诗圣"杜甫的贬低,以及对该书写作动机的猜测。有人说,毛泽东喜欢三李(李白、李贺、李商隐)而不喜欢杜甫,郭沫若"扬李抑杜",是打着反潮流的旗号,投其所好。沈从文在1972年7月1日致张宗和的信中,曾谈及该书。他说:"有三家书店卖内部书,有介绍信即可买,近年的书应有尽有。……郭著《李白与杜甫》,一般反映意见却不好。"1976年2月4日,在复许杰的信中,他又一次提到:"我觉得'破'孔老二的虚伪,文学作品当然可以用之为主题,从各方面去写,重要处是所写'方法'和'表现能力',是不是'艺术',效果又如何。所以别人写,我也写,别人不写时,已过了时,我还间或写写。因此后来即有人不看内容,给我一个'恋爱作家'的称呼,比'多产作家'似乎又升了一级,加深一层'贬'意。到郭院长时,就再升级,定为'粉红色作家'矣。还在文前预先说明,'从来不看'我作品,不必看,即赐以'粉红色作家'佳名,和近年写《李白与杜甫》有连续性的。"看得出,沈从文对郭称自己为"粉红色作家"颇有愤慨,并且认为这和他"近年写《李白与杜甫》有连续性的",皆出于其一贯的趋时之需。他说,自己解放后,主动放弃"空头作家"的名分,改作"文物研究",就是因为不能像郭那样会趋时。

新中国后,沈从文和郭沫若基本上老死不相往来。如果说二人有过某种直接接触的话,那就是郭曾主动表示要为沈从文的《中国古代服饰研究》写序。1973年12月7日沈致信杨振亚,在谈及《服饰资料说明草稿》时,提到郭沫若主动为其作序一事,他说:"最先企图,是为总理外出送礼而用,因此康老看后为题一签。他把那么一种重要工作交给我来主持,总经过些考虑。我敢答应下来,也不是不事先考虑!郭老并主动为写一长序。"郭沫若为沈从文的《中国古代服饰研究》作序,时间是1964年6月25日。该序并不长,只有区区200来字,且读来大而无当,全是空话套话,其中甚至连沈的名字也未提及。至于说到郭的"主动",据沈从文的助手王亚蓉在《沈从文晚年口述》附文中说:"沈先生讲,在书未成稿之前,有次宴会沈先生与郭沫若先生邻座,谈到这本书,郭老主动说:'我给你写个序言吧!'并很快就送过来了,序言成于书稿之前,郭老未看过书稿。许多人不明就里,总是问为什么序言和内容不符,这就是原因。沈先生理解郭老是用这个方式表示一点歉意吧。"说郭老序言成于书稿之前,似乎与事实不符。1978年9月,历史博物馆方面参与摹绘图像的青年同志以社会需要为由,提出把《服装资料》图像部分单独付印,沈从文不同意,坚持图文同印。为此,他在该年9

月13日致信胡乔木，其中说道："且在六四年把图象及说明样稿，分送郭老及文化部、中宣部和许多有关方面审查，再来就各方面意见反复修改，岂不是小题大做。"其中清楚地说到，1964年曾将图像及说明样稿送郭沫若审查，至于郭是否看过书稿，不好无凭猜测。但说郭序言成于书稿之前，显然与事实不相符。至于沈从文之所以有这本填补服饰研究历史空白的著作问世，是缘于周恩来总理在1963年12月的建议。因此有人认为，这才是郭沫若主动命笔作序的真正原因。天性善良温厚的沈从文却认为，那是郭沫若在向他表示一点歉意。

1975年6月沈从文致信黄裳，其中谈及自己对郭沫若书法的看法。他说："昨寄几张习字，想能收到。此道本不'在行'，且搁笔已廿五年。由于社会新，要求严，除主席外，作家中死去的有鲁迅先生，活着的有郭沫若院长，可称'并世无敌，人间双绝'，代表书法最新最高成就，和日本书道家周旋，已绰绰有余。……所以藏拙息手，实心安理得，若还想在冒充内行，'假里手'马脚一露，恐吃不消。"郭沫若的书法自成一格，成就非凡，这一点已成为公论。可在沈从文的笔下却变了味，看似赞美，实际暗含反讽。他甚至把自己远离书坛，也归因于该行当有"并世无双"的郭沫若。此后他又多次表示过类似的看法，如1975年秋他致信陈从周说："解放后，凡事'定于一'，故去的有鲁迅先生，活着的有郭沫若院长，文学书法上的成就，都经肯定为第一流，已足够代表中国近半世纪最高成就，'中外无敌'。所以我因此即早改业，主动放弃了'作家'名分，转到一般人都认为'极没出息'的历史博物馆，重新学起，直到最近，为别的客观原因，才又破戒写写字，就便清理清理，还还卅四十年前下的索书旧债。"1976年10月12日他致信张宗和，其中再次说道："我已快卅年没有为什么人写过一张字，……不写字冒充'假风雅'，还有个原因，即觉得这一行死去的既有鲁迅，活着的又有郭沫若，'天下定于一'，生死作家都有了一个人，就够了。我再来附庸风雅，似不必要。可是香港方面熟人办了个《书谱》，……说我是作家中唯一懂书法的人。说的当然近于半开玩笑的好意。其实写字在历史上从来多是在当时，谁官最大，谁就写得最好。"

人们大多知道作为文学家和文物研究家的沈从文，很少有人知道他还是一名颇有成就的书法家。他的章草秀美飘逸，堪称上品。对于书法艺术，沈从文是懂得的。对于郭沫若的书法成就，他内心里也是承认的。因此，他没有从书法艺术的角度对郭进行褒贬，只是对凡事（包括文学、书法）"天下定于一"、"官大位尊"的作品自然高的社会风气表示了不满，其中当然也包含了对郭本人的反感。

1976年初，时任教于复旦大学的学者、作家许杰来信，为自己当年写文章批评沈从文表内心之不安。沈在复信中却说："老兄过去所作之批评文章，很有鞭策作用，提起来，我倒应十分感谢老兄，才合情理！因之改业及时，正如古人所说：'失之东隅，收之桑榆'，十分明显，是得到多方面鞭策帮助而来的。甚至于还应把郭院长的十分不公正的批评算在应该感谢之列！他可以译歌德《浮士德》或《少年维特》，有权利写浪漫诗歌，却不许别人更严肃来写点五四以来男女问题。正如张宗昌、韩复榘可以无限制增加如夫人以外再搞小家庭，却派警察到公园门前站定，不许女人不穿袜子进公园，以为有伤风化——这种现实既存在，我就放弃了写作重新换个职业。若真有长处，也还有的是发挥机会！如没有过去种种，哪会有今天?"沈在这里表示，他把别人的批评当做是对自己的鞭策，认为它们促使自己改业，从而"失之东隅，收之桑榆"。他甚至说自己很感谢郭沫若的那个"十分不公正的批评"。可他接着又对郭《斥反动文艺》中对自己的批评表示愤慨，认为郭"只许州官放火，不许百姓点灯"！1979年沈从文在复伯海的信中还曾说道："因为正如郭沫若在某文中生平从不看我写的小说，随后又封我为'粉红色恋爱作家'一样，我只遵守'强权即真理'的现实状况，改行就是了。"看来，郭送给沈"粉红色作家"的名号，让沈从文一直忿忿不平。

另外，在给亲友的信中，沈从文在谈及现代文学史中作家的位置和排名问题时，也多次提到其中位置重要、排名靠前的郭沫若等人，并对自己的文学史地位一直颇为不满。如1978年3月中旬，沈从文致信周耀平曾说道："历来是，死去的惟鲁迅代表中国成就，活着的则为郭、茅、老舍、巴金、冰心……"1978年冬，在复阎纯德的信中他再次说："对近卅年来的成就，重新肯定。若以为卅年代作品，大致也限于鲁迅、郭沫若、茅盾、老舍、冰心、曹禺、巴金为有成就。主要还是解放以来成就最最值得称道。"表达过类似说法的，还有他1979年复韩宗树的信、1979年9月14日致儿子沈虎雏的信以及1981年7月上旬复吴宏聪的信等。要强调的一点是，让沈特别感到不满的是后来的文学史家，大都采纳了郭沫若过去对自己不公正的评价。

1980年1月27日在致沈虎雏、张之佩的信中，他说："《现代中国文学史》没有我的位置，是应当的，十分公平合理的。若改得不三不四，倒令人痛苦！对我说来，倒是一种大灾难，不好招架！因为他们的批评，有的不是照抄国民党立法委员苏雪林的胡说，就是抄某某名公的判决……我们就活到这么一种现实中，不再用笔，即早'避贤让路'，倒还是合情合理！这三十年改业搞得工作虽十分寂寞，但也比较平静，不至于卷入争夺漩涡中，不算十分失策！"

1980年6月17日在复张香还的信中，他又说："我总算活过来了，即或心甘情愿的在极端困难寂寞中过了三十年，但在学校吃现代文学饭的教师，还依旧放不过我，得到一些新的文化官的鼓励和支持，还在新编的教材中，用四十年前老腔调，甚至于还采用荣任国民党立法委员苏雪林的意见（这些教师似乎还很少知道苏的身份），加重批评我为'反动落后'，胡扯一阵交卷了事。至于某大师特赐的'粉红色作家'佳称自然更深入人心。尽管这位大人生前即以'巧佞'见称。"

可以看出，沈从文认为郭沫若对自己不公正的批评，不仅影响到了他后来的人生道路和命运，还直接影响到了他自己在文学史中的位置和评价。因此，对于郭沫若，他一直心存芥蒂，没有好感。

沈从文与政治的距离与郭沫若对政治的热衷，使得他们成为那个时代两种不同类型知识分子的典型。他们一个坚持文学应该远离政治和商业，甚至宁可封笔，转换自己的研究方向，也不用自己的笔趋炎附势；一个却不断地调整着自己的政治方向，始终不忘紧跟靠拢，甚至随风变换门庭，也在所不顾。其实他们都是政治运动的受害者。如果说，沈从文的悲剧在于他不懂政治，却又喜欢对政治评头论足的话，那么，郭沫若的悲剧在于他太懂得政治了，以至于在随"风"起舞中失去了自我。作为当事人，沈从文对郭沫若难免会耿耿于怀，但对于我们后人来说，还是不宜单从个人道德及私人恩怨的角度来解释一切，以免遮蔽了对历史、对制度的真正反思。人们过去可能过高地估计了郭《斥反动文艺》一文对沈从文的影响了。在我看来，即使没有郭的《斥反动文艺》一文，沈从文新中国后的命运恐怕也不会好到哪里去。试想，许多来自解放区的革命作家都未能幸免于难，像沈这样的自由主义作家又怎能逃脱呢？郭沫若一生的功过是非，无不带有时代的烙印。后世在看待这一历史人物时，不论谅解与否，都应切莫忘记他所处的时代以及新中国成立后那个畸形的政治环境。

（原载《读书文摘》2011年第2期，作者为渭南师范学院中文系副教授）

论文选粹

郭沫若《女神》时期佚诗的文献价值

——以《〈女神〉及佚诗》为中心

李　怡

郭沫若诗歌创作的开端具有丰富的内容，不仅有众所周知的新诗，更有历史“久远”的旧体诗歌，不仅有因为结集《女神》而彪炳史册的知名篇什，也有同一时期创作却因为种种原因未能收入《女神》的“佚作”。作为中国新诗生成期的历史显示，多种多样的文学样式恰恰为我们全面理解和清晰把握历史的进程提供了可能，我们不仅需要深入认识结集的《女神》本身是什么样子，也有必要清理《女神》是如何结集而成的——在中国诗歌还可以有诸种形态、诸多可能的时刻，诗人郭沫若为什么作出了这样的选择？在这些选择的背后，又有着一个怎样的诗歌观念？

蔡震先生编辑的《〈女神〉及佚诗》（人民文学出版社 2008 年 6 月版）为我们提供了一个很好的解读机会，我们可以借用他的概念——《女神》时期——来更为全面地把握当时郭沫若创作的整体，在整体（《女神》及佚诗）与局部（结集的《女神》）的细微关系中，更深入地理解郭沫若的诗歌观念和诗歌理想。对于郭沫若研究与中国新诗史研究而言，《女神》及佚诗可以说具有特殊的文献价值，它们不仅可以帮助我们重新认识郭沫若新诗探索的早期形态，而且对于我们重新检讨中国新诗的过去与现在也有特殊的启示意义。

新诗？旧诗？

郭沫若以《女神》的崭新之作闻名诗坛，但新诗与旧体诗歌的创作在他却几乎是并行的，而其诗歌修养中的旧体因素也格外引人注目。他少年时代的诗歌启蒙就是在古代诗歌中完成的，从少年时代到创作《女神》的青年时期，一直有旧体诗歌创作，蔡震先生编辑的《〈女神〉及佚诗》入选 18 题 29 首。作为中国新诗的创造者，郭沫若没有像胡适一样在文学的“死”、“活”

宣布中抨击旧体文学写作，就如同他五四时期的文化观念超越了古/今、中/西的对立一样，他的诗歌观念也超越了新/旧的对立，而另外有自己的概念。这就是追求心灵的纯真表现："我想我们的诗只要是我们心中的诗意诗境底纯真的表现，命泉中流出来的 Strain，心琴上弹出来的 Melody，生底颤动，灵底喊叫，那便是真诗，好诗，便是我们人类底欢乐的源泉，陶醉底美酿，慰安底天国。我每逢遇着这样的诗，无论是新体的或旧体的，今人的或古人的，我国的或外国的，我总恨不得连书带纸地把他吞了下去，我总恨不得连筋带骨地把他融了下去。"[①]在郭沫若的言谈中，这样的"好诗"跨越了古今中外，他常常无甚分别地畅谈着中国古代的诗人诗作，如同他对泰戈尔、惠特曼、歌德、席勒等人的激情赞赏一样。

但是，《女神》的编辑却完全抛弃了他那一时期的大量旧体诗作，这与同样尝试白话新诗而在《尝试集》中收录了大量旧体创作的胡适大相径庭。

如何理解这样的现象？或者说通过这样的现象我们可以怎样解释郭沫若的诗歌观念呢？

我以为其实问题并不复杂，在郭沫若追求纯真"好诗"的理想中已经包含了对固有诗歌传统的一种突破意愿。因为，所谓纯真的诗也就是"自然流露"的创作，按照这样一种"自然流露"的逻辑来说，追求"自然"，打破矫揉造作也就意味着要突破固有的种种束缚，因此自由的新诗便成无须论证的选择："自由诗散文诗的建设也正是近代诗人不愿受一切的束缚，破除一切已成的形式，而专挹诗的神髓以便于其自然流露的一种表示。""他人已成的形式是不可因袭的东西。他人已成的形式只是自己的监狱。""诗的生成，如象自然物的生存一般，不当参以丝毫的矫揉造作。我想新体诗的生命便在这里。古人用他们的言辞表示他们的情怀，已成为古诗，今人用我们的言辞表示我们的生趣，便是新诗，再隔些年代，更会有新新诗出现了。"[②]

郭沫若并不将旧体诗歌作为天然的创作排斥对象，但他的确是不愿重复前人的"已成的形式"，的确对旧体诗这种"已成的形式"中可能暗含的意义因袭有所警惕，在 1920 年 1 月 18 日致宗白华的信中，他以自己的三首旧体诗为例表达"人格"的忏悔，这三首诗分别是《寻死》、《夜哭》和《春寒》。

---

① 郭沫若：《三叶集》，《郭沫若全集·文学编》第十五卷，人民文学出版社 1990 年版，第 13—14 页。

② 郭沫若：《三叶集》，《郭沫若全集·文学编》第十五卷，人民文学出版社 1990 年版，第 47—49 页。

《寻死》是"寒风冷我魂"、"痴心念家国"的孤寂,《夜哭》是"有家归未得,亲病年已老"的"感伤",《春寒》是"儿病依怀抱"、"妻容如败草"的苦闷,但是在郭沫若基于纯真"好诗"的反思与忏悔当中,这种种的情绪都只能与堕落、懊恼、颓废等他所厌弃的境界相联系:"白华兄!我到底是个甚么样的'人',你恐怕还未十分知道呢。你说我有 lyrical 的天才,我自己却是不得而知。可是我自己底人格,确是太坏透了。我觉得比 Goldsmith 还堕落,比 Heine 还懊恼,比 Baudelaire 还颓废。我读你那'诗人人格'一句话的时候,我早已潸潸地流了些眼泪。"[①]郭沫若的反思与忏悔固然与他理想的"完满高尚"的人格有关,但从艺术史的角度来看,却也是因为旧体诗歌受制于传统模式陷入了"小己底玄思",郭沫若说:"白华兄!象这样的诗,恐怕你未必爱读;象这样的诗恐怕未必可以认作你的诗呢!《寻死》一首,除曾慕韩兄外,没有第三个人看过。慕韩兄他知道我。咳!我不忍再扯些破铜烂铁来,扰乱你的心曲了!"[②]破铜烂铁,这便是对传统因袭的形象概括。诗人后来说:"不要以为,凡是旧诗就可以当令。用五、七言的形式来表达今天的时代生活,是有困难的。不承认这一点,可以说是不知道作诗的甘苦。"[③]

当代的中国诗家常常在"弘扬传统文化"的大旗下"发现"了郭沫若文化论述的种种价值,在文化激进的五四浪潮中,我们能够听到创造者郭沫若的"异声":"我们中华民族本是优美的民族之一,我们在四千年前便有极优美的抒情诗,大规模的音乐,气韵生动的雕刻与绘画。""我们要把固有的创造精神恢复,我们要研究古代的精华,吸收古人的遗产,以期继往而开来。"[④]气壮山河的郭沫若给我们今天质疑五四新文化运动的"激进"莫大的鼓励,也似乎可以巩固某些挑剔中国新诗功绩的理由。殊不知这依然属于对郭沫若的误解和简化。其实,对诗歌史、艺术史意义的新/旧、古/今的开放性认识与诗人自己对诗歌艺术的创造性、自由性的理想这本来就是两个层面的问题。郭沫若开阔的文化视野丝毫不意味着他本人诗歌理想的含混与模糊,努力促进新的具有创造性意义的诗歌艺术的诞生是他不可改变

---

① 郭沫若:《三叶集》,《郭沫若全集·文学编》第十五卷,人民文学出版社 1990 年版,第 16—17 页。

② 郭沫若:《三叶集》,《郭沫若全集·文学编》第十五卷,人民文学出版社 1990 年版,第 17—18 页。

③ 郭沫若:《谈诗歌问题》,《郭沫若全集·文学编》第十七卷,人民文学出版社 1989 年版,第 69 页。

④ 郭沫若:《一个宣言》,《郭沫若全集·文学编》第十五卷,人民文学出版社 1990 年版,第 222 页。

的目标，在这一方面他显然比我们后来(甚至当代)的许多人都要清醒和明确。所以即便是在后来大量创作旧体诗歌的时候，他也常常为中国新诗的缺憾而辩护："不定型正是诗歌的一种新型。我们如果真正站在诗歌解放的立场，是不能反因此而责备它的。"[①]"如果一口咬定新诗不好，也是不公平的。这样来看问题是不科学的，是主观主义。新诗的历史只有三十多年，而旧诗的历史却有三千多年。把三十多年的成绩和三千多年的成绩相对比，应该说是最大的不公平。""我也喜欢好的旧诗，好的旧诗是会永垂不朽的。但我敢于说，新诗的前途比旧诗要远大得多。"[②]

正是这样一个郭沫若，才最终以他的富有创造力的《女神》让闻一多击节赞叹："若讲新诗，郭沫若君底诗才配称新呢，不独艺术上他的作品与旧诗词相去最远，最要紧的是他的精神完全是时代的精神——二十世纪底时代精神。"[③]

粗疏的？刻意的？

不仅旧体诗被排斥在《女神》之外，同样落选的还有为数众多的新诗作品。蔡震先生编《〈女神〉及佚诗》收录《女神》时期散佚新诗 68 首，到《女神》初版的 1921 年 8 月，至少有 52 首作品落选。入选的作品可能有精简调整，如《梅花树下醉歌》一首删除了寻找"写真师"(即照相师)的一段，全诗更集中于梅花树下的感受。[④] 更多诗篇则因为种种原因被暂时放弃了，虽然今人无力一一诠释其中的理由，但是总体来看，却大体可以发现，许多被弃选的篇章都属于人生事态的简单感受，似乎尚未真正展开思想和情感，如《风》、《箱崎吊古》、《一个破了的玻璃茶杯》、《读〈少年中国〉感怀》、《泪之祈祷》、《香午》、《葬鸡》、《狼群中的一只白羊》等等。

有一些诗歌题材如家庭的亲情与困顿、与和儿在博多湾观海等多次出现，入选《女神》之时显然就格外小心，努力在类似的主题中挑选更为丰富的作品，如内容相对简单的《抱和儿浴博多湾中》被弃，入选的《光海》和《浴

① 郭沫若：《开拓新诗歌的路》，《郭沫若谈创作》黑龙江人民出版社 1982 年版，第 59 页。

② 郭沫若：《谈诗歌问题》，《郭沫若全集·文学编》第十七卷，人民文学出版社 1989 年版，第 64—71 页。

③ 闻一多：《〈女神〉之时代精神》，《闻一多全集》第二卷，湖北人民出版社 1993 年版，第 110 页。

④ 郭沫若：《三叶集·1920 年 3 月 3 日郭沫若致宗白华》，《郭沫若全集·文学编》第十五卷，人民文学出版社 1990 年版，第 137 页。

海》都是诗情丰沛之作。

在这样的挑选过程中,我们能够感受到诗人对于自己的诗歌理想的营造与摸索——“以宇宙全体为对象,以透视万事万物底核心为天职”的郭沫若努力走出一己的私情与狭隘的思维,将最充实最开阔的景象呈现在我们面前[①];他也努力体验和实践着“我们心中的诗意诗境底纯真的表现”,他深刻地意识到:“原始人与幼儿的言语,都是些诗的表示。原始人与幼儿对于一切的环境,只有些新鲜的感觉,从那种感觉发生出一种不可抵抗的情绪,从那种情绪表现成一种旋律的言语。这种言语的生成与诗的生成是同一的;所以抒情诗中的妙品最是些俗歌民谣。便是我自己的儿子,他见着天上的新月,他便要指着说道:‘Oh,moon! Oh,moon!’见着窗外的晴海,他便要指着说道:‘啊,海! 啊,海! 爹爹,海!’我得了他这两个暗示,我从前做了一首《新月与晴海》一诗是……”但也就是在幼儿天真的呼喊中,诗人忽然意识到了自己诗歌的某种无力与别扭:“我看我这两节诗,硬还不及我儿子的诗真切些咧!”[②]编辑《女神》之时,诗人果真放弃了《新月与晴海》。

有人曾经批评郭沫若早期的诗歌粗糙,这或许可以讨论,但至少从《女神》的筛选编辑来看,诗人分明是有自己严格的考虑和意图的,并非如一般人想象的那样随意轻率。

新生的白话诗创作在某种程度上是孤独的茫然的,尤其需要朋友的理解和支持,所以郭沫若与《学灯》编辑宗白华,与同在日本留学的田汉等人的精神交流就显得十分的宝贵。正是这一独具慧眼的编辑,这一同气相求的朋友的慰安给了诗人莫大的鼓励和支持,三人往来于中日间的书信交流形成了郭沫若最重要的读者圈与文学氛围,《女神》的写作在很大程度上与他们彼此的切磋、砥砺关系密切,其相互启发、鼓舞的思想艺术追求不时闪现,但是即便是这样,也并没有取消郭沫若自身的文学理想与诗歌追求。例如宗白华、田汉都不约而同地表达过对郭沫若“大诗”、“长诗”才华的赞赏,并鼓励他继续发展:“你的诗意诗境偏于雄放直率方面,宜于做雄浑的大诗。所以我又盼望你多做象凤歌一类的大诗,这类新诗国内能者甚少,你将以此见长”,[③]“沫若先生! 我若是先看了你的长诗,我便先要和你订

---

① 郭沫若:《三叶集》,《郭沫若全集·文学编》第十五卷,人民文学出版社1990年版,第22—23页。

② 郭沫若:《三叶集》,《郭沫若全集·文学编》第十五卷,人民文学出版社1990年版,第48—49页。

③ 郭沫若:《三叶集》,《郭沫若全集·文学编》第十五卷,人民文学出版社1990年版,第31页。

交——那怕是你不肯下交我这样的蠢物”[1]。这固然在一定程度上道出了郭沫若诗歌的特色，然而，郭沫若自己显然对此有自己的体验和追求。在他创作的部分较长篇幅的诗歌（剧诗《女神之再生》、《湘累》、《棠棣之花》及《凤凰涅槃》等）外，更留下了大量短小的篇什，甚至在以后编辑时，对某些作品也有刻意的压缩和删减。《凤凰涅槃》初版本“凤凰更生歌·凤凰和鸣”长达 15 节，到 1928 年修改压缩为 5 节。关于诗歌的长短问题，诗人不曾停止过思考，他后来表示“长诗自然也应该有，但要有真切的情感和魄力，不然大抵出于堆砌，会没落于文字的游戏。长诗也有限制，过长的叙事诗，我可以决绝地说一句，那完全是‘时代错误’。”[2]“一般说来，好的诗是短的诗。好的长诗大率是短诗的汇集，或则只有其中的某某章节为好。诗人做诗不应该去贪长，要短乎其不能不短，长乎其不能不长，便可以恰到好处。”[3]这都说明，究竟应该创作什么样的诗歌，对于郭沫若而言绝对是一个严肃的艺术探索的问题，其中凝结了诸多真切的思考，这就像他多次讲述自己的诗歌写作历程，并且从来也不掩饰对自己的不满和批评一样：“自从我把《浮士德》第一部译了之后，这种状态我是绝少感受着的了。内在的感情消涸了。形式的技巧把我束缚起来，以后的诗便多是没有力气的诗，有的也只是一些空嚷。很有些人称赞我《女神》以后的诗而痛诋《女神》的，但在我觉得还是《女神》里面是没有欺诳自己的一样。”[4]至于他后来对于“粗暴”与“标语口号”的辩护，也依然是出自独特的生命体验的真实表述，这样的话千万不可望文生义，不可以常理推想之，否则我们就无法理解如《天狗》、《晨安》这些诗作的前所未有的创造力：

> 我自己的本心在期待着：总有一天诗的发作又会来袭击我，我又要如冷静了的火山重新爆发起来。在那时候我要以英雄的格调来写英雄的行为，我要充分地写出些为高雅文士所不喜欢的粗暴的口号和标语。我高兴做个“标语人”，“口号人”，而不必一

---

① 郭沫若：《三叶集》，《郭沫若全集·文学编》第十五卷，人民文学出版社 1990 年版，第 34 页。

② 郭沫若：《关于诗的问题》，《郭沫若全集·文学编》第十六卷，人民文学出版社 1989 年版，第 176 页。

③ 郭沫若：《郭沫若诗作谈·关于讽刺诗剧诗及其他》，《现世界》1936 年 8 月创刊号。

④ 郭沫若：《写在〈三个叛逆的女性〉后面》，《郭沫若全集·文学编》第六卷，人民文学出版社 1986 年版，第 144 页。

定要做“诗人”。①

形式的绝端自由?

郭沫若《女神》时期的创作给人留下的印象是:无所顾忌,打破一切形式的束缚。他关于诗歌追求形式“绝端的自由”、“绝端的自主”,关于“内在律”的说法也历来为文学史家反复引用,俨然已经成了“郭沫若诗学”的标志。那么,在那个新诗的草创的年代,在诗人都还处于艺术探索的过程中,所谓诗歌观念还有没有复杂曲折的一面呢?

在郭沫若的佚作中,我们也注意到了像《雷雨》与《月光曲》这样的形式营造明显的诗歌。《月光曲》的诗行排列轻灵而富有“形式意味”,真如夜空中一片轻悄的薄云飘然飞过,《雷雨》甚至可以说是一首典型的图像诗:

雨,
黄昏,
室如漆,
宇宙晦冥。
一冲电光来,
猛把黑暗辟开,
地狱已倒坏!
你请听呀
好声威!
倒声?
雷?

出现在《卓文君》中的《月光曲》句式曼妙,错落有致,有徐志摩《偶然》、《山中》式句法神韵,建筑美与音乐美皆具:

> 月光娘娘,/水里梳妆。/影在水中,/身在天上。/水间天上两相望,/一朵白云飞过江。/都朗朗/都朗朗/都朗朗朗朗朗/一朵白云飞过江。/月光嫂嫂,/水中洗澡。/星星偷看,/嫂嫂心恼/

① 郭沫若:《我的作诗的经过》,《郭沫若全集·文学编》第十六卷,人民文学出版社1989年版,第221页。

恼得星星昃眼睛，/一朵白云过江心。/都淋淋/都淋淋/都淋淋淋淋淋/一朵白云过江心。

《月光曲》作于《女神》出版之后的1923年2月，而《雷雨》则发表于1920年9月，但也未见入选，这是不是表明这样的"形式"营造在郭沫若仅仅是智慧的游戏，而最终不能代表其"绝端的自由"的追求？诗人并不会拒绝游戏，但也有自己的严肃的坚持，就好像他在后来谈到旧体诗创作时所说的那样，旧诗"作为雅致的消遣是可以的，但要作为正规的创作是已经过了时了。"①

绝端的自由，绝端的自主，这是不是郭沫若诗歌观念的核心呢？是不是一切形式的设想都不存在呢？如果我们注意到诗人对待自己《女神》时期的散文诗的态度，也许就会有新的认识。

观察郭沫若对散文诗作品的取舍则可以进一步透视他关于诗歌形式自由的复杂观念。发表于1920年12月的《我的散文诗》四首应该是颇有特色的作品。这四首作品分别题为《冬》、《她与他》、《女尸》和《大地》，涉及冬天的萧瑟、荒凉，两性的隔膜，死亡的自由，民族精神的沉沦等重要主题。显而易见，散文诗体十分符合郭沫若当时形式自由的看法。《论诗三札》中认为："诗应该是纯粹的内在律，表示它的工具用外在律也可，便不用外在律，也正是裸体的美人。散文诗便是这个。"②《三叶集》中提出"诗的本职专在抒情。抒情的文字便不采诗形，也不失其诗。例如近代的自由诗，散文诗，都是些抒情的散文。自由诗散文诗的建设也正是近代诗人不愿受一切的束缚，破除一切已成的形式，而专挹诗的神髓以便于其自然流露的一种表示。"③

按照这样的逻辑，诗人理当对散文诗作品有相当的看重。然而，事实却是，诗人不仅没有将它们收入《女神》，而且在后来的创作也并不见有更多的进一步的诗体探索④，这就启示我们思考一个更深的问题："不采诗

---

① 郭沫若：《沸羹集·战士如何学习与创作》，《郭沫若全集·文学编》第十九卷，人民文学出版社1992年版，第349页。

② 郭沫若：《论诗三札》，《郭沫若全集·文学编》第十五卷，人民文学出版社1990年版，第338页。

③ 郭沫若：《三叶集》，《郭沫若全集·文学编》第十五卷，人民文学出版社1990年版，第147页。

④ 1916年的圣诞节，郭沫若曾用英文为安娜写过散文诗，后来又改为中文，这就是《辛夷集》的《题辞》，后称《小引》但这篇《小引》后来也不曾以诗歌作品的身份被收录。

形”、“破除一切已成的形式”是不是意味着郭沫若在诗歌形态上的放任自流，从来没有自己的设想？

在“自由”的冲破之后，郭沫若又说：“我也是最厌恶形式的人，素来也不十分讲究他。我所著的一些东西，只不过尽我一时的冲动，随便地乱跳乱舞的罢了。所以当其才成的时候，总觉得满腔高兴，及到过了两日，自家反复读读看时，又不禁挟背汗流了。”①我们不禁推想：“挟背汗流”时刻的郭沫若又具有怎样的诗歌理想，而这样的理想又可能包含一些怎样的内容？

《女神》出版于1921年，短短数年后，郭沫若又对诗歌的形式说了一番新的想法：“抒情诗是情绪的直写。情绪的进行自有它的一种波状的形式，或者先抑而后扬，或者先扬而后抑，或者抑扬相间，这发现出来便成了诗的节奏。所以节奏之于诗是它的外形，也是它的生命，我们可以说没有诗是没有节奏的，没有节奏的便不是诗。”虽然他依然肯定散文诗与自由诗可以“不借重于音乐的韵语”，“没有一定的外形的韵律”，但又表示：“有情调的诗，虽然可以不必再加以一定的声调，但于情调之上，加以声调时（即是有韵律的诗），是可以增加诗的效果的。古代的诗，有许多到了现在，也还永远值得我们雒诵，便是因为这个原故。”②到了1942年，他曾经肯定说：“有诗的内容而有适当的韵语以表达，准同性质的物相加可以使效果倍增的合力作用（Synergy）的原则，故诗多有韵。“③甚至说：“诗的语言恐怕是最难的，不管有脚韵无脚韵，韵律的推敲总应该放在第一位。”“古诗爱用双声、叠韵，或非双声叠韵的连绵字，这种方法在新诗里也是应该遵守的，尤其中国语文是在从单音转化为复音的过程中，正要靠着这种方法以遂成其转化。”“新诗的韵律虽然没有旧诗严，但平仄的规定是不能废的。有时同一是平声的字也应该分别阴平与阳平，同一是仄声的字也应该分别上去入。”④单纯的散文诗写作，显然不利于这些“效果”的加强。在这个意义上，我们能否将郭沫若的诗歌观念认定为“形式绝端自由”论，就很可讨论了：不仅存在不同历史阶段的演变与分歧，就是在同一个《女神》时期，恐怕也往往有许多难以清晰表达的艺术设想。

---

① 郭沫若：《三叶集》，《郭沫若全集·文学编》第十五卷，人民文学出版社1990年版，第46—47页。

② 郭沫若：《文艺论集·论节奏》，《郭沫若全集·文学编》第十五卷，人民文学出版社1990年版，第353—360页。

③ 郭沫若：《今昔集·今天创作的道路》，《郭沫若全集·文学编》第十九卷，人民文学出版社1992年版，第141页。

④ 郭沫若：《沸羹集·怎样运用文学的语言？》，《郭沫若全集·文学编》第十九卷，人民文学出版社1992年版，第308页。

郭沫若的诗歌观念或曰"郭沫若诗学"是中国现代文学史与诗歌史上被多方论及的重要课题，到今天为止，人们的研究主要还是以诗人特定时期的诗歌选集或文论选集为根据的，这便有可能将充满动感的观念形态的东西固定化，而严重忽略了其中流动变化甚至包含着若干自我矛盾的因素，尤其对郭沫若这样不懈探索、"运动"一生的诗人。通过以上我们结合选本与佚作，又综合创作与理论的多重表达的追踪，似乎可以获得一个更为完整与丰富的感受。总之，所谓的"观念"总是复杂而微妙的，我们过去通常利用诗人的理性表述来加以认定，其实对于一位充满感性色彩的作家而言，理性的表述往往只是他丰富观念的一部分(虽然这是相当重要的一部分)，其他一些细微的甚至包含矛盾的选择需要结合作品，甚至作品的编辑增删来加以体察和认识。郭沫若《女神》时期佚诗的文献价值，即在于此。

(原载《湘潭大学报》(社会哲学科学版)2011 年第 1 期，作者为北京师范大学文学院教授，中国郭沫若研究会副会长)

从《文艺论集》的版本看郭沫若文学批评的流变

周海波

郭沫若早期的《文艺论集》是中国现代文学批评史上一部重要的文学批评著作，是研究郭沫若文学思想、文学批评的重要文献。但是，由于郭沫若对自己的创作或者文学论著的文献进行了不断的改版、修订，致使其著作中前后篇目不同，甚至某些作品的文字不同，因而表现出的文学思想前后差异较大，"以致有的研究者往往把五十年代经郭老改动了的观点当成他二十年代的观点，造成了失误"①。同时也造成郭沫若研究尤其是郭沫若文学思想研究的模糊不清、前后混杂的现象，制约了我们对郭沫若的学术评估和价值判断。

关于《文艺论集》的版本问题，黄淳浩在《〈文艺论集〉汇校本》中对各个不同版本已经作了系统、全面的叙述和校勘，为我们研究《文艺论集》及《文艺论集》所显示的郭沫若不同时期的文艺思想，提供了极大方便。目前我们看到的《文艺论集》主要有 1925 年的初版本、1929 年的改版本（第四版）、1930 年的改版本、1959 年的《沫若文集》本和 1990 年的《郭沫若全集》本。前四个版本是由郭沫若本人亲自校改而定的，全集本则是由全集编委会及编校者完成的版本。如果从版本学的角度研究郭沫若的文艺思想，那么由郭沫若亲自编校的版本显然更具文献意义，如果从文本的角度研究郭沫若的文艺思想，全集本则显现出一定的优势。我这里所要做的，是通过不同版本（主要是 1925 年的初版本、1929 和 1930 年的改版本）的比较进一步研究郭沫若文学批评思想的演变，更准确地认识早期郭沫若对中国现代文学的建设性意义。

《文艺论集》出版于 1925 年 12 月，由上海光华书局出版发行，收录了作者 1920 年至 1925 年间的文章 31 篇。从论集的结集方式来看，这些写于不

---

① 黄淳浩：《文艺论集》汇校本，湖南人民出版社 1984 年版，第 2 页。

同时间的文章，所讨论的内容涉及中国文化、中国文学的各个方面，是一部文艺方面的个人文集。但是，如果从论集的编辑方式及郭沫若的文艺着力点来看，这又是一部比较系统的文艺批评专著。

《文艺论集》中的31篇批评文章，虽然写于不同时期，但外在的杂乱却内蕴着作者系统的思考和文学探求，呈现出思想系统、体系完整、观点明确的特点。从论集收录的文章来看，《文艺论集》并非纯粹的“文艺”论集，而是涉及中西方文化、文学艺术的本质论、创作论、批评论等问题，是一部范围较宽泛的“文化论集”。上卷收录的10篇论文，似乎与文学艺术问题较疏远。我认为，郭沫若在《文艺论集》中所论述的问题以及整体理论框架，恰恰是对“五四”新文化的积极响应，是从中国现代文化体系的构建方面考虑文学理论问题的。上篇的中国文化和中西文化比较的论述，是下篇讨论文学批评问题的理论基础和出发点，没有这些对中国文化问题的思考，他所讨论的文学批评问题也就很难落在实处，正是因为他将文学批评纳入中国文化的思考之中，才显示出他的文学批评思想的建设性意义。郭沫若在东西方文化的比较研究中，发掘、整理并重建中国文化的价值体系。在这一宏大的文化构想中，文学艺术仅仅是这个文化框架中的组成部分。包括《女神》、《星空》等诗歌创作及文学批评论著，都被纳入郭沫若的文化构架之中。我们知道，郭沫若早期文学批评思想中，生命文学是主体思想，是郭沫若文学批评的重要价值标准。这一批评思想虽然主要表现在《论国内的评坛及我对于创作上的态度》、《〈西厢〉艺术上之批判与其作者之性格》等文章中，但是，正是由于《中国文化之传统精神》、《论中德文化书》、《伟大的精神生活者王阳明》等文章的理论阐述，生命文学观才能落到实处，郭沫若从探求中国传统文化的精神特征及其深刻内涵方面，为生命的文学观作了有力的铺垫。如果比较“五四”时期如胡适、陈独秀、周作人、鲁迅等新文化倡导者们的观点，郭沫若与他们在现代文化构建的目的上是一致的，而建构的方法与路径则有所不同，应当说，郭沫若在新文学建设问题的思考较之对新文学问题的思考更深入也更有现代文化的价值。

1925年出版的这部《文艺论集》，尽管有遗漏，但大体反应了郭沫若这一时期的思想及其思维的方式。郭沫若写于这一时期的一些重要文学批评论文未能收录其中，如发表于1920年2月23日的《时事新报·学灯》上的《生命底文学》、发表于1921年5月《学艺》第3卷第1号上的《艺术的象征》、发表于1922年12月《创造》季刊第1卷第3期的《反响之反响》、发表于1923年5月《创造》季刊第2卷第1期的《讨论注译运动及其它》、发表在1923年6月《创造周报》第7号上的《暗无天日的世界》等批评文章，种种原因未能收入《文艺论集》,这些文章虽然也从某个方面表现了郭沫若的文学批评思想,但如果置于《文艺论集》时,则只是数量上的增加了。因此,我们说这部文艺批评论著仍然比较系统全面地表现了郭沫若对现代中国文化问题的深刻思考,更加积极的文化建设的态度上参与了文学批评,为中国现代文学批评史上难得的著作。

郭沫若出版《文艺论集》之后不久,就投笔从戎,参与了北伐战争,这部文艺论集并未引起文学界更多的关注。其主要原因,一方面是郭沫若战时离开了文学界,他本人并未在这部文集上投入太多精力,只是将其作为已经过去的“残骸”的“墓志铭”;二是论集出版于1925年12月27日。这时,整个文学界关注的目光,已开始由关注思想文化投向变幻莫测的社会,“五四”新文化运动的思想命题已经开始转向实际的社会斗争,人们对这类重建中国文化传统、生命文学的议论没有太大的热情。《文艺论集》提出的理论命题及其显示出来的积极文化意义出现了时间性的矛盾,导致它出版后受到了不应有的冷遇。

1929年和1930年,郭沫若对《文艺论集》连续进行了两次改版,这两次改版,除对一些文字进行修订外,主要增删了一些篇目。两次改版以1929年版为开端,展示了郭沫若借《文艺论集》的改版表现新的文学观点的想法,1930年版改动最大,实现了对《文艺论集》的本质改变。

《文艺论集》的出版和再版,在郭沫若的人生道路和文学道路上是非常有纪念意义的。1925年12月,郭沫若出版《文艺论集》后不久,就弃文学投身于北伐的队伍中。《文艺论集》的郭沫若却是一位努力于中国文化传统探寻和现代中国重建的社会思想者和研究者,是一位努力于中国新文学建设的诗人、文学批评家。他以社会思想者的身份观察思考文学问题,又以文学的论述进一步阐述中国文化的问题。应当说,郭沫若思考的问题已经超越了诗人、文学家的身份。或者说,郭沫若以诗人的身份,以文学批评的方式去探求更宽广的社会问题,讨论更复杂的现代文化问题。因此,《文艺论集》充当了《女神》的诗人郭沫若转向革命者郭沫若的过渡。只要我们重新回味一下《文艺论集》的序,也许会更深刻地明白郭沫若的良苦用心。在《序》中,郭沫若一方面认为“这部小小的论文集,严格地说时,可以说是我的坟墓罢”,另一方面他又认为“这儿是新思想的出发点,这儿是新文艺的生命”[①]。既然郭沫若把这部论文集视为自己思想和文字的“坟墓”,那么,这结集的方式意味着对过去的“付诸火化”。但是,他又认为这是新思想、

① 郭沫若:《文艺论集》,光华书局1925年版,第1页。

新文艺的开始,对文集中的一些思想观点颇有留恋和认同,因此,通过一定的方式突出这种“新”的内容,就成为郭沫若改版《文艺论集》的一种努力。

1929年郭沫若改版的《文艺论集》,是他从北伐战场退下来后不久就开始改、校的。这个时候的郭沫若,其身份特征已经发生了变化。他不再是一位文学家,也不再是一位中国文化的思考者与构建者,而是一位社会活动家、政治家,一位参加过北伐的“战士”。这个时候的郭沫若的文章中到处可见“革命”、“阶级”、“革命文艺”、“阶级文艺”等概念,完全以一位“革命者”身份谈论文学的问题。郭沫若不是以文学家的身份而是革命家的身份参与“革命文学”论战的。1928年元旦,郭沫若以麦克昂为笔名,与鲁迅等人联名发表《创造周报复活宣言》。2月初,郭沫若开始校改《文艺论集》。同时期,郭沫若发表了《英雄树》、《桌子的跳舞》等参与“革命文学”的文章。与以《文艺论集》的出版作为离开文学界的标志不同,他又以《文艺论集》的改版作为再次回到文学界的代表作。这个时候,无论是中国文学的环境,还是郭沫若本人的思想观念,都发生了重大变化。如果说初版本《文艺论集》的郭沫若,则是以社会活动家的身份重返文学界,试图以文学参与社会,以文化重建的方式解决社会问题,那么,1929年和1930年改版《文艺论集》的郭沫若,则努力建设“革命文学”,试图以“革命”的方式从事文学的活动,在一定的社会革命的格局中创造“革命文学”。也可以说,郭沫若试图通过《文艺论集》的不断改版,以宣示在文学界的话语权。

1930年版的《文艺论集》虽然只是删去了几篇历史文化类的论文,增加了几篇文学类的文章,但就在这一删一增的改版动作中,显示出郭沫若思想及其文学观念的重大变化。郭沫若在改版本的《跋尾》中说“此书竟又要出到五版了。有些议论太乖谬的,在本版本中我删去了五篇。此外没有甚么可以说的,只是希望读者努力‘鞭尸’。”1959年郭沫若在《沫若文集》中再次对《文艺论集》进行修订时,对这里所有的“议论太乖谬”又作了更具体的说明:“《中国文化之传统精神》和我后来关于中国古代的研究大相径庭,错误观点甚多,《国家的与超国家的》则因为无政府主义的倾向太浓厚了(年轻时,我有一个时期也曾倾向于无政府主义),故不愿意再使谬种流传。”[①]郭沫若这里所说的是他流亡日本时期所出版的《中国古代社会研究》中的主要观点。非常明显,写于1920年代初期的《中国文化之传统精神》等有关中国文化的论著,与1920年代末的《中国古代社会研究》,无论是研究方法,还是思想认识,都发生了较大变化。尤其郭沫若的写作环境和研究心

① 《郭沫若全集·文学编》第十五卷,人民文学出版社1990年版,第143页。

态都发生了重大变化，他已经从一位对中国文化和文学问题的思考者，转变成为一位革命者，他的研究不再主要是作为个人的人生体验和思考，而主要是作为社会革命者的某种需要而在学术界进行的理论研究，是必须以先验的理论方法进行的中国历史研究。因此，对于一部文艺论集，郭沫若虽有修改自己作品的习惯，也有借修改版重新确立自己思想坐标的想法。但是，郭沫若连续两次改版，通过修订一部《文艺论集》订正自己的思想，尤其关于中国古代社会的研究，未免有些力度不够或者张冠李戴。

从郭沫若修改自己作品的习惯来看，增删篇目只是方式之一，更多情况则是直接修改文本。在思想观点、语言文字等方面进行大幅修改，使之适合于当时的思想状况。诸如《女神》等作品的修改，再如郭沫若曾认为："我郭沫若所信奉的文学的意义是：文学是苦闷的象征。"[①]但后来收集在《郭沫若全集》中时却修改为："我郭沫若所信奉的文学的意义是：文学是批判社会的武器。"[②]这种根本性的文学观念的修改，才是郭沫若借着改版修订思想观念的主要手段。可以说，如果郭沫若要修正"有些议论太乖谬"，完全有时间有条件对删去的文章进行内容上的修改。《文艺论集》中也有不少地方从内容方面进行修改，但总体而言，没有那种根本改变作者思想观点的大的改动。

那么，除了要修正他所说的"有些议论太乖谬"的原因之外，是否还有其他原因？

我们注意到，1925 年的初版本分为上下两卷，上卷主要讨论中国文化的问题，下卷讨论文学问题。1929 年的改版本则改变了上下两卷的编法，除将《论诗》中的三封信分为两篇文章，另外增加了《文学的本质》、《论节奏》两篇文章，并分成了六个部分。这种编法虽然只是调整了篇目的编排方法，但由于原来上卷的内容经过调整后只是六个部分中的一部分了，而且只有五篇论文，其余各篇则被调整到其他各部分中，如《整理国故的评价》成为第五部分的首篇，与另三篇共同构成了文学的"整理国故"问题的讨论了。1929 年的这次改版，显然呈现出郭沫若将《文艺论集》其他改回"文艺"论集的努力，体现出一位社会活动家、政治家及"革命文学"的倡导者在文学批评方面的建树。

1930 年改版的《文艺论集》更明显也更集中地表现着郭沫若努力于"文学"的目的。在这一版次中，郭沫若删除"议论太乖谬"的五篇文化论文和

---

① 郭沫若：《暗无天日的世界》，《创造周报》1923 年第 7 期。

② 《郭沫若全集·文学编》第十六卷，人民文学出版社 1990 年版，第 152 页。

论诗的文章，即《中国文化之传统精神》、《伟大的精神生活者王阳明》、《国家的与超国家的》、《论诗三札》中的第二和第三札。同时，作者还重新调整了篇目的编排，分为三部分。第一部分主要以讨论文学的本质特征为主，第二部分则以文学批评理论和批评方法为主，第三部分以东西方几位著名作家的作品批评为主。《论集》中的三部分内容都紧紧围绕着“文学”做文章，实现了“文艺”论集的文学核心问题。与此同时，郭沫若将几篇讨论文化问题的论文编入“附录”，从而更突出了正篇的文学批评特点。这样，经过改版后的《文艺论集》就成为了部纯粹的“文艺”论集了。

其实，从郭沫若对《文艺论集》部分文章的修改来看，并未作重大改动，一些字句和段落的修改也很难改变原版已形成的观点。同时，一些重要的文学观点仍然保留下来了。如强调文学艺术是无功利性、无目的性的，认为文学是苦闷的象征等。1929 年和 1930 年的改版本都基本上保留了这些观点。所以，郭沫若的两次改版，并未修改其文学批评的某些具体的思想观点，而主要通过对文集篇目的调整，重新构建自己的文学批评体系。如果说早期郭沫若是从民族文化的大背景和东西文化汇流的格局构建自己的批评体系的话，那么，改版时期的郭沫若则主要从“文学”的或“革命文学”的格局考虑建构新的文学批评体系的。从这个意义上说，改版后的《文艺论集》与 1931 年出版的《文艺论集续集》具有大体相同的意义。但是，当中国文学进入到“革命文学”时代，《文艺论集》同样不能引起人们太多的关注，很难纳入“革命文学”批评的话语之中。

（原载《齐鲁学刊》2011 年第 2 期，作者为青岛大学文学院教授）

郭沫若《女神》中的“西方形象”

方长安

郭沫若的诗集《女神》中有一个长期以来不为研究者所置重的现象，即它以大量的“西方意象”，有意无意间“塑造”出一个异质于中国传统文化的“西方形象”。这一形象的“塑造”过程，是诗人发抒胸中郁积、反思中国古旧文化、想象民族未来的过程，是觉醒的个体言说西方文化的过程，是一种宣泄，一种呐喊，一种建构。经由“西方形象”，《女神》与民族古典诗歌及同时代诗歌区别开来，别具风骨。

一

意象是诗歌形象构成的基本元素，《女神》中的“西方形象”由大量的“西方意象”组构融合而成。本文所谓的“西方意象”主要是指作品中所使用的体现西方文化的意象，它们是西方社会历史与现实、此岸与彼岸、经验与超验世界的存在物，是意与象相融合的西方文明的承载者。从所指层面看，《女神》中的“西方意象”可以分为四种类型，它们各有特色，相互融通，形成新的文本意蕴与情感空间。

一是西方拼音文字意象。对于习惯于汉字的中国读者来说，西方拼音字母、单词、语句等，不仅陌生，而且奇异，它们不只是意味着一种书写文字的差异，不只是犹如衣着、服饰代表着外在装扮的不同，而且体现为一种由表及里的陌生文化形象。《女神》中许多诗歌夹杂着西方拼音文字，构成一种特殊的意象群。

第一辑的第一首诗即《女神之再生》一开篇就引录了德国诗人歌德的长篇诗剧《浮士德》结尾的诗句：“ Alles Vergaengliche /ist nur ein Gleichnis;/das Unzulaengliche,/hier wird's Ereignis;/ das Unbeschreibliche/hier ist's getan; / das Ewigweibliche/zieht uns hinan. ——Goethe” 诗人

将最后两句译为"永恒之女性,领导我们走",[①]它是这些诗句的灵魂,是诗人旨意所在,也是巧妙连接《浮士德》与中国上古女娲神话的纽带;换言之,诗人找到了中西文化深处女性崇拜意识交互融汇的契合点,而那些西文诗句给人以视觉冲力,一种别样的文字画面扑面而来。

《胜利的死》是一首并不为多数研究者所关注的诗歌,然而诗人却很看重,专门为它写了"引言"和"附白",《女神》中享受这种待遇的作品少之又少。该诗共四节,每节均以苏格兰诗人康沫尔《哀波兰》中的原文诗句开篇,第一节前的英文诗是"Oh! once again to Freedom's cause return,/The patriot Tell ——the Bruce of Bannockburn";第二节前的是"Hope,for a season,bade the world farewell,/And Freedom shrieked——as Kosciuszko fell";第三节前的是"Oh! Sacred Truth! thy triumph ceased a while,/And Hope,thy sister,ceased with thee to smile";第四节前的是"Truth shall restore the light by Nature given,/And,like Prometheus,bring the fire of Heaven!"诗人不仅借以铺排、歌颂了爱尔兰独立军领袖新芬党党员马克司威尼"胜利的死",而且作为一种整体的"英文诗句意象",以一种新的诗境空间承载、认同与赞美了现代西方不死的"自由"精神。

《无烟煤》第一节诗句,是司汤达(Stendhal)1834 年"被任为驻罗马教廷辖区契维塔韦基亚(Civitavecchia,现属意大利)领事时致狄·费奥尔(di Fiore)信中的话"[②],即:"轮船要煤烧,/我的脑筋中每天至少要/三四立方尺的新思潮。"虽为中文译文,但与别的诗歌中的西文语句构成互动生成关系,丰富了作为整体的"西文"意象。

《女神》中还有很多作品里出现了西方拼音意象,如"Energy"、"X"、"Pioneer"、"Pantheon"、"symphony"、"Open - secret"、"Hero - poet"、"Proletarian poet"、"soprano"、"Disillusion"、"unschoeh"等等,它们展示的是一种西方文化存在,一种思维方式,一种价值取向。这些单个的西方拼音意象与前述西文诗句在诗集中交相辉映,形成西方拼音文字意象群,使《女神》在文字视觉层面具有一种西方性。

二是西方文化先驱者意象。《女神》诗集中,西方不同领域的名人成为抒情言志的重要意象。例如:"政治革命的匪徒们"——克伦威尔、华盛顿、

---

① 《郭沫若全集·文学编》第一卷,人民文学出版社 1982 年版,第 6 页。后文所引《女神》中的诗句、语词意象皆出自该版本,如没有特别情况不再一一注释。

② 《郭沫若全集·文学编》第一卷所收《无烟煤》一诗后面的注释,人民文学出版社 1982 年版,第 61 页。后文这类注释均出自该版本,不再一一注释。

林肯等,“社会革命的匪徒们”——罗素、哥尔栋、列宁等[①],“宗教革命的匪徒们”——释迦牟尼、马丁·路德、耶稣等,“学说革命的匪徒们”—— 哥白尼、达尔文、尼采、Spinoza 等,“文艺革命的匪徒们”—— 罗丹、惠特曼、托尔斯泰、歌德、拜伦、Thomas Campbell、Stendhal、贝多芬、Carlyle 、Millet、Mendelssohn、Brahms 等,“教育革命的匪徒们”——卢梭、丕时大罗启等。他们是欧美历史上反叛、变革与创新的先驱,是西方天际闪烁的星星,是人类文明的推进者,构成诗歌中特别的意象群。

三是文化先驱者之外其他文化标签性意象。在西方文化发展过程中,出现了一些具有标志性的文化存在物象,它们相当程度上构成欧美文化的重要标签,看到或听到它们,西方历史与现实场景就会立刻浮现眼前。《女神》中的这类意象,有的属于神话传说,如亚坡罗(Apollo)、Cupid、司健康的女神、司春的女神、普罗美修士、Venus、Bacchus、Poseidon 等;有的属于宗教范畴,如圣母、耶稣、礼拜堂等;有的是近现代文明产物,如摩托车、Energy、X 光线、电气、电灯、轮船、半工半读团、太阳系等;有的是现实生活中的客观存在,如图书馆、法庭、Violin、Piano、哈牟尼笳等;有的是历史现象,如新芬党、爱尔兰独立军、黑奴、俄罗斯的巨炮、交响乐等;有的则是抽象的思想概念,如德谟克拉西、泛神论、“大宇宙意志”、“民族解放”、“阶级斗争”、“社会改造”、“返自然”、密桑索罗普等;有的属于艺术品如“沉思者”、抱破瓶的少女、《牧羊少女》、《The Hero as Poet》、《仲夏夜的梦》、《永远的爱》、《哀波兰》、《哀希腊》等等。它们凭依诗人的想象力,穿越时空,闪烁在《女神》那浩瀚而繁复的天际,蕴涵情感,彰显文明,创造诗意。

四是西方民族国家、地域名称意象。在《女神》中,诗人还有意识地反复书写欧美民族国家、城市乃至更小的地方名称,如英格兰、爱尔兰、比利时、荷兰、俄罗斯、大西洋、加里弗尼亚州、伦敦、可尔克市、剥里克士通监狱等等。它们作为一种新的意象群落,营造出一种世界性抒情场景;不仅如此,它们本身就是一种自然与人文地理符码,一种世界意识的体现,经由它们诗人将读者视线由东方引向西方,拉近了国人与欧美世界的距离,或者说以一种诗意的方式将中国纳入世界知识文化体系,以逐渐改变国人的宇宙观念,形成新的身份认同。

不同类型的西方性意象群,经由诗人的艺术组结、融汇,生成出具有浓

---

① 人民文学出版社 1982 年版的《郭沫若全集·文学编》所收的《匪徒颂》与 1921 年版的《女神》略有不同,此处依据初版本,见人民文学出版社 1982 年版《郭沫若全集·文学编》第一卷第 116 页注释。

厚西方色彩的意境，这是《女神》的重要特征。

二

“写什么”固然重要，但“如何写”对于意义生成则更为关键。郭沫若留学日本，他曾说那时“读的是西洋书，受的是东洋气”。[①] 西洋书籍为他提供了关于欧美世界历史与现实的诸种知识，扩展了他思考、书写的地理场景与人文背景，影响了他的文化价值取向，丰富了其想象空间，使他逐渐形成新的思想逻辑与言说方式。那么，在《女神》中，他究竟是以怎样的情感和文化立场观察、取舍“西方”？以怎样的语态与方式言说“西方”呢？

（一）以比较的方式取舍、言说“西方”。《胜利的死》最初刊登于1920年11月4日上海《时事新报·学灯》，诗中言说了两个“西方”，一个是爱尔兰独立军领袖——新芬党员马克司威尼和苏格兰诗人康沫尔以及拜伦等为代表的“西方”。新芬党是一个资产阶级政党，建立于1905年，主张爱尔兰独立，马克司威尼（1879—1920）作为新芬党员积极从事爱尔兰独立运动，曾多次被英国政府逮捕，1920年他在监狱中与英政府进行不屈的斗争，绝食73天后逝世。在郭沫若看来，马克司威尼虽肉体寂灭了，但精神不死，如诗所言“‘自由’从此不死了”。康沫尔（1777—1844）是苏格兰诗人，惠助波兰，22岁时创作《哀波兰》，《胜利的死》不仅每节开头引用该诗诗句，而且“附白”中认为它“可与拜伦的《哀希腊》一诗并读”。拜伦援助希腊独立，其精神早已化为西方民族独立自由的传统。《胜利的死》还写到为马克司威尼祈祷的爱尔兰儿童等等。在诗中，马克司威尼、康沫尔、拜伦等“是自由神的化身”，他们共同构建出一个以自由为价值诉求的西方形象。另一个则是将马克司威尼投向监狱的英政府所代表的“西方”。在诗人看来，英政府导演了“有史以来罕曾有的哀烈的惨死呀！”奸污了自由之神。面对如此的情景，诗人不禁吟道：“冷酷如铁的英人们呀！你们的血管之中早没有拜伦、康沫尔的血液循环了吗？”“汪洋的大海正在唱着他悲壮的哀歌，/穹窿无际的青天已经哭红了他的脸面，/远远的西方，太阳沉没了！”这是一个太阳沉没了的“西方”，一个戕害自由精神的专制的“西方”，一个如同诗人在《凤凰涅槃》中所言的“西方同是一座屠场”的“阴秽的世界”。该诗以对比的方式取舍、言说出两个对立的“西方”，在诅咒冷酷如铁的英政府所

① 田寿昌、宗白华、郭沫若：《三叶集》，上海亚东图书馆1920年5月版，见《宗白华全集》第一卷，安徽教育出版社1994年版，第313页。

代表的专制主义“西方”的同时，赞美了张扬自由精神的“西方”：“自由的战士，马克司威尼，你表示出我们人类意志的权威如此伟大！/我感谢你呀！赞美你呀！‘自由’从此不死了！/夜幕闭了后的月轮哟！何等光明呀……”这是该诗的诗思逻辑。

《西湖纪游·沪杭车中》初刊于1921年上海的《时事新报·学灯》，以抒情主人公“我”的视角，在对比中表现了沪杭车中的“西人”、“同胞们”和“东人”。“西人”“肃静”，且“一心在勘校原稿”，认真地工作；自己的同胞则是另一番情景，“你们有的只拼命赌钱，/有的只拼命吸烟，/有的连倾啤酒几杯，/有的连翻番菜几盘，/有的只顾酣笑，/有的只顾乱谈”；再看“东人”，也就是日本人，他们“骄慢”地在“一旁嗤笑”中国人。诗人作为清醒的观察者，看到如此反差的情形，眼睛要被“泪泉涨破了”，几乎撕心裂肺地哀叹：“我怪可怜的同胞们哟！”这是又一种“对比”书写方式，它已经不是简单的言说修辞，而是体现了诗人忧患的民族情感和对“西人”生存方式和价值理念的认同。

（二）将赞美“西方”与挖掘民族文化精义融为一体。在郭沫若看来，《胜利的死》中的马克司威尼代表了“人类意志”，而这种“人类意志”在古代中国早已有之：“爱尔兰独立军的领袖马克司威尼，/投在英格兰，剥里克士通监狱中已经五十余日了，/入狱以来耻不食英粟”。这里的“耻不食英粟”就是化用中国古代伯夷、叔齐耻不食周粟、饿死首阳山的典故。马克司威尼在监狱绝食而死后，诗歌再一次歌吟道：“——啊！有史以来罕曾有的哀烈的惨死呀！/爱尔兰的首阳山！爱尔兰的伯夷，叔齐哟！”显然，此时的诗人并没有因为赞美崇尚自由的“西方”而贬抑中国文化，而是相反，他在中国传统文化中找到了独立自由的精神，或者说对马克司威尼所代表的“西方”的歌吟，就是对中国文化精髓的发掘与赞美。

《女神之再生》表现的是中国古代神话中炼五色石以补苍天的女娲的再生。她曾补天以匡正世界，为万世开太平，成为人类景仰的女神；然而在“浩劫要再”的今天，她却不愿再在壁龛中做偶像，而是毅然决定去创造“新的光明”、“新的温热”，去创造“新鲜的太阳”。值得特别注意的是，作者为歌颂女娲，一开篇即引用了西方诗人歌德的诗剧《浮士德》结尾处的原文诗歌，并将中文译文并置于右边，推入读者眼帘，而该诗的诗心是“永恒之女性/领导我们走”，郭沫若在有意无意间接通了中国古代女娲神话与西方长篇诗剧，不仅改变了长期以来中国关于女娲神话的叙述习惯，更重要的是形成了表述西方文化的一种方式，即以西方文化精髓印证、支持对于中国传统文化精义的发掘，以西方文化思想作为开掘中国故旧文化的话语依据，“西方意象”也由此在中国话语场景中获得了意义，其中潜隐着作者那时不仅看重西方思想而且尊重中国古人智慧的文化心理。

1920年初所作的《晨安》一诗，展示了一种超越性的宇宙视野与世界胸襟。诗人不仅向大海、白云、山峰、旷野、晨风道一声“晨安”，不仅向祖国、同胞、扬子江、黄河问好，不仅向印度洋、红海、苏彝士运河、金字塔道一声“晨安”，而且将视线转向西方，向俄罗斯、爱尔兰、比利时、大西洋畔的新大陆问好，向达·芬奇、“沉思者”、华盛顿、林肯、惠特曼道一声“晨安”，“我所畏敬的Pioneer呀!”一句表现了诗人的“畏敬”心境。他将西方文化先驱者视为永恒的江河海洋、高山大川，向他们由衷地表达“畏敬”之情。在诗中，“西方”与“东方”融为一体，没有高下之分，而诗人则作为更有力量者，向他们发抒情感，体现了那时诗人的文化观、自我观，也是《女神》言说“西方”的一种方式。

（三）以认同的立场、赞美的口吻和张扬的语气言说“西方”。在《无烟煤》中，诗人以一种钦慕语态引用司汤达的话语——“轮船要煤烧，/我的脑筋中每天至少要/三四立方尺的新思潮。”之所以将之译为母语，显然意在表达对司汤达“新思潮”的认同；“Stendhal 哟！/Henri Beyle 哟！/你这句警策的名言，/便是我今天装进了脑的无烟煤了!”这种不自禁的感叹沟通了西语意象与自我心绪。钦慕、感叹与认同是该诗言说“西方意象”的特点。在《天狗》中，诗人写道：“我是一切星球底光，/我是X光线底光，/我是全宇宙底Energy底总量!”借西方现代文明意象的力量，张扬自我精神。亚坡罗(Apollo)乃希腊神话中的太阳神，诗人在《日出》中写道：“哦哦，摩托车前的明灯！/你二十世纪底亚坡罗！/你也改乘了摩托车吗？/我想做个你的助手，你肯同意吗?”以“亚坡罗”比喻“摩托车”，表现了诗人对西方文化源头之神和现代工业文明的崇仰，崇仰即是一种书写立场与心态。

《匪徒颂》中，西方文化意象繁复，但诗人不是冷静地排列、并置它们，也主要不是如同中国古诗那样让意象在自呈中显现意义，而是以激越的情感颂赞它们。在诗歌正文前面的“引子”里，抒情主人公曰：“小区区非圣非神，一介‘学匪’，只好将古今中外的真正的匪徒们来赞美一番吧。”面对古今中外的“匪徒们”，他的态度相当谦恭，这在《女神》中少见，而那些古今中外的“匪徒”，除了菲律宾的黎塞尔、印度的释迦牟尼、泰戈尔和中国的墨子之外，全都是西方文化巨子，是西方文化史上的标签性人物，如克伦威尔、华盛顿、罗素、列宁、马丁路德、哥白尼、达尔文、尼采、罗丹、惠特曼、托尔斯泰、卢梭和丕时大罗启等，这些标签性人物大都以自己的学说、理论、思想、艺术或革命行为助推了西方历史的转型，在人类社会由黑暗向光明、由愚昧向文明、由专制向民主的演变过程中，起了至关重要的作用。在人类文化史上，选取所谓的“匪徒”而不是帝王将相加以赞美，在“匪徒”中又主要选取西方那些推进历史向现代文明社会转型的离经叛道者，对他们谦恭地表达敬意，发出由衷的赞美，这就是一种文化取舍，一种价值立场，一种言说方式。换言之，诗人对西方自由、民主思想的认同，致使其作品不可能如同中国传统诗歌如“枯藤老树昏鸦/小桥流水人家”那样铺陈意象，而只能以一种“赞美”的方式，一种极度张扬的语态，疾风暴雨式地宣泄认同之情。

三

郭沫若留学日本，对西方没有身临其境的感受与体验，他对西方的了解主要来自课堂，来自西方书籍，这一经历限制规约了他对西方的言说，致使《女神》中的“西方形象”具有书本性，是诗人关于西方的间接知识的表现。那些生成“西方形象”的意象来自书本。如前所述，它们要么是西方拼音文字，一种不同于中国象形文字的书写符号，其本身既是形式又是内容，是记忆的书面化表现形式；要么是西方文化源头神话所记载的诸神，如亚坡罗、Cupid、司健康的女神、司春的女神、普罗美修士、Venus等，它们是西方早期人类想象力的反映，被多少个世纪的人们所讲述、传承与再创造，寄托着西方社会共同的理想与情怀；要么是西方文明演进史上不同领域的变革者、发明者与创造者，诸如克伦威尔、华盛顿、林肯、马克司威尼、列宁、惠特曼、罗素、哥白尼、达尔文、尼采等，他们是与超验世界相对照的真实西方历史的创造者、体现者；要么是地名、国名，对于传统中国人而言，它们陌生而神秘，曾经颠覆了中国人的地理知识、世界观念，它们虽为自然地理存在，却为“非我族类”所居，意味着一种“他者”文化；要么是别的突出彰显欧美文化的标签性符号。所有这些西方性意象，对于诗人来说，是一种书本知识，一种文化符号，并非日常生活里客观存在的可以触摸的事物，不具备日常性、世俗性与鲜活性。

然而，这并不意味着它们缺失文本意义。诗人几乎在诗集的每首诗中点缀甚或铺排这类单词语码，使西方文化气息在整个诗集里萦绕，那些意象随着读者的阅读接受汇为特别的“西方形象”，展示出西方文化的某些轮廓。可以说，《女神》在相当程度上正是通过这些意象锻造出自己的形貌，从而与传统诗歌区别开来。中国古典诗歌中的核心意象，要么是小桥流水、秋风茅舍，要么枯藤古树、凄风苦雨，要么大漠孤烟、长河落日，要么晨钟暮鼓、金戈铁马，要么芭蕉夜雨、寒江渔翁，要么梨花啼鸟、长天大雁，要么布谷杜鹃、荷花牧童，要么月夜空山、清泉溪流，等等，它们是半开放型大河民族封建文明的基本物象，承载着传统社会的经验，传达的是农耕社会读书人的情感，塑造的是古代中国文化的形象；而《女神》中那些“西方意象”，主要是西方社会进化的结晶，承载的是西方历史故事，传达的是西方智慧与经验，它们大量进入作品后丰富了中国诗歌的意象谱系，拓展了中国诗歌情感表达的空间，使《女神》所展示的画面相比于中国旧式诗歌发生了根本性变化，那些画面所承载的思想意蕴、价值结构也随之不同，所包含的经验与情感变得别样而新鲜，也就是说，那些书本化的“西方意象”所构建的“西方形象”，使《女神》从外到内与中国旧诗区别开来，成为一种包含着西方近现代价值取向的作品，也就是传达西方现代文化精神的作品。可以毫不夸张地说，通过大量书本化的“西方意象”，在有意无意间所“塑造”出的异质于中国传统文化的“西方形象”，是《女神》意义生成的重要途径。

对西方世界缺乏切身感受与体验，不只是使诗人所运用的意象来自书本，使其“塑造” 的“西方形象”具有书本性，而且影响了他对那些意象的“艺术安排”。如果说《女神》里的中国性意象多为诗人现实人生中的元素，诗人对它们有着深刻的理解与体认，不仅识其象，而且会其意，他们鲜活地跳荡在诗人的意识里，所以诗人让他们自己开口言说，自我呈现，如《女神之再生》中的女神，就自由地行走在文本世界里不断地声称“我要去创造些新的光明”、“我要去创造些新的温热”，即便是共工、颛顼、牧童等也具有自我行动的力量，也是以第一人称言说、张扬自我。与之相比，诗歌中那些西方神或人，尽管他们原本具有超凡的力量与智慧，但由于诗人对他们缺乏深刻的了解，更没有一种“相濡以沫”的体认，他们来自书本，是一种间接知识，一种概念化存在，所以诗人没有办法让他们真实地站立起来，没有赋予他们以真实的生命，没有让他们直接开口言说，他们只是充当了抒情主人公言说、倾诉与赞美的对象，例如在《晨安》中，诗人深情地向“爱尔兰的诗人”、“华盛顿”、“惠特曼”、“林肯”等送去真诚的问候，不断地发出感叹——“啊啊！我所敬畏的俄罗斯呀!”、“晨安！爱尔兰呀！爱尔兰的诗人呀!”、“啊啊！惠特曼呀！惠特曼呀！太平洋一样的惠特曼呀!”他们是诗人感叹、歌吟的对象；在《电火光中》，诗人如此赞美贝多芬：“哦，贝多芬！贝多芬！/你解除了我无名的愁苦！/你蓬蓬的乱发如象奔流的海涛，/你高张的白领如象戴雪的山椒。/你如狮的额，如虎的眼。”，“贝多芬哟！你可在倾听什么？/我好象听着你的 symphony 了!”诗人在尽情发抒情感的同时，不仅控制了诗歌的内在情绪、节奏，也控制了惠特曼、贝多芬、林肯等，他们在诗歌中没有自己的生活逻辑与行为力量，只是被动地存在于诗人的话语逻辑中，无法表现出超凡的力量与智慧，他们完全为诗人所掌控，所安排，成为诗人书写自我情怀的单词、语码，具有被言说性，碎片化地存在着。中国女神以第一人称方式表达对于当时社会的看法，以主体性姿态发抒自我意愿，要去创造新的世界，自主地创造着；而西方神、人虽为诗人所景仰、所赞美，但却没有自我表达的权利，只能概念化地存在于诗人的话语中，这种差异深刻地体现了诗人对于中西文化的不同态度，令人玩味。

对“西方意象”这种特别的“艺术安排”，使《女神》对“西方形象”的“塑造”过程，成为诗人充分张扬自我主体性的重要环节。宣泄个人的郁积、民族的郁积，是诗人创作《女神》主要的心理需求与动力，在宣泄过程中竭力为民族涅槃、新生而歌唱，在宣泄与歌唱的过程中，他引入了大量的具有超凡力量的西方神和体现西方现代文明的人，这些意象的出现颇有意义，如果没有这些西域意象，那《女神》的言说、抒情空间仍是传统意义上的“天下”视域，所使用的语词仍来自旧的谱系，其言说气势难以获得超越性。换言之，对那些他所崇仰的西方神、人等意象的掌控、安排，让他们仅仅成为诗人表达自我与价值认同的话语元素，让他们成为被动的倾听者、被赞美者，其客观效果是诗人高高在上，诗人的自我意识得以尽情宣泄，获得了空前的主体性。

在宣泄与歌唱中，诗人充分地掌控着西方的神或人，他们被诗人“断章取义”，被诗人删减或增补，形象被改造，于是文本中所生成的“西方形象”，并没有形成自己的性格逻辑，而是一个被充分郭沫若化的“西方形象”。

（原载《福建论坛》（人文社会科学版）2011 年第 6 期，作者为武汉大学文学院教授）

经典如何激活

——《女神》接受方式的探寻

李晓虹　李斌

"五四"至1949年的中国现代文学，在中华民族从传统到现代的转型过程中，起到了重要作用。鲁迅、郭沫若、茅盾、老舍等人的作品，每一发表，总是被争着阅读，牵动着无数人的心。青年们或借此提高素养，或借此认清现实，或借此走向革命，现代文学作品在被阅读中延续着它的生命。但毋庸讳言的是，随着大众传媒的兴盛，阅读方式的革命与时代语境的变迁，曾经一度辉煌的现代文学作品离大众渐行渐远。

阅读郭沫若、茅盾、老舍作品的年轻人已经不多，就连鲁迅作品的读者也逐渐减少。这些现象的产生，是因为现代文学作品内容贫瘠，与我们当下面对的困境和思考的问题相去甚远？是因为我们不读原典，仅靠文学史的只言片语或道听途说就自以为了解一部作品，从而束书不观？还是因为我们简单地将那些作品尘封在一个历史的结点上，用一些定评把作品的内涵固定下来，以至使后来的读者失去了阅读的快感和参与创造的激情？

这是一个复杂的问题，很难用一两句话说清楚，但有一点是肯定的：一部作品的生命，只有在阅读和被接受中才能丰富和延续。让现代文学中的经典作品，成为当下读者重要的生活伴侣，并通过读者的接受，重新焕发生机和活力，无论对于现代文学作品本身，还是对于当下读者，都是必要的。而这一使命，必然落在我们现代文学史研究者和文学博物馆工作者的肩上。

《女神》自出版以来，一直获得人们的高度评价，被认为是"第一部伟大新诗集"[①]和"现代新诗的奠基之作"[②]。但正如大多数现代文学中的经典作品一样，《女神》也面临着如何在当下读者的接受中延续生命的问题。今年

---

① 周扬：《郭沫若和他的〈女神〉》，《解放日报》（延安），1941年11月16日第4版。

② 钱理群等：《中国现代文学三十年》，北京大学出版社1998年版，第103页。

是《女神》出版90周年,要让一部90年前的新诗集,在今天这样一个信息爆炸,生活节奏快速的时代获得更多的读者,并不是一件容易的事。但《女神》自身所具有的精神内涵的丰富性、开放性和表现形式的多样性,使我们产生了创造性地激活经典,重读《女神》的愿望。郭沫若纪念馆联合相关单位,展开了一系列动态的,立体的,多层次的纪念活动,其相关做法和思考,不仅仅指向《女神》,也涉及到整个现代文学中的经典作品如何激活的问题,所以有必要进行简要介绍,供同行探讨。

一、专家解读:《女神》内涵远未穷尽

5月17日,我们在郭沫若纪念馆召集了题为"文学与记忆"的《女神》出版90周年学术座谈会。会上,专业读者们根据当下的社会语境和自己的阅读经验,重新理解《女神》,批判关于《女神》已有的知识和观念,敞开了《女神》的丰富内涵。①

(一)《女神》的生命力,在于如实反映了时代的苦难与理想

张恩和(中国社科院)认为,《女神》描写了在"阴秽的世界"中"宝刀也会生锈"及各种鸟类的丑态,揭示了当时社会的黑暗,这相当深刻,在今天读来,我们仍能产生共鸣,所以,《女神》的价值不在于"文学记忆",而是它的生命力,它的青春激情。孙玉石(北京大学)认为,如果对当下社会问题,比如贫富差距扩大、教育资源分配不公等现状有所了解,我们就会承认,《女神》对传统束缚的反抗,对自由精神的高扬,对和美世界的追求,具有永恒的意义。王光明(首都师范大学)认为,郭沫若为新诗带来了一个大气的、有感受力的"自我"。这一"自我",当然不是拘束于个人情感的小天地,而是整个时代社会发展的剖析者和代言人。上述发言提醒我们,《女神》的生命力,缘于郭沫若对时代脉搏的准确把握和表达,对黑暗与丑恶的揭示与鞭笞,对尊严与自由的向往与礼赞。可见,新诗表现时代人生的"大我",能给读者留下更深刻的印象。

(二)《女神》开启的浪漫主义传统,在今天值得重提

李怡(北京师范大学)认为,今天我们大量谈论中华民族的"大国崛起",却忘了国家的崛起应该以国家中个人的崛起为前提,而中国人精神的

---

① 学者发言:《九十年后说〈女神〉》,《文艺报》2011年6月8日。

崛起在诗歌中第一个可以追溯的对象就是郭沫若,第一个可以追溯的诗集就是《女神》。世界各民族进入现代文明在很大程度上都是以对人的主体性的发现和肯定为前提,从某种意义上说,也就是以对浪漫主义文化传统的发扬为前提。但《女神》的浪漫主义传统,在整个中国现代文学的发展中仅属昙花一现,到后来我们急于追赶各种新的思潮,从现实主义、社会主义现实主义到现代主义、后现代主义。问题在于,没有一个真正强健的自我,没有真正的主体意识,任何追星赶月式的思想发展都是空洞的,缺乏“可持续性”的内在动力。所以,在《女神》出版 90 周年的今天,重提其中的浪漫主义传统也许就不是一件多余的事。

(三)《女神》不仅表现时代精神,还体现了诗人多方面的复杂情感

在我们的知识系统里,《女神》往往被简化了。魏建(山东师范大学)考察了自王瑶《中国新文学史稿》至现在流行的文学史著作,发现它们对《女神》的介绍大同小异,所突出的主要是《女神》第二辑中的少数几篇作品。但读了蔡震的《〈女神〉及佚诗》后,却发现文学史的介绍并不可靠。他认为,《女神》不仅表现了诗化的时代精神,更多的还是情感、非理性的冲击及对现代人生命感受的诗性记忆。李晓虹(郭沫若纪念馆)考察了 1922—1923 年间韩国翻译家梁白华通过《东明》杂志译介的郭沫若的新诗。这些新诗并非国内文学史中反复提及并高度评价的那些表现破坏与创造的时代精神的作品,而是《司春的女神歌》、《春天来了》和《死的诱惑》这些意象丰富,笔调清新,表达的情感看似简单,其实直面了生长和死亡、生命的欢愉和痛苦等重大命题的作品。她认为,这些作品应当引起我们更多的关注。《女神》对复杂情绪的诗化表达,值得我们今天重新阅读和思考。

(四)《女神》在新诗形式上的多方面探索,对当下诗歌创作充满启示

近年来,“梨花体”等引起了大家的普遍关注,支持者认为这是新诗形式的解放,反对者认为这些“口水诗”破坏了新诗的庄严。在这次研讨会上,专家们对此有所回应。刘福春(中国社科院)认为,当下有些诗歌真正实现了胡适的想怎么写,就怎么写的理想,但却很难说这些东西就是新诗。毋庸讳言,现在有些人一提起诗人,总带着鄙夷和嘲笑的口吻,这不得不令人对《女神》肃然起敬,《女神》中的新诗才是真正的新诗。高旭东(中国人民大学)认为,从旧诗向新诗的转型是由郭沫若完成的,《女神》多方面的诗体试验,给诗坛带来了冲击,闻一多、徐志摩实际上接续了郭沫若的传统。王光明认为,没有郭沫若,新诗就不会那么新,他是中国诗体试验的重要开

拓者，除十四行诗外，几乎所有的新诗诗体他都尝试过。蔡震(郭沫若纪念馆)也强调郭沫若对新诗诗体多方面的尝试，比如《女神》时期的佚诗《雷雨》，就是对侧金字塔形诗体的尝试。

这些新鲜见解的涌现，说明《女神》的内涵远未穷尽，值得学者们不断的研究和发掘。

二、朗读表演：用声音再现《女神》

印刷出来的作品，白纸黑字，抽象而缺乏生机。其丰富内涵，要靠读者在接受中重新构建。读者隔着时间的长路回望时，需要穿越时空的精神跋涉，这对读者提出了较高的要求，仅靠阅读，很多读者已经无法体会其丰富的意蕴。

朗读和表演，把平面的文字变成了立体的声音和动作，让诗歌的音乐感、节奏感和无限的可能性都得到尽可能充分的体现，诵读者、表演者和观众都容易更深层次地接近作品。

在纪念活动中，诵读和表演《女神》成为一个重要的内容。

我们联合相关单位，先后举行了三次大型诗歌朗诵会。6 月 2 日，在纪念馆院内与《中国作家》杂志社共同举办了端午诗会。6 月 9 日，与上海市作家协会、上海戏剧学院共同举办以《女神礼赞》为题的专场诗歌朗诵会。6 月 11 日，与上海图书馆与上海戏剧学院共同举办《女神》专场诗歌朗诵会。

在端午诗会上，当中国国际广播电台的著名播音员朗诵《凤凰涅槃》时，四合院里顿时被一种气氛所笼罩，那是随着音乐和诗歌节奏而行进的情绪，由悲壮的自焚到群鸟的聒噪，再到凤凰的浴火更生……人们跟随着诗句走进神话，走进历史，走进诗作带来的开阔的思索空间。

在上海市作协大厅里，著名作家苏叔阳、郭沫若纪念馆馆长郭平英、著名话剧演员陈奇、张铭煜和青浦区民工子弟学校的孩子们同台朗诵了《女神》中的代表诗作二十余首，《序诗》、《炉中煤》、《司春的女神歌》、《浴海》、《我们的花园》等诗作带给观众极大的震撼。当苏叔阳和民工子弟学校的学生一起朗诵《地球，我的母亲》时，作家飘逸的白发、浑厚的声音和孩子们稚嫩的声音、率真的表情贯穿在诗句中，构成一幅感人的画面。

上海戏剧学院导演系 2010 级学生编导、表演了诗剧《女神之再生》、《棠棣之花》和《湘累》，给我们展示了长期学习戏剧的读者所体验的《女神》。

学生们的表演完全是原创性的，他们通过自己独立的阅读、感悟，设计了道具、音乐和舞台动作，并根据舞台需要，做了些微改编。比如《女神之再生》一剧，孩子们设计了一个类似叙述者的角色，而这在剧本中本没有被安排上场的。开幕后，留着小胡须，戴着耳环，穿着和神态俨然印第安人的叙述者站在舞台中央，双手持短桴，一上一下飞速击鼓，口中念念有词："巉岩壁立，俨如巫峡……"这就将舞台提示表演出来了。在共工、颛顼争帝的场景中，叙述者始终站在舞台中央，注视着争斗。尔后，在共工、颛顼及其党徒扶着大鼓，逐渐倒下去时，叙述者伸长了脖子，看着他们逐渐归于无声。让叙述者作为一个人物上台，观众能够不完全融入共工、颛顼的时代，而是以清醒的态度保持对诗剧主题的思考。这样的表演自然就产生了一定的间离效果。这证明在上戏学生们的心中，《女神之再生》是一部充满布莱希特色彩的现代剧。这样的审美体验，在《女神》阅读史上是非常独特的。《湘累》一剧的表演，也给人很多启示。娥皇女英是两位歌喉特别清脆的女生表演的，她们的歌声，时高时低，始终回响在舞台上。在屈原想跳水时，娥皇女英从舞台的侧面走向中央，不停地作出引诱屈原的动作，女须和船夫都看见了，女须甚至试图赶跑她们。这样的动作设计，以及娥皇女英那缭绕不去的歌声，让人想到了西方赛壬女妖的传说。也许上戏的学生们并没有做这样的联想。但是有经验的观众会受到启发。《湘累》一剧对屈原故事的演绎，多少渗进了郭沫若对西方尤其是德国文学的阅读体验。

可见，二十来岁的戏剧学院学生，带着他们的文化背景和审美经验，对《女神》作出了独特的理解和表现。这样的理解和表现，一方面丰富了他们的审美体验，正如他们的指导教师姜涛说，学生们刚开始对这些诗剧理解并不深刻，但真正体验、表演过后，才觉得《女神》的伟大，另一方面也丰富了观众对于《女神》的认知。

在上海图书馆举行的朗诵会也给人留下了深刻印象。离朗诵会开始还有一个多小时，许多观众就已经等在场外。他们是看到海报后提前预约的，其中有许多年轻人，更有许多满头银发的老人，他们从四面八方赶来，走进诗歌，走进《女神》。

除了上面提到的著名作家和上海戏剧学院学生的演出外，上海图书馆业余朗诵团的成员的高水平朗诵让人们感受到《女神》中那些清新、明丽的小诗所具有的艺术感染力。这些业余朗诵者来自不同行业，不同岗位，是对朗诵艺术的酷爱让他们聚在一起。他们声情并茂地朗诵了《鹭鹚》、《春蚕》、《霁月》、《晨兴》、《海舟中望日出》等短章，全场观众为之感动。很多观众看完表演后激动地说：原来《女神》是这样的，它的内容非常丰富，今天读来仍能深深打动我们。

三、教育戏剧：未完成的《女神》在孩子的想象中延伸

《女神》不仅能够被学者重新解读，也能走进今天读者的内心深处。一系列活动中，使我们对这一点深信不疑。但是，这样复杂的作品能否在孩子心中引起反响，我们却是从疑惑到确信的。

当以英国"教育戏剧"理论为基础的北京"抓马宝贝"(Drama rainbow)英式创意学校的老师跟我们谈合作时，我们对小学生读《女神》深表怀疑。

教育戏剧，是20世纪60年代在英国逐渐发展起来的一门新兴学科。在传统的戏剧表演中，演员事先要记住台词和动作，经过"台下十年功"的辛苦排练，才走上舞台，表演给观众看。作为青少年的教育手段，教育戏剧与传统戏剧不同。教育剧场形似课堂，没有演员和观众的区分。导演跟教师的角色相似，他指导演员通过独立思考，结合自己的体验，将规定的主题和情景即兴表演出来。

5月17日，"抓马宝贝"的年轻老师与北京市朝阳区同心实验学校的18名六年级的农民工子弟在郭沫若纪念馆开展了解读《女神》的教育戏剧活动。活动前，我们和老师们多次讨论，将活动主题定为引导孩子们体验《女神》中苦闷与更生两种意境。在对苦闷的表现中，导演引导孩子们进入一个被战乱、贫穷、疾病困扰的环境。18个孩子随机分成了4个小组，分别按照《凤凰涅槃》中"脓血污秽着的屠场""悲哀充塞着的囚牢""魔鬼叫号着的坟墓"等诗句摆出充斥着苦难与压抑的各种姿势。随后，导演设计了天空晴朗、晨曦初上的场景，孩子们设想自己在这一情景中，表演对"到处都是生命的光波；/到处都是新鲜的情调；/到处都是诗；/到处都是笑"①这些诗句的体验。在整场活动中，导演始终没有告诉孩子们这些作品的标题与主题，而是不断启发、不断鼓励，让孩子们各抒己见，畅所欲言，力图通过这样的渠道最大程度的挖掘出孩子们对于《女神》的审美体验。

《女神》的教育戏剧使我们相信，文学作品本身充满了不确定性，留下了很多空白，需要读者在阅读过程中明朗化和确定化。在这个过程中，读者运用自己的经验和想象，对作品作出充满个性特点的理解和阐释。因此，同一部作品，在不同的阅读者那里会有不同的呈现。事先不告诉孩子们《女神》的主题甚至他们所表演的具体诗篇的标题，这事实上是不预先规

① 郭沫若：《光海》，《沫若文集》第一卷，人民文学出版社1957年版，第78页。

定阅读方式，不预先规定阅读效果，也就是不让孩子们的阅读成为某种权威阐释的留声机，而是让他们充分运用自己的个性和经验，参与到作品的再生中去。活动结束后，观摩表演的全国各地二十多家文学博物馆的专业人员进行了现场讨论。孩子们对《女神》诗句的理解方式，给大家留下了深刻的印象，丰富了我们对于《女神》的审美体验。

通过这些活动，无论学术界还是一般读者，很多人对《女神》都重新产生了兴趣，这部出版于90年前的诗集，今天又恢复了青春。在现代文学作品普遍面临着失去读者，成为风干的知识序列的情况下，我们贡献自己的些微努力，是想争取大家的共鸣，探索一些更适宜的渠道，让社会对于现代文学的经典作品，重新燃起接受的激情，让现代文学的经典作品，在不断的被接受中保持着充盈的生命活力。

这次对于《女神》的纪念，我们一方面创造性地开展各类接受活动，让各类读者直接接受《女神》，交流对于《女神》的审美体验，同时，我们通过大众传媒，将这些审美体验传递给没有直接参与活动的人们，让更多的人燃起阅读《女神》的激情。另一方面，这些活动反馈给我们不同读者对于《女神》的不同阅读体会，丰富了我们对于《女神》的认识，增强了我们研究《女神》的信念。这不仅说明我们对于《女神》这样的经典作品，阅读理解得还远远不够，也说明了现代文学的经典作品，其实仍然具有丰富的可能性，关键在于我们如何去挖掘，如何创造条件让大众去接受。

（原载《郭沫若学刊》2011年第3期，作者李晓虹为中国社会科学院郭沫若纪念馆研究员，李斌为中国社会科学院郭沫若纪念馆助理研究员）

郭沫若的杀子意识与小说现代性

[香港]吴耀宗

一、杀子：由背叛开始

郭沫若(1892—1978)是中国现代小说的开创者之一。尤其是写于1926年以前的早期小说，可谓处处新颖，频频创拓，唯其建树长期被鲁迅(1881—1936)的光芒所掩盖，学界至今还未能给予全面的发掘与肯定，殊为可惜。如郭沫若正式发表的第一篇著作《牧羊哀话》，乃是最早以异域金刚山为叙事场景，以朝鲜民族为主人公的中国现代小说。论者归纳此作之特点时，或指其"在飘逸的意境中展开一个动人的故事……燃烧着爱国热情的火焰"[①]，恒为坚决反日的国族寓言，或称之"富有异国情调的童话牧歌兴味的情绪趋向"，"成功地表现了浪漫主义的悠远性和哀伤的情绪美"，[②]固然各有肯綮的发现，但却不曾留意到杀子意识在文本中与中国小说发展史上所具有的重要意义。

《牧羊哀话》在1919年2、3月间完稿，在11月的第7期《新中国》上刊发。小说叙述朝鲜李朝子爵闵崇华的在野事迹。闵崇华因对朝廷失望而辞官，隐居于金刚山下，忘情于大自然，不问世务。无奈继室李夫人不安于室，为求归返京城享受荣华富贵，竟而勾结府中司事尹石虎谋杀亲夫。尹石虎之子尹子英既为人正直，又与闵家小姐青梅竹马，阴差阳错之下拾获谋反的密函，毅然欲晓父亲以忠诚大义，结果命丧刺客刀下，成了闵崇华的替死鬼。郭沫若通过尹石虎在接到儿子的耗闻后大呼"杀错"的情节安排，叙述奸臣误戕子嗣的惨祸，确立了个人日后小说反复表述的一个重要命题——背叛遭致灭子断根的恶果。

---

① 刘纳：《谈郭沫若的小说创作》，《中国现代文学研究丛刊》1983年第4期。

② 朱寿桐：《情绪：创造社的诗学宇宙》，上海文艺出版社1991年版，第117—118页。

诚然，杀子叙述并非郭沫若首创。在其写就《牧羊哀话》的一年前，亦即1918年5月，鲁迅已在《新青年》上发表了《狂人日记》，以狂人怀疑与控诉妹妹为家族长辈所食的意识流语言揭露封建礼教杀子的罪行。不过，像郭沫若那样直接且反复书写杀子的并不多见，在中国现代小说家中可谓别树一帜。事实上，《牧羊哀话》只是启端，郭沫若在其后小说中叙述杀子意识时有更精彩更深层的表现，反映当时现代人复杂的心理与个性，对中国小说现代性的建构作出重要的贡献，值得我们去关注和讨论。

二、双重性叙述：从爱的罪罚到子的负累

《牧羊哀话》中的尹子英虽然年少，毕竟已懂事，能作出全福远祸的选择，不像郭沫若之后小说中的受害者均为幼童初婴，完全没有自卫能力，更显得无辜。

1922年4月1日，身在上海的郭沫若就以留日所在地九州为叙事场景，创作了"精神出轨"的婚外恋小说《残春》。《残春》的主人公仍旧是爱牟，开篇写居于大阪的四川同乡白羊君前来博多湾，央请他齐赴门司探访跳海不遂的昔日同窗贺君。爱牟依依不舍地道别妻子晓芙和两个年幼的儿子，来到了门司的医院。首日未见贺君，却在白羊君的介绍下认识了照料贺君的S姑娘，并对这"中等身材，纤巧的面庞"，"眼睛很灵活，晕着粉红的两颊"的日本护士留下深刻的印象。探病结束后，爱牟到白羊君的寓所一宿，临睡前和他谈起S姑娘的身世，得悉她经常申诉"肺尖不好，怕会得痨症而死"的烦恼。于是在睡意惺忪之际，竟梦见自己和S姑娘孤男寡女同登门司市北的笔立山山顶，"在山后向着濑户内海的一座茶亭内坐下"，这时"山上一个人也没有"，S姑娘竟"缓缓地袒出她的上半身来"，要求学医的爱牟给她诊察。就在爱牟准备"诊打她的肺尖"的时候，白羊君突然气喘吁吁地跑来，通知他晓芙在家中手刃二子的厄闻。接着，进入读者眼帘的乃是一段案发现场鲜血淋漓的暴力叙述："我[爱牟]听了魂不附体地一溜烟便跑回我博多湾上的住家。我才跑到门首，一地都是幽静的月光，我看见门下倒睡着我的大儿，身上没有衣裳，全胸部都是鲜血。我浑身战栗着把他抱了起来。我又回头看见门前井边，倒睡着我第二的一个小儿，身上也是没有衣裳，全胸部也都是血液，只有四肢还微微有些蠕动，我又战栗着把他抱了起来。我抱着两个死儿，在月光之下，四出窜走。"[①]值得庆幸的

① 郭沫若：《残春》，《郭沫若全集·文学编》第九卷，人民文学出版社1985年版，第27—32页。

是，这恐怖骇人的景象原来只是一场噩梦，爱牟家中的小孩其实完好无缺，并没有被母亲杀害。尽管如此，以爱的罪罚作为主题却是明显可见的。

郭沫若曾经夫子自道，指出《残春》这篇小说的着力点不在于叙述事实，而是在于描写心理，表现为潜意识的一种流动；而论者也引述此见，认为“小说写梦，写潜意识，写一种被压抑的青春期生理欲念”[①]。是言不虚，说明郭沫若确实运用了西方心理小说技巧，为中国小说发掘现代性的特点，但笔者又以为论者多忽略另一重要的环节，即作者使用重复格来描写两个小孩惨遭母亲杀害后的景况，其实在当时也是超前创新的小说叙述模式。郭沫若刻意经营，把“倒睡着……身上没有衣裳，全胸部都是鲜血”这句子结构近乎雷同地重复一次，引领主人公与读者先目睹长子之浴血惨死，紧接着把镜头一转，使复见次子同样浴血惨死的景象。换言之，晓芙惨无人道手起刀落，杀害二子的手法一致，死状不殊，这等于把爱牟的生命延续给灭绝了两次，给予不忠丈夫的是双重的惩罚，给予观/读者的是双重的震撼。

约莫两年后，当小说《漂流三部曲》三章中的最后一章《十字架》在 3 月 18 日脱稿时，我们再次看到郭沫若在文本中制造杀子的双重效果。这回要犯下杀子罪行却是作为父亲的爱牟。小说写爱牟阅读晓芙从日本的来信，知悉她和孩子们在福冈生活十分困苦，而弃医从文的自己又无力改善他们的生活，愈是想着爱妻为他所做的牺牲，愈是自艾自怨，感叹要放弃做艺术家。抑郁之极，竟而呐喊道：“我不久便要跑到你那里去，实在不能活的时候，我们把三个儿子杀死，然后紧紧抱着跳进博多湾里去吧。”仅仅在脑海中产生杀子的想法，或不容当真，但是小说在收篇处让爱牟给妻子写信表明心迹，信中言之凿凿说要回日本和他们相依为命，倘若无法忍受生活的压迫时就走上这全家殉死的末路，可见杀子意识是何其鲜明强烈。倘若说为人父者竟而提出杀害无辜小孩的想法给读者带来了首度的震撼，则小说随而将这杀子的意愿文本化，让爱牟“反反复复讴吟”成一首悲愤喷薄的新诗，给读者带来二度的震撼：“去哟！去哟！/死向海外去哟！/火山也不论！/铁道也不论！/我们把可怜的儿子先杀死！/紧紧地拥抱着一跳，/把弥天的悲痛同消。”[②]尽管杀子只落于言筌，尚未付诸行动，但从隐喻的层面来看，爱牟其实已经在申诉子的负累的时候重复谋害了自己的小孩。

---

① 李标晶主编：《简明郭沫若词典》，甘肃教育出版社 1993 年版，第 70 页。

② 郭沫若：《漂流三部曲》，《郭沫若全集·文学编》第九卷，人民文学出版社 1985 年版，第 271—273 页。

再看于同年10月17日写就，[①]属于郭沫若小说爆发期的作品《曼陀罗华》。[②] 有别于前述二作的托诸睡梦或想愿，此篇着实写孩子命丧父母之手。叙述者"我"在福冈医大的同学哈君被妻子逼着同赴日本本岛极北的A市旅行。二人带着新生的次男诺儿同行，但爱慕虚荣贪图享乐的哈夫人却以此为负累，在火车上拒绝喂奶与照料，结果婴儿患上肠内壁溃烂的疾病，回返福冈不久就一命呜呼了。从某种程度上讲，哈夫人刻意忽略孩子，任由其患病不治，等于亲手结束了小孩的性命。这一回，郭沫若以"二曝童尸"的方式来讲述这人间的惨祸。首先，他让叙述者"我"携带听诊器跟随哈君回家，发现"孩子睡在前房里，脸色是惨白的，嘴唇是淡紫的，嘴角上浮着些泡沫，鼻孔里流出些血浆，微闭的眼睛已经蒙上了一层白雾。……生命已经不在这孩子身上了。脉搏没有了，心脏停止了，只有腹部还有些暖意"。作者以近乎工笔描绘的手法来曝露尸骸，但似乎意犹未尽，随即又写"我"陪同哈君领着死婴到大学医院去诊断报销，把叙述场景转至解剖室，叙述两个当值的医学士对尸体进行检查的工作。这时，郭沫若再度向读者展示被无良母亲剥夺了的可怜小生命："小小的尸首睡在解剖室中的大理石的解剖台上。死后已经两天，脸上带着惨戚的土色，蒙着白雾的眼儿仍然微微开着，鼻孔里塞着两团棉花。身体各部已经现着紫色的尸斑，手脚的惨白如象羊脂玉一样了。"[③]如此二曝童尸，过程详尽，在视觉和精神上都给予读者的双重冲击，其实和《残春》中的写法一样直接、残酷，一样令人发指。

虽说文本是想象的产物，但字里行间流露出如斯浓厚的杀子意识，不可能凭空捏造，匮缺现实的因由。事实上，郭沫若早年一直在贫穷线上挣扎。不同于徐志摩等欧美留学生，其在四川乐山的老家并不富裕。1914年初东渡瀛州，须在神田日本语学校苦读五个月考入东京第一高等学校预科

---

① 《曼陀罗华》，郭沫若原注只说"10月17日(作)"，发表于1926年。《郭沫若全集》以1925年10月为创作时间，李标晶主编的《简明郭沫若词典》和武继平的《郭沫若留日十年》皆列为1924年10月之作，但没有交代原由。参照以郭沫若在1924年6月作(自注)，刊载于同年8月20日《洪水》的散文《盲肠炎与资本主义》(《郭沫若全集》卷18改题为《盲肠炎》)，与《曼陀罗华》中小孩之死于肠病的安排似有呼应，笔者赞同《简明郭沫若词典》和《郭沫若留日十年》的做法，将之定为1924年10月，亦即早期的小说。

② 郭沫若在1924年8月至10月短短的两个月内共作九篇小说，占个人小说总产量的四分之一，笔者称之为郭沫若的"小说爆发期"。见吴耀宗：《郭沫若小说爆发期的拟欧造境》，《东岳论丛》2009年第12期，第68—72页。

③ 郭沫若：《曼陀罗华》，《郭沫若全集·文学编》第九卷，人民文学出版社1985年版，第366—368页。

后，方获中国政府发给官费，是为此后维持留学生活的主要经济来源。1915年中旬预科毕业，被分到冈山的第六高等学校就读。1918年夏毕业，升入福冈九州帝国大学医科。1923年3月获得医学学士学位，留学生涯乃告结束。郭沫若未至日本之前虽奉父母之命于1912年娶张琼华为妻，但因不满意婚姻而将她交由家人照顾，无后顾之忧，因此尽管念医科费用高，参考书昂贵，仍然可以应付个人的生活。然而在日本有了家室后，就常常陷入经济拮据的困境了。1916年8月，因友人故到东京，与22岁的护士佐藤富子(安娜，1894—1994)相识并堕入爱河，12月在冈山开始同居的生活。二人结合，并未获得双方家庭的认可。郭家二老严厉反对这自由的婚姻，一度与儿子断绝书信往来，不予经济支援。而出身士族的牧师佐藤右卫门更是无法接受女儿与中国人同居，毅然给予富子"破门"的处分，断绝父女关系。随着长子和生(1917年生)、次子博生(1920年生)、三子佛生(1923年生)的陆续出世，郭沫若每月所得33元官费乃不敷使用，一家数口常常因为拖欠房租而被逼迁，时时得典卖参考书，才免于断炊。这也是郭沫若的经济与心理负担要比其他留日学生如郁达夫、成仿吾等来得沉重的缘故。其后郭沫若虽然取得医学士学位，但因为耳疾而弃医，生活并无改善；1923年携带家眷在沪鬻文为生，又一直没有固定的收入，贫困潦倒，丧失知识分子的尊严，对妻子亦颇多怨尤；为求生存，被迫将妻小送返东瀛。长期陷于这样的困境中，郭沫若内心之压抑扭曲与巨大痛苦可想而知。诉诸文字想象，在情绪强烈的书写中时而流衍成恐怖的杀子意识，使读者为之惊悚觳觫。

三、怨恨、愧疚、歆羡：作为基底的小说心理结构

从前文所讨论的双重性叙述，可见郭沫若的杀子书写乃是心思别裁，具有强烈个人风格的艺术建构。笔者以为，这艺术建构之所以不流于浮夸的伎俩，不堕入猎奇之范畴，是因为郭沫若在早期小说中设置了复杂多层的心理结构，使残杀子嗣的念头具备必要、可信的生活理据与现实逻辑。

这心理结构主要由三个层面交混而成。首先，是对于家累的怨恨。阅读郭沫若的小说，会发现主人公多兼具丈夫与父亲的身份，终日长嗟短叹，怨恨家庭所带来的沉重压力。如《鼠灾》，由耗子咬坏冬服一事触发方平甫对于家累的连串抱怨，愤诉妻子无视其福利，儿子爱扯坏其书籍，像他这样一个日本医学部的穷留学生既要读书，又得养家，"一个月四十块钱的官费

简直不够做个什么”。[1] 又如《未央》，写爱牟无力解决家小之温饱，其三岁大的长子因为长期挨饿以至营养不良，在外又受日本小孩的欺负，所以夜里总要哭闹几回，须由父亲伴侧不停唱歌才能入睡。有时，襁褓中的次子也加入啼哭的阵营。“天天如是，晚晚如是”，爱牟开始头昏、眼花、耳鸣，濒临崩溃的地步：“他的‘神’，已经四分五裂，不在他的皮囊里面了。他自己觉得他好像是楼下腌着的一只猪腿，又好像前几天在海边看见的一匹死了的河豚，但是总还有些不同的地方。他觉得他心脏的鼓动，好像在地震的一般，震得四壁都在作响。他的脑里，好像藏着一团黑铅。他的两耳中，又好象有笑着的火焰。他的腰椎，不知道是第几个腰椎，总隐隐有些儿微痛。……儿子们的呼吸声，睡在邻室的他女人的呼吸声，都听见了。他自己就好像沉没在个无明无夜的漆黑的深渊里一样”。[2] 如此痛苦的精神折磨使爱牟在《行路难》的上篇里如同火山般爆发了。爱牟为节省开支及方便创作小说，决定举家搬离博多湾，迁往佐贺的熊川温泉附近。偏偏去退房时自觉受了日本人的气，回到家里孩子们又向他讨“饽馅”吃，他终于忍不住咆哮：“饽馅！饽馅！就是你们这些小东西要吃什么饽馅了！你们使我在上海受死了气，又来日本受气！我没有你们，不是东倒西歪随处都可以过活的吗？我便饿死冻死也不会跑到日本来！啊啊！你们这些脚镣手铐！你们这些脚镣手铐哟！你们足足把我锁死了！你们这些肉弹子，肉弹子哟！你们一个一个打破我青春时代的好梦，你们都是吃人的小魔王，卖人肉的小屠户，你们赤裸裸地把我暴露在血惨惨的现实里，你们割我的肉去卖钱，吸我的血去卖钱，都是为着你们要吃饽馅。饽馅，饽馅！啊，我简直是你们的肉馒头呀！”[3]通过语言暴力，爱牟再无保留地将长期郁积心中对于小孩的怨恨给宣泄了出来。

倘若小说止于书写人物一味地怨恨家累，则未免留流于片面浅薄。郭沫若在表达杀子意识时，不忘现代人细腻复杂的精神状态，因此又反复叙述作为一家之主的主人公因为无法维持妻小的温饱而心生愧疚之感，是为心理结构的第二个层面。试看《漂流三部曲》的第一章《歧路》，主人公爱牟送别妻小回日本后，忆想种种往事，感叹自己“逡巡苟且”的十年生涯，一事无成。曾经“做过些诗文”，又自比但丁的他如今“从灿烂的土星坠落下无

---

① 郭沫若：《鼠灾》，《郭沫若全集·文学编》第九卷，人民文学出版社 1985 年版，第 17 页。

② 郭沫若：《未央》，《郭沫若全集·文学编》第九卷，人民文学出版社 1985 年版，第 36—40 页。

③ 郭沫若：《行路难》，《郭沫若全集·文学编》第九卷，人民文学出版社 1985 年版，第 295 页。

明无夜的深渊里”，因为“他女人对于他的希望，成了他莫大的重担。他自己对于他女人的心期，又成了精卫的微石了。他的脑筋沉重不堪，心里炽灼得不堪，假如电车里没有人，他很想抱着头痛哭起来”。在第二章《炼狱中》，爱牟由于写不出长篇小说来卖钱，索性与友人到无锡去游玩，偏偏在游玩的途中又感到无限懊丧。来到惠山的假山石亭上时，见风景怡人，认为本应“坐在这台上负暄……赏月……读书……作文……和爱人暖语……和幼子嬉戏”，可是现在的他只能深深懊悔：“我的妻儿们都是被我牺牲了！”愧疚至深，无从排遣，以致身在上海或无锡，都一样感觉堕入炼狱，痛苦万分。再看第三章《十字架》，妻子晓芙自日本福冈来函，一再提到为了孩子的缘故而搬家花费，爱牟则在心里愧疚地回应：“我们在这世间上究竟有什么存在的必要，有什么存在的必要呢！我们绞尽一些心血，到底为的是什么？为的是替大小资本家们做养料，为的是养儿育女来使他们重蹈我们的运命的旧辙！”[①]许多时候，这种愧疚感又会在思考小孩面对的环境问题上浮露出来。如《圣者》和《月蚀》，同样写爱牟带了孩子回上海生活，却发现上海“看不见一株青草，听不见一句鸟声……中国人的精神只是丑恶的名利欲的结晶，谁也还顾不到儿童的娱乐，儿童的精神教育上来”，住在民厚里就像住在监狱一样，“寓所中没有一株草木，竟连一抷自然的土面也找不出来。游戏的地方没有，空气又不好，可怜我两个大一点的儿子瘦削得真的不堪回想，他们初来的时候，无论什么人见了都说是活泼肥胖；如今呢，不仅身体瘦削得不堪，就是性情也变得乖僻的了。”小孩实不适合在上海这城市成长，可是“如今是被我误了，我因为要占有他们，所以才从自然的怀中夺取出来，使他们和我同受着都市生活的痛苦”。归根究底，还是自己造的孽，因此爱牟在心里呐喊：“我是罪过！我是十分罪过！”[②]

在怨恨和愧疚之外，又经常表达对于稚子童心的歆羡，构成郭沫若早期小说心理结构的第三个层面。例如《圣者》，写爱牟到闸北会见朋友之后，在回家途中被“街市上送年的腊鼓声和爆竹声，叠叠地把自己的童心呼醒”，于是“在一家小店里买了两角钱的花炮，想拿回家去逗引孩子们的欢心”。果然，这花炮一点燃，孩子们都欣喜万分。郭沫若着力描绘他们天真的“拍掌欢笑声，也像这火花一样顿时焕发了起来。放天旋子的时候，儿童

---

① 郭沫若：《漂流三部曲》，《郭沫若全集・文学编》第九卷，人民文学出版社1985年版，第249—270页。

② 郭沫若：《圣者》、《月蚀》，《郭沫若全集・文学编》第九卷，人民文学出版社1985年版，第41—61页。

们的心机也如天旋子一般，才在地上迅烈地旋回，又迅烈地旋到天上。放蛇箭的时候，儿童的心机更如一颗彗星，不知一直飞到哪处的星球去了。”后来孩子虽然被烟花炸伤了眼睛，但翌日即若无其事地游戏，使爱牟“感谢得想流眼泪”，“对着他的孩子，就好像瞻仰着许多舍身成仁的圣者”。[①] 在《漂流三部曲》的《十字架》中，则通过爱牟妻子之口，叙述从上海回返日本后生活十分穷困，感叹“还是只有孩子们好，无论走到什么地方，都没有不安的心事。”[②]又如《行路难》下篇，爱牟一家五口乘火车去佐贺市北的熊川温泉，和一对衣着华奢的中年夫妇乘客同一车厢。爱牟自觉形秽，尴尬苦闷，突然又发现自己太软弱，还不如他的几个孩子“自从上了车便跪在车座上贪看车外的景色”，他们欢呼、歌唱、争论，“他们的意识中没有什么漂流，没有什么贫富，没有什么彼此。他们小小的精神在随着新鲜的世界盘旋，他们是消灭在大自然的温暖的怀抱里。他们是和自然一样地盲目的，无意识的。他们就是自然自身，他们旁若无人”。从新屋旅社迁至熊川村边的临水楼房时，爱牟因为书斋窗口对着楼下房主人的尿缸而生气，三个孩子却因为有柿子吃而十分开心。爱牟发现“孩子们是最宽容的，他们就搬到这里，也觉得什么都有趣味。他们没有经济的打算，也没有故作的刁难。他们是泛美主义者。在他们心中的印象一切都是新鲜的，一切都是有趣的。他们的世界是包藏在黄金色里的世界。他们的世界是光，是光，是光，是色彩，色彩，色彩”。[③] 稍做比较，乃见为人父母者在沉耽于报复爱的背叛或剔除生的负荷时（如《残春》等），手中利刃成了狂饮稚子之血的凶器，但在歆羡童心之际（如《行路难》等），刀却是用来替小孩剥柿子，表现家庭温馨、亲情洋溢的工具。郭沫若反复强调和歌颂稚子的天真无邪、烂漫活泼，既突显他们沦为父母与现实世界的牺牲品的无辜无助，亦对照出成人内心深处的阴鸷黑暗。

以上三个主要层面交混运作，既互相矛盾又彼此照映，组合成郭沫若的小说心理结构，为其杀子意识提供了厚实基础与丰富底蕴，赋予这种残暴叙述前所未见的深度与厚度。

---

① 郭沫若:《圣者》,《郭沫若全集·文学编》第九卷,人民文学出版社 1985 年版,第 56—63 页。

② 郭沫若:《漂流三部曲》,《郭沫若全集·文学编》第九卷,人民文学出版社 1985 年版,第 268 页。

③ 郭沫若:《行路难》,《郭沫若全集·文学编》第九卷,人民文学出版社 1985 年版,第 319—335 页。

四、异源殊途：对中国小说现代性的追求

本文在开端已指出，郭沫若书写杀子要稍晚于鲁迅。必须进一步说明的是，郭沫若通过杀子叙述来建构中国小说的现代性，与鲁迅所代表的一脉是泾渭不同的。

鲁迅在《狂人日记》中如此建构中国礼教制度源远流长的“食统”（吃人传统），首开中国现代小说书写杀子的先河：“从盘古开辟天地以后，一直吃到易牙的儿子，从易牙的儿子，一直吃到徐锡林；从徐锡林，又一直吃到狼子村捉住的人。”究竟中国人在易牙之前如何吃人，我们不得而知，但春秋时代齐国的厨师易牙为献媚求宠而烹杀亲生子以飨桓公一事，却是见诸《管子》之“小称”篇，[①]可资参考。尽管鲁迅为了表现狂人“语颇错杂无伦次”的精神状态而刻意写出“易牙蒸了他儿子，给桀纣吃”这样时代错乱的字句，[②]其杀子叙述之源出于中国传统文化却仍是明确无疑的。

郭沫若则不同。其杀子叙述具有的爱的罪罚的强烈意味，此乃鲁迅小说中所匮缺，说明其来有自，并不属于包含易牙烹子传说在内的中国书写传统。试看《残春》，爱牟从爱妻手刃二子的梦魇中惊醒过来后浑身冒汗，心中暗呼：“啊！这简直是 Medea 的悲剧了！”翌日再到医院探访贺君，又见到了 S 姑娘，一方面因为她头上簪着自己买来的红蔷薇而“感受着一种胜利的愉快”，另一方面却觉得“Medea 的悲剧却始终在……心中来往”，以至“不敢久于勾留”，匆匆辞别二人赶回博多湾家去查看究竟。所谓“Medea”，一般译作“美狄亚”，乃是希腊神话中国王爱的斯的幼女。美狄亚谙巫术，对来到国境内的英雄伊阿宋（Jason）一见钟情，不能自拔，既背叛父亲助伊阿宋取得金羊毛，又残杀自己那十岁大的弟弟亚比西托士（Absyrtus）以阻延追兵前来缉拿，更施巧计解决伊阿宋的宿敌珀利阿斯，使其顺利登上国王的宝座。然而伊阿宋后来还是移情别恋，抛弃美狄亚母子，另娶柯林斯国王克瑞翁（Creon）的女儿为妻。美狄亚为此深受打击，结果不但毒死了克瑞翁父女，更手刃自己的两个孩子。郑振铎在其编著的《希腊神话与英雄传说》中指出，美狄亚残杀稚子乃是“对于以欺诈报答她的热爱的男人的复仇的顶点。因为，自此以后没有人敢再招伊阿宋为女婿，他的一生便

① 管子：《小称》；黎翔凤：《管子校注》中册，中华书局 2004 年版，第 608 页。

② 桀、纣和易牙生于夏、商、春秋不同时代，鲁迅把三人错配在一起，显然是为了表现狂人错乱的精神状态。见《鲁迅全集》人民文学出版社 2005 年版，第 1 卷，第 452 页。

不再有孩子。他活得很久，但生活却很艰苦；没有温柔的女孩来看顾他，没有儿子的壮臂来保护他……他成了一个孤独，无人注意的老头子。”[①]爱之既深，恨之亦切，杀子旨在使爱的背叛者堕入无尽孤苦的深渊。

在希腊神话中，杀子叙述屡见不鲜。例如与美狄亚同列于第一部“底萨莱的传说”的阿塔马斯（Athamas）故事亦颇相似。阿塔马斯为了拉拢强邻联盟，抛弃妻子涅斐勒（Nephele），另娶底比斯国王的女儿伊诺（Ino）。伊诺企图铲除丈夫和前妻生下的儿子菲里克苏士（Phrixus）、女儿赫勒（Helle），但奸计只得逞一半——赫勒溺毙，差一点儿被献作宙斯祭礼的菲里克苏士死里逃生；反而是自己所出的两个男孩无一幸免，双双命丧于亲生父母之手——阿塔马斯在打猎时突然发疯将长子射杀，而伊诺则抱着次子投海自尽。[②] 又如第六部“雅典系的传说”中关于特洛士（Tereus）的记载。特洛士娶了雅典公主柏绿克妮（Procne）为妻，但又垂涎于妻姨斐绿美拉（Philomela）的美色，不仅强奸了后者，还割其舌头，使其无从指控自己的罪行。柏绿克妮知悉此事后，毅然携子伊堤斯拉（Itys）进入森林，与妹妹合力杀之，并将尸体放入铜釜中烹煮，供特洛士宴食。[③] 郑振铎在转述这两个传说时阐明：“为了她（指伊诺）是赫勒溺死的原因，她便也溺死了她自己的孩子”，而“他（指阿塔马斯）对于涅斐勒的负心终于得到了恶报”。[④]

由上述神话传说，可知杀子在西方文学传统中被视为对背叛爱情者的至高惩罚。笔者以为，这种指喻关系不见于中国古典文学传统，因为在中国文献中，杀子既不涉及爱情，亦不发挥惩罚负心人的隐喻功能，许多时候纯粹是出于政治利益的考量而做的抉择举措，如易牙烹子献君即是。因此，尽管郭沫若在1922年11月7日写成的《神话的世界》一文中，认为“人类的感受性与表象性相同……所以各国古代的神话传说多有相似之处，[⑤]但当他需要书写美狄亚式的惩罚性杀子行为时，就无法再仰赖中国传说，而必须求诸一己在日本留学时所累积的西方文学学养了。这种取源于希腊神话传说、移植爱的罪罚的做法，赋予中国小说中的杀子叙述一种崭新

---

① 郑振铎编著：《希腊神话与英雄传说》，世纪出版集团、上海书店2006年版，第65—100页。

② 郑振铎编著：《希腊神话与英雄传说》，世纪出版集团、上海书店2006年版，第36—42页。

③ 郑振铎编著：《希腊神话与英雄传说》，世纪出版集团、上海书店2006年版，第418—426页。

④ 郑振铎编著：《希腊神话与英雄传说》，世纪出版集团、上海书店2006年版，第36—42页。

⑤ 如举例指出中国“有人神化生宇宙之说，而印度也有；又天狗食日月之说，而斯干底那维亚半岛也有。有人是黏土造成之说，而希腊也有”。郭沫若：《神话的世界》，见《郭沫若全集》“文学编”第15卷：人民文学出版社1990年版，第286页。

的寓意和表现力度，建构了中国小说现代性。

再者，郭沫若小说借杀子来表现子的负累，此亦不见于鲁迅及其继承者的沉痛寓言中。20世纪初，鲁迅在《狂人日记》中通过说话错乱无序的狂人，从历史的“字缝里看出字来，满本都写着两个字是‘吃人’”，听“大哥说爹娘生病，做儿子的须割下一片肉来，煮熟了请他吃，才算好人；母亲也没有说不行”，发现“一片吃得，整个的自然也吃得”的杀子罪行。[①] 在1919年4月写下的另一个短篇《药》中，则叙述夏三爷冷酷不念亲情，到官府告发侄子夏瑜参与革命，以致后者被处死；华老栓不使患痨病的小栓就医，而以血馒头作药引，终至儿子丧命，这些都是封建传统杀子的具体表现。[②] 到了30年代，巴金继承鲁迅批判中国旧礼教文化的精神，撰写了长篇小说《家》。巴金设置了高大公馆这样一个被黑暗所统治、“狭的笼”般陈旧闭塞的空间，来叙述象征着不合理封建制度的祖父及父辈为了维持旧秩序与尊严，如何向子孙如高觉新等人伸出专制与迫害的魔爪，摧残、扼杀青春之子的生命。[③] 其后，张爱玲在40年代完成的中篇《金锁记》里，塑造了一个与鲁迅的狂人本质相似，但又有所发展的疯子曹七巧。曹七巧受到中国传统父权社会婚姻买卖的迫害，走上爱、欲无望的绝路，和狂人一样是被“杀”(吃)之“子”。待其分家自立门户，性别错置地身代父职之后，竟也摇身一变为“杀子”之“父”，在30年里“戴着黄金的枷”，“用那沉重的枷角劈杀了几个人”，[④]极其变态地从精神与肉体上摧毁子女长白和长安的幸福。

从鲁迅到张爱玲，中国现代小说家在表现杀子命题时，多聚焦于讽刺与控诉封建“父”文化如何残暴地以强抑弱，如何扼杀青春萌发的“子”文化。郭沫若在建构小说的现代性时，则另辟蹊径，不把笔锋指向鲁迅一脉所针对的封建父权，而是选择叙述子的负累，来反映20世纪初现代社会对知识分子的压迫，逼使这些贫弱无助、苦闷不堪的“子”登涉疯狂的杀子之路。从另一个角度观之，鲁迅在《狂人日记》中还期盼曙光，呼吁“救救孩子”，郭沫若创作小说，却要冷血地终止孩子的性命，中断现代知识分子生命的延续，这是否意味着现代社会的逼害未必亚于中国五千年吃人的封建礼教，也是值得我们深思的问题。

---

① 《鲁迅全集》第二卷，第447—454页。

② 鲁迅：《药》，《鲁迅全集》第二卷，第463—472页。

③ 巴金：《家》，人民文学出版社2004年版。

④ 张爱玲：《金锁记》，《回顾展Ⅰ——张爱玲短篇小说集之一》，皇冠文化出版社1991年版，第183页。

五、重读郭沫若小说：由杀子意识开始

郭沫若膝下共十一人，[1]子嗣颇多。其小说亦多以主人公的家庭生活为叙述主体，频频刻画父母与稚子的亲密互动。职是之故，不管是将之比作身边小说，或称为中国式的私小说，学界过去只注意到郭沫若笔端充满亲子之间的喜怒哀乐，却忽略其时时流露出恐怖骇人的杀子意识。学者武继平尝言："郭沫若是个浪漫诗人，但同时他也以现实中阴暗的私生活为题材写小说。而他这种小说所具有的主题格调沉闷阴暗的性格正好跟他的诗歌的豪放明朗的性格形成鲜明的反衬。"[2]郭沫若早期小说反复书写杀子的冷血场面，恰恰印证了这阴暗的主题格调的说法。

让我们再看《残春》。爱牟眼见两个孩子惨遭妻子杀害，忍不住厉声责问。这时，晓芙回答道："你这等于零的人！你这零小数点以下的人！你把我们母子丢了，你把我们的两个儿子杀了，你还在假惺惺地作出慈悲的样子吗？"说着就把手中鲜血淋淋的刀子向丈夫投去，爱牟当场毙命。[3] 如此在恶梦中与稚子一同横死刀下的结局，或许不仅仅是对于养家无方又背叛情爱的主人公的当头棒喝，暗示现代知识分子的绝无出路，同时亦提醒我们必须重新解读和认识郭沫若的小说。就这一层面而言，研究其杀子意识只是个开端。

（原载《郭沫若学刊》2011 年第 1 期，作者为香港城市大学中文、翻译及语言学系助理教授）

---

① 郭沫若先与佐藤富子生四男一女：和夫、博生、佛生、志鸿、淑禹；再与于立群生四男二女：汉英、庶英、世英、民英、平英、建英。其子嗣共十一人。

② 武继平：《郭沫若留日十年》，重庆出版社 2001 年版，第 154 页。

③ 郭沫若：《残春》，《郭沫若全集·文学编》第九卷，人民文学出版社 1985 年版，第 32 页。

在记忆与反思中守望文学

——论流亡时期诗人郭沫若的自传写作与理论思考

蔡　震

如果把郭沫若的文化活动划分为几个时期的话，在流亡日本的10年间，他是以研究中国古代历史与金文甲骨之学的学者之名而被记入现代学术史的。此前，在五四文坛上叱咤风云的那个新诗人的风采似乎不复再现。郭沫若作为文学家的再度辉煌，是其抗战期间的历史剧创作。于是，长期以来，对于郭沫若文学创作活动的历史描述与研究，基本就围绕着五四时期的新诗创作与抗战期间的历史剧创作这样两个节点。那么这之间，就缺少了一个历史延续的脉络。

事实上，在大量的历史学、古文字学著述之外，郭沫若流亡日本期间的文学创作或著述也有相当的数量。当然，有意义的主要还不在于数量，而是这些文学创作或著述的内容、形式、特征等等，对于他的文学生涯具有重要的、不应被忽视的意义。

一

梳理郭沫若流亡日本期间的文学创作和著述，自传的写作是最主要的一个方面。他的第一部自传作品《我的幼年》完成于1928年底，接下去便不断有后续之作。也就是说，郭沫若在江户川畔那方斗室中从事中国古代社会和古文字研究的同时，开始追忆他自己过往的人生之旅——写下他自己的历史。

把这样两种不同的写作联系起来，颇有值得玩味之处。郭沫若曾在一篇自传散文的文末写过这样一句话："我写这篇文章，不过是作为减轻我记忆的负担的一种工具而已。"[①]一方面，他在学术写作中竭力去寻找湮没于

① 郭沫若：《自然底追怀》，《时事新报：星期学灯》1934年3月4日。

甲骨残片中的远古时代的历史信息；另一方面，他却把记录下自己人生历史的文学写作当做一个卸下记忆负担的过程。这是一种什么样的心境呢？自传的写作是郭沫若全部著述的重要组成部分，是他创作生涯中一个值得格外关注的部分。这一写作不但开始于他流亡日本期间，主要的作品也都完成在这期间。我们不妨先将郭沫若这期间的自传创作列出一个简单的系年表：

1928 年：《我的幼年》，1929 年 4 月上海光华书局初版发行。

1929 年：《反正前后》，1929 年 8 月上海现代书局初版发行；《黑猫》，1931 年 12 月上海现代书局初版发行。

1932 年：《创造十年》，1932 年 9 月上海现代书局初版发行。

1933 年：《武昌城下》，经缩写以日文发表于日本《改造》杂志 1935 年 5 月号；《自然底追怀》，发表于 1934 年 3 月 4 日上海《时事新报·星期学灯》第 70 期；《离沪之前》，发表于 1933 年 11 月至 1934 年 1 月上海《现代》月刊第 4 卷第 1 期至第 3 期，1936 年 5 月上海今代书店出版单行本；《北伐途次》，发表于上海《宇宙风》半月刊 1936 年 7 月 1 日至 1937 年 2 月 1 日第 20 期至第 34 期，收 1937 年 6 月上海北雁出版社初版《北伐》。

1934 年：《浪花十日》，发表于上海《文学》月刊 1935 年 7 月第 5 卷第 1 期。

1935 年：《宾阳门外》，发表于上海《光明》半月刊 1936 年 8 月第 1 卷第 5 期，收 1937 年 6 月上海北雁出版社初版《北伐》；《初出夔门》（海外十年之一），发表于上海《宇宙风》半月刊 1935 年 9 月 16 日第 1 期，收 1936 年 10 月上海不二书店初版《豕蹄》；《幻灭的北征》（海外十年之二），发表于上海《宇宙风》半月刊 1935 年 10 月 16 日第 3 期，收 1936 年 10 月上海不二书店初版《豕蹄》；《北京城头的月》（海外十年之三），发表于上海《宇宙风》半月刊 1935 年 11 月 1 日第 4 期，收 1936 年 10 月上海不二书店初版《豕蹄》；《世间最难得者》（海外十年之四），发表于上海《宇宙风》半月刊 1935 年 11 月 16 日第 5 期，收 1936 年 10 月上海不二书店初版《豕蹄》；《乐园外的苹果》（海外十年之五），发表于上海《宇宙风》半月刊 1935 年 12 月 1 日第 6 期，收 1936 年 10 月上海不二书店初版《豕蹄》。

1936 年：《双簧》，发表于上海《东方文艺》1936 年 6 月第 1 卷第 3 期。

1937 年(回国前):《创造十年续编》,发表于 1937 年 4 月 1 日至 8 月 12 日上海《大晚报》(未载完),1938 年 1 月上海北新书局初版发行。[①]

对比一下已经收入《郭沫若全集》文学编自传作品部分(共计 4 卷)的篇目,有半数以上写于这一时期。而如果考虑到像《自然底追怀》、《宾阳门下》等这些显然是回忆性的文章,却未被收入全集自传部分的作品,同时除去记录 1937 年回国之际和回国之后生涯的传记作品,那么,郭沫若所创作的 1937 年以前生活经历的自传,则有八成以上的文字写于流亡日本的十年间。这是一个有意思的统计数字。

1928 年到 1937 年上半年,这是郭沫若处在四十岁前后的一段时期,就人生旅途来讲,应该还没有行走到一个需要去回首往事的阶段。不惑之年的前后,正是一个人发展事业的黄金时段,郭沫若以他所从事的学术研究也正在表明这一点。尽管他在中国古代史和古文字研究方面的著述似乎远不如他在五四新文坛的诗歌创作那样声名大噪,但这无疑是其人生行旅中的一段值得书写的精彩。与此同时,郭沫若却用了不少的时间精力,或者说他沉浸在书斋的“安贫乐道”中却有这样一份心情——不说闲情逸致吧——去追忆往事,发怀旧之幽情,其原因何在呢?

生计所迫,是郭沫若撰写这些文字的一个起因,这一点毋庸讳言。这是那个时代文学家的不幸,也是他们的无奈,对于流亡日本,还要维持一家生计的郭沫若来说更其如此。在一些保存下来的郭沫若与一些杂志、出版社编辑谈约稿、撰稿、发稿之事的往来书信中,记录了不少谈稿酬的事,也不乏讨价还价之举。譬如,1932 年 7 月 23 日,郭沫若致叶灵凤的信中谈到《创造十年》的稿酬写道:“我的条件是”,“后编于三个月后交稿,稿费同是一千五百元,以三个月内缴清”。还谈到,“我现在手里有一部长篇小说《同志爱》,……有十万字上下。你们肯出一千五百元现金购买,我可以卖给你

① 把《宾阳门外》、《双簧》也列入表中,是因为它们尽管采用了小说的文体,实际上与《北伐途次》在内容上、叙事风格上别无二致,只是在结构形式上有所不同。郭沫若自己就说过,《宾阳门外》“本是《北伐途次》的缩写”。(《宾阳门外·小序》)而《自然底追怀》是记述郭沫若留学生涯,特别是具体写到他的诗歌创作过程的一篇重要的回忆录,没有被收入任何一个集子,实在是一个遗憾。与之在文体上类似,我在系年表中没有列入的像《鸡之归去来》(1933 年)、《东平的眉目》(1935 年)、《痈》(1936 年)、《太山朴》(1936 年)、《达夫的来访》(1937 年)等散文,其实它们也都是郭沫若记录自己生活状态或回忆既往的文章,亦可称为传记作品。

们。”在8月29日另一封致叶灵凤的信上责问说：“《黑猫》只得稿费一百元，究竟作怎么算？”又写道：“《创造十年》后编，看你们购买力说话，你们如于三个月内将一千五百元交足，每月分交五百元，我便在十一月准定交稿，因为是已经成了一半多的。你们如仍照从前不爽快，那就不能说定。”①这些直言不讳的讨价还价，倒并非表示郭沫若在金钱上锱铢必较，事实上他在许多时候为支持同人、朋友，都是不计酬劳、不言酬谢地撰写文稿。这恰恰说明，钱对于那时的郭沫若是太要紧的养家糊口之物了。在保留下来的他写给“文求堂”老板田中庆太郎的信中，记载有数次以孩子将要开学，急需学费、杂费等为由，提出预支版税的要求。在写到这样的要求时，郭沫若的心情一定是非常苦涩的。

“我写这篇文章，不过是作为减轻我记忆的负担的一种工具而已”②。这是郭沫若单就一篇回忆文章的写作动因而言。但是它也代表着郭沫若的自传性写作有一股情感推动力，这是其创作更为重要的心理动机，是一种为怀旧情绪左右、驱遣的文学冲动。

怀旧是一种心态，常常是随着人们生理年龄趋于老之将至而来的那种心态。此外，就是当生存的环境骤然发生了剧烈的变化，人们需要，或是试图从岁月流逝的屐痕中去寻求心理上的平衡感和精神上的慰藉，由是沉浸在怀旧的情态中。郭沫若表现出的怀旧情绪显然属于后者。

我们完全可以想象得出，在经历了人生道路上一番轰轰烈烈而又大起大伏的波澜之后，不得不只身蛰居在异国他乡的社会环境和文化环境中，郭沫若应该是多么渴望在沉静下来之际有一个能够与人进行情感交流和思想表达的机会和空间啊！但这是遥不可及的。他只能在自我的心灵之旅上去寻找这样的机会和空间。在这一点上，郭沫若与司马迁的心境应该是最相近的。无怪乎他在《金文丛考》的书页上以太史公《报任安书》那样的口吻题写了“大夫去楚，香草美人。公子囚秦，说难孤愤。我遘其厄，媿无其文。爰将金玉，自励坚贞”。他还创作过一个历史小说《司马迁发愤》。司马迁遭缧绁之辱，郭沫若遭流亡之灾，他们都用历史的写作来获得精神上的满足。其实这也是一个从历史的写作中肯定自我、反思既往、获取自信心的精神磨砺的过程。

不可否认，怀旧情绪是包含了对于现实的某种不安，也带着些无可奈何的心情。但这并不意味怀旧一定是在试图避开现实的烦恼、纷扰，以得

① 孔另境：《现代作家书简》，花城出版社1982年版，第203—204页。

② 郭沫若：《自然底追怀》，《时事新报·星期学灯》1934年3月4日。

到心灵的超然、宁静。我说郭沫若的自传性写作背后有一个怀旧的心理动机，也不是要说明他的这一写作过程只是为了找回失落的人生感觉。事实上他的自传写作完全不是情绪性的宣泄，而是有着理性的清晰和意识到的历史责任感。这与他所从事的历史学的研究著述工作不无关系，他可以把关于人生的怀旧情绪包容在一个历史学家的学术心态之中去。郭沫若的自传体作品，既是一个文学创作的过程，也是一个历史书写的过程。他说把这样的写作作为减轻记忆负担的工具，其实表明这是一个为了忘却而记忆的写作过程：把自己的生活经历从个人的回忆变成历史的记录，把记忆里的生活做成历史的文本。

远离了国内社会生活的现实，大概是郭沫若不得不把文学创作的题材和内容定位在历史范畴的又一个原因，因为缺少了那种曾经时刻伴随他的激情体验和诗意的冲动。

郭沫若是一个自我表现型的浪漫诗人，但是他的抒情自我从来不是封闭在主观遐想的世界里，而是驰骋在对现实人生的激情体验之中。流亡期间的处境和生活虽然并没有消解他对人生的执著追求，但却没有让他能神采飞扬的风云际会。这是一个不自由的、压抑的，却又是平静的、水波不兴的生存环境。从另一方面看，这种远离国内现实又相对平静的生存环境，在使郭沫若不得不改变创作的题材和内容时，也给他提供了一个审视人生所需要的思考的空间。譬如在关于"创造十年"生活的回顾中，郭沫若以一个亲历者的身份，在与当事者以及发生过各种纷扰的社会环境拉开了一个距离之后，反而获得了一个相对全景的视野和更为冷静与客观的回忆、反思。

在中国现代作家之中，像郭沫若这样在他们各自的作品库里拥有数量如此之多的自传体作品的，大概还没有第二人。这可以说是郭沫若文学创作中一个醒目的景观。

二

任何一位作家的自传都是一种历史的叙述，是关于一个人的历史。郭沫若自传的最大特点则是，他在落笔时就力图从个人的经历去反映一个时代的风云变幻和脉搏跳动，他写出了历史中的这个人。这应该是得益于他从事历史学研究所具有的学术用心。

> 我不是想学 Augustine 和 Rousseau 要表述甚么忏悔，

> 我也不是想学 Goethe 和 Tolstoy 要描写甚么天才。
>
> 我写的只是这样的社会生出了这样的一个人，或者也可以说有过这样的人生在这样的时代。[①]

这既是一个人生存的历史，也是在历史中生存的一个人。从这个意义上说，郭沫若的自传作品在历史学、文化学方面的含义要丰富于其在文学创作上的内容。读郭沫若的自传就如同在翻看清末民初的一个个历史片段或是一片片历史场景。毛泽东在 1944 年从延安写给郭沫若的一封信中就这样写道："最近看了《反正前后》，和我那时在湖南经历的，几乎一模一样，不成熟的资产阶级革命，那样的结局是不可避免的。"[②]

就郭沫若的文学创作历程而言，与《女神》时期相比，与《前茅》、《恢复》时期相比，他的自传写作所显露的创作心态和创作趋势的变化是显而易见的。

从开始从事文学创作起，郭沫若就喜欢写自己和写历史，这两方面内容几乎构成了他在五四时期全部创作的主题。但那个时候他的写自己和写历史，是耕耘在两个不同的题材领域之间，联系它们的是表现自我的情感需要。流亡时期郭沫若的自传写作，可以说是把写自己和写历史从题材内容到文本写作都结合在了一起。这不同于他在五四时期创作的诗歌或"身边小说"。那些诗歌、小说注重表现的是个人的情感生活，而他的自传描述的是个人与历史的关系。

与此同时，自传作品的文本写作过程本身，也在无形中对于郭沫若的其他文学创作乃至他的文学主张产生了影响。五四时期郭沫若文学创作的整体倾向是诗或诗意形式的表达，包括小说。在流亡时期他的文学创作全面倾向散文化，除了旧体诗歌。这大概是因为历史文本的写作在我国历来是属于散文体的范畴。与此相关的是，郭沫若在他的文学主张中加强了写实的意识。

郭沫若流亡期间的文学写作，在自传之外，仍然包括了诗歌、小说、散文、文艺理论著述等各个方面。有朋友曾担心他远离国内文坛，"是成为了'隐者'"。他则表示："只要情势许可并常有发表的地盘，我敢说一时倒还

---

① 郭沫若：《我的幼年·前言》，《我的幼年》，光华书局 1928 年版，第 1 页。

② 毛泽东：《毛泽东致郭沫若》(1944 年 11 月 21 日)，《毛泽东书信选集》，人民文学出版社 1983 年版，第 241 页。

‘隐’不下去的。”[1]所以尽管数量不是很多，这方面的写作从未停顿，其中小说创作和文艺理论的著述尤其值得关注。它们与郭沫若在五四时期这一方面的创作、著述相比发生了一些变化，又与他在抗战期间的历史剧创作及其理论主张的形成具有联系，显示了一种承前启后的意义。

郭沫若在五四时期创作的诗剧和戏剧作品，多有以历史为题材者，也有历史题材的小说创作。但他那时的历史题材创作，在题材的选择、在处理历史与现实的关系以及如何把握历史精神等方面，大都围绕着表现自我的情感这样一个基本原则，也就是他所说的，只不过是“借古人的骸骨来另行吹嘘些生命进去”。而他那时的小说创作是以身边题材为主。它们直接宣泄面对现实人生所产生的愤慨、激越、苦闷、困惑等等情感波澜。

流亡时期的郭沫若几乎不再创作身边题材的小说。1935 年到 1936 年，他连续创作了多篇历史小说，结集为《豕蹄》出版。这成为代表他那一时期文学创作的作品集。按说流亡时期的郭沫若有着更复杂也更沉重的情感郁积，何以他反倒不用身边题材进行小说创作了呢？我想这与他缺少了五四时期那种无所顾忌的激情冲动有关，也是他处在相对平静而低调的流亡生活处境中的心态的表现。郭沫若大概并不愿意更多地把他当时的生存状态直接表现在创作中，而宁愿借历史人物寄托自己的情感、思绪，像《贾长沙痛哭》、《司马迁发愤》的“寄托”情调是十分浓烈的。

比之《湘累》中作为“夫子自道”式的屈原，或是《卓文君》、《王昭君》、《聂嫈》中三个现代叛逆女性形象的塑造，《豕蹄》的创作在处理历史题材和塑造历史人物形象上的变化十分明显。

> 我是利用我的一点科学的智识对于历史的故事作了新的解释或翻案。我应该说是写实主义者。我所描画的一些古人的面貌，在事前也尽了相当的检查和推理的能事以力求其真容。我并不是故意要把他们漫画化或者胡乱地在他们脸上涂些白粉。任意污蔑古人比任意污蔑今人还要不负责任。古人是不能说话的了。……但如古人的面貌早经歪曲，或者本是好人而被歪曲成了恶人，或者本是无赖而被粉饰成了英雄，作者为“求真”的信念所迫，他的笔是要采取着反叛的途径的。[2]

---

① 郭沫若：《克拉凡左的骑士·小引》，《质文》1936 年第 2 卷第 1 期。

② 郭沫若：《豕蹄·序》，《豕蹄》，不二书店 1936 年版，第 3 页。

遵循着这样一个创作原则，郭沫若从孔子厄陈蔡、孟子出妻的历史记载演绎出《孔夫子吃饭》、《孟夫子出妻》的新编故事。孔子、孟子、贾谊、司马迁这些人物不再是一堆历史的“骸骨”，但也不是作者凭借感情色彩描摹出的自我抒情形象，或者现代人物形象，他们是一个个历史人物的“典型”。

历史小说的创作从数量上说，并没有在郭沫若的全部文学创作中形成一个多么可观的分量，但是它们对于郭沫若的文学活动具有一些特别的意义。

首先，从创作题材和文体形式上看，可以说从《豕蹄》开始，形成了郭沫若在抗战期间以历史为题材和历史剧形式为主体的文学创作的态势。

郭沫若并不太满意《豕蹄》的创作，谓其“只是皮包骨头的东西，只要火候十足，倒也不失为很平民的家常菜”，但“因努力不够”，“火候是说不上来的”，所以它们不过是一些“速写”。《豕蹄》之后，郭沫若没有再创作历史小说，他更愿意运用戏剧的形式。这似乎应和了沈从文当初所说的，郭沫若可以是任何意义上的英雄，但在小说上应该放弃他的努力。当然，对于不同文体形式的运用或者偏爱，更多的是属于一个作家创作个性的表现，富于诗性品格的郭沫若总是在诗歌领域得心应手。然而，他从《豕蹄》的创作中所确立的“以史事来讽谕今事”，“先欲制今而后借鉴于古”[①]的原创动力和创作思想，却延续到，并且主导了他在抗战期间的戏剧创作。

郭沫若不满足于“速写”，他是诗人，而戏剧在他那里就是诗。所以归国之后，从《棠棣之花》开始，《屈原》等历史剧的创作，竖起了他文学生涯上的又一个里程碑。而且在国统区文坛上，由郭沫若的历史剧创作所带动起来的抗战时期历史剧创作的繁荣局面，从新文学的戏剧发展史角度上展现出开创的意义和独特的历史文化价值。

其次，伴随着《豕蹄》的创作，郭沫若形成了自己的小说创作理论——关于“典型”的理论。

五四时期郭沫若也创作小说，但他小说的文体特征更接近散文，因为在他的理论意识上，小说这种文体形式不过是抒情诗的变体或延续。郭沫若的文学思想系统，是建立在诗是文学的本质，文学的本职专在抒情这一认识之上的。那时，他基本上是以诗论作为文论。

郭沫若提出典型的理论，有新文学界正在探讨“典型论”的学术文化背景，也是出于他自己创作实践的需要和总结。在他这一时期的历史小说创作中，自我不复是作品文学形象的唯一考虑，抒发自我的主观情感也不再

① 郭沫若：《豕蹄·序》，《豕蹄》，不二书店1936年版，第4页。

是唯一的审美表达方式。他需要描写自我以外的人物，需要借助这样的文学形象来表达自己的思想情感，当然也就需要相应的创作理论的支持。“大抵典型创造的过程是应该以客观的典型人物为核心，而加以作家的艺术的淘汰，于平常的部分加以控制，于特征的部分加以夸张，结果便可以造出比客观所有的典型人物更为典型的人物。”[①]这是郭沫若的典型理论。这一理论阐述，是建立在现实主义创作方法之上的，所以他说自己在创作历史小说时是一个“写实主义者”。这与他一直坚持的主情主义诗歌创作理论大不相同。而他这一小说创作的理论，又与他的文学思想的变化呈现出因果联系。

三

从1925年前后开始倡导无产阶级革命文学起，郭沫若实际上是放弃了五四时期建立在诗歌理论基础之上的浪漫主义文学主张。但在倡导无产阶级革命文学的运动中，他并没有真正确立对一个新的文学理论系统的认知。他与创造社同人所竭力提倡的“无产阶级的社会主义的”、“反对浪漫主义的写实主义的”文学，或者称作“在形式上是现实主义的，在内容上是社会主义的”文学，基本上还只是一个关于无产阶级文学的命题，而没有相应完整的理论内容去支撑。这并不奇怪，因为同一时期的苏联，由于“无产阶级文化派”、“拉普”的影响，无产阶级文学的理论建设还在走着弯路，“社会主义现实主义”的理论概念，是1932年才被提出确认的。郭沫若和创造社作家以为参照的日本无产阶级文艺运动，那时也还处在一个探索确立无产阶级文学理论的阶段。

所以，一直以来关于郭沫若文艺思想和文学主张的研究，总是到其倡导无产阶级革命文学时期便戛然而止，再论此题，就跳跃到他在抗战期间的历史剧创作理论，这之间似乎成了历史空白点。

1932年，郭沫若完成了《创造十年》的写作，这是关于创造社前期活动的回忆。同时，他撰写了论文《创造社的自我批判》，回忆后期创造社活动的续编也在准备落笔。这是他对于自己和创造社近十年文学活动的一个反思性的总结，其中既有对于文学革命阶段的历史回顾，也有对于革命文学和无产阶级革命文学运动阶段的认真思考。在这之后，郭沫若陆续撰写发表了一系列有关文学理论问题的文章：《关于诗的问题》（1935年8月）、

---

① 郭沫若：《豕蹄·序》，《豕蹄》，不二书店1936年版，第1页。

《七请》(1935 年 11 月)、《与其敏、淑明论诗》(1935 年 11 月)、《水与结晶的溶洽》(1936 年 2 月)、《从典型说起》(1936 年 6 月)、《中国左拉之待望》(1937 年 6 月)等等。另外还有与蒲风专门谈论诗歌创作以及新诗坛的访谈记录《郭沫若诗作谈》,以及有相当数量的为自己或他人的文学作品、译作撰写的序言、跋语等等。从这些文章著述里我们可以看到,郭沫若在批判、反思既往的文学活动的过程中,表达了新的文学思想。他阐述了一个关于社会主义现实主义文学理论的基本理论架构。这一理论主张矫正了他在倡导无产阶级革命文学时的偏激,同时也延续了曾被他宣判了死刑的五四时期主情主义的浪漫派文学思想。

郭沫若在 1935 年的一封谈论诗歌的信中曾写道:"意识是第一着,有了意识无论用什么方法,无论用什么形式,无论取什么材料都好。"[①]这封信发表在东京的《杂文》月刊上,引起国内文学界一些人的议论,以为他主张恢复标语口号诗。郭沫若随后写了《七请》一文,阐述了他此时关于文学理论的一个基本思想。

郭沫若认为,诗歌、小说、戏剧等不同的文体形式"有它们的通性,然而各有它们的个性"。"我希望小说家不要自认是诗人的鼓槌,诗人不要自认为小说家的鼓。诗和小说之别有如音乐和绘画,我们能把绘画的手法来做音乐吗?诗非抒情之作者,根本不是诗。抒情用进步的话来说便是表现意识,他当寄重于主观的情调,这和小说之寄重于客观的认识者不同。小说在目前当分析现实,暴露现实,诗歌在目前则当愤恨现实,毁灭现实。小说用分析与暴露去唤起愤恨与毁灭的感情,诗歌则通过了分析与暴露而直抒愤恨与毁灭的感情使之传染。这些境界要划分清楚。当然,二者也有互相交涉的地方,但各有各的规格。小说侧重进步的现实主义,诗歌侧重进步的浪漫主义,是无妨事的。"[②]

如果说 1925 年前后郭沫若的告别浪漫主义,不免怀有几分情感冲动——"我不入地狱,谁入地狱"的情感冲动,而作出了那样的抉择。那么,他这时应该是在理性的沉思中找回了失落的浪漫主义文学感觉。"小说侧重进步的现实主义,诗歌侧重进步的浪漫主义",这一基本文学思想的形成,对于郭沫若此后的文学活动具有重要的意义。《豕蹄》就是他这一文学思想的直接产物。这种以文体形式来区分,同时又要包容现实主义、浪漫主义的文学思想,在理论上应该说远不够缜密。它缺少一个系统完整的理

---

① 郭沫若:《关于诗的问题》,《质文》1935 年第 1 卷第 3 期。

② 郭沫若:《七请》,《质文》1935 年第 1 卷第 4 期。

论逻辑关系，却带有浓重的个人经验的色彩。实际上它是郭沫若把他在内心深处从未真正放弃的一个浪漫主义诗人的美学追求纳入社会主义现实主义文学系统的执著努力。

“写实是站在现实主义立场上的表现，……新浪漫主义是新现实主义（高尔基所说的‘第三现实’）的侧重主观情调一方面的表现，和新写实主义并不对立。新写实主义是侧重客观认识一方面的表现。……现实主义与现实生活不是同义语，文艺离不开想象和夸张的，主要的是现实主义的立场。”①郭沫若以这样的理论表述，将现实主义与浪漫主义结合起来，统一在现实主义文学思想体系中。它也许缺少理论上的普泛性，但对于郭沫若自己文学活动的影响是很大的，也是久远的——一直影响到他在新中国成立后的文学思想。

研究者一般认为，郭沫若在抗战时期的历史剧创作，使他重新找回了一度失落的浪漫主义文学个性和创作方法，同时形成了其浪漫主义的历史剧创作理论。我以为，他在流亡日本期间的这一番文学思考，应该是他在抗战期间文学创作和著述的开始。他在此时已经又来到自己曾经堆起的“墓头”，唤回主情主义，把埋葬在那里的“一些腐朽化为神奇”。②

1936年夏，郭沫若翻译了席勒的历史剧《华伦斯太》，译毕，他撰写了一个长篇的“译后感”。在“译后感”中，郭沫若通过分析、批评《华伦斯太》，表述了一些关于历史剧创作的见解：

> 本剧是以三十年战争为背景的历史剧，华伦斯太是实有其人。但作者对于史料的处理是很自由的，剧情的一半如麦克司·皮柯乐米尼与华伦斯太的女儿特克拉的恋爱插话，便完全是出于诗人的幻想。有些批评家以为这项插话是蛇足，不如直裁地用粗线把华伦斯太描画出来还会更有效果。但在我看来，觉得这个意见有点碍难同意。我觉得这个插话的插入正是诗人的苦心之所在，诗人是想用烘托法，陪衬法，把主人公的性格更立体地渲染出来，而使剧情不至陷于单调，陷于枯索。诗人的这项用意和手法，实在是相当地收到了效果的。
>
> 我对于诗人和本剧的不满意，或者可以说是求全的奢望，是在诗人的存心过于敦厚了一点。诗人对于艺术的主见，在本剧的

① 郭沫若：《郭沫若诗作谈》，《现世界》1936年8月创刊号。

② 郭沫若：《文艺论集·序》，《沫若文集》第十卷，人民文学出版社1959年版，第4页。

《序曲》中是说的很明白的。他说：

艺术是裁成一切的，
任何绝端她都返之自然，
她是在世运之强迫中看人，
她把他的罪恶之一大半
归之于不幸的星躔。

真真是“返之自然”那自然是艺术的真谛。但是，“任何绝端”也还是自然，要把“任何绝端”再“返之自然”，那要算是不自然了。诗人的这种中庸的伦理见解，似乎反成为了他的艺术之累。本剧中登场的人物，几乎个个都是善人，没有一个是彻底顽恶的，诗人对于自己的见解是忠实了的，然而对于自然却不见得是忠实。因为有这一个矛盾，诗人的见解与自然的现实之间的一个矛盾，对于本剧的构成和性格描写上便不免有点破绽。

郭沫若在这里谈到的席勒对于史料的“自由”处理，以及如何解决“诗人的见解与自然的现实”之间的矛盾，实际上就是他关于历史真实与艺术真实关系的思考。他对于席勒的臧否，其实是依据了“失事求似”这样一个创作原则。他还通过对于华伦斯太人物形象和历史时代的分析，阐述了关于性格悲剧与命运悲剧的看法，关于历史与现实关系的看法等等。所有这些，都在抗战时期发展为他的浪漫主义历史剧理论。

在文学思想上郭沫若对于浪漫主义的回归，从某种意义上意味着他对于自己在无产阶级革命文学运动中倡导的某些理论的否定，譬如，将浪漫主义文学等同于资产阶级文学，用现实主义取代浪漫主义，以为辩证唯物论即可以作为文学创作的方法论等等。当然这不是对于五四浪漫派的回归，而是在确认无产阶级文学的现实主义立场之上对于浪漫主义文学理论、美学原则的回归。

郭沫若文学思想的这一变化，与日本和苏联无产阶级文学运动在这一时期的发展动向不无关系。苏联无产阶级文学运动在30年代初清算了“拉普”左倾文学思想的影响，1932年提出了“社会主义现实主义”理论，纠正了无产阶级文学运动走偏的方向。日本的无产阶级文学运动也在同时开始思考，调整受“拉普”的影响而在文学理论和文学实践上的偏激。这应该是郭沫若反思自己和创造社后期文学活动的思想背景。然而恰逢此时，日本的无产阶级文学运动却遭到已经走向军国主义化的国家权力的强力镇压而趋向瓦解。郭沫若因此失去了一个可以就近参照、思考的对象，如同倡导无产阶级革命文学初期那样。

不过从另一方面说，郭沫若在这一时期的文学思想，脱却了从日本无产阶级文学运动中去机械搬用理论主张的方式，贯注着他个人深入独到的思考。这一思考过程虽然不无个人经验的色彩，但是对于他后来形成系统的历史剧创作理论和关于悲剧的美学理论，是一个极有意义的前奏。

十年流亡生涯镌刻下一个学者的足迹，十年流亡生涯也记录了一个历史学家对文学的守望，若没有这一份执著，或许也就没有了后来的诗人郭沫若。

（原载《陕西师范大学学报》（哲学社会科学版）2011 年第 1 期，作者为中国社会科学院研究员，中国郭沫若研究会会长，四川郭沫若研究中心特聘研究员）

身份嬗变与中国当代“新台阁体”诗词的形成

——郭沫若旧体诗词创作转型论

李遇春

20世纪中国旧体诗词研究近年来在学界颇为引人关注，但关注点主要集中于旧体诗词在中国现当代文学学科中的合法性问题，[①]而相应地忽视了从文学史或诗史的角度，探询中国现当代旧体诗词历史演变的内在逻辑进程。换言之，目前的旧体诗词研究，过多地纠缠于“外部研究”而偏废了“内部研究”。虽然也有从宏观上描述20世纪旧体诗词史的文章出现，[②]但现象的描述毕竟不能代替内在诗学变迁的深度揭示。本文以郭沫若的旧体诗词创作历程为研究对象，试图通过对这样一个重要个案的剖析，在较为宏观的视野中揭示20世纪中国旧体诗词从“现代”向“当代”演变的内在的诗学逻辑进程。

郭沫若的旧体诗词创作完整地经历了由“现代”向“当代”的转型过程。如果从身份角度考察，这一转型表现为一种由“多”归“一”的蜕变。在新中国成立前，郭沫若的主要身份有三种：诗人、学者和社会政治活动家。由此带来了郭沫若旧体诗词创作的三种类型：“诗人之诗”、“学人之诗”和“士人之诗”。事实上，这三种身份之间虽然有冲突，但在新中国成立前大体上还是呈现为互补和融合的状貌，由此带来了三种类型旧体诗词的异彩纷呈和彼此交融。而新中国成立后，随着郭沫若政治身份的凸显和强化，他的诗人身份和学者身份相应地被淡化或弱化了。这在创作上的后果就是“诗人之诗”和“学人之诗”被消解或遮蔽，而“士人之诗”则被过分地放大和拔高了，以至于变成了纯粹的“士人之诗”。这种蜕变直接导致了在新中国旧体

---

① 参见陈友康的《二十世纪中国旧体诗词的合法性和现代性》，《中国社会科学》2005年第6期；王泽龙的《关于现代旧体诗词的人史问题》，载《文学评论》2007年第5期。

② 参见马大勇的《“二十世纪诗词史”之构想》，《文学评论》2007年第5期。

诗坛上形成了一种以郭沫若为首的“新台阁体”诗词。“新台阁体”诗词的出现影响深远，不仅在20世纪50至70年代风行一时，而且新时期以来旧体诗坛上常遭人訾议的“老干体”正是“新台阁体”的延续和变异。

一

要想深入探究郭沫若旧体诗词创作转型中的内在诗学理路，我们需要从他新中国成立前的三种身份和三种诗型依次予以剖析。先看“诗人之诗”。即使是在许多对郭沫若作出负面评价的人眼里，他们一般也不否认郭沫若天生具有诗人气质。相对于“学人之诗”以学问为诗而言，“诗人之诗”凭借的是与生俱来的诗人气质或诗人禀赋。以“诗人之诗”见长的诗人往往是性情中人，他们写诗追求的是自我性情的挥洒，不拘一格。所谓性情中人，用王国维的话说，即“不失其赤子之心者也”。以“赤子之心”写诗，故能写出“真景物、真感情”，此之谓“有境界”。[①] 在中国古典诗学传统中，“缘情说”标举的就是“诗人之诗”。清代袁子才在《随园诗话》卷五中宣称：“自《三百篇》至今日，凡诗之传者，都是性灵，不关堆垛。”[②]袁枚的“性灵说”通主情说，有真性情故有真诗。郭沫若晚年曾专门撰写《读〈随园诗话〉札记》，他在序中说：“余少年时尝阅读之，喜其标榜性情，不峻立门户；使人易受启发，能摆脱羁绊。”又说：“袁枚于诗主性情说。所谓性情者，谓抒写胸臆，辞贵自然。这较王渔洋神韵说之不着边际、沈德潜格调说之流于空套，自然较胜一筹。”[③]早年的郭沫若不以学者或社会政治活动家见长，他的本色是诗人，所以他的诗，无论旧诗新诗，大都能真实地流露诗人的真性情和真襟抱。郭沫若早年的旧体诗词，包括他少年时代和青年时期(主要是30年代之前)的诗作，无论冲淡、雄浑还是绮丽之作，尽管风格各异，但大抵属于诗人之诗、赤子之诗或才子之诗。

1928年，郭沫若回忆少年时所受唐诗的影响，曾明确表示：“唐诗中我喜欢王维、孟浩然，喜欢李白、柳宗元，而不甚喜欢杜甫，更有点痛恨韩退之。韩退之的诗我不喜欢，文我也不喜欢，说到他的思想我更觉得浅薄。”[④]从本性上说，郭沫若喜欢纯正的唐诗而不喜欢宋诗。唐诗主情，宋诗主理，

---

① 参阅王国维著：《人间词话》，上海古籍出版社1998年版，第42页。

② 袁枚：《随园诗话》，人民文学出版社1982年第2版，第146页。

③ 吴奔星、徐放鸣选编：《沫若诗话》，四川人民出版社1984年版，第424页。

④ 吴奔星、徐放鸣选编：《沫若诗话》，四川人民出版社1984年版，第73页。

杜甫和韩愈这两位唐人恰好是所谓宋诗的祖宗，所以遭到郭沫若心底的厌弃并不奇怪。值得注意的是，郭沫若早年最喜欢的唐代诗人是王孟而不是李白，与李白雄浑豪放的诗篇相比，郭沫若更欣赏王孟的冲淡素朴之诗。喜欢王孟自然不可能不亲近陶潜，陶潜号称隐逸之宗，冲淡之祖。郭沫若在《我的作诗的经过》里说："我自己本来是喜欢冲淡的人，譬如陶诗颇合我的口味，而在唐诗中我喜欢王维的绝诗，这些都应该是属于冲淡的一类。"[①]据郭沫若在《创造十年》中回忆，有一次他把王维的《竹里馆》书在纸上，"这是我从前最喜欢的一首诗，喜欢它全不矜持，全不费力地写出了一种极幽邃的境界。我很喜欢把这首诗来暗诵。"[②]由此可见郭沫若早年对陶潜和王孟诗派的情有独钟。这种钟情其实与他早年所受的诗教有关。唐人司空图论诗，尤推冲淡诗风，标举王孟韦柳一派。而 1921 年郭沫若在致郁达夫的信中说："今天在旧书中翻出几张司空图的《诗品》来。这本书我从五岁发蒙时读起，要算是我平生爱读书中之一，我尝以为诗的性质绝类禅机，总要自己去参透。参透了的人可以不立言诠，参不透的人纵费尽千言万语，也只在门外化缘。国内近来论诗的人颇多，可怜都是一些化缘和尚。不怕木鱼连天，究竟不曾知道佛子在那里。《诗品》这部书要算是禅宗的'无门关'呢。他二十四品，各品是一个世界，否，几乎各句是一个世界。"[③]直至 1944 年，郭沫若还说："唐人司空表圣的《诗品》读得最早，在五六岁发蒙的时候，我顶喜欢它。我要承认，一直到现在，我的关于诗的见解大体上还是受着它的影响的。"[④]郭沫若如此推崇《诗品》，正好表明了他内心中(追求)澄静本真的一面。

现存郭沫若少年诗稿也表明，他最初学写旧诗正是仿习的司空图所推重的王孟韦柳诗派。《郫居即景》作于 1904 年，是郭沫若现存最早的诗作。诗云："闲居无所事，散步宅前田。屋角炊烟起，山腰浓雾眠。牧童横竹笛，邨媪卖花钿。野鸟相呼急，双双浴水边。"诗中写出了一个乡村少年的闲情逸致。自然景物描写充满野趣，乡村生活刻画备显闲适和温暖，深得陶渊明和王维、孟浩然山水田园诗的个中三昧。虽然郭沫若十分推崇陶潜和王孟的冲淡诗风，但李白和苏轼的雄浑豪放诗风对他的影响其实更大。如作于 1907 年的七律《夜泊嘉州》便抒发了少年郭沫若内心狂放雄豪的一面。

---

① 吴奔星、徐放鸣选编：《沫若诗话》，四川人民出版社 1984 年版，第 127 页。

② 吴奔星、徐放鸣选编：《沫若诗话》，四川人民出版社 1984 年版，第 92 页。

③ 吴奔星、徐放鸣选编：《沫若诗话》，四川人民出版社 1984 年版，第 27 页。

④ 吴奔星、徐放鸣选编：《沫若诗话》，四川人民出版社 1984 年版，第 264 页。

诗云："乘风剪浪下嘉州，暮鼓声声出雉楼。隐约云痕峨岭暗，浮沉天影沫江流。两三渔火疑星落，千百帆樯戴月收。借此扁舟宜载酒，明朝当作凌云游。"写这首诗时郭沫若正在嘉定府中学堂念书，诗中洋溢着少年诗人追步苏东坡的豪情逸兴。郭沫若的家乡乐山即古嘉州，留存有苏东坡的诸多遗迹。苏轼作有《送张嘉州》诗："少年不愿万户侯，亦不愿识韩荆州；颇愿身为汉嘉守，载酒时作凌云游。"苏轼的诗写得极为狂放，诗中连"但愿一识韩荆州"的李白也被他暗中嘲讽了。而少年郭沫若的诗酒豪情，正来自于蜀中两位乡贤遗风的熏染。众所周知，郭沫若平生推重李白，对于苏轼，郭沫若也曾多次写诗表示敬仰和怀念。1940 年作有七古《苏子楼》，1944 年作有《忆嘉州》，后者云："海棠香国荔枝湾，苏子当年寓此间。云外读书声已歇，空余楼阁对眉山。"

在郭沫若的"诗人之诗"中还有一些绮丽纤秾之作。这类诗词明显接受了晚唐诗风的熏染，如李商隐、杜牧、温庭筠等人风流多情的婉约香艳之体。温李和小李杜皆绮才艳骨，以才人浪子之诗，"赢得青楼薄幸名"。虽然郭沫若未曾谈及他们对自己的影响，但正如张光年所说："在《我的作诗的经过》一文中，他只谈到了庄子、司空图，谈到了陶渊明和王维。可是，难道屈原在这位诗人身上的影响还小吗？难道李白、杜甫和苏东坡在这位诗人的风格上没有留下自己的痕迹吗？大家都知道，郭沫若是精通我国古代文化并且是以毕生的精力来保卫和发扬民族文化的当代大师，他接触的前辈太多了，以致无法一一举出他们的名字。所谓'如入芝兰之室，久而不闻其香'，只不过是芝兰的香味充满了他的心肺的缘故。"[①]诚然，"温李新声"对郭沫若的影响正可作如是观。同样，晚唐五代以来的婉约词风对早年郭沫若的旧体诗词的影响也是无法否认的。郭沫若现存诗作中最早显露"温李新声"迹象的是几首咏物诗。《咏佛手柑》(1908)和《咏蜡梅》(1909)都属于借物言志之作，前者咏赞了佛手柑"霜叶经秋颜更绿，岁寒松柏莫须夸"的坚强，后者礼赞了腊梅"瘦削只缘冰镂骨，孤高宜借月传神"的孤傲，按说这样庄重的主题，当以雄浑豪放的面目出现，但郭沫若的这两首咏物诗却选择了华美丰赡、沉博艳丽的"义山体"，彰显了他才子风流、文采惊艳的一面。"嫩黄堦畔一株斜，香泽微薰透碧纱。掌是仙人承醴露，手经天女散琼葩。摩肩隔石穿耆阁，含笑拈花入梵家"，这是写的佛手柑；而写蜡梅则是："疑是浮屠丈六身，风飘片片黄金鳞。天香薰入游蜂梦，真蜡未同野马尘。……羞从脂粉增颜色，磬口檀心自可人。"如此繁密丰茂的绮丽意象，且为

① 张光年：《论郭沫若早期的诗》，《诗刊》1957 年第 1 期。

神秘氛围所环绕，这正是李义山诗体的特出之处。至于1910年写的两首咏物诗《落红》和《咏秋海棠》，则明显寄托了少年郭沫若颓放孟浪的情怀。这两首诗同样写得意象繁茂，语言华美，但诗中的脂粉气和儿女情长是一望便知的。

以上谈及郭沫若早期旧体诗词中“诗人之诗”的三种类型。1937年抗日战争爆发后，人届中年的郭沫若毅然别妇抛雏回归祖国，他的旧体诗词创作也进入了新的高潮。相对而言，郭沫若中年阶段的旧体诗词以“士人之诗”和“学人之诗”见长，而他的“诗人之诗”则为前二者所掩，毋宁说，是无形地渗透进前二者之中了。但即令如此，“诗人之诗”依然是郭沫若中年旧体诗词创作中一个引人注目的存在。拿冲淡高古的诗来说，抗战后郭沫若忙于战事、政务和学术，有时他也忙里偷闲，借给友朋题画之机，在诗中发抒一下渴望静谧闲适的心境。如《题山水画小桢》(1937)中写道：“小隐堪宜此，山居即是诗。禅心来远岫，逸兴对疏篱。有酒还当醉，无鱼不足悲。天伦乐常叙，回首羡康时。”又如《题风景画二首》其一：“杨柳青青古渡头，烟波淡淡漾轻舟。闲来袖手无心坐，转觉平添一段愁。”虽羡慕造化之功，但一个愁字，便把那种“云烟凝处诗中画，流水无声画里诗”的超然境界给消解了。毕竟战乱连绵，国难当头，郭沫若无法再像早年那样潜心营构冲淡之境了。但他对陶潜和王孟韦柳诗派的兴趣依旧保留在内心深处。1942年，在《题画记》一文中郭沫若专门申明：“我不因推崇屈子而轻视陶潜，我也不因喜欢陶潜而要驱逐屈子。认真说，他们两位都使我喜欢。”[①]至于雄浑豪放的诗作，由于抗战后郭沫若的诗词以沉郁顿挫的“士人之诗”和奥衍古雅的“学人之诗”为主，且后二者中不同程度地隐含了雄浑豪放之风，所以这时期郭沫若单纯的雄浑豪放之作不多，仅是在与一些文友的唱和诗和少量的山水诗、题画诗、咏物诗中表露过苏东坡那种“老夫聊发少年狂”的心劲。如《送田寿昌赴桂林》(1941)：“南山昨日事春游，并辔江边君兴遒。伏枥何能终老此？长风万里送骅骝。”既是对老友田汉豪迈精神的嘉许，也是对自己壮心不已的一种自勉。又如《访徐悲鸿醉题》(1945)：“豪情不让千钟酒，一骑能冲万仞关。仿佛有人为击筑，盘溪易水古今寒。”此诗直率地抒发了两位现代文人才俊慷慨狂放的心怀，读来回肠荡气，作金石声，让人顿生“痛饮狂歌空度日，飞扬跋扈为谁雄”(杜甫《赠李白》)之叹。又如《咏金鱼》(1948)：“平生做金鱼，惯供人玩味。今昔变蛟龙，破空且飞去。”几乎口占，应为心声，抒写了郭沫若在旧中国久经压抑之后的洒脱和

① 吴奔星、徐放鸣选编：《沫若诗话》，四川人民出版社1984年版，第226页。

奔放。只是他无法预知，在未来的三十多年中，他还将继续扮演“金鱼”的角色，“惯供人玩味”。

郭沫若抗战时期的绮丽纤秾之作不多，且散见在一些赠答诗、题画诗和咏物诗中。基本上是偶一为之，毕竟战争年代不是花前柳下的时刻。但早年“温李新声”的熏染究竟不容易褪去，有时仍作绮词丽语，以唯美之风见长。如《华禽吟》(1941)、《天鹅蛋》(1941)、《雨》(1942)、《黄山探梅四首》(1943)、《咏水仙》(1943)、《忆樱桃树》(1945)之类。《华禽吟三首》写一只美丽的鸟儿与一只幼虎相追逐，“华禽思振翮，乳虎力攀追”，可惜“乳虎堕入草丛中，禽已高飞在天外”，“从此虎心悲，丛中长殒泪。残翎几片抱在怀，寸寸肝肠碎。”此诗似伤心人别有怀抱，可能中有隐情。《天鹅蛋》其实是咏仙人球，言辞华美，意境玄远，内含禅机。《黄山探梅》敷色艳丽，浓墨重彩，画中有诗，诗中有画。其四云：“料峭春寒压艳妆，轻风飘拂柳丝黄。谁教黄犬传消息，唤出青鬟一倚墙。”用梅花和柳丝衬托后出场的姑娘，一句“谁叫黄犬传消息”，写得别有风情，俗中见雅，果然是才子之诗。

二

与“诗人之诗”更多地源于诗人的本性或禀赋不同，“士人之诗”更多与诗人的社会责任感和政治使命感有关。一般而言，人之学诗，先有“诗人之诗”，后做“士人之诗”，这与人的成长历程大体相类，即先为赤子，后做读书人、社会人。在中国传统文化语境中，“诗人之诗”主要泽被于道禅家文化，如老子所谓“绝圣弃智”，“绝仁弃义”，“复归于婴儿”(《老子》第十九章、第二十八章)。因此，“诗人之诗”往往充盈着道禅文化的飘逸气韵。而“士人之诗”主要植根于儒家文化，自孔孟而后，儒者皆“以天下为己任”，诚如孟子所谓“乐以天下，忧以天下”(《孟子·梁惠王下》)。是故“士人之诗”常常涌动着儒家文化的忧患意识。“诗人之诗”任个人，“士人之诗”重集体。前者是出世之诗，后者是入世之诗。在唐诗双璧中，如果说李白是写“诗人之诗”的天才，那么杜甫就是做“士人之诗”的典范。

中国新文学家大抵对孔子及其传统儒家文化持否定态度。唯郭沫若不然。在20世纪20年代新旧文化剧烈碰撞之际，时人都以“打倒孔家店”为尚，但郭沫若这个“时代底一个肖子”①居然极力证明“康德与孔子之一致”，称誉孔子是“球形发展”的“天才”，说孔子是“人中的至人”。至40年

---

① 闻一多：《女神之时代精神》，《创造周报》1923年6月3日第4号。

代抗战时期，郭沫若又写有《孔墨的批判》等文，明显表现出“尊孔抑墨”的倾向，这使他在当时“同道的人”中遭到了“相当普遍的非难”。[①] 郭沫若对孔子及其儒家文化的推崇，自然影响了他的文化人格的自我建构。从他的旧体诗词创作来看，郭沫若的“士人之诗”明显继承了中国传统儒家文化的士人精神，如民本情怀和忧患意识，表现出对乱世之象的批判精神。所谓“士人之诗”，其核心正在于儒家诗教中的“怨刺精神”。孔子在《论语·阳货》中提出“兴、观、群、怨”说，重在“兴”与“怨”，“兴”是形式，是技巧，“怨”才是内容，是实质。郭沫若把儒家的这种怨刺精神发扬成了一种现代反抗精神。他在《〈西厢记〉艺术上的批判与其作者的性格》(1921)中提出：“文学是反抗精神的象征，是生命穷促时叫出来的一种革命。屈子的《离骚》是这么产生出来的，蔡文姬的《胡笳十八拍》是这么产生出来的，但丁的《神曲》、弥尔顿的《失乐园》，都是这么产生出来的。周诗之《变雅》生于幽厉时期，先秦诸子的文章焕发于周末，歌德、席勒出世于德国陵夷之时，托尔斯泰、多士陀奕夫士克(陀思妥耶夫斯基)产于俄国专制之下，便是我国最近文坛颇有生气蓬勃之概者也由于受着双重压迫，内之武人与外之强邻。”[②]诗曰：“疾风知劲草，板荡识诚臣。”越是在多事之秋、危亡之际，越能体现出古今中外知识分子的怨刺精神、反抗精神和批判精神。对于新中国成立前的郭沫若来说，他所置身的时代正面临着“内之武人与外之强邻”的双重压迫，作为有良知的士人或知识分子，他必须起而反抗。作为一个接受了传统士人精神熏陶的现代诗人，他的“士人之诗”自然充满了忧患意识和怨刺精神。

郭沫若早年的“士人之诗”受杜甫的影响甚大。虽然郭沫若在《我的童年》中说过“不甚喜欢杜甫”，[③]他在晚年的《李白与杜甫》中更是把“扬李抑杜”推到了极至，但不能忽视的是，郭沫若从未彻底否定杜甫及杜诗的价值。他在《论杜甫的生活和创作》中曾明确指出：“安史之乱对杜甫是不幸中之幸，对中国文化也是不幸中之幸。这由无穷的血泪换来的杜甫，中国人民向来就宝贵他，今后也永远要宝贵他。”[④]直到 1977 年，他在去世的头一年还这样说：“杜甫应该肯定，我不反对，我所反对的是把杜甫当为‘圣人’，当为‘它布’(图腾)，神圣不可侵犯。”[⑤]凡此种种，说明郭沫若并不想完

① 参阅谢保成著：《郭沫若评传》，百花洲文艺出版社 1995 年版，第 99—104 页。

② 吴奔星、徐放鸣选编：《沫若诗话》，四川人民出版社 1984 年版，第 20 页。

③ 吴奔星、徐放鸣选编：《沫若诗话》，四川人民出版社 1984 年版，第 16 页。

④ 郭沫若：《诗歌史中的双子星座》，《光明日报》1962 年 6 月 9 日。

⑤ 郭沫若：《致胡曾伟》，《郭沫若书信集》(下)，中国社会科学出版社 1992 年版，第 437 页。

全否定杜甫，他称誉杜诗为“血泪之诗”，这并非随人溢美，因为在他早年旧体诗词创作中确实深受过杜甫之熏染。在七律《寄吴君尚之》(1910)之二中，郭沫若写道：“翻云覆雨喻交游，杜老新诗几度讴。好酒于今知贾祸，多言自古易遭尤。嘤嘤怕听春禽啭，负负徒呼狂雨愁。莫笑瞿公门有雀，世人半是沐冠猴。”此时郭沫若在成都念书，丝毫不讳言他对杜诗的热衷，有“杜老新诗几度讴”为证。对于郭沫若来说，杜甫“每饭不忘君”的忠君思想是至为鄙陋的糟粕，但其“穷年忧黎元，叹息肠内热”(《自京赴奉先县咏怀五百字》)的民本情怀和忧患意识却是值得汲取的精华。早年的郭沫若不仅强烈谴责“内之武人”，他还密切关注“外之强邻”，时刻牵系着祖国的安危。1915年日本帝国主义者向袁世凯政府提出了企图独占中国的《二十一条》，且下达了“最后通牒”，即“哀的美顿书”(ultimatum)。郭沫若和一帮留学生毅然归国，准备向北京政府请愿，此间作有一首七律：“哀的美顿书已西，冲冠有怒与天齐。问谁牧马侵长塞，我欲屠蛟上大堤。此日九天成醉梦，当头一棒破痴迷。男儿投笔寻常事，归作沙场一片泥。”这首诗写得慷慨激昂，沉雄悲壮，直接开启了三四十年代郭沫若抗战旧体诗词创作的先河。

抗战爆发后，郭沫若的“士人之诗”得到了极大发扬。在早年深受杜甫影响的基础上，郭沫若抗战后的“士人之诗”还着重受到了屈原、陆游、辛弃疾、夏完淳、柳亚子等古今诗人的影响。郭沫若在抗战时期对屈原的推崇是众所周知的，他不仅对屈原的生平与创作进行历史考证，而且还写了历史剧《屈原》，社会反响激烈。郭沫若认为：“屈原不但是中国最伟大的一位诗人，而且是最伟大的一位民族诗人。”“他的死，不是一般才子的怀才不遇，因而自杀。当然他也是一个怀才不遇的读书人，不过他的死并不是这么单纯。他是一位民族的诗人，他看不过国破家亡，百姓流离颠沛的苦况，才悲愤自杀的。他把所有的血泪涂成了伟大的诗篇，把自己的生命殉了祖国，与国家共存亡，这是我们所以崇拜他的原因，也是他所以伟大的原因。”又说：“其实屈原的思想，简单的说，可以分而为：一，唯美的艺术，二，儒家的精神。”“屈原并不是一位纯粹的思想家，而是一位卓越的艺术家。他在思想上尽管是北方式的一位现实主义的儒者，而在艺术上却是一位南方式的浪漫主义诗人。”[①]在郭沫若的眼中，屈原的诗正是“士人之诗”，其精神核心是儒家爱国忧民的士人精神。郭沫若还十分推崇夏完淳，他不仅写过历史人物论文《夏完淳》，而且还写过以夏完淳为主人公的历史剧《南冠草》。

---

① 吴奔星、徐放鸣选编：《沫若诗话》，四川人民出版社1984年版，第177、179、181、203页。

在郭沫若看来，夏完淳的“诗文词赋，十分之九是由他的实际生活所血浸出来的东西，差不多篇篇都是辛酸，字字都是血泪。这辛酸血泪如是一般风流才子的自悲身世，掩泣途穷，惜别伤春，忧生叹逝，那倒满河都是鹅卵石，并不是怎么稀罕的东西，而在完淳却不是这样。那整个是出于国破家亡、种族沦夷之痛。”又说：“完淳是诗人，而又以气节自尚，他的父亲死于水，先生陈子龙也死于水，故他对屈原甚为尊崇。集中模仿《楚辞》的骚体赋颇多，又有《吊左徒》一诗，屈原可以说是他精神上的先生。”[①]可见郭沫若推崇夏完淳是与推崇屈原完全一致的，这正如同他推崇南社领袖柳亚子一样，因为柳亚子是被人视为“今之屈原”的，[②]他们都属于同一个精神家族或士人谱系。虽然郭沫若没有专门谈到陆游和辛弃疾对他的影响，但两人悲歌慷慨的诗词对郭沫若“士人之诗”的影响则是不言而喻的。如陆游喜梅，郭沫若亦喜咏梅。至于辛弃疾，郭沫若新中国成立后曾为济南辛弃疾纪念祠题写了一副很有名的长联：“铁板铜琶，继东坡高唱大江东去；美芹悲黍，冀南宋莫随鸿雁南飞。”对辛词推崇备至。陆游和辛弃疾悲歌慷慨的雄豪诗风和誓死抗金的政治抱负，在三四十年代的抗战时期，毫无疑问是给予了郭沫若的“士人之诗”以重大影响的。

郭沫若抗战爆发后的“士人之诗”，其意义是多方面的。首先是集中抒发了誓死抗日的爱国热情和民族气节。1937年，郭沫若忍受着巨大的痛苦抛妻别子，为了民族大义，秘密归国参加抗日。在离开日本的前夜，他写下了一首著名的七律，诗步鲁迅先生《惯于长夜过春时》原韵，诗云：“又当投笔请缨时，别妇抛雏断藕丝。去国十年余泪血，登舟三宿见旌旗。欣将残骨埋诸夏，哭吐精诚赋此诗。四万万人齐蹈厉，同心同德一戎衣。”正是以这首诗为标志，在20年代的新诗创作高潮衰歇之后，郭沫若又掀开了一个旧体诗词创作的新高潮。为了拯救苦难的祖国，郭沫若再也无法待在日本钻故纸堆做学问了，他再次选择了投笔从戎。作为文人，郭沫若始终怀抱着李白那样的“奋其智能，愿为辅弼，使寰区大定，海县清一”(《代寿山答孟少府移文书》)的政治志向，这种儒家士人精神实际上是自屈原以来，包括杜甫、陆游、辛弃疾等在内的中国诗人所普遍拥有的一种政治情结。对于一向尊儒的郭沫若来说，响应祖国的召唤，加入到四万万同胞的抗日阵营中，这是内心中最高的道德律令，无法拒绝。至于生死则早已置之度外。在归国途中，郭沫若写过一组旧体诗，总题《归国杂吟》。《黄海舟中》写道：

① 吴奔星、徐放鸣选编：《沫若诗话》，四川人民出版社1984年版，第216、243页。

② 吴奔星、徐放鸣选编：《沫若诗话》，四川人民出版社1984年版，第285页。

"此来拼得全家哭，今往还将遍地哀。四十六年余一死，鸿毛泰岱早安排。"《春申江上》写道："炸裂横空走迅霆，春申江上血风腥。清晨我自向天祝：成得炮灰恨始轻。"这些几乎口占的诗句，涌动着郭沫若献身祖国的忠诚，撼人心魄。难怪郭沫若后来谈到《归国杂吟》中步鲁迅韵一诗时要说："我在当时的确是把我全部的赤诚倾泻了出来，我是留着眼泪把诗吐出的；虽然并不是什么了不起的东西，但他在我的生命史上的确是一个里程碑。"[①]《归国杂吟》的里程碑意义就在于，它全面揭开了郭沫若中年时期"士人之诗"的序幕，在郭沫若的旧体诗创作历程中具有标志性的意义。

其次，郭沫若抗战时期的"士人之诗"书写了战争年代中国民众的悲惨遭遇，表明他继承了传统士人的民本情怀。从屈原的"长太息以掩涕兮，哀民生之多艰"，到杜甫的"民间疾苦，笔底波澜"，[②]郭沫若的民本情怀以屈杜为宗，源远流长。他通晓中国历史，深知"民为邦本未可忘，所争不尽在沙场。万方黎庶人安业，四海青衿有学堂。"(《抗日书怀四首》之四)1939 年，郭沫若在重庆曾作五古《惨目吟》，诗前有作者小序："五三、五四大轰炸，死者累累。书所见如此，以志不忘。"诗中直书实写，记载了一个悲惨的特写镜头："渝城遭惨炸，死者如山堆。中见一尸骸，一母与二孩。一儿横腹下，一儿抱在怀。骨肉成焦炭，凝结难分开。呜呼慈母心，万古不能灰！"此诗揭露了日寇在中国的暴行，表现了诗人对民众的悲悯情怀。《题路工图》(1940)、《鞭石谣》(1941)也是采用古风写底层民众在战乱年代的悲惨处境，但批判的矛头对准的是国民党政府的横征暴敛，"神人遍天下，威武逾今昔"，丝毫不体恤民众的悲苦。《夜会散后》(1940)写"万籁了无声，不闻秋虫唧"，突然笔锋一转，写"凉风侵客肌，迴念阵前铁"，把诗人对前方战士的牵挂写得含蓄深沉。《感怀》(1942)抒发了诗人"深怜万众化虫沙"的悲哀。《别季弟》(1939)写蜀中老家的遭际，"二老俱归同抱恨"，"卅载睽违幸活还"，"飘摇日夕惊风雨，破碎乾坤剩蜀山。"写战火中的忧世伤生，颇见功力。

三

郭沫若自大革命失败后流亡日本，直至抗战全面爆发潜回国内，其间

① 吴奔星、徐放鸣选编：《沫若诗话》，四川人民出版社 1984 年版，第 299 页。

② 1953 年 3 月，郭沫若为成都杜甫草堂作了一幅对联："世上疮痍，诗中圣哲；民间疾苦，笔底波澜。"

约十年时光，他主要是作为学者而存在的。他成了蜚声中外的考古学家和历史学家，主治甲骨卜辞和青铜器铭以及中国上古史研究。陆续出版了《中国古代社会研究》(1930)、《甲骨文字研究》(1931)、《殷周青铜器铭文研究》(1931)、《卜辞通纂》(1933)、《古代铭刻汇考四种》(1933)、《两周金文辞大系考释》(1935)、《殷契粹编》(1937)等学术力作，成为中国现代国学大师之一。所谓"甲骨四堂"，郭(鼎堂)董(彦堂)罗(雪堂)王(观堂)，乃学界所公认。作为历史学家，继《中国古代社会研究》后，郭沫若在抗战期间及其后又出版了《青铜时代》(1945)、《十批判书》(1945)和《历史人物》(1947)等专著，还写了《屈原》、《虎符》、《南冠草》等系列历史名剧。

郭沫若的学者身份对他的旧体诗创作具有重要影响。1932 年在日本他为《金文丛考》曾题写诗句："大夫去楚，香草美人。公子囚秦，《说难》、《孤愤》。我遘其厄，媿无其文。爰将金玉，自励坚贞。"这首四言诗即"学人之诗"。诗中用屈子和韩非子的典故，隐喻自己流亡中做学问的处境和心境。历来"学人之诗"都好用典，且密而繁，僻而深，体现知识分子趣味，其末流则显学究气和头巾气。盖学问遮蔽了性情的缘故。钱钟书在《谈艺录》中专门有一节谈"学人之诗"，据他说，"学人之诗"的说法始作俑于钟嵘的《诗品》。[①] 钟嵘是反对"学人之诗"的，他在《诗品·序》中说诗"吟咏情性，亦何贵于用事？""观古今胜语，多非补假，皆由直寻。""故大明、泰始中，文章殆同书抄。近任昉、王元长等，辞不贵奇，竞须新事。尔来作者，浸以成俗。遂乃句无虚语，语无虚字，拘挛补衲，蠹文已甚。但自然英旨，罕值其人。词既失高，则宜加事义，虽谢天才，且表学问，亦一理乎！"钟嵘称许"诗人之诗"，鄙弃"学人之诗"，虽直陈"学人之诗"的弊端，但将二者对立起来，势同水火，看法就失之于绝对。刘勰的看法公允多了。他在《文心雕龙·事类》中说："夫薑桂因地，辛在本性；文章由学，能在天资。才自内发，学以外成，有学饱而才馁，有才富而学贫。学贫者迍邅于事义，才馁者劬劳于辞情，此内外之殊分也。是以属意立文，心与笔谋，才为盟主，学为辅佐，主佐合德，文采必霸，才学褊狭，虽美少功。"刘勰对"才"与"学"的关系认识比较辩证，移之于诗，则"使才"的"诗人之诗"是诗家之本色，是内发的，是盟主，而"使事"的"学人之诗"是外成的，是辅佐，是诗家后天习养所得；前者是后者的根本，天下人先有"诗人之诗"，后有"学人之诗"，未见先有"学人之诗"而后有"诗人之诗"。事实上，大凡伟大之诗人，往往"诗人之诗"和"学人之诗"，乃至"士人之诗"三位一体，"诗人之诗"是本，余二者为末，本

① 参阅钱钟书：《谈艺录》(补订本)，中华书局 1984 年版，第 177 页。

末不能倒置。

历来“学人之诗”尊杜韩苏黄。而郭沫若明确表示“不甚喜欢杜甫，更有点痛恨韩退之”，[①]又有诗句曰“平生多负气，志学邈苏韩”(《和李绍朴二首》)。但不能就此说郭沫若没有受到宋诗派的“学人之诗”的影响。恰恰相反，这种影响不仅存在而且似乎根深蒂固，正所谓相反相成。在郭沫若新中国成立前的旧体诗词中，除却“诗人之诗”和“士人之诗”两类外，另有一类即“学人之诗”同样为人瞩目。所谓“学人之诗”，其“学”有二：一种是“诗人之学”，一种是“学究之学”。钱钟书指出，韩愈读书其实如孔明之“仅观大略”，如陶潜之“不求甚解”，“舍名数而求意义，又显与戴东原《答是仲明书》背道而驰，盖诗人之学而已。”[②]相对于戴震那种崇尚考据的清代汉学大师而言，韩愈之学更近于空谈道理心性的宋学。而在宋代理学家眼中，韩愈之学却被讥为“倒学”，在二程和朱熹看来，韩愈的学说还不符合正统儒家的标准，他做学问的路子不正，早年好文学，后来才学“圣人之道”，这就不是“道学”而是“倒学”了。[③] 好在韩愈并不以学人自居，韩愈之学本质上属于文人之学或诗人之学，其学服务于其文其诗。推而广之，宋代苏东坡、黄庭坚之学也属文人之学或诗人之学，也是为其诗文服务的。他们是文人、诗人，而不是哲人、理学家。而朱熹为代表的正统宋儒，其学乃“学人之学”或“学究之学”，其诗大抵属于“学究之诗”，除少数篇什外，极少见诗人的性灵，可谓有学无诗。及至清代的宋诗派，尤其是翁方纲为代表的肌理派，以汉学的考据为诗，这与宋学的以义理为诗比较起来，可谓变本加厉了。正如钱钟书所言：“宋学主义理者，以讲章语录为诗，汉学主考订者，以注疏簿录为诗，鲁卫之政耳。不必入主出奴，是丹非素也。”[④]这是说的二者之末流。实际上，无论以宋学为诗，还是以汉学为诗，作为两种“学人之诗”，前者重义理，后者重考据，前者是“诗人之学”的结晶，后者是“学人之学”的产物，在中国诗史上毕竟都有创格之功，不可轻易全盘抹杀其价值。

郭沫若做“学人之诗”始于“诗人之学”。郭沫若的本色毕竟是诗人，即使作为学者，他的治学风格也带有诗人的个性色彩。特别是他的历史人物研究系列，从屈原研究到蔡文姬考证，再到李杜研究，他的个人体验或主观好恶都融入其中了。这正好是“诗人之学”的特点。自小就博览群书的郭

① 吴奔星、徐放鸣选编：《沫若诗话》，四川人民出版社 1984 年版，第 73 页。

② 钱钟书著：《谈艺录》(补订本)，中华书局 1984 年版，第 177 页。

③ 参见周勋初著：《中国文学批评小史》，复旦大学出版社 2007 年版，第 78—79 页。

④ 钱钟书著：《谈艺录》(补订本)，中华书局 1984 年版，第 179 页。

沫若，一辈子都在跟书本子打交道，所以对他来说，如韩愈和苏轼那样“资书以为诗”不过顺手捎带而已。宋诗以“诗人之学”为“学人之诗”，其特点不外乎严羽《沧浪诗话》所总结的那几点：“以文字为诗，以议论为诗，以才学为诗”。所谓“以文字为诗”即“以文为诗”，用近人黄遵宪的说法，即“用古文家伸缩离合之法以入诗”，“以单行之神，运排偶之体”。[①] 郭沫若毕生受经史子集的熏染，古文功底深厚，所以他的一部分旧体诗词也明显表现出“以文为诗”的倾向。他早年所做《暴虎辞》(1921)和《在昔有豫让》(1925)两首长诗，取材于先秦两汉间的史事，取杂言诗体(五七言为主)，用古文家的伸缩离合之法做诗，外律内散，句法腾挪跌宕，摇曳多姿，起承转合，多用语助，较早地体现了郭沫若写“学人之诗”的趣味。郭沫若抗战后“以文为诗”之作不在少数，较有代表性有《登乌龙山》(1939)、《苏子楼》(1940)、《气朔篇》(1942)、《孔丘》(1943)、《白杨来》(1943)、《猪颂》(1943)、《石颂》(1943)等等。这些运古入律的散文化诗作主要是五古和七古，还有一些是四言诗和杂言诗，多以“颂”“赞”“吟”“行”“谣”为题，字里行间流露出浓郁的学人趣味，诗风古雅苍健。无论赠答、题画、怀古、咏物，分明不同于流俗之作，古意盎然，汪洋恣肆，非学人不能道也。最典型的莫过于《猪颂》。郭沫若别出心裁，翻俗为雅，给“猪”敷上了浓厚的文化色彩，甚至颇有学术含量。这首诗流露了郭沫若作为学人的雅量高致。无论遣词造句、格调风神，均高古素朴、诙谐隐秀。此诗学殖丰厚，举凡《老子》、《论语》、《左传》等先秦典籍俱在其中，非学者大手笔不能为之。

“学人之诗”的另一特点是严羽所谓“以议论为诗”。宋人作诗好发议论，奢谈道理心性，把理学的套路带入了诗学。郭沫若的“学人之诗”也有“以论为诗”的偏好。在一些赠答诗或题画诗里，郭沫若写景叙事之余，往往热衷于发表个人的看法，或指点江山，或谈诗说艺，展现他的博学和辩才。这类赠答诗可谓多矣，且受赠者往往都是现代文化名流，如沈钧儒、柳亚子、黄炎培、马衡、金毓黼等等。此外，郭沫若“学人之诗”还有“以典为诗”的倾向。宋诗好用典故，掉书袋，逞学使事，正如严羽《沧浪诗话》所云：“且其作多务使事，不问兴致；用字必有来历。”由于“谈笑有鸿儒，往来无白丁”，所以郭沫若的旧体诗词中充斥大量典故。这些典故有些较常见，还有一些较生僻。如1944年作的《叠和亚子先生四首》，因柳亚子乃南社诗擘，博古通今，故郭沫若的和诗中频频用典，有些典故十分生僻，一般读者是无

---

① 黄遵宪：《自序》，见《人境庐诗草笺注》(钱仲联笺注，上册)，上海古籍出版社1981年版，第3页。

法领悟诗中要旨的。像"挽戈我亦思挥日，悬胆谁能解卧薪"中的典故比较常见，而"南渡衣冠羊胃烂，东来寇盗羽书频"中"羊胃烂"的出处就比较陌生了。此典出自《后汉书·刘圣公传》，写其滥封官爵，民间于是有流行语曰："灶下养，中郎将；烂羊胃，骑都尉；烂羊头，关内侯。"再如"驱石犹夸鞭是铁，斮胫仍贱足于薪"，其中用了两个较生僻的典故，前一句用秦始皇鞭石填海之典，出自《三齐略记》，后一句用殷纣王斮老人足的典故，出自《春秋繁露》。郭沫若的这两个典故中隐含了他对当时国民党专制统治的严厉批判。客观地看，用这些典故确实使郭诗显得渊博雅深，但另一方面，有些僻典的使用显得过于曲折隐晦，有獭祭之弊。

郭沫若的"学人之诗"中还有一种"考古诗"，体现了郭沫若作为考古学家的学术兴趣。这种学人诗"以考据(考证)为诗"，"以汉学(朴学)为诗"，以此区别于常见的"以宋学为诗"，"以义理为诗"。这种学人诗中的学问不再是"诗人之学"而是"学人之学"。作为历史学者，郭沫若一直很推崇清代乾嘉学派的汉学，直至1961年他在读袁枚的《随园诗话》时，见袁枚"憎恨考据家，甚至诋考据家为蠹鱼"，他还专门写过《考据家与蠹鱼》一则札记，为汉学的考据辩护。他说："平心而论，乾嘉时代考据之学颇有成绩。虽或趋于繁琐，有逃避现实之嫌，但罪不在学者，而在清廷政治的绝顶专制。……欲尚论古人或研讨古史，而不从事考据，或利用清儒成绩，是舍路而不由。就稽古而言为考据，就一般而言为调查研究，未有不调查研究而能言之有物者。"①作为考古学家，郭沫若难免会以考古为诗，彰显其学人本色。他题咏三国时期王晖棺的三首诗，其中既有对石棺发掘细节的记载，也有对石棺外形的铺叙，还有对石棺的考证分析和推断，体现了一个考古学者的博学多才。如《题王晖棺玄武像》(1942)，细致的描摹和广博的征引，既有学者的严肃，又有诗人的风情。作者描摹玄武像："龟长于蛇古有说，只今思之意枉然。二物同心剧相爱，纠缪不解二千年。憎到极端爱到底，总以全力相周旋。""龟如泰岳镇大地，蛇如长虹扛九天。""爬虫时代久寂寞，忽见飞龙今在田。"由此感慨，作者联想到西方意大利两位雕塑家的作品："曾见罗丹接吻象，男女相拥何缠绵。又见米克郎杰罗(今译米开朗琪罗)，壁画犹存创世篇。"这样的诗作虽写考古，但并不枯燥，并未遮蔽诗人的性灵。像这样一些充满考据色彩或"历史癖"的"学人之诗"在郭沫若的笔下还有不少，如《气朔篇》(1942)、《题延光砖五首》(1943)、《题富贵砖拓墨》(1944)、《题彝器图像拓本四首》(1944)、《题敦煌画展》(1945)、《题木

① 参见谢保成著：《郭沫若评传》，百花洲文艺出版社1995年版，第174页。

偶半身像》(1949)等等。其中《题木偶半身像》作于新中国成立前夕的1949年1月,似乎隐喻了郭沫若的命运和诗运的转折。诗云:"半身此木偶,爱汝有风神。相对如知己,无言悟往因。心高良已久,腰斩不须呻。刻者知谁氏,人间埋艺人。"这首诗真的作得奇异。郭沫若从一个无名的民间艺人雕刻的半身木偶上若有所悟,面对这个独具风神的半身木偶,郭沫若仿佛见到了前世今生的自己,只是向来恃才傲物的他将不得不成为"腰斩不须呻"的木偶,他必须接受新时代对他的人格和诗风的改造,接受"断裂"的命运。

四

从总体上看,郭沫若新中国成立前的旧体诗词创作取得了比较高的成就。就诗学形态来说,无论是"诗人之诗"中个人性情的挥洒,还是"士人之诗"中忧患意识和民族精神的抒发,抑或"学人之诗"中学者情怀和学术意识的流露,各有优胜且相互渗透,形成了郭沫若旧体诗词繁富丰赡、多元合一的艺术特色。但新中国成立以后,随着时代的变迁和政治语境的转换,郭沫若的旧体诗词创作发生了"多元归一"的艺术转变。外在环境的变化促成了郭沫若的身份嬗变,新中国成立后郭沫若担任了新生的人民共和国的副总理和全国人大常委会副委员长,由新中国成立前"在野"的民主人士跃进为新中国成立后"在朝"的内阁成员和国家领导人,郭沫若的政治身份和地位与新中国成立前已经不可同日而语了。新中国成立前的郭沫若是政治型的知识分子,是积极入世的现代士人,而新中国成立后的郭沫若"学而优则仕",由"士人"变成了"仕人",这是符合郭沫若一贯尊孔崇儒的人生选择的。由于知识分子身份的弱化和官员身份的强化,郭沫若的诗人身份和学者身份也不断地弱化,虽然他在新中国成立后还兼任了中国文联主席、中国科学院院长等艺术和科学领域的职务,但这些职务大都是政治性或行政性的,除了进一步强化他的政治身份以外,并不能从根本上改变他的诗人和学人身份隐性丧失的现实。

虽然郭沫若依然在写诗,但他已经很少写出新中国成立前那种"诗人之诗"、"士人之诗"和"学人之诗"了。就"诗人之诗"而言,由于政治身份对诗人身份的遮蔽,郭沫若新中国成立后很难再自由地抒发个人性情了。以前王孟韦柳式的冲淡之诗,李白和苏轼那样的豪放之诗,以及温李式的绮丽之诗,在新中国成立后几乎只剩躯壳,形存神亡,偶尔还残存一鳞半爪、吉光片羽。稍值一提的仅有《万松亭遇雨》(1961)、《洱海月》(1961)、《黄山即景》(1964)等寥寥几首小诗,如五绝《黄山即景》("松从岩上出,风向雾中消。峭壁苔衣白，云奔山欲摇。”）便展现了郭沫若写景绘神的精湛功底，可惜如昙花一现，被他的宏大政治抒情诗潮给淹没了。再就“学人之诗”来说，由于新中国成立后郭沫若的学者身份同样被他的政治身份所掩，除作有关于蔡文姬、陈端生、武则天、曹操、李白和杜甫等几个历史人物的政治性“翻案文章”（论文和剧本）之外，郭沫若的学术成就与新中国成立前不能相提并论，这是毋庸讳言的事实；由此也导致了郭沫若新中国成立后“学人之诗”的贫乏。稍微还保留着郭沫若继承乾嘉汉学品格的“学人之诗”仅有《访半坡遗址四首》（1959）、《游乾陵》（1960）、《吊章怀太子墓》（1960）、《马伏波井》（1962）、《白马井港》（1962）等为数不多的篇什，算是“以考据为诗”，庶几与政治无涉。而其他关涉学术的诗作则基本上政治化了。至于“士人之诗”，由于郭沫若新中国成立后由“士人”蜕变成“仕人”，由知识分子变成了政治官员，所以他新中国成立前那种追步屈原、杜甫、陆游、辛弃疾、夏完淳的沉郁顿挫之作，在新中国成立后再也见不到了，取而代之的是一种以“仕人之诗”为核心的“新台阁体”诗词。

在郭沫若的旧体诗词创作历程中，这种“新台阁体”诗词可以溯源至他在抗战爆发后的“士人之诗”中，主要是指他的“士人之诗”中那些表达对中国共产党及人民军队的赞美和歌颂的诗词作品。倘从中国诗史来考索，新中国成立后在当代旧体诗坛流行一时的“新台阁体”源自于明代初年（永乐至成化年间）盛行的“台阁体”。明初“台阁体”的主要代表诗人是“三杨”（杨士奇、杨荣和杨溥），他们先后官至大学士，在当时形成了一个以“三杨”为中心的规模庞大的高级官僚创作群体。这个群体的诗作以官方的主流意识形态——程朱理学为旨归，表现当时上层官僚的生活内容和情趣，故多应制唱和、歌功颂德、歌舞升平之作，风格雅正平和、雍容华贵，是明王朝大一统后政治社会生活的艺术反映。钱谦益在《列朝诗集小传》中称杨士奇有“太平宰相风度”，既说其人，亦指其诗。而郭沫若在新中国成立后一直以“郭老”称誉于时，是当时诗坛广受尊崇的一代诗翁，其执诗坛牛耳之地位正与明永乐年间的杨士奇相类，其诗格诗风同样具有所谓“太平风度”。有鉴于此，我们把上世纪50—70年代在中国旧体诗坛大盛的主流诗体命名为“新台阁体”。其实，明代的“台阁体”同样渊源有自，远的可追溯到周颂和汉赋，近的则北宋初年大兴的“西昆体”差可比拟。宋初以杨亿、刘筠、钱惟演为首的一批馆阁诗人大肆模拟李义山体，但徒具绮词丽语，纵富丽精工，华彩斑斓，终不免脱离实际的现实生活，是与明初的“台阁体”性质相同的“馆阁之诗”或“仕人之诗”。从性质上看，“仕人之诗”是“士大夫之诗”，有浓重的“纱帽气”和“馆阁气”，而“士人之诗”则可说是“大丈夫之诗”,具有孟子所谓的“浩然之气”。据说晚清同光体诗擘陈三立就曾讥讽张之洞的诗有“纱帽气”和“馆阁气”,张之洞乃晚清高官显宦,其诗“念念不忘在督部”,[①]这与晚境衰颓的陈三立自然大异其趣,陈三立的诗乃宗宋的“学人之诗”,虽无“纱帽气”,但却有读书人的“头巾气”。

从诗体角度看,以郭沫若为首的当代“新台阁体”诗词的形成主要与吸纳了“颂”“赋”的文体因素有关。刘勰在《文心雕龙·情采》中认为,从先秦到两汉,中国文学早就发生过从“诗人什篇”到“辞人赋颂”的转变了。他说:“昔诗人什篇,为情而造文;辞人赋颂,为文而造情。何以明其然?盖风雅之兴,志思蓄愤,而吟咏情性,以讽其上,此为情而造文也;诸子之徒,心非郁陶,苟驰夸饰,鬻声钓世,此为文造情也。故为情者要约而写真,为文者淫丽而烦滥。而后之作者,采滥忽真,远弃风雅,近师辞赋,故体情之制日疏,逐文之篇愈盛。”从“诗人”到“辞人”,从“诗人什篇”到“辞人赋颂”,从“为情造文”到“为文造情”,这种转变在本质上即从“诗人之诗”到“仕人之诗”的转变。上古之诗重风雅,《诗经》中的“风”和“小雅”属于“诗人之诗”,两汉发扬了上古诗中“颂”和“大雅”的传统,成就了风靡一时的“赋”,尤其是“大赋”为典型的“辞人赋颂”。及至唐初陈子昂还在为诗坛“风雅不作”(《与东方左史虬修竹篇序》)而大声疾呼,好在中国诗坛在唐代终于回归了“诗人之诗”。以历史作比照,20 世纪中国旧体诗词创作也经历了类似的一次诗学转变,即从“现代”的“诗人之诗”转变到“当代”的“仕人之诗”,从新中国成立前的“诗人什篇”转向了新中国成立后的“辞人赋颂”。郭沫若的旧体诗词创作正经历了这一诗学转型,他在新中国成立前的旧体诗词以“诗人之诗”为核心,即使他的“士人之诗”和“学人之诗”大抵也不失“诗人”本色,而在新中国成立后他却成了当代“新台阁体”诗词的代表人物,大写“仕人之诗”,大张“辞人赋颂”。

就“颂”而言,郭沫若新中国成立后的旧体诗词中,仅以“颂”为题的诗作即不胜枚举。尤其是《新华颂》,这是五四时期写过《凤凰涅槃》的郭沫若献给新中国的第一首颂诗,在当时影响巨大,它开启了郭沫若新中国成立后转向“新台阁体”诗词的序幕。这首诗共三节,每节的头四句为工整的四言诗,从中不难看出郭沫若对《诗经》四言诗体的模仿,尤其是对《周颂》、《鲁颂》、《商颂》的追慕。郭沫若酷爱《诗经》,早在 1922 年他就用白话文翻译了《诗经》中的四十首诗出了一本《卷耳集》,但《卷耳集》中选译的都是古代情诗和恋歌,都是“风”,这与《新华颂》中对“颂”的推崇有着明显的区别。

---

① 参见胡迎建著:《一代宗师陈三立》,江西高校出版社 2005 年版,第 256 页。

由崇“风”到宗“颂”,其间正隐含了郭沫若的旧体诗词创作转型。“颂”是中国最古老的诗体之一,也是中国古代宫廷贵族文学的发端,自然它也是当代“新台阁体”诗词的最古老的源头。《毛诗序》说:“颂者,美盛德之形容,以其成功告于神明者也。”刘勰在《文心雕龙·颂赞》中也说:“颂者,容也,所以美盛德而述形容也。”又说:“原夫颂惟典雅,辞必清铄,敷写似赋……揄扬以发藻,汪洋以树义。”自《诗经》以降,历代颂体文学绵延不绝,以两汉时期为例,即有扬雄的《赵充国颂》、班固的《车骑将军窦北征颂》、傅毅的《西征颂》等等,大抵歌颂汉代君臣的文治武功,盛德高行。郭沫若的这首《新华颂》,远溯商周,上追两汉,是一首典型的祖国颂、人民颂、领袖颂和共产党颂。格调典雅雍容,虽有时代的政治烙印,却也不失高古庄正之风。郭沫若的其他颂诗大都没有越出《新华颂》的范围,格调保持着一贯的“太平风度”。除却以“颂”为题的诗词而外,郭沫若新中国成立后还作有不少以“庆”“祝”“贺”“歌”“赞”为题的诗词,从诗体上看,这不过是“颂”之变体而已。

与“颂”相比,“赋”对郭沫若的“新台阁体”诗词创作有着更深入的影响。诚如刘勰所言:“原夫颂惟典雅,辞必清铄,敷写似赋”,可见“赋”与“颂”其实一脉相承。新中国成立后,郭沫若正像刘勰所说的那样“远弃风雅,近师辞赋,故体情之制日疏,逐文之篇愈盛”。自然,郭沫若新中国成立后所师辞赋并非屈原那种“楚辞”或“骚体赋”,而主要是汉赋,尤其是汉代那种夸张铺陈的“大赋”。汉人扬雄认为屈原的骚体赋是“诗人之赋丽以则”,而司马相如的汉大赋是“辞人之赋丽以淫”。(《法言·吾子》)刘勰在《文学雕龙·诠赋》中继承了扬雄的观点,他认为赋之上者应该“风归丽则,辞剪荑稗”,而赋之下者往往“繁华损枝,膏腴害骨,无贵风轨,莫益劝戒”,不过是扬雄所谓壮夫不为的“雕虫篆刻”罢了。可惜就连扬雄本人的赋也只能算是“辞人之赋”,至于司马相如、枚乘、班固等人的大赋就更是如此了,“讽一而劝百”(《法言·吾子》),距离“诗人之赋”何止霄壤。所以,广义上说,汉赋大约是中国最早成为流派的“仕人之诗”或“馆阁之诗”。它具备虚构性、夸张性、装饰性、政治性等特征,对中国后来的“仕人文学”影响深远。流风所及,感染了当代诗坛自然也就并不奇怪了。新中国成立后的新诗界,郭小川曾经以“新辞赋体”①名世,其实,在当时不仅郭小川,包括贺敬

① 冯牧在《郭小川诗选·序》(人民文学出版社 1979 年版)中说郭小川“从优秀的中国古典诗歌和词赋吸取营养,创造了一种雄浑有力的诗体”,这种诗体“采用大量的铺陈排比、感物咏志的方法来表达作品的主题思想”。於可训的《新诗体艺术论》(武汉大学出版社 1995 年版)中有专章论及郭小川的“新辞赋体”,他称之为“新赋格”,其核心特征是“外骈内散”。其实,不论郭小川的“外骈内散”还是贺敬之“楼梯体”的“外散内骈”,在骈散结合上都受了汉赋的影响。

之、闻捷、李季、田间、李瑛等在内的许多新诗人都写过广义的受汉赋影响的“新辞赋体”诗歌。只不过有的受“大赋”影响更深，有的受“小赋”影响更大罢了。前者如郭小川、贺敬之，后者如闻捷、李瑛。而郭沫若作为当代诗翁，自然也不例外。他的总题为《百花齐放》(1958)的 101 首新诗，不就是 101 首“小赋”组成的一篇“大赋”么？不仅是新诗，郭沫若新中国成立后的旧体诗词同样吸取了汉赋的因素。在很大程度上，以郭沫若为代表的当代“新台阁体”其实就是当代旧体诗词领域中的“新辞赋体”。

汉赋最重要的特点是铺排。郭沫若的“新台阁体”诗词也广泛采用了铺排手法。刘勰在《文心雕龙·诠赋》中说：“赋者，铺也；铺采摛文，体物写志也。”从古老的“六义”来说，当代的“新台阁体” 重“赋”，重“比”而轻“兴”，同时也重“颂”，重“雅”而轻“风”。所以它是“辞人之赋”而非“诗人之赋”，整体上有散文化倾向，缺乏风骚兴味。具体到郭沫若的当代诗词，其铺张扬厉的特点是很鲜明的。这种铺排性表现在郭沫若的各种诗(词)类型中，如政治诗、咏物诗、山水诗、田园诗、边塞诗、怀古诗、赠答诗、挽悼诗等等，不一而足。上至国际国内大事，下至个人行止趣味，举凡政治会议、经济政策、文化活动、参观旅游、山山水水、花花草草、英雄人物之类，由于郭沫若特殊的政治身份和地位，似乎没有不在他的关注范围之内的，正所谓“遍地皆诗写不赢”了。这恰恰符合汉赋博雅繁丽，似古代“类书”的总体风格。这也是自古“台阁之诗”或“仕人之诗”的作者大多是高官显宦的原因。即使是地位低微的士人，也往往拿做赋为进身之阶，如杜甫就曾向朝廷进献过“三大礼赋”，有意迎合统治阶级的审美趣味。郭沫若新中国成立后旧体诗的辞赋化主要表现为“以赋为诗”。汉赋有两大类型尤为引人注目：纪行赋和京都赋。郭沫若的“新台阁体”诗词中，纪行诗和“都市诗”在数量上特别多，在艺术上也正好体现了纪行赋和京都赋的特点。新中国成立后郭沫若的足迹踏遍了祖国的东西南北，几乎到处都留下了“郭老”的诗集和墨宝。此外他还频繁出访亚非拉和东欧国家，每到一处大都会留下诗词作品。郭沫若的许多纪行诗都以组诗的形式出现，至于单篇的纪行诗词那就不可胜数了。甚至全国有些省和自治区还专门为郭沫若出版了他的纪行诗集，如 1965 年广西壮族自治区人民出版社出版过《邕漓行》(线装诗集)，1979 年福建人民出版社出版过《郭沫若闽游诗集》，此外上海文艺出版社 1983 年还出版了林东海、史为乐选注的《郭沫若纪游诗选注》，可见郭沫若当年纪行诗的风靡一时。郭沫若的纪行诗，特别是其纪行组诗，单首来看就是一篇篇的“小赋”，与其说郭沫若醉心于写规整的律绝，毋宁说他是在写骈散结合的“小赋”。首联和尾联是散句，颔联和腹联是偶句，多首律诗构成一组,书写同一个地方的山水风光,铺排同一段行程的豪气意兴,实在又可看作是一组又一组的“大赋”了。至于郭沫若纪行诗中的古体诗,在形式上就更直接地体现出“小赋”乃至“大赋”的规模和体制了。

郭沫若的“新台阁体”诗词创作,不仅长于“以赋为诗”,而且热衷于“以赋为词”。“以赋为词”自然不是郭沫若的独创,在中国古典诗词演进历程中,苏东坡“以诗为词”,辛弃疾“以文为词”,柳永和周邦彦则“以赋为词”,① 他们都是词体的创新家。作为一种文体来说,“赋”的本意如刘勰所言,是“铺”,是铺排,以骈词俪句为特点。而作为一种不同于“比兴”的表现手法,“赋”的含义是“敷陈其事而直言之”(《朱子语类》),是一种详尽而直接的陈述和描摹手段。前者是就韵文来说的,后者不仅适用于韵文,而且还适用于散文(古文)。综合两者,从广义的“赋”来看,所谓“以赋为词”其实是包含了“以文为词”的,既重散文化的句法,亦重骈偶式的句法,在陈述和描写中骈散结合,铺排重叠,周密翔实。郭沫若填词好议论,好描摹,好直抒胸臆,明显受到宋人“以文为诗”或“以文为词”的影响,其实也受了汉人以“词赋”为宗的影响。一个明显的证据是,郭沫若新中国成立后填词特别喜欢“长调”而不喜欢“小令”,就连“中调”也填得不多。虽然这与郭沫若对毛泽东的崇拜和追随有关,因为毛泽东的长调如《满江红》、《沁园春》、《水调歌头》之类在新中国成立后影响巨大,郭沫若作为“新台阁体”诗人的突出代表,自然不可能不受到熏染;但另一方面来说,撇开个人情感因素而言,郭沫若热衷于长调的写作,恐怕更主要的原因还是长调比小令更能满足他内心中宏大叙事和抒情的需要,更能够成全他“以赋为词”的艺术取向。郭沫若在50年代很少填词,60年代以后他作的长调明显多起来,各种词题的《满江红》、《水调歌头》、《沁园春》、《念奴娇》简直是目不暇接。这些长调大抵华丽铺排,兼具散文化和骈文化的双重特征,体现了郭沫若晚年“以赋为词”的艺术偏向。这些“赋体词”大多主题直露,艺术上也较粗陋,是十分典型的应景应制的“新台阁体”词。郭沫若“以赋为词”不像柳永和周邦彦那样以绮丽纤秾的风格见长,他的“赋体词”多是雄豪粗犷、雍容华贵的,不少流于粗糙空疏,充斥大量的政治标语口号。夸张的想象和夸饰的语言,夹杂政治性的颂辞,这是郭沫若“赋体词”的明显特点。毋宁说这些颂辞是那个年代“新台阁体”诗词的标志之一,这正如“谀辞”是司马相如诸人汉赋的显著标志一样。郭沫若的这些长调,虽然大多并未标明是对毛泽东词的和作,但完全都可以看做是他对毛泽东词的隐性唱和。毛泽东词如同“原典”

---

① 参阅袁行霈著:《中国诗歌艺术研究》(增订本),北京大学出版社1996年版,第338页。

或“原型”，被郭沫若不断加以模仿和规步，这就如同“西昆体”中盛行同题酬唱一般。实际上，20世纪50年代后期，自毛泽东诗词公开发表之后，社会上公开或私底的唱和之作是相当多的。有的是直接的唱和，更多的是间接的模仿，但基本的调子和风格是定下来了的。这无疑是20世纪50—70年代旧体诗词创作中的一个值得关注的流行文化现象。

以上探讨了郭沫若新中国成立后“新台阁体”诗词的文体特征。这种带有明显“辞人赋颂”特征的诗体的形成，其外在社会政治原因自然不能忽视，但其内因则在于郭沫若的身份蜕变，他从“士人”跃居“仕人”，由此带来了他的诗词创作形态的变化。新中国成立前作为“士人”的郭沫若作诗填词，继承了中国古典诗学的“美刺”传统，也体现了中国古代士人的批判精神和忧患意识。而新中国成立后郭沫若身居高位，逐步丧失了中国传统知识分子的士人精神，明显投向了中国古代贵族文人和贵族文学的樊篱。郭沫若曾经是颇有正义感的“士”，但他在“入仕”后却背离了“士”的精神传统。这样的例子在中国历史上是屡见不鲜的。余英时说：“从中国历史上看，有些‘士’少壮放荡不羁，而暮年大节凛然；有的是早期慷慨，而晚节颓唐；更多的则是生平无奇节可纪，但在政治或社会危机的时刻，良知显露，每发为不平之鸣。”[①]郭沫若显然属于第二种类型的“士”。这种“士”的蜕变带来了郭沫若旧体诗词创作的蜕变，新中国成立前他的诗词以批判为主，“美刺”兼具，而新中国成立后的诗词有“美”无“刺”，几乎放逐了风人之旨。郭沫若的“新台阁体”诗词明显表现出“辞赋化”倾向，但他回避了早年追慕的屈原的辞赋精神，而径直走向了他早年否定过的宋玉所开创的另一种辞赋传统。其实何止郭沫若如此，纵观中国现当代旧体诗坛，以茅盾、叶圣陶、老舍等为代表的新文学家写旧体诗词，也大都经历过类似性质的创作转型。至于中国现当代的学者诗词，除却陈寅恪、吴宓等少数诗家外，绝大多数也未能逃脱郭沫若这种由“多”向“一”的创作转型命运，最终都滑向了“新台阁体”诗词的艺术轨道。

（原载《中国政法大学学报》2011年第3期，作者为华中师范大学文学院教授）

注：本文为2009年度教育部新世纪优秀人才支持计划（NCET－1－0407）项目“中国现当代旧体诗词研究”的阶段性成果。

① 余英时：《自序》，见《士与中国传统文化》，上海人民出版社1987年版，第10—11页。

郭沫若对殖民地上海的体验与书写

刘永丽

据学者熊月之的考察，上海的形象开始与殖民主义、帝国主义联系起来，是在20世纪初。在这之前，租界虽然已在上海存在了五六十年，但从民族主义的视角来看待上海的言论几乎没有。1904年，蔡元培等革命党人主持的《警钟日报》，发表一篇题为《新上海》的社说，最早从民族主义角度来观照上海[①]。民国之后，历经五四运动，五卅运动，随着一波又一波反帝浪潮的涌起，民众视上海租界为帝国主义侵略基地的思想越发突显，在文学作品中反上海的书写便更为强烈。鲁迅、周作人、林语堂、茅盾等现代文学史上的大批作家都有对殖民上海的批判，这其中突出的一位作家是郭沫若。

一、恐怖的上海——漂泊体验

郭沫若在自传里，曾经述及自己在由日本回上海之前，“对于那未知的上海不免隐隐地含着一种恐怖”。在回国的路上，“我心中的感慨就好象古代的武士出去上阵一样。——不是说自己很勇敢，有视死如归的精神，是自己的漂泊的前途，吉凶莫卜。”(《创造十年》)

怀着恐怖，对现代化的上海不能把握，有一种碎片感，漂泊感，这可以说是郭沫若对上海的初始感受。

在作品中，郭沫若多次重复自己的这种漂泊感。这种感觉在日本留学期间就一直存在。——郭沫若自1914年离家去东京，至1923年回上海，这其间十年，确实是一直居无定所，到处漂泊。而到上海后，发现本来应该是自己家乡的上海并不接纳他，孤苦、漂零的情绪体验更为强烈。“住在日本的时候，就象要发狂的一样想跑回中国”，但“跑回上海来前后住了三四个

① 参见熊月之：《历史上的上海形象散论》，《史林》1996年第3期。

月，就好像猴子落在了沙漠里的一样，又在烦躁着想离开中国了。"其中原因，是因为在上海生计艰难，而生计困难的关键原因，是上海商业化殖民化的社会。本来郭沫若回上海，是要创办杂志，但"已经三四个月了，所谓纯文艺的杂志仍然没有一点眉目弄出"，非但杂志办不起，连文章都写不出了。因为"中国没有可以使我们安定的地方，无论到甚么地方去，都感觉着颓败，感觉着压迫"。中国所受的外来殖民势力的压迫，使中国没有让文人们"安定的地方"。这种体验，这种面对庞大的现代化之上海力不从心的颓败的感觉在他的小说《漂流三部曲》里也有同样的表现。在后继的《漂泊三部曲·炼狱》中去，郭沫若也提到主人公从日本回到上海："上海的烦嚣不宜于他著述的生涯，他就好象灼热的砂漠上折了翅膀的一只小鸟"。

在这些作品中郭沫若突出了面对上海的感觉：颓败、压迫、处身沙漠中的无力感。而这些感觉源于上海环境的"烦嚣"，不能使人"安定"。而这种"烦嚣"，不"安定"，是面对现代化混凝土的都市、摩天大楼、商业社会不可避免的一种感觉。——而其中最令人不安的是充斥了太多的异族人，这是令人不能有归宿感之归根结蒂之原因所在。我们来看在郭沫若小说中对喧嚣的都市上海的书写：

> 两座六层楼的大公司对立在街道的两旁，形成了一个上海市的"巫峡"，弥天的黑云屯成潮阵，连连地在屋顶上奔流，两岸的"巫山"就好象在动摇的光景。
>
> 汽车、黄包车、电车，不断地滚来，滚来，滚来，又不断地滚去，滚去，滚去。殷殷宏宏的人涛，黄色，棕色、黑色、白色，各形各色的人种。这是一幅背光派的画景。……
>
> ××公司的大门就象一个鳄鱼张着大口一样。(《后悔》)

这里作家写的是上海繁华的商业区的街景，作者面对熙熙攘攘的都市感觉是一幅"背光派"的画景。而组成这幅现代化都市图画的最突出的是"黄色，棕色、黑色、白色，各形各色的人种"，展示了上海的殖民背景。而公司的大门如"一个鳄鱼张着大口一样"，突出了作者面对这个由异族人组合而成的都市的"恐怖"感觉。

车水马龙的都市，欧式的摩天大楼的都市，商业化殖民化的都市中行走着的陌生的人群，这是与传统乡土中国经验全然不同的另外一种都市形态，置身这样的都市让人感觉像置身沙漠一样无力把握，没有温暖，甚至死寂无声。弗洛姆在比较传统和现代的差别时，曾指出，相对于近现代文明，中世纪的人没有那么多的个性自由，但那时候人并不孤独。宗法纽带既对人构成限制，也给人提供了维系情感、确定身份、实现个人归属的心理母体与社会母体。“一个人与他在社会中充当的角色是一致的。他是一个农民，一个工匠，一个武士，而不是碰巧才有了这样或那样职业的个人。社会的秩序被视为如同一种自然秩序，由于人在这一秩序中的地位是确定的，所以他就有了安全感和相属感。”①现代生活打破了束缚和禁锢个人的枷锁，个人获取了自由，但与此同时，个人也变得孤独了。“实际情况似乎是，新的自由给他带来了两件事情：力量和孤独同时与日俱增，并由此滋生了忧虑。”②置身于都市陌生的人群中，文人对自身处境的疏离感、孤独感有倍加痛切的体验，虽置身闹市却犹如置身荒漠的感觉——一种与传统亲情伦理之人际关系不同的典型现代派的感觉每每在作家心中显现。郭沫若在作品中也重复这种感觉：作品中的主人公“让滚滚的电车把他拖过繁华的洋场”，却“就好像埋没在坟墓里一样”（《圣者》）。即使是和朋友在一起，“在那电光辉煌的肩摩踵接的上海市上就好像只有他和我两个孤另另的人一样。”（《创造十年》）无论如何都是孤独的感觉——由此产生的内心底的漂浮感、碎片感。

郭沫若在作品中强调这不是回到自己祖国的感觉！不是回到自己家乡的感觉！为什么在自己的国土上，竟然有着更甚于日本的漂泊、恐怖体验？日本之于郭沫若，是完全的异乡人的感觉，有着漂泊的感觉是情理之中。而上海，是中国的上海，所以其中体现出的“恐怖”、“漂泊”感就有深层意义。

这似乎不是属于中国人的上海。

而为什么会是这种状况呢？因为上海是殖民地的上海，这注定了中国人在其中感受着的漂泊感、恐怖感。“上海就是一座大鸟笼，关着一群鸟洋鬼子。不过这一群鸟，它们所吃的东西却是我们的人肉罢了。”（《革命春秋》）这群“洋鬼子”，所吃的是“我们的人肉”，鲜明地指出了中国人所处的这种受外族凌辱、压抑的地位。

这确实不是真正属于中国人的上海！

---

① 弗洛姆：《逃避自由》，工人出版社 1987 年版，第 62 页。

② 弗洛姆：《逃避自由》，工人出版社 1987 年版，第 69 页。

二、机械的上海——同时也是囚徒的上海、冷漠的上海

作为现代都市的上海，其最主要的标志是机械。闻一多在《女神之时代精神》里，曾经这样写到郭沫若对现代性之表征的机械的态度："在他眼里机械已不是一些无声的物具，是有意识有生机如同人神一样。机械的丑恶性已被忽略了，在幻象同感情的魔术之下他已穿上美丽的衣裳了呢"[①]。

确实，郭沫若写于日本的收入《女神》的那些诗篇，对机械文明确实是抱一种激赏的态度。典型的如《笔立山头展望》中把工厂烟囱里冒出的黑烟比做是雍容华贵的"黑色的牡丹"，是"近代文明的严母"，表明了诗人的一种价值评判：即对机械化大生产的工业文明的赞美。其余的诸如《女神》里的种种比喻，"太阳是亚波罗坐的摩托车前的明灯"；诗人底心同太阳是"一座公司底电灯"；云日更迭的掩映是同探海灯转着一样；火车的飞跑同于"勇猛沉毅的少年"之努力，都表明郭沫若对机械文明的赞赏态度。

但郭沫若到上海后，对机械的态度可谓有了一百八十度的大转弯。到上海后的郭沫若，再也没有此前对机械的那种诗情的赞赏了。

郭沫若首先看到了机械对自然的侵袭。所以他把这样的水泥钢筋组成的城市视为"囚牢"，是"魔宫"："朋友们怆聚在囚牢里——/象这上海市的赁家/不是一些囚牢吗？/我们看不见一株青影，/我们听不见一句鸟声，""我们囚在迷茫的雾中，/我们囚在惨毒的魔宫，/金色的魔王/坐在我们的头上"。（《朋友们怆聚在囚牢里》）

最重要的是，郭沫若看到了机械所象征的罪恶。这也是原本爱着机械文明的郭沫若，到上海之后，为何态度转而变为厌恶的原因。

在《创造十年》中，郭沫若谈及由日本回上海，最初船进了黄浦江口，郭沫若感到黄浦江上的景色"真是一幅活的荷兰画家的风景画"。"但这个幻觉不一刻便要象盛着葡萄酒的玻璃杯碰在一个岩石上了"。"船愈朝前进，水愈见混浊，天空愈见昏朦起来，杨树浦一带的工厂中的作业声，煤烟，汽笛，起重机，香烟广告，接客先生，……中世纪的风景画，一转瞬间便改变为未来派。"而这种情绪转变的根本原因是："假使那些工厂是中国人在主宰，那面未来派的画幅是中国人画出来的，再不然我自己不是生在中国的人，或许也未尝不可以陶醉一下摩登的风物。然而不幸的是我自己和那岸上

---

① 闻一多：《〈女神〉之时代精神》，《创造周报》，1923 年 6 月第 4 号。

活动着的和乞丐相差不远的苦力兄弟们是同属于黄帝子孙，神明之遗裔！……看见自己的同胞在异族的皮鞭之下呻吟着，除非是那些异族的走狗，谁也不能够再闭着眼睛做梦。美好的风景画被异族涂炭了！”

在这里，作者点出了作者厌恶现代性之表征的机械文明的原因，是因为上海的这些机械文明都是外国殖民的结果，是中国人被掠夺的证明，是中国人耻辱的表征。在这里，作者看到的机械文明犹如鳄鱼张着的大口，在吸食中国民众的鲜血，吞噬中国人的生命。

总之，这个机械的上海不是真正属于中国人的上海。这是令郭沫若厌恶机械、憎恨现代文明的主要原因。可见，对机械之上海的体验的变化皆是由于民族主义情绪。

三、罪恶的上海——民族主义情绪

这个上海，不是中国人的上海，在公园，赫然是“华人与狗不得入内”的招牌，想带孩子到公园去，也只能穿洋服假充东洋人：“可怜的亡国奴！可怜的我们连亡国奴都还够不上，印度人都可以进出自由，只有我们华人是狗。”(《月蚀》)由此，我们可以明白，为什么郭沫若笔下，有那么多对上海罪恶的书写了。

在上海，马路，是劳动人民的血汗修筑的，上海这种都市的现代化，都是劳动人民辛苦劳作的结果。但享受这些成果的是那些外国殖民者。——这是一个不公正的贫富悬殊的上海。“坐汽车的富儿们在中道驱驰，伸手求食的乞儿们在路旁徙倚。”(《上海的清晨》)而为什么会成为这样的贫富悬殊呢？郭沫若在诗中也有回答：“这是我们中国出了无数的始皇！/还有那外来的帝国主义者的压迫/比秦时的匈奴还要有五百万倍的嚣张。/ /他们的炮舰政策在我们的头上跳梁，/他们的经济侵略吸尽了我们的血浆。/他们豢养的走狗：军阀、买办、地主、官僚，/这便是我们中国的无数新出的始皇。(《我想起了陈涉吴广》)

外国殖民者对中国的侵略与剥夺，不仅是在物质层面，在精神层面也毒化着中国民众。在上海街头，郭沫若看到的是腐朽而麻木的国民：“游闲的尸，/淫嚣的肉，/长的男袍，/短的女袖，/满目都是骷髅，/满街都是灵柩，……”(《上海印象》)。在《西湖游记》中，郭沫若对深陷“火狱中的上海”的人们的麻木，发出了忧心如焚的疾呼：

“唉！我怪可怜的同胞们哟！/你们有的只拼命赌钱，/有的只拼命吸烟,/有的连倾啤酒几杯,/有的连翻番菜几盘,/有的只顾酣笑,/有的只顾乱谈。/你们请看哟!/那几个肃静的西人/一心在勘校原稿哟。/那几个骄慢的东人/在一旁嗤笑你们哟。"

这种麻木的国民,在上海随处可见,即使是在街头叫着客的黄包车夫,在码头上吃着臭油豆腐的苦力……"他们那超然物外的神情,好象没有注意到黄浦江头浮着有几万吨的外国兵船和巨舶的光景。他们的午梦很浓,尖锐的汽笛声,嘈杂的机械声,都不能把他们叫醒……他们是返虚入浑,他们是等于'无'——世界上就等于没有他们一样。"(《阳春别》)

在郭沫若的观念中,这样麻木的国民,是和腐败的政府及衰退的文化联系在一起的。在他的作品中充满了对黑暗政府和腐朽文化的批判。《湖心亭》中,作者面对中国人对作为古代文明象征的湖心亭的糟蹋,感慨道:"——哎,颓废了的中国,堕落了的中国人,这儿不就是你的一张写照吗?古人鸿大的基业,美好的结构,被今人沦化成为混浊之场。这儿汹涌着的无限的罪恶,无限的病毒,无限的奇丑,无限的耻辱哟!""我们后人已经成了混坑中的粪酱了!"

所以,郭沫若说,"要解救中国,要解救中国人,除非有一次彻底的兵火!不把一切丑恶的垃圾烧尽,圆了寂的凤凰不能再生。"(《湖心亭》) 塞缪尔·亨廷顿认为,"民族主义是凝结革命联盟的水泥,是革命运动的引擎"[①],由此可以理解郭沫若的革命行为,是与民族主义情绪相关的。"在精英和知识分子人群中,民族意识意味着重新塑造文化。"[②]这使郭沫若的民族意识汇入了中国现代史上的民族主义情绪潮流中。有论者指出,"在中国现代史上,民族主义不仅是最强大的力量,而且是最完备的权力组织,支撑这架自我运转的机器的不是精神理想,而是一个梦想……强国梦想便是其核心。"[③]而这个强国梦想是以西方为参照系的,所以才会出现为了这个强国梦想斩断自身传统文化的状况。"世界上还没有哪一个民族主义像中国这样如此决绝地无情地斩断自己的传统,和自己的传统划清界限","'五四'以来对中国历史文本的儒家主义框架的批判和对儒学的现代形象设计,是在进化论、科学主义、唯物论等批判性话语打击之下完成的,也是用革命的暴力实现的,使中国历史形成了长达数十年甚至上百年一直到今天

---

① [美]塞缪尔·亨廷顿:《变动社会中的政治秩序》,上海人民出版社 2008 年版,第 253 页。

② 徐迅:《民族主义》,中国社会科学出版社 2005 年版,第 154 页。

③ 徐迅:《民族主义》,中国社会科学出版社 2005 年版,第 290 页。

的空白,而其中充填了西方‘现代性’话语和民族主义叙事。在这些叙事中,中国的所有灾难的根源就是文化和传统。”①很显然,郭沫若的民族主义叙事中也遵循着这样的话语体系。在他广为流传的诗歌《凤凰涅槃》中,郭沫若把旧中国描绘成一幅了无生气的衰败景象,“冷酷如铁”,“黑暗如漆”,“腥秽如血”;是一幅破船的景象:“帆已破,樯已断,楫已飘流,柁已腐烂”,这样的旧中国应彻底砸碎。在作品中,郭沫若一直重复着这样的主题。

“民族主义之父”赫德认为,民族意识情绪是一种天然的情感心理需求,是一个人在族群的文化形态下自然而然产生的情感。“个人对于群体的归属感正如饮食、繁衍后代一样是人类最基本的需求之一”②,而对中国人来讲,由于儒家家国统一的文化结构模式,个人的荣辱和家国的荣辱结合在一起,所以对民族主义的诉求更加强烈。这种民族主义诉求的表现就是对家国“声威”的注重。殷海光说:“一切文化都有地位和与声威要求”,而“中国文化是其中发展并且表现得最强烈的”。“在中国,国家的声威与文化声威及社会声威是缀合在一起的。这种混合的声威从来都是与国体不可分。像一座彩坊的正面一样,它象征国家的地位。因此,这种声威从来被强烈地维护着。而且细心地经营着,以至于纳入官办制度以内”③。中国历代王朝都是以“天朝大国”的心态自居,“以中国为世界的中心”,讲求“夷夏之辨”,而作为文明古国的强盛确实也给这种天朝帝国的心态创造了基石。而鸦片战争后,中国的声威日渐败落,但知识分子对这种地位和声威的要求并没有消失。“不独未曾消失,反因文化变迁、政治激荡和社会走向群集化而变本加厉。”④这种表现就是对外族殖民侵略者的痛恨,以及建立民族国家强国的期望。鸦片战争之后,中国知识分子所作的一切努力,诸如严复对《天演论》的译著,正是出自“对自强保种之事”有所助益,使“读者怵焉有变”,以此令国人发奋图强的救国救亡意识;而魏源提出的“师夷长技以制夷”也是基于重建强大而具有声威的能抵御外族侵略的国家的渴望;梁启超以小说来“新民”的主张也展示出知识分子重振国威的迫切愿望。20世纪初,八国联军侵华之后,外国殖民侵略进一步深入,民众的反帝情绪日益高涨。代表殖民主义、帝国主义侵略地的“租界”便被关注,而上海自然便与殖民主义、帝国主义联系起来。民族主义情绪在上海的涌现并

---

① 徐迅:《民族主义》,中国社会科学出版社2005年版,第292页。

② 徐迅:《民族主义》,中国社会科学出版社2005年版,第35—36页。

③ 殷海光:《中国文化的展望》,上海三联书店2003年版,第136页。

④ 殷海光:《中国文化的展望》,上海三联书店2003年版,第141页。

形成风潮是由于租界的存在强加给中国人的不平等自然而然形成的。正如有的论者所说:“欧洲民族国家的对外的政治、经济和军事扩张,及其所酿造的民族优越感和沙文主义情绪,激发了各国精英和知识分子的反抗意识,在精英和知识分子的心理层面,情绪性的反映导致了在危机关头‘生存竞争’思想的发展,民族主义运动及其意识形态迅速飙起”[①]。郭沫若的民族主义书写即是这种思想的产物。

(原载《东岳论丛》2011 年第 10 期,作者为四川师范大学文学院副教授)

注:本文为 2008 年度国家社会科学基金项目《20 世纪中国文学中的上海》前期成果,项目号为 08CZW029。

① 徐迅:《民族主义》,中国社会科学出版社 2005 年版,第 154 页。

时代洪流中的有机知识分子

——以郭沫若杂文研究为个案

令狐兆鹏　吴云

郭沫若是贯穿20世纪影响整个中国政治和文化的重要人物，在文学、历史、考古、书法、从政诸方面都作出了卓绝的贡献；另一方面，郭沫若趋时、求变、好做翻案风的乖张行为令人鄙夷。在一个复杂多变的时代里产生如此复杂多变的人物，本身就是一个极有象征性的症候——20世纪知识分子生存现状可见一斑。

一

郭沫若一生创作大量的杂文，主要收集在《盲肠炎》、《断断集》、《羽书集》、《蒲剑集》、《今昔集》、《沸羹集》、《天地玄黄》等文集里。

郭沫若杂文有两大艺术特点：第一，激情四射、气势磅礴。郭沫若才如大海，文章得意处自有"断弦离柱箭脱手，飞电过隙珠翻荷"的气势。比如《为革命的民权而呼吁》一文，作者开宗明义，呼吁为民主而斗争，接着论述民主乃自由民主的重要性，认为人民当有言论之自由，全力促进民主化。整篇文章写得掷地有声，真知灼见珠玉倾出。请看下面论述："自由乃主义之母，思想乃主义之乳"；"故言论限制除施于国家秘密，于利国利民有决定的危害者外，乃绝对有害无益之辈。""中国既系民主国家，则学术机关不应有垄断之嫌，学术研究不应有御用之痕迹。"[①]第二，清新自然、短小精干。《猪》、《羊》以寓言的形式、讽刺的笔调揭露社会的黑暗，语言曲折委婉，如林中之响箭，颇有些鲁迅的味道了。《猪》从一幅漫画谈起，直陈国统区知识分子生存困境，语言幽默俏皮，犀利泼辣。这些文章短小精悍，寓意隽

① 郭沫若：《为革命的民权而呼吁》，《郭沫若全集》第十九卷，人民文学出版社1992年版，第461页。

永,艺术价值较高。《“侵略日本”的两种姿态》是一篇艺术价值较高的杂文,作者深刻指出日本侵略的姿态有两种:一种是艺伎,一种是武士。前一种用美妙的辞令来掩盖侵略的本质,后者用飞机大炮来进行野蛮屠杀。文章短小精悍,一针见血。有了真挚的情感,郭沫若杂文自然形神俱佳,韵味无穷。《峨眉山下》是一篇难得的清新淡雅的美文,作者以脉脉含情的笔墨书写了故乡乐山的山山水水,文笔清新自然,情感真挚,悠悠思乡情于笔底汩汩而出。《国难声中怀知堂》写得声情并茂。作者娓娓而谈,诚挚地邀请周作人南下,“知堂如真的可以飞到南边来,比如就像我这样的人,为了换掉他,就死上几千几百个都是不算一回事的。”[①]这篇文章在当时产生了巨大的影响,系大后方知识分子“不做亡国奴”的集体心声。可见,郭沫若是有能力写出既有思想又有很高艺术价值的杂文的,但为什么他的这些在我们看来很“经典”的杂文范式被湮没在大量口号式说教的杂文集里呢?以至于我们读他的杂文集有一种披沙拣金之感?

郭沫若的许多杂文一旦脱离时代语境,便显得卒不忍读,这就是郭沫若杂文研究陷入低谷的原因吧。笔者在中国知网输入“郭沫若杂文”,从1980年到2010年郭沫若杂文研究论文不超过十篇。文本的难以进入和时代的悄然远去成了困扰郭沫若杂文研究的两大瓶颈。郭沫若的杂文研究必须突破“纯文学”的框架,否则,我们会因为郭沫若的杂文没有什么文学价值而对之弃若敝屣。在所有文类中,杂文的现实介入性最强,文学性也最差。郭沫若的杂文研究必须回归那个如火如荼、风雨如晦的岁月,回归风雨飘摇、国破家亡的动荡历史,把历史研究和文学研究结合起来,重新审视郭沫若杂文的历史价值。

二

郭沫若的杂文具有与时俱进的特点,是中国共产党意识形态的晴雨表。在杂文集《盲肠炎》中,作者用马克思主义历史观洞穿中国现实,认为“我们假使不想永远做人奴隶,不想永远做世界的资本家的附庸,我们中国人只剩着一条路好走——便是走社会主义的道路,走老农俄国的道路”[②]。《世界大战的归趋》、《日本民族发展概观》等文论述日本灭亡之不可避免,

---

① 郭沫若:《国难声中怀知堂》,《郭沫若全集》第十八卷,人民文学出版社1992年版,第152页。

② 郭沫若:《一个伟大的教训》,《郭沫若全集》第十八卷,人民文学出版社1992年版,第106页。

表达了作者对抗日必将成功的乐观态度。在《为革命的民权而呼吁》、《写在双十节》、《囤与扒》、《文化界时局进言》等文章论述如何实行民主问题，斗争的焦点由抗日转向民主。作者写下《历史的大转变》、《让李公朴永远抱着一个孩子》、《等于打死了林肯和罗斯福》、《新缪斯九神礼赞》等文章，对国民党政府倒行逆施、残害民主人士暴行进行血泪控诉。

为什么郭沫若的杂文竟然与共和国历史叙事如此之一致，我们必须对郭沫若新中国成立前的参政历史进行考察。

20世纪20年代中期对郭沫若来说是一个具有转折性的时代，如果说“女神”时代是郭沫若作为首次登上文学舞台的华丽演出的话，那么他在日本服膺马克思主义学说则代表着他走向政治舞台的一次漂亮的转身。1924年郭沫若翻译日本马克思主义理论家河上肇的《社会组织与社会革命》，自云从此“初步转向马克思主义方面来”。1926年7月作者投笔从戎，参加北伐，这在郭沫若一生中具有划时代的意义。如果说此前作者还是较为单纯的文人的话，此后作者摇身一变，就参与了中国革命的政治进程。他主要是以政治家的角色出现在历史舞台上的。1927年8月17日，郭沫若在广昌由周恩来、李一氓介绍，加入中国共产党。虽然郭沫若流亡日本十年脱党，但是大量史料表明，党外的郭沫若更利于打入敌人内部进行宣传工作，在社会上团结一切可以团结的力量，做好党外的“党喇叭”。

郭沫若和中国共产党的合作如鱼得水，进退自如。他受中国共产党的指派担任国民党第三厅厅长。1938年夏，中国共产党根据周恩来的建议，作出党内决定：以郭沫若为鲁迅的继承者、中国革命文化界的领袖，以奠定郭沫若的文化界领袖的地位。1941年周恩来提议庆祝郭沫若创作二十五周年和五十寿辰，举行全国性的纪念活动。次年3月历史剧《屈原》由中华剧艺社排练，周恩来指示文艺界党组织动员和选择最好的演员参加演出。1944年5月，郭沫若投桃报李，表示无条件拥护《讲话》，并立即按照周恩来的嘱托，亲自召开座谈会，向重庆进步文化界人士传达《讲话》精神。我们必须将郭沫若的杂文创作纳入中国共产党的革命文化谱系中，纳入新中国历史话语的建构历程中来考察。贾承勇说：“文人知识分子是现代思想精神资源的布道者，在以‘党治’为主要政治运作形式的现代中国，文人知识分子与现代革命的互动关系，对现代中国思想文化体系的形成，有着重要意义。”①我们需要一种知识分子，证明新秩序对于旧秩序的天然合法性，使

① 贾承勇：《郭沫若研究十六讲》，山东文艺出版社2009年版，第16页。

得一个党或者集团在精神资源上合法化，从而得到社会整体的认知和支持。作为党外的“党内人士”，郭沫若非常出色地阐释了党的意志。

郭沫若杂文是中国共产党动员机制的一部分，体现中国共产党意识形态的宣传职能。1939 年，毛泽东说：“共产党必须善于吸收知识分子，组织千百万农民群众，发展革命的文化运动和发展革命的统一战线。没有知识分子的参加，革命的胜利是不可能的。”[①]郭沫若的杂文非常精准地表达了我们党的政策，是一个极其出色的“党喇叭”。税海模说：“纵观郭沫若思想发生飞跃以后的文学创作，在价值取向上都是服务于各个时期中国革命的现实需要的，不是为艺术而艺术之作，而是为革命而艺术之作……对郭沫若接受马克思主义以后的文学评价，更多的要从毛泽东的‘团结人民，战胜敌人’的文化军队论出发。”[②]

葛兰西认为：“有机知识分子是文化霸权建构过程中的教育者，是指那些由同一历史时期的新阶级培养出来的、并与自己出身的阶级保持一致的知识分子。”[③]郭沫若是无产阶级有机知识分子，是共产党运动的组织者和领导者，积极参与了无产阶级文化领导权的建设。在以国民党为首的资产阶级意识形态笼罩下，积极斗争、捍卫了党的利益。有机知识分子不是一个夸夸其谈的看客，他必须积极参与到社会实践中去，以行动家而非思想家的姿态参与社会变革。葛兰西说：“（有机知识分子）必须从劳动形式上的实践，推进到科学活动的实践以及历史的人道主义的世界观，没有这种世界观，就仅仅是一个‘专家’，而不是一个‘领导人’。”[④]郭沫若积极参与了新民主主义革命的建设，作为北伐的领导人和国民党第三厅厅长的身份推进了革命前进的步伐，是一名极为优秀的有机知识分子。

三

郭沫若通过杂文很成功地宣传了党的方针、政策。我们必须思考一个问题：宣传与艺术是否真的水火不容。一切文艺都是宣传，但并非所有宣传都是文艺。以郭沫若极高的艺术天分，本可以写出更好的杂文来。郭沫

① 毛泽东：《大量吸收知识分子》，《毛泽东选集》第二卷，人民出版社 1996 年版，第 581 页。

② 税海模：《郭沫若与中西文化撞击》，东方出版社 2008 年版，第 201 页。

③ 周兴杰：《文化霸权》，见赵一凡：《西方文论关键词》，外语教学与研究出版社 2006 年版，第 547 页。

④ 周兴杰：《文化霸权》，见赵一凡：《西方文论关键词》，外语教学与研究出版社 2006 年版，第 549 页。

若解释道："有好些朋友质问我：四年来为甚么少写文艺上的东西？这个问题，我也苦于解答……在大动荡的惊涛恶浪中，我这些小船固定在一座珊瑚上了。我不仅没有工夫写，甚至没有工夫看。"①个人与时代的关系一直纠结着20世纪中国知识分子的命运，"走向十字街头"还是"走向象牙塔"这是一个现实性的问题。在以"启蒙"和"救亡"为主题的现代中国，知识分子很难逃离时代的召唤而做到独善其身。即便是固守"艺术的园地"之周作人，也难免堕落为汉奸。民族危难之际，"躲进小楼"的梦想对于知识分子而言只是天方夜谭。中国传统知识分子所承袭的"修身、齐家、治国、平天下"儒家教化使得他们在国破家亡之际必然有一种介入社会的神圣使命。因此，从五四时期的文化救国到20世纪20年代的马克思主义兴起有一种联系的必然性。

郭沫若参与了五四到北伐再到新中国建立之漫长历史实践。从《女神》时代到《屈原》再到《新华颂》，郭沫若完成了自我的不断蜕变。在他一个人的身上，融合了几代知识分子的影子。我们应当看到，郭沫若在乱世中抛弃家业独自投入中国革命的熔炉中自有其深沉的思考，其选择是一种为了国家牺牲自我的崇高行为。

投入革命洪流是否必须以放弃知识分子自我观照为代价呢？知识分子面对时代洪流有两种观照态度：以自我为本位观照历史还是以时代为本位融化自我。前者以鲁迅为代表，后者以郭沫若为典型。郭沫若投笔从戎与鲁迅后期加入左联都是时代使命感使然。但鲁迅从未放弃知识分子的批判精神。鲁迅始终是以自我为本位对时代、人生进行深沉的思考。鲁迅的杂文之所以能超越历史不在于表现了时代特征，而在于天地玄黄之际留下了一位卓越知识分子深沉的自我思考——"两间余一卒，荷戟独彷徨"正是这样一个不合时宜者的写照。郭沫若以毫无保留的热情去拥抱现实，正如"炉中煤"一样忘情地燃烧——知识分子的自我本位消失了，他不能够表达个人与国家在碰撞时产生巨大撕裂的悲痛。郭沫若曾经是五四中人，他的《女神》具有强烈的个人主义反叛色彩，因而也长期被看做五四精神的象征。这些自由反叛的东西在他的杂文中近乎消失殆尽，他竟如此圆融、妥帖、不留痕迹地融进时代大合唱。

郭沫若本质是冲动的诗人，好趋极端，在各个时代的转向美丽自然而又让人不生疑惑。紧密联合时代是郭沫若的必然选择，有人说应以1949

---

① 郭沫若：《羽书集·第一序》，《郭沫若全集》第十八卷，人民文学出版社1992年版，第124页。

为界，分开看待郭沫若。其实，郭沫若的人生是一致的，他所有的后期行为特征都隐藏在前期行为中。

（原载《名作欣赏》2011 年第 26 期。作者令狐兆鹏为乐山师范学院文学院讲师，吴云为徐州工程学院讲师）

注：此文为四川省教育厅郭沫若研究中心郭沫若杂文研究阶段成果课题，（编号：GY2008L08）。

论郭沫若对《西厢记》的改编和现代阐释

彭林祥

一、作为编辑的郭沫若

从1921年年初开始，上海泰东书局经理赵南公对书局进行大刀阔斧的编务改革。经留日回国的李凤亭的推荐，他拟聘正在日本留学的成仿吾任科学编辑。于是，为了出版同人刊物的计划，成仿吾和郭沫若离开日本，于1921年4月3日抵达上海。但在与赵南公见面之后，赵更重视颇有文名的郭沫若，极力邀请郭来书局工作，而对成原定的聘任则迟迟不肯履行。对经理赵南公来讲，书局转变方向、改革编务的成功与否，主要还是看是否实现经济效益，即是否能赚钱。而郭沫若加盟泰东书局无疑让经理赵南公预感到了一次赚钱的机会，用郭沫若自己的话来讲就是"看见了我的商品价值还不坏"[①]。所以，郭沫若加盟不久，赵进一步拟定了改革编务的计划，其重点放在出版能赚钱的教科书。1921年4月18日，赵南公就与郭沫若商量出版教科书的计划。显然，赵南公选择出版教科书就是看中了其利润可观，他希望郭沫若能尽快编成一套成本低廉的教科书，以便实现最大利润。而初为编辑的郭沫若显然不愿意胡乱编制一套教科书，他提出先要广泛搜罗已出的各种中小各科教材，"有材料然后成书不难也"，[②]时间上至少需要半年。所以，他先请赵多购书，大量占有材料，然后从中选取可做教材的内容，但赵又不愿意支付太多成本，仅购书一项，限定在100元以内。赵南公和郭沫若在教科书上并未能达成一致意见，赵的计划也未能实行。实际上，作为编辑的郭沫若委婉地拒绝了上司的计划，自然让书店经理赵南

① 郭沫若:《创造十年》,《郭沫若全集》第十二卷，人民文学出版社1992年版，第94页。

② 陈福康:《创造社元老与泰东图书局——关于赵南公1921年日记的研究报告》,《中华文学史料》第一辑，百家出版社1990年版，第31页。

公很没有面子，赵指望郭沫若为他带来利润的第一个计划没能顺利实施。

而此时，出版界正跟风出版标点古典小说。自 1920 年开始，亚东图书馆的汪原放首创标点、分段古典小说，出版界看到了巨大的经济前景，一时间，出版界标点古书盛行。尽管是刚到上海，作为编辑的郭沫若对出版界标点古典小说一事肯定有所耳闻，但是到 1921 年 4 月为止，为大众所喜爱的古典小说（如四大名著）已经标点得差不多了，再继续标点古典小说已没有多大的选择空间。几乎在郭沫若拒绝赵编教科书的同时，他从标点古典小说中受到启发，向赵提出标点《元曲》。在古典文学作品中，除了小说外，就只有元曲故事性强，标点《元曲》自然是一个另辟蹊径的出版选题。而赵南公眼红亚东图书馆的标点、分段小说出版所带来的经济利益，原本想仿效亚东标点、分段古典小说，但一听到郭沫若提议要标点《元曲》，他敏锐地感到这是一个能赚钱的出版选题，对郭的提议颇为赞同，“这个提议立地也就见诸实行起来”[①]，而郭为了填塞提议的责任起见，只好承担了标点元曲这项工作。

郭沫若的本意是希望赵南公让其他几个编辑来具体操作，可是书局的其他几个编辑古典文学功底太差，不能对词曲中的文句标点，迫不得已，他只好亲自上阵。在元杂剧中，尤以叙写崔、张恋爱故事的《西厢记》为大众所喜爱，故事曲折生动，文本内容不长，标点所需的时间短，很快就能见到经济效益。所以，郭沫若选择王实甫的著名杂剧《西厢记》来标点，可见出他独到的市场眼光。

一经决定标点《西厢记》，郭沫若自然是紧锣密鼓地进行起来。但是，与亚东图书馆标点小说不同的是，除了标点之外，他还从内容上、结构上对《西厢记》进行增删。整个工作从四月中旬开始，5 月 1 日基本完成，5 月 2 日，郭沫若为此标点本写了序言。四个月后，标点本《西厢》由上海泰东书局出版，在一年时间内再版两次，以后不断再版，到 1930 年 7 月此书已印行第十版，每一版 2000 册，共计 20000 册。毫无疑问，此书为泰东书局带来了很大的经济效益。

二、《西厢》改编的具体内容

按元杂剧的体例，一般由四折组成一个剧本，每折相当于今天的一幕；演剧角色可分末、旦、净三类。末分正末、小末；旦分贴旦、搽旦、小旦。在

① 郭沫若：《创造十年》，《郭沫若全集》第十二卷，人民文学出版社 1992 年版，第 97 页。

音乐上，一折只采用一个宫调，不相重复。而全剧只能由正末或正旦一人主唱，正末主唱的称“末本”，正旦主唱的称“旦本”。但王实甫写《西厢记》时，他突破了杂剧的规矩，吸取和借鉴过院本、南戏的演出形式，在体制上有了创新。全剧共五本二十折，“像是几个杂剧连接起来演出的一个故事的连台本”[①]，在每一本第四折的末尾，有“题名正名”，标志着故事情节到了一个转折性阶段，又有很特别的〔络丝娘煞尾〕一曲，起着承上启下沟通前后两本的作用。有的折段，该剧还突破了一人主唱的元杂剧通例，出现了由末与旦轮番主唱。而郭沫若对《西厢记》又来了一次体制的创新，对比了王实甫《西厢记》[②]和郭沫若的《西厢》，郭主要在以下几个方面进行了改编。

（一）改变元杂剧中的本、折为出、场，重新划分了全剧的结构。从全剧来看，改编后的《西厢》，全剧共计 16 出，每一出又有一至三场不等，下面是改编前后的对照表：

郭沫若编《西厢》		王实甫《西厢记》	
第一出　惊艳	第一场　崔莺莺居室	楔子	第一本　张君瑞闹道场
	第二场　蒲郡城外	第一折	
	第三场　普救寺前庭	第一折	
第二出　借厢	第一场　长老方丈	第二折	
	第二场　普救寺山门	第二折	
第三出　酬韵	第一场　崔莺莺居室	第三折	
	第二场　普救寺后庭	第三折	
第四出　闹斋	全一场	第四折	
第五出　寺警	第一场　莺莺之居室	第一折	第二本　崔莺莺夜听琴
	第二场　寺中大殿	楔子	
	第三场	楔子	
第六出　请宴	全一场	第二折	

---

① 袁行霈主编：《中国文学史》第三卷，高等教育出版社 2003 年版，第 275 页。

② 在内容的比较上，按理应该由《西厢记》的明刊本以及金圣叹的批本与郭沫若的《西厢》（上海泰东书局 1930 年版）进行比较。但是，这两种版本的《西厢记》极不易找，笔者这里用的是王季思校注《西厢记》（上海古籍出版社 1988 年版）与郭的《西厢》进行比较。

<table>
<tr><th colspan="2">郭沫若编《西厢》</th><th colspan="2">王实甫《西厢记》</th></tr>
<tr><td>第七出 赖婚</td><td>全一场</td><td>第三折</td><td rowspan="2"></td></tr>
<tr><td>第八出 琴心</td><td>全一场</td><td>第四折</td></tr>
<tr><td>第九出 前候</td><td>全一场</td><td>第一折</td><td rowspan="6">第三本 张君瑞害相思</td></tr>
<tr><td rowspan="2">第十出 闹简</td><td>第一场 崔莺莺居室</td><td>第二折</td></tr>
<tr><td>第二场 书斋</td><td>第二折</td></tr>
<tr><td>第十一出 赖简</td><td>全一场</td><td>第三折</td></tr>
<tr><td>第十二出 后候</td><td>全一场</td><td>第四折</td></tr>
<tr><td rowspan="2">第十三出 酬简</td><td>第一场 崔莺莺居室,夜</td><td>楔子</td><td rowspan="6">第四本 草桥店梦莺莺</td></tr>
<tr><td>第二场 书斋</td><td>第一折</td></tr>
<tr><td>第十四出 拷艳</td><td>全一场</td><td>第二折</td></tr>
<tr><td>第十五出 哭宴</td><td>全一场</td><td>第三折</td></tr>
<tr><td>第十六出 惊梦</td><td>全一场</td><td>第四折</td></tr>
</table>

改编后的《西厢》共24场,在每一场的正文之前简要交代出场的地点、人物、事由,如"第一出第一场 崔莺莺居室"的舞台说明 :

莺莺与红娘坐室中刺绣。崔夫人引欢郎上。

编者重新合并、重组了原剧中的故事情节,对全剧重新进行了场景的划分,使全剧主要由一个个场景构成。并且力图排场动作与唱白相一致,使得剧本的场面感更强,形成一个紧密连贯的故事结构。

(二)删掉大量与剧情无关紧要的旁白、独白,用括号简要标出人物动作说明。元杂剧剧本三大组成之一的"宾白"分四大类:对白,即人物对话;独白,就是人物自叙;旁白,指背过别的人物自叙心理话;带白,唱词中的插话。在《西厢记》中,每一楔子和折中都有宾白,这些文字主要是营造环境、交代人物和故事情节等作用,使之便于表演。对于独白和旁白来讲,这两类文字并不适合舞台表演,独白和旁白过多反而会影响了剧情的发展,在改编中,郭沫若删去了大部分文字。如《西厢记》①第一本的"楔子"中崔夫

① 在内容的比较上,笔者主要用《西厢记》(王季思校注,上海古籍出版社1988年版)与郭沫若的《西厢》(上海泰东书局1930年版)进行比较,同时还参考了《金圣叹批本西厢记》(张国光校注,上海古籍出版社1986年版)。

人和第一折中张生的自报家门独白、旁白部分，就一概删去。同时，郭沫若还把一些看似与主要人物、故事情节等无关紧要的罗嗦的自叙和心理话统统删去。而对白部分，郭沫若也加以改编，使对话与唱词成为剧本的两大主要组成部分。如张生与方丈第一次相见的对白，《西厢记》中如下：

〔洁云〕请先生方丈内相见。夜来老僧不在，有失迎迓，望先生恕罪！〔末云〕小生久闻老和尚清誉，欲来座下听讲，何期昨日不得相遇，今能一见，是小生三生有幸矣。〔洁云〕先生世家何郡？敢问上姓大名，因甚至此？〔末云〕小生姓张，名珙，字君瑞。

而《西厢》中则改为对话形式，内容如下：

法本 请先生方丈内座！夜来老僧不在，有失迎迓，望先生恕罪！

张生 小生久闻清誉，欲来座下听讲：不期昨日相左。今能一见，三生有幸矣。

法本 敢问先生：世家何郡？上姓大名？因甚至此？

张生 小生西洛人氏，姓张，名珙，字君瑞。因上京应举，经过此处。小生途路无可申意，聊具白金一两，与常住公用，伏望笑留。

对于唱词中的带白，郭沫若要么删除，要么加以改动，使之成为对白中的一部分。如“因上京应举，经过此处。小生途路无可申意，聊具白金一两，与常住公用，伏望笑留”一段就由唱词中的插话改编而来。并且，郭沫若为了实现“使此剧合于近代的舞台以便排演，以为改良中国旧剧之一助”[①]的目的，还根据具体的情节、场景在人物对话的旁边用“〔 〕”简要标出人物的动作说明，给排演的导演、演员以提示。总之，改编后的《西厢》主要突出了唱词和对话两部分，并适当辅之以简要场景、动作说明，大大丰富和增强了剧本的写实性。

(三)没有把《西厢记》第五本纳入改编范围，改变了大团圆结局。对于《西厢记》的的作者，从明代开始就有争议。正如王国维所说：“后世或谓王作，而关续之(都穆《南豪诗话》，王世贞《艺苑卮言》)；或谓关作，而王续之

① 郭沫若：《本书之体例》，《西厢》，上海泰东书局1930年版。

(《雍熙乐府》卷十九,载无名氏《西厢十咏》)。"[1]而郭沫若还是认同了王作关续说,在标点《西厢》时,就把该剧的第五本排除在外。[2] 但正因为去掉了第五本,使得全剧剧情以张生赴京应试行程中的"惊梦"作结,点出张生对莺莺的思念,使得张生和莺莺之间的结局形成了一个大大的悬念,这样的结尾突破了元杂剧的悲剧和大团圆两种主要结局模式,使得《西厢》大大背离了原来的情节设计,呈现出新的美学欣赏趣味。

(四)对唱词中的衬字及增白,为全剧统一起见有增改。在改编过程中,针对元杂剧主要以唱词为表演者的主要表演内容,郭沫若依据实获斋藏版,又部分参考了金圣叹的批注本,依据剧情的需要,主要保留了夫人、张生、莺莺和红娘的部分唱词(去掉了宫调名,保留了部分曲牌名),而对唱词中的衬字和增白进行了修改。元杂剧中的衬字,主要指曲词中夹杂的方言或俗语,一般是语气词或连接词,其目的是使唱词生动活泼,增加曲词的通俗性,使听众容易听懂。王实甫是大都人,他写的《西厢记》自然带有一些北方的方言、俚词,但郭沫若改编的《西厢》主要是面向全国的读者,所以,带有北方方言特色的衬字、增白显然让南方读者难以适应,适当的修改是必要的。如第一出第三场中的张生唱〔柳叶儿〕原文如下:

> 呀,门掩着梨花深院,粉墙儿高似青天。恨天,天不与人方便,好着我难消遣,端的是怎留连,小姐呵,只被你兀的不引了人意马心猿?恨天不与人行方便!好着我难消遣!端的是怎留连?有几个意马心猿!

而在《西厢》中则是:

> 掩了梨花深院,粉墙儿高似青天。恨天不与人行方便!好着我难消遣!端的是怎留连?有几个意马心猿!

对于唱词中的增白,编改大都删去。如第四本第四折中〔新水令〕和〔步步娇〕之间有"想着昨夜受用,谁知今日凄凉?"一句,在《西厢》第十六出中就没有了。总之,就改编的《西厢》整体来看,唱词的口语化、地方色彩大

---

① 王国维:《宋元戏曲史》,上海古籍出版社 2000 年版,第 73 页。

② 这里或许还有一个偶然的因素,据郭沫若在《创造十年》中的回忆,因为自己是以一部缺了最后一册的明刊本《西厢记》作为底本。

大减弱，书面化色彩增强。

三、《西厢》现代改编的价值和意义

尽管郭在动手之前声称是标点元曲，自然是以不动文本内容为准则，但实际上郭沫若不但对《西厢记》进行了新式标点，而且还对其内容进行了删、改、增。在我看来，标点《西厢记》已经退居次要地位，更重要的还是改窜，从标点到改窜，郭沫若不但完成了对《西厢记》的现代改编，也是对传统戏曲的一次现代改编，是他“借些历史上的影子来驰骋我的创造力的手腕罢了”[①]的一次大胆尝试。

在正文前的《本书之体例》中，郭沫若指出：“全书用近代体制——西洋歌剧或诗剧的——及新式标点。”[②]在改编《西厢记》之前，郭沫若不但接触过西洋的诗剧而且自己已有创作实践。1919 年秋，郭沫若翻译了《浮士德》第一部开场的独白，1920 年春，他又翻译了《浮士德》第二部开场的一出，也是在 1920 年暑假，郭沫若应共学社之约翻译过歌德诗剧《浮士德》，用了近两个月的时间，把《浮士德》第一部完全翻译了出来。在翻译的过程中，他曾对西洋诗剧与中国戏曲作过比较，注意到各自的优劣：“西洋的诗剧，据我看来，恐怕是很值得考虑的一种文学形式，对话都用韵文表现，实在太不自然。……我觉得元代杂剧，和以后的中国逐个戏曲，唱与白分开，唱用韵文以抒情，白用散文以叙事，比之纯用韵文的西洋诗剧是较近情理的。”[③]几乎在翻译《浮士德》的同时，郭沫若也开始了诗剧创作的具体实践。如 1920 年 10 月 10 日在《时事新报・学灯》发表诗剧《棠棣之花》，1921 年 2 月 25 日的《民铎》二卷五号上发表了《女神之再生》，1921 年 4 月在《学艺》杂志二卷十号又发表了《湘累》。正是郭沫若看到了西洋诗剧的缺陷，所以在自己创作的诗剧中，唱词使用韵文，而对话则采用散文。可以说，改编前的西洋诗剧翻译和个人创作实践为改编《西厢记》提供了宝贵的经验。但是，由于诗剧主要不是用来表演的，而西洋歌剧则是用于排演的，所以他又从西洋歌剧中借鉴表演的要素，如大量保留唱词，适时配以说白等。所以，郭沫若改编《西厢》主要借鉴了诗剧的构成体制、歌剧中的表演要素来改良中国旧剧的一次实验。

---

① 郭沫若著、桑逢康校：《〈女神〉汇校本》，湖南人民出版社 1983 年版，第 30 页。

② 郭沫若：《本书之体例》，《西厢》，上海泰东书局 1930 年版。

③ 郭沫若：《创造十年》，《郭沫若全集》第十二卷，人民文学出版社 1992 年版，第 75 页。

元曲即元杂剧作为一种表演艺术，它只在元代盛行过一个时期，以后逐渐衰落，而元杂剧的衰落，主要还在于它的剧本结构和音乐体制存在问题。随着时间的推移，作为一种表演艺术的元杂剧在舞台上消失了，而为表演写的剧本得以流传下来，仅仅成为文人案头的阅读作品。应该说，把西洋诗剧、歌剧与中国传统戏曲结合起来对旧剧来一次革新，不论成功与否，这本身就是一个大胆的实验。郭沫若在把元曲与西洋歌剧、诗剧进行比较之后，发现了“中国剧曲在文学构成上优于西洋歌剧”[①]，但却成为文人案头的阅读作品，而西洋歌剧、诗剧至今仍然是欧美国家的一种高雅艺术，盛行不衰。改编《西厢记》就是想让它从文人案头的阅读品重新成为一种舞台的艺术，使之焕发出新的活力，成为像西洋歌剧一样具有长久生命力的表演艺术，而改编出可供表演的剧本无疑是关键的一步。

现在看来，郭沫若在20年代初就借用西洋的诗剧、歌剧来改编中国旧剧，他的眼光无疑敏锐而独到。在20世纪中国古典戏剧改革的历史上，郭沫若无疑是一位先行者，他的改编实践应该在20世纪戏剧改革史上留下自己的足迹。但遗憾的是，尽管《西厢》发行上万册，他的努力似乎没有得到响应，这不能不说是个巨大的遗憾。在20年代初，西方的话剧（文明戏）成了新文学先驱人物学习引进的目标，他们把传统戏曲称为“旧剧”，一棍子打死。如钱玄同就认为旧剧应该“全数扫除，尽情推翻”。[②] 而郭沫若的改编无疑是“旧瓶装新酒”，自然很难赢得新文学阵营的青睐。而对于致力于旧剧改革的人来讲，他们更多地是从旧剧本身寻找突破口，也难以认同郭沫若采用西洋戏剧体制的改革方式。所以，《西厢》在当时的新旧阵营中都得不到响应也就理所当然了。这样看来，《西厢》改编本的问世的确有些生不逢时，但郭沫若试图在中国旧剧与西方戏剧之间建立起一种横向联系，是为中国旧剧的重新焕发生命力而作出的一次可贵探索，为现今的古典戏剧改革（特别是京剧改革）提供了一些有益的启示。

四、必不可少的《序言》:《西厢记》的现代阐释

《改编本书之主旨》和《本书之体例》是对改编的说明，而郭沫若为改编本所写的序言——《西厢艺术上之批判与作者之性格》则实现了对《西厢》的现代阐释。如果说郭沫若对《西厢记》剧本内容的改编以及标点完成了

① 郭沫若:《创造十年》,《郭沫若全集》第十二卷，人民文学出版社1992年版，第109页。

② 钱玄同:《随感录》(十八),《新青年》五卷一号。

对旧剧形式上的现代化，序言的阐释则承担了旧剧思想内容现代化的重要任务，“内容与形式同时会起变化，逐渐便可将一个旧戏改换一个新面目”。[①] 可见，序言的存在，使《西厢记》的改编和阐释在意义实现了互相发明，互为照亮，共同完成了对《西厢记》的一次现代性观照。

在郭沫若看来，对于改编《西厢记》一事，最有发言权的自然还是自己，序言可为自己提供一次重新阐释剧作、引导读者阅读的机会。应该说，这序言是一篇极有见地、带有开创性的评论，是《西厢》一书的点睛之笔。刘纳曾这样评价这篇序言：“这是一篇浸透着热烈情感的文字，它所表达的迥非寻常的见解，它的咄咄逼人的挑战色彩，都足以使它成为‘五四’时期留下的奇文之一。……这篇《西厢艺术上之批判与作者之性格》则可能成为他（郭沫若）漫长文学生涯中能够永葆清新气息的文字之一。”[②]从序言的题名上看，主要论及两个问题，即对《西厢记》艺术上的评析和对作者性格的推断。

该序言从“文学是反抗精神的象征，是生命穷促时叫出来的一种革命”谈起，认为元曲所取得的巨大成就，无不是作者反抗精神的产物，反抗精神、革命是一切艺术之母。归结到《西厢记》，认为它“是有生命的人性战胜了无生命的礼教的凯旋歌，纪念塔”。他从性心理学分析了男女青年之间因礼教而产生的心理畸变，痛斥我国数千年的封建礼教摧残人性：

> 我国素以礼教自豪，而于男女间防范尤严，视性欲若洪水猛兽，视青年男女若罪囚，于性的感觉尚未发达以前即严加分别以催促其早熟。年青人最富于暗示性，年青人最富于反抗性，早年箝束以足以催促其早解性的差异，对于父母长辈无谓的压抑，更于无意识之间，或在潜意识之下，生出一种反抗心：多方百计思有以满足其性的要求。然而年龄愈近，防范愈严，于是性的焦点遂移转其位置而呈变态。数千年来以礼教自豪的堂堂中华，实不过是变态性欲者一个庞大的病院！

正是这礼教的长期存在，禁锢了正常的人性、人欲，制造出了数万万被动的淫虐狂和变态性欲者。而《西厢记》则是大胆地写出了青年男女对这种压抑人性的礼教的有意识的反抗，它描写的是人类正常的性生活，所叙的是由爱情而生的结合，而决不能认为是奸淫，更不能作为卖淫的代辩。

---

① 欧阳予倩：《改革旧戏的步骤》，《新中国戏剧》一卷一号，1940 年 6 月 1 日。

② 刘纳：《创造社与泰东图书局》，广西教育出版社 1999 年版，第 95 页。

在为《西厢记》正名之后，郭沫若转而对王实甫进行介绍。他从细读《西厢记》出发，认为王是一个感觉异常敏锐、想象异常丰赡的人。对于王实甫性格的分析，郭沫若主要依据精神分析学派的理论，先揭示出王的潜意识，认为他这人的性生活有很大的缺陷，他是犯过非法行淫的人，几乎有拜脚狂的倾向。进而他大胆推测：

> 我揣想王实甫这人必定是受尽种种箝束与诱惑，逼成了个变态性欲者，把自己纯粹的感情早早破坏了，性的生活不能完完全全地向正当方面发展，困顿在肉欲的苦闷之下而渴慕着纯正的爱情。

正是在正常的性欲望（“离比多”）得不到满足，遭受了精神的创伤之后，王实甫只好通过写作《西厢记》来加以转移（代偿）。郭沫若对作品起源于“性欲生活之缺陷”的分析和见解，不但在当时显得十分新颖锋锐，就是现在也显得有些新鲜大胆。

这篇序言主要从心理学角度来阐释、分析《西厢记》，郭沫若借鉴的精神分析理论来推测作家的创作，得出的结论确实是新见叠出，发前人所未发，它开创了把心理分析运用于中国文艺批评的先声。30 年代初，潘光旦就认为郭是最早借精神分析理论来分析中国人的性心理的实践者：“中国缠足的风气以至于制度显而易见和足恋的倾向有密切关系，近人最早指出这一点来的是郭沫若氏，见于他所做的一篇《西厢记》的序言里。”①20 世纪 80 年代，余凤高曾论及这篇序言，认为它和《批评与梦》“是现代文学理论中少有的两篇专题以心理分析观点来论述文艺渊源、创作与梦的关系等文艺问题的理论文章”②。90 年代，著名文艺批评家童庆炳也再次提及郭沫若的这篇序言：“郭沫若在二十年代自觉运用文艺心理学的经历，这里我举出他的《西厢艺术上之批判与其作者之性格》和《批评与梦》两篇文章。……这两篇论文可以说是二十世纪中国现代文艺心理学最早的又具有学术自觉的论文。”③可见，郭沫若写的这篇序言至今还有生命力。

（原载《中国现代文学研究丛刊》2011 年第 3 期，作者为广西大学文学院教师。）

---

① 蔼理士著，潘光旦译：《性心理学》，生活·读书·新知三联书店 1987 年版，第 266 页。

② 余凤高：《“心理分析”与中国现代小说》，中国社会科学出版社 1987 年版，第 78 页。

③ 童庆炳：《中国现代文艺心理学发展的重新审视》，《光明日报》1997 年 10 月 28 日。

郭沫若与无政府主义思潮

夏　敏

很早就注意到郭沫若文学创作中有无政府主义色彩的闻一多，曾把《女神》的时代精神归结为五点，其中有："科学底发达使交通的器械将全世界人类底互相关系捆得更紧了。因有史以来世界之大同色彩没有象（像）今日这样鲜明的。郭沫若底《晨安》更是这种 cosmopolitanism（世界大同主义——引者注）底证据了。《匪徒颂》也有同样的原质，但不是那样明显。"①"世界大同"是中国无政府主义者一度提倡过的主张。不只是《女神》中有无政府主义的色彩，在后来的《星空》中，收录了《孤竹君之二子》，郭沫若在该篇的《幕前序话》中明确指出，该剧主人公伯夷和叔齐"他们的确是我们古代的非战主义者，无治主义者。他们的精神和我们近代人是深相契合的。我把他们来做题材，也犹如把 Kropotkin，Bakunin（克鲁泡特金，巴枯宁——引者注）拿来做题材的一样"②。既然有许多证据显示郭沫若早年曾受到无政府主义影响，那么，我们首先需要探讨的是：郭沫若是怎样将无政府主义作为一种思想资源纳入自己的思想建构之中的。

考察一下郭沫若的文学活动经历，可以发现：国内中学教育期间就受到中国近代无政府主义思潮的熏染；最先把无政府主义介绍到中国的是资产阶级改良派创办的《新民丛报》、《新小说》、《清议报》、《东方杂志》等报刊。1901 年，梁启超在《清议报》上撰文《难乎为民上者》，正式提出"无政府党"一词。1902 年梁启超又在自己主编的《新小说》上刊登《东欧女豪杰》（作者罗普），热情地歌颂了俄国虚无党。随后，在资产阶级革命派创办的《浙江潮》、《江苏》、《民报》等报刊上又刊载了大量的介绍无政府主义的新闻、评论和文学作品。如《浙江潮》第 8、9 期发表的《新社会之理论》，把无政府主义称之为"极端民主主义"，把它与共产主义相提并论，认为它与共

① 闻一多：《〈女神〉之时代精神》，载《创造周报》第 4 号。

② 郭沫若：《孤竹君之二子・幕前序话》，载《创造》季刊，1923 年第 1 卷第 4 期。

产主义是20世纪之新理论。郭沫若在四川乐山的私塾中已经开始读了一些新学书籍,其中就有《新小说》、《浙江潮》等。[①] 他在成都读中学时又曾沉迷于梁启超的《清议报》,"《清议报》很容易看懂,虽然言论很浅薄,但它却表现出一种新的气象。"梁启超在《意大利建国三杰》中描述的三位意大利英雄加富尔、加里波蒂、马志尼,成为了郭沫若心中的英雄,与拿破仑和卑斯麦一样,被他狂热的崇拜。[②] 郭沫若对这些亡命志士和建国英雄的钦佩,固然反映出当时知识阶层中普遍存在的民族主义情绪,但是其中的反对专制、礼赞破坏的无政府主义思想也使郭沫若为之振奋。

郭沫若赴日留学,回国编辑创造社刊物便和国内的无政府主义者有了一些交往。1921年3月,郭沫若为了创办《创造》季刊杂志第一次回到上海,中间短暂地返回日本一趟,又于1921年7月再次回沪,正式开始刊物的编辑工作。就在这时,他碰到了前来"泰东"商议出版《革命哲学》的朱谦之,泰东经理赵南公将朱谦之介绍给了当时正住在编辑所的郭沫若。郭沫若这样回忆他们当时的见面情形:"他从椅子上一跳而起,跳到我的面前,一双手把我的双手抓住。——'沫若,啊,你是沫若!'他那一双有些可怕的眼睛就像要崩出火来一样。"[③]郭沫若和朱谦之的碰面是在1921年的"七八月之交",《女神》在1921年8月作为《创造社丛书》之一由泰东出版,朱谦之倾慕郭沫若这位五四新诗人的心情是可以想象的,但恐怕深层的原因也是由于朱谦之从《女神》中读出了能和自己产生共鸣的思想吧。朱谦之当时还决定把行李搬来与郭沫若同住,等到他的《革命哲学》出版。朱谦之(1899—1972)是五四时期"新虚无主义派"的代表人物。他先是发表《虚无主义哲学》和《虚无主义与老子》等文,鼓吹彻底推翻宇宙的新虚无主义。后来又创办《奋斗》旬刊,宣传无政府主义。在1921年出版的《革命哲学》一书中,集中阐述了他的"新虚无主义"的主张,他的怀疑一切、否定一切、打碎一切的宇宙革命的方法实际上是来源于无政府主义的。他说:"我们对于未来的革命虽肯定他的真价值,但为实际上需要,却要特重现前的革命事实,要扩充他,使能够实现的革命实现,这就是虚无主义的效果了。所以我于宇宙革命的计划,是从无政府革命下手。因无政府革命是虚无的过程,所以我们只得和无政府的赞成者一齐手牵手地去打破阶级、强权、资本

① 郭沫若:《我的童年》,《少年时代》,人民文学出版社1979年版,第39页。

② 郭沫若:《我的童年》,《少年时代》,人民文学出版社1979年版,第112页。

③ 郭沫若:《创造十年》,《学生时代》,人民文学出版社1979年版,第90—91页。

家等，做到怎么样便怎么样。这就是实行宇宙革命的方法了。”[①]朱谦之与五四时代那些标榜科学的无政府主义者不同，他是一个非理性主义者。后来朱谦之又先后出版过《周易哲学》、《一个虚无主义者的再生》等论著，由虚无主义又逐渐走向泛神论，由主张彻底打破世界变为改造自己适应世界。郭沫若在1932年写的自传《创造十年》中回忆了和朱谦之相识相交的往事，他虽然未提到读过朱谦之的《革命哲学》一事，但事实上郭沫若应该读过此书。在该书的“序文”之有“序诗三章”，其中第一首就是郭沫若作的《宇宙革命的狂歌》，诗中这样歌颂了宇宙革命的精神：“宇宙中何等的一大革命哟！/新陈代谢都是革命底过程，/暑往寒来都是革命底表现，/风霆雷雨都是革命底先锋，/朝霞晚红都是革命底旗纛，/海水永远奏着革命底欢歌，/火山永远举着革命底烽火，/革命哟！革命哟！革命哟！/从无极以到如今，/革命哟！革命哟！革命哟！/日夕不息的永恒革命底潮流哟！”[②]

郭沫若和另一位无政府主义者吴稚晖的交往也是在创造社时期。郭沫若在四川成都府中学的同学，也是“大高同学”的漆树芬，请郭沫若为其著作《经济侵略下的中国》作了一篇序，后来他又请吴稚晖也作了一篇序。郭沫若称吴稚晖是“耆宿”，说以他这样的资格肯为素不相识的青年做“那样无保留的介绍文章”，十分让人感谢和钦佩。后来，郭沫若在漆树芬的住处第一次见到了送还《经济侵略下的中国》原稿和序文的吴稚晖。[③] 至于吴稚晖(1865—1953)更是中国老牌的无政府主义者，他既是《新世纪》的创办者，又是主笔，供稿最多，出力甚大，影响了后来国内如刘师复等一大批无政府主义者。20世纪20年代郭沫若与国内的无政府主义者的接触和交往，一方面表明郭沫若对五四时期中国的无政府主义思潮的进一步关注，另一方面也表明无政府主义在五四时期作为一种社会学说依然在影响着中国知识界。

郭沫若的《创造十年》因为是回忆自己以创造社为中心的十年间的生活，所以在该书开头作有一篇《发端》，主要针对鲁迅评价创造社的《上海文艺之一瞥》一文。在文章的开头，郭沫若这样归纳了鲁迅的立场——“鲁迅是一位用写实手法的作家，在前颇带着一种虚无主义的倾向，近年听说是转换到左翼来了。”[④]的确，无政府主义是鲁迅前期思想中的质素之一，最早

① 朱谦之：《革命哲学》，泰东图书局1927年第4版。

② 朱谦之：《革命哲学》，泰东图书局1927年第4版。

③ 郭沫若：《创造十年续编》，《学生时代》，人民文学出版社1979年版，第219页。

④ 郭沫若：《创造十年》，《学生时代》，人民文学出版社1979年版，第16页。

在《文化偏至论》中已经有鲜明的表现。鲁迅称德国无政府主义思想家施蒂纳(Max Stirner,1806—1856)为"先觉善斗之士",详述其个人无政府主义主张为:"发挥自性,而脱观念世界之执持","凡一个人,其思想行为,必以己为中枢,亦以己为终极:即立我性为绝对之自由者也。"[①]在20世纪20年代,施蒂纳同样成为了创造社极力推崇的对象。创造社主将之一的郁达夫就曾经在《创造周报》上撰文介绍施蒂纳的生涯及其哲学。郁达夫在文章的开篇即将施蒂纳哲学引为同调:"'自我就是一切,一切就是自我',个性强烈的我们现代的青年,那(哪)一个没有这种自我扩张 Erweiterung des Ichs 的信念? Max Stirner 的哲学,实是近代彻底的'唯我主义'的渊泉,便是尼采的超人主义的师傅。"郁达夫在详述了"唯我者"施蒂纳的生涯后,这样归纳了他的思想:"便是除了自我的要求以外,一切的权威都没有的,我是唯一者,我之外什么也没有。所以我只要忠于我自家好了,有我自家的所有好了,另外一切都可以不问的。"在文章的最后,郁达夫还翻译了美国人 Walker 为施蒂纳的名著《唯一者及其所有》的英译本写的序文——《我的分内事不放在什么上面》,郁达夫认为这篇序文可以准确地"窥测 Stirner 的思想":"神与人类把它们的分内事,除了放在自己的上面,不放在什么的上面,请把我的分内事也放在我自己的上面,我和神一样不是一切身外的什么,我是我的一切,我是唯一的存在者。据你们所确定的,神和人类在它们自身既有足为整个的一切之性质;所以我觉得,于我不见得更有什么缺少,对于我的'空虚',我不必吐甚不平了。我不是空空洞洞的'无',我是创造的'无'。从此'无'中我自行做个创造者以创造一切。"[②]郁达夫热烈歌颂的施蒂纳的唯我主义、个人主义实际上是整个前期创造社思想资源中的重要组成部分。郭沫若在1924年曾经对自己此前的思想进行了反思。在给成仿吾的信中,郭沫若说:"芳坞哟,我现在觉悟了。我们所共通的一种烦闷,一种倦怠——我怕是我们中国的青年全体所共通的一种烦闷,一种倦怠——是我们没有这样的幸运以求自我的完成,而我们又未能寻出路径来为万人谋自由发展的幸运。我们内部的要求与外部的条件不能一致,我们失却了路标,我们陷于无为,所以我们烦闷,我们倦怠,我们漂流,我们甚至常想自杀。芳坞哟,我现在觉悟到这些上来,我把我从前深带个人主义色

① 鲁迅:《文化偏至论》,《鲁迅全集》第一卷,人民文学出版社1981年版,第51—52页。

② 郁达夫:《MAX STIRNER 的生涯及其哲学》,《创造周报》第六号,1923年6月16日。

彩的想念全盘改变了。”[①]“深带个人主义色彩的想念”实际上成为了《女神》中张扬自我、发挥个性的五四时代精神的重要的思想来源。郭沫若虽然并未像郁达夫那样明确宣扬无政府个人主义者施蒂纳的唯我主义的主张，但正如郭沫若表明的——“一种团体无论是怎样自由的集合，多少总有点立场的。一个人无论是怎样超脱的性格，入了一种团体也自会带着那个团体的意识。”[②]

尼采的哲学很早便引起留日的郭沫若的注目，从1923年5月起，他开始翻译尼采的《查拉图司屈拉》(通译查拉图斯特拉)，第一部共分22节译完。第二部又译了4节。除了第二部第4节《僧侣——查拉图司屈拉》刊载于1924年2月13日的《创造周报》第39号以外，其余的全部刊载于1923年的《创造周报》。很难想象，如果没有思想上的共鸣，没有尼采的带有强烈个人主义色彩的超人学说的吸引，郭沫若会花费那样多的心血翻译这样艰涩难懂的著作。郭沫若欣赏尼采的地方在于：“老子与尼采相同之处，是他们两人同是反抗有神论的宗教思想，同是反抗藩篱个性的既成道德，同是以个人为本位而力求积极发展。”[③]此外，在《创造周报》上，郁达夫还根据赫尔岑的崇拜者克鲁泡特金的《俄国文学史》、《一个革命家的回忆》两部书，介绍了“勇猛的先驱者赫尔惨”，他说“关心俄国革命，抱有无政府共产主义的倾向，主张以破坏为第一义的现代的青年，当不能忘记先决者赫尔惨的一生。”[④]这些资料表明，世界范围的无政府主义思潮及其代表人物在20世纪20年代初期曾经一度引起留学日本的前期创造社成员的关注，他们主张自由的思想、激进的革命色彩深深地吸引了创造社的诸多作家。

郭沫若虽然在日本留学长达十年，但是，在20世纪20年代他几乎很少谈起日本近代思想界和文化界的人物，更少有对其正面的评价，然而大杉荣是一个例外。1923年10月，郭沫若对着“大杉荣氏之遗像”写下《国家的与超国家的》一文，对被害的大杉荣夫妇表示哀悼。该文最初发表在1923年10月20日出版的《创造周报》上，后收入1925年《文艺论集》初版本，1930年以后出版的《文艺论集》的各个版本，作者均因“无政府主义的倾向太浓厚”而删去不收。无政府主义的一个重要观念就是认为一切压迫和罪恶都来自于国家，因此主张要废除一切国家和政府。郭沫若的这篇文章就

---

① 郭沫若：《孤鸿——给芳坞的一封信》，《创造》月刊第1卷第2期，泰东图书局1926年版。

② 郭沫若：《创造十年》，《学生时代》，人民文学出版社1979年版，第149页。

③ 郭沫若：《论中德文化书》，《创造周报》第五号，1923年6月。

④ 郁达夫：《赫尔惨 Alexander Herzen》，《创造周报》第十六号，1923年8月26日。

是以批判国家这种“人为的制度”开头的，他认为，在国家的制度演进的过程中，“国家竟成为人类的监狱，人类的观念竟庾死在这种制度之下了。处在国家的圈域之中而言普遍的人类，则成为乱臣贼子，不遭燔戮之苦，便遭流谪之刑，古今来有多少志士仁人为此悖理的矛盾而颠扑的正不知有多少。”他还以法国作家巴比塞(Henri Barbusse)的长篇小说《光明》为例，指出小说的主人公——一个士兵在帝国主义战争中的思想转变，即觉悟到“国境以外，也还有人道，也还有同胞存在”，这才是一个“极单纯的真理”。这些正是典型的无政府主义的观念。当时法国文坛的情形就是——国家主义者莫里斯·巴莱士(Maurice Barres)在“享安富尊容”，而高唱人类之爱的罗曼·罗兰则被“逐在国门之外”。郭沫若进而指出，像日本这样“国家观念最强”的地方，国家与超国家之间的战斗也最激烈，人类所犯的罪恶也最离奇。而最近“日本无政府主义者大杉荣夫妇之惨死”，正是“这种离奇的犯罪的牺牲”。与此相对比，郭沫若认为中国是国家观念很淡漠的国家，“我们素来的传统精神，最远的目的是在使人类治平，而不在家国。我们古代的哲人教我们以四海同胞的超国家主义，然而同时亦不离弃国家，以国家为达到超国家的阶段。”,“我们的传统精神便是世界主义”。最后，郭沫若呼吁：“我们现在是应该把我们的传统精神恢复的时候，尤其是我们从事于文艺的人，应该极力唤醒固有的精神，以与国外的世界主义者相呼应。”①可以说，在《国家的与超国家的》这篇文章中，郭沫若第一次明确地表述了自己对无政府主义的认识，而引发他的写作动机的是日本的无政府主义者大杉荣。那么，我们需要了解，日本无政府主义运动的情形是怎样的？郭沫若在多大程度上受到日本无政府主义的影响？

在日本无政府主义运动史上，大杉荣从始至终都是一个中坚力量。他因“赤旗事件”被捕入狱两年半，出狱后，于 1912 年和荒田寒村一起创刊了《近代思想》,1920 年又致力于“社会主义同盟”的组织，1922 年赴法国参加国际无政府主义大会，因在巴黎郊外的集会上发表演说而被驱逐回国。1923 年 9 月在大地震的纷乱中，大杉荣和妻子伊藤野枝一起被杀害。堺利彦曾这样评价大杉荣的文艺观，“大杉的立场是‘个人的无政府主义’，从宣传个人主义的侧面中，确立了‘文艺的中立地带’这样的思想的根据。这个前进不仅通过这些能说会干的他们的手，带着来自于近代个人主义的侧面的要求，产生出了社会主义运动的复兴的新的机运，而且作为文学运动继

① 郭沫若：《国家的与超国家的》，《创造周报》第二十四号，1923 年 10 月 20 日。

承了明治的社会主义文学,构筑了取而代之的大正的新的文学的历史的基础。"①

森正藏在《日本近代社会运动》中,这样描述了日本近代的无政府主义运动:"无政府主义运动的流入日本,是在明治三、四十年之间(1899—1907),不过当时尚与自由民权思想以及虚无主义等混淆在一起,所以这个运动,也仅仅是幸德秋水、岩佐作太郎、石川三四郎、大杉荣等一批无政府主义者所作的一种有力的思想主张而已。但是,第一次世界大战后,即因日本资本主义发展而劳动运动急速进展后,无政府主义运动却以明显的社会运动的形态勃兴,以后直到 1922 年为止,虽有共产主义运动因苏联革命的影响而抬头,但是无政府主义运动还是掌握着日本社会运动中的霸权。自此以后,随着共产主义势力的扩大,无政府主义运动渐渐呈露了衰微的征兆。尤其 1923 年 9 月,向来在劳动运动社执无政府主义运动牛耳的大杉荣,被甘粕大尉杀害后,无政府主义运动的阵营受了莫大的打击。"②可见,1922 年至 1923 年,日本无政府主义运动达到了顶峰,正因其"掌握着日本社会运动中的霸权",日本当局才越发恐惧其发展,于是趁着 1923 年东京大地震的混乱对无政府主义者采取了大规模的暗杀行动。而郁达夫、郭沫若开始明确地表示自己的无政府主义思想,热情歌颂东西方无政府主义的代表人物也都集中在 1923 年,这不是一种偶然现象,而是反映出作为激进派的近代日本无政府主义者对在日中国留学生的政治思想意识方面的深入影响。虽然,在接受思想影响方面,郭沫若、郁达夫等有着扎实外语基础的"大高同学"越来越直接取材于西方的材料,日本的影响已经不是决定性的,但是日本的社会运动思潮无疑补充和强化了当时的中国留学生改造和变革社会的思想意识。

任何一个人思想的发展都不可能离开他所处的时代。当人们对现存的政治体制绝望的时候,很容易接受极端的无政府主义思想,辛亥革命前后中国政局的频繁更迭很容易驱使那些寻求社会改造的青年去接受无政

---

① [日]瀬沼茂樹:《大正ディモクラシと文学『近代思想』和劳働文学》,《岩波講座〈日本文学史〉》第十五卷,岩波書店 1958 年版,第 10—11 页。引文为笔者译出,原文为:堺のいうように、大杉の立場が「個人的無政府主義」であり、個人主義の側面をとりだすことで「文芸の中立地」とする思想的根拠を持っていたからにちがいない。その前進は、口も八丁、手も八丁のかれらの手によって、近代個人主義の側からの要求を持って社会主義運動の復興に新しい機運をつくりだしていったばかりではなく、文学運動として明治の社会主義文学を承けつぎ、これにかわる大正の新しい文学をつくりだす歴史的素地をつくりだしたのである。

② [日]森正藏:《日本近代社会运动》,赵南柔、史存直、闵德培、曹成修合译,亚洲世纪社 1947 年版,第 16—17 页。

府主义的口号。当时在国内读中学的郭沫若就是在这样的时代背景下开始接触无政府主义,国内无政府主义思想的兴起就成为郭沫若接受无政府主义的起点。五四运动之前就赴日留学的郭沫若,在日本接受了施蒂纳、尼采等诸多西方现代思想家的个人主义思想,这些又都深化了郭沫若对个人无政府主义思想的理解。深带个人主义色彩的日本无政府主义者大杉荣为了自己的理想信仰所付出的牺牲,又无疑深化了郭沫若变革社会的无政府主义思想意识。这些诸多因素的复杂与综合的作用,使郭沫若在 20 世纪 20 年代早期逐渐将无政府主义作为一种思想资源纳入到自己的思想建构中,并进一步影响了他的文学创作。

(原载《郭沫若学刊》2011 年第 3 期,作者为北京师范大学教务处科长)

时代的反讽　人生的反思

——论郭沫若的《李白与杜甫》

刘海洲

《李白与杜甫》在郭沫若一生的创作历程上是最费苦心、最令人不解的一部著作，该著既无前言，又无后记。关于这部书的创作情况后人知之甚少。关于这部书的创作时间，一说是从 1967 年酝酿到 1969 年写成，一说是在《英译诗稿》完成后，即开始本书的写作，到 1970 年初夏完成。这部著作正式出版于 1971 年 10 月，在当时中国的文化艺术界影响巨大，但鲜有评论。直到郭沫若逝世之后，很多学者才开始注重对《李白与杜甫》的研究，多认为这部著作是郭沫若逢迎阿谀毛泽东的喜好而作。这种观点流传甚广，对郭沫若的人格评价产生了很大的负面影响。其实，这种观点并未看到该书中所隐藏的巨大政治内涵与作者的自我人生写照。

一、非议与辩驳

《李白与杜甫》作为郭沫若一生创作历程中的最后一部著作，又是在文化大革命期间创作与出版，在当时的文化艺术界可谓是“一枝独放”，它的确让后人产生许多联想。该著一反中国文学的“抑李扬杜”的传统，采取了“扬李抑杜”的新观点，大反“千家注杜，一家注李”的局面，这是郭沫若好做翻案文章之使然。如果不是在文革这个特殊时期，如果不是毛泽东喜爱李白而不喜欢杜甫，那么这部著作的创作与出版也就不会让人颇费心思去揣测了。据郭沫若的好友李一氓说：“后来写的那个《李白与杜甫》，也是根据毛主席的一些说法加以发挥写成的。主席好象就说过他高兴李白，不高兴杜甫（夏衍同志插话：‘讲过，主席讲过“三李”，我听到过’）。”[①]李一氓的这

① 李一氓：《正确评价郭沫若同志》，中国郭沫若研究会、《郭沫若研究》编辑部编：《郭沫若研究·学术座谈会专辑》，文化艺术出版社 1984 年版，第 20—21 页。

一说法被后来的很多研究者曲解了，认为郭沫若创作《李白与杜甫》就是逢迎毛泽东。更有论者上升到人格的高度对郭沫若大肆污蔑，台湾金达凯在其所著的《郭沫若总论》一书中这样说道："关于《李白与杜甫》一书写作动机与目的，大都认为郭沫若是揣摩当时中共统治者的心理，迎合毛泽东的好恶，不惜违反自己以往尊重杜甫的言论，作违心之论。"①"当大陆的政治季候风转向时，郭沫若就换了另一幅面孔和口吻。《李白与杜甫》一书，就是这种急剧转变的产物。"②这种揣测毫无历史根据，不符合郭沫若当时的政治心态。学者刘纳用"活天冤枉"这四个字回应了对郭沫若的指责与非难，认为这部著作是郭沫若晚年心路历程的总结与反思，是一部典型的隐喻之作。③

其实，郭沫若在世之时，就有人对其"扬李抑杜"的倾向提出商榷意见。一次是著名报人恽逸群于 1972 年致函郭沫若，对《李白与杜甫》的感情倾向提出了批评，但不见郭沫若的回应文字。还有一次是一位普通读者胡增伟于 1976 年 12 月致函郭沫若，对于这次批评，郭沫若于 1977 年 1 月给予复信，作出了这样的解释：

> 杜甫应该肯定，我不反对，我所反对是把杜甫当为"圣人"，当为"它布"(图腾)，神圣不可侵犯。千家注杜，太求甚解。
>
> 李白，我肯定了他，但也不是全面肯定，一家注李，太不求甚解。④

通过郭沫若的自我辩解，我们可以了解郭沫若真实内心世界的一点踪迹。对于《李白与杜甫》的构思与创作过程，郭沫若没有为我们留下只言片语，只能进行合理的推测。借他人的酒杯，浇自己之块垒，为历来中国文人所常用，对于郭沫若来说更是轻车熟路，选择中国历史上最负盛名的两位大诗人李白与杜甫进行历史翻案，符合郭沫若一贯的创作理念。一切都在秘密的状态中进行着，连郭沫若的秘书都不知道郭沫若何时开始创作这部著作。据学者王锦厚考证，《李白与杜甫》被世人所知，就是因为 1969 年中苏两国发生的珍宝岛冲突。当时的外交部对一些中苏之间有争议的历史

---

① 金达凯：《郭沫若总论》，台湾商务印书馆 1988 年版，第 463 页。

② 金达凯：《郭沫若总论》，台湾商务印书馆 1988 年版，第 456 页。

③ 刘纳：《重读〈李白与杜甫〉》，曹剑编：《公正评价郭沫若》，中共中央党校出版社 1999 年版，第 137 页。

④ 黄淳浩编：《郭沫若书信集》(下)，中国社会科学出版社 1992 年版，第 437 页。

问题，奉命走访郭沫若。郭沫若告诉他们唐代大诗人李白出生于碎叶的证据和相关资料。后来，在外交部发表的《中华人民共和国政府外交部文件——驳苏联政府1969年6月13日声明》中，采用了郭沫若的一些研究成果。由此，人们才开始知道郭沫若创作了一部《李白与杜甫》。[①]

二、真实的政治心态

郭沫若为什么要在自己的人生暮年创作这样一部大反潮流的著作呢？尤其是在文化大革命这个特殊时期，更让人颇感不解。其实，郭沫若从文革初期的惶恐与狂热中，逐渐清醒并有所反思，面对当时中国社会上演的一幕幕闹剧，面对自己好友不断遭受批判，再加上自己的两个儿子由于文革迫害先后离他而去，都使他的内心受到猛烈的冲击，该是进行自己人生总结的时候了。迫于当时的社会形势，郭沫若必须选择一个为社会各方尤其是文革派都能接受的创作题材，还要是自己所熟悉的创作领域并符合自己的创作风格，这一选择对当时的郭沫若来说，应该是痛苦而漫长的，这是郭沫若创作《李白与杜甫》更为真实的政治心态。郭沫若与陈明远的通信，就明显流露了自我心灵的矛盾与痛苦。两人的通信内容主要谈论诗歌创作等问题，还有郭沫若所流露出的无奈，在一封信中这样写道："你写的关于我的研究文章，译写的我的旧诗，目前是不太好发表的，你就是用了笔名，别人还会知道的。我这是为你着想。你太年轻，太天真无邪，不了解社会的复杂。我也不愿意让你过早地了解到人情世故的复杂性。"[②]"至于我，我想您是可以了解的：马克思列宁主义几十年来就是我唯一的信仰，献身于共产主义事业是我一生最大的愿望。我们老年人的脑袋真象是一个世界旅行者的行李，贴满了各国各口岸的商标，早已到了该洗刷干净的时候了！"[③] 50年代，他在致"祖平"的信中说："足下对我，评价过高。我自内省，实毫无成就。拿文学来说，没有一篇作品可以满意。拿研究来说，根柢也不踏实。特别在解放以后，觉得空虚得很。政治上不能有所建树，著述研究也完全抛荒了，对着突飞猛进的时代，不竟瞠然自失。"[④]通过这些通信，我们可以看到一个更为真实的郭沫若。其实，凭郭沫若的聪明才智，他对

---

① 王锦厚：《郭沫若学术论辩》，成都出版社1990年版，第207—2098页。

② 黄淳浩编：《郭沫若书信集》(下)，中国社会科学出版社1992年版，第130页。

③ 黄淳浩编：《郭沫若书信集》(下)，中国社会科学出版社1992年版，第944页。

④ 黄淳浩编：《郭沫若书信集》(下)，中国社会科学出版社1992年版，第314页。

教条主义的文艺政策和盲目的个人崇拜早就有了清醒的认识，但这些又与公开场合的郭沫若是相悖的。

学者周国平与郭沫若的儿子郭世英是非常要好的朋友，郭世英于1968年被迫害身亡后，周国平曾与郭沫若多次通信。郭沫若在1969年1月致周国平的信中说道："我这个老兵非常羡慕你，你现在走的路才是真正的路。可惜我'老'了，成为了一个一辈子言行不一致的人。"[①]当时年青的周国平并未太懂郭沫若所说这番话的深刻含义，经过岁月的磨砺，周国平慢慢走进了郭沫若的内心世界，对文革中的郭沫若有了自己的感悟："当时读到这些话，我虽然也从中读出一种悲凉，但更多地是把它们理解为对我的鼓励。直到《李白与杜甫》出版，我仔细琢磨了这本书的内涵，才觉得比较懂得郭老给我写那些话时的真实心境了。《李白与杜甫》初版于1971年，其开始写作应在1968年。正是在连丧二子之后，心中有无法表达的痛苦，也有不能直言的愤懑，需要寻找一个话题说出来，他找到了与他天性最相近的李白。……姑且不论这种理解是否牵强，或者说，正因为有些牵强，我们岂不更可以把它看作是作者自己的一种觉醒和总结？他自己对这种政治虽然完全厌恶了，但身陷其中，已经不可能摆脱，事实上也不会允许他摆脱，只好'成为了一个一辈子言行不一的人'。"[②]郭沫若与周国平的通信，以及郭沫若与陈明远的通信，都向我们展示了郭沫若内心世界的孤独与痛苦，也是郭沫若自我觉醒与反思的重要标志。《李白与杜甫》的着眼点不应该是"扬李抑杜"和"抑李扬杜"之争，而是通过这部书展示了当时社会的历史风貌和郭沫若等现代知识分子的心灵史，这才是此书的真正价值之所在。正如学者王锦厚所说："《李白与杜甫》就是这样在文化大革命的暴风骤雨中诞生的。它，打上了时代的烙印，反映了作者从'烧书'到重新写书过程中复杂、矛盾，而又十分沉重的心情。它，是郭沫若留给世上的最后一部学术著作，也是文化大革命过程中可以称之为学术的唯一著作，不仅是研究郭沫若的重要资料，也是研究那个灾难的时代思潮的宝贵文献。"[③]

三、社会批判与人生反思

《李白与杜甫》的创作与出版都在"文化大革命"时期，被深深地打上了

① 转引自邵燕祥：《关于晚年郭沫若》，《北京日报》2004年9月6日。

② 转引自邵燕祥：《关于晚年郭沫若》，《北京日报》2004年9月6日。

③ 王锦厚：《郭沫若学术论辩》，成都出版社1990年版，第188页。

时代和阶级的痕迹，否则不可能得到各方的认可并予以出版发行。这部著作的初版本在卷首印有当时最为流行的“毛主席语录”，共有三段，第一段是：“在阶级社会中，每一个都在一定的阶级地位中生活，各种思想无不打上阶级的烙印。”这种阶级观点是当年最为流行和最为有效的分析方法，不仅体现在社会生活的方方面面，而且还渗透到学术研究中来。这种阶级论是简单的二元对立思维，把人们划分为非敌即友的两大阵营，是当时极左政治思潮的产物，连郭沫若也不能不受其影响。《李白与杜甫》最受非议的部分就是对杜甫的阶级地位和一些诗歌的分析，把杜甫定性为地主阶级的代表人物与历代把杜甫称为“人民诗人”形成了极大的反差，为大多数人所不能接受。郭沫若是这样批判杜甫的：“杜甫是站在地主阶级的立场上的人，六首诗中所描绘的人民形象，无论男女老少，都是经过严密的阶级滤器选出来的驯良的老百姓，训善得和绵羊一样，没有一丝一毫的反抗情绪。这种人正合乎地主阶级、统治阶级的需要，是杜甫理想化了的所谓良民。”[①]郭沫若还把杜甫作为“每饭不忘君”的代表，对其忠君思想进行了强烈的批判。郭沫若在对杜甫的名篇《茅屋为秋风所破歌》的评论更让人大跌眼镜，可称为一篇“酷评”。他根据杜甫所住茅草屋的三重茅就断定杜甫过的是地主生活，显得过于牵强，历来为人所诟病。郭沫若为什么要这样恶意贬低杜甫呢？就在于他所使用的人民性与阶级性的标准。郭沫若在抗战时期就形成了成熟的“人民本位”的评价标准，对历史人物的功过是非评判多以此标准，是较为客观公允的。这种评价标准的客观性与公正性在“文革”时期已经被严重扭曲了，在对待两位诗人的评价上使用了双重标准，对李白甚宽，对杜甫甚严。郭沫若对李白与杜甫的对比分析，故意采用曲笔这一形式。他对杜甫的一些不合情理的定性与评论，在今天看来不可思议，而在当时的社会中是最为普通的言论。通过《李白与杜甫》一书，我们可以从侧面了解到当时社会的真实面貌，以及知识分子所受的压制与束缚，这是郭沫若的一种无奈之举吧！

正是在这样的时代背景下，郭沫若怀着一颗孤独之心进行自我人生的总结与反思，创作了《李白与杜甫》这部时代著作。郭沫若找到了李白与杜甫两位大诗人的共同之处：“从忠君思想这一角度来看问题时，李白与杜甫的态度有所同，也有所不同。同，是他们始终眷念着朝廷；不同，是李白对于朝廷的失政还敢于批评，有时流于怨悱；杜甫则对于朝廷的失政讳莫如深，顶多出以讽喻。”“他们的功名心都很强，都想得到比较高的地位，以施

① 《郭沫若全集·历史编》第四卷，人民出版社 1982 年版，第 357—358 页。

展经纶，但都没有可能如愿。”[①]通过两位大诗人与政治生活的结缘与遭遇，郭沫若更加清醒地认识到了自己的人生位置及人生悲剧，这是中国士大夫阶层不能摆脱的庸人气。从郭沫若的诗学主张与文学创作倾向来说，他更倾心于李白，在《李白与杜甫》一书中对李白赞赏不已，对李白的人生遭遇充满同情，从李白的身上看到了自己的影子。从文革初期的“烧书宣言”，到紧跟最高领袖毛泽东的一切指示，郭沫若的内心如炼狱一般，有更多的无奈与不解，心灵挣扎的痛苦非常人所能想象与体味，尤其是连续失去两个心爱的儿子，这对一个风烛残年的老人是一个多么大的打击。所以，他饱含深情地写道李白经过两次政治运动失败之后的人生悲惨结局：“要之，永王的迅速败亡，是李白在政治活动中的又一次大失败，而且失败得更惨，更加突如其来。他虽然没有被杀，但寻阳的监狱在等待着他，夜郎的流窜在等待着他，迅速的衰老和难治的疾病在等待着他，李白所表演的悲剧逐步地快要接近尾声了。”[②]郭沫若从李白身上看到了自己人生的结局，这是中国士大夫阶层在社会中的地位所决定的，“唐玄宗眼里的李白，实际上和音乐师李龟年、歌舞团的梨园子弟，是同等材料。两千多年前汉代的司马迁曾说过：‘文史星历，近乎卜祝之间，固主上所戏弄，倡优畜之，流俗之所轻也’。”[③]新中国成立后，郭沫若虽然也担任多项重要的领导职务，仍极力想得到党组织的认同，其 1958 年重新入党就是一个明证；但他本质是一个文人，并不是政治家。经历过文革的风雨，郭沫若对自己的定位更加明确，意识到了自己以后的人生结局，把自己的人生感慨与同情都寄托在李白身上。“以古况今，借古言志，向来是中国文人知识分子的传统，浸润其中如郭沫若者，屡遭变故如郭沫若者，大概不会仅仅止步于学术的趣味。或许，在世人推崇备至的李杜身上，郭沫若看到了与己相似的人生脉络。或许，在这两个名垂青史的文学人物身上，郭沫若看到了自己心灵和精神追求的痕迹。他要借这两个历史人物，来述说、来抒发自己的人生感慨。”[④]

郭沫若通过批判李白与杜甫的忠君思想、功名欲望、门第观念来进行自己人生的总结，并对中国现代知识分子身上的庸人气进行了猛烈批判。当年的文化大革命，毛泽东思想成为全中国人民工作和生产的指南，毛泽东本人被严重神化，个人崇拜之风四处蔓延，郭沫若对毛泽东的个人崇拜

---

① 《郭沫若全集·历史编》第四卷，人民出版社 1982 年版，第 209 页。

② 《郭沫若全集·历史编》第四卷，人民出版社 1982 年版，第 282 页。

③ 《郭沫若全集·历史编》第四卷，人民出版社 1982 年版，第 251 页。

④ 贾振勇：《郭沫若的最后 29 年》，中国文史出版社 2005 年版，第 232 页。

也陷入盲目与狂热之中。“文革”初期，郭沫若宣布把自己以前的全部著作都烧掉，主要的原因是没有学好毛泽东思想。在与毛泽东的诗词唱和中，郭沫若对毛泽东的吹捧严重违背客观实际，尤其在《“红旗跃过汀江”》一文中把毛泽东抬高到无以复加的地位，让后人对郭沫若大为不满。经过几年的文革风雨历练，郭沫若逐渐从个人崇拜的狂热中清醒过来，在与自己子女的谈话中，以及与亲朋的通信中都表露了自己的无奈与痛苦，开始用辩证的唯物史观来分析毛泽东思想。现代知识分子的个人崇拜就是古代士人的忠君思想的翻版，这对于从 20 世纪初就开始追求民主与自由的郭沫若来说，看到历史的场景又一次次上演，感到多么心痛与可悲。他对杜甫“忠君思想”的恶评，其实质是想唤醒现代知识分子的思想独立与人格反思，摆脱知识分子的历史宿命。郭沫若在当时的历史环境中，只能采用流行的阶级论，使用人民性的尺子来丈量李白与杜甫。正如学者刘纳所说：“与其说郭沫若厌恶杜甫，不如说他更厌恶‘道貌岸然’的‘圣人君子’的形象。为了剥下‘新旧研究家们’披在杜甫身上的‘道统岸然’的外衣，郭沫若不惜以很多难以使人宾服的夸张之辞去做逻辑颇奇的辩争。同时，他又不得不绕开厌恶杜甫的更真实的因由，将论争置于‘人民性’的通行尺度之下。这便是《关于杜甫》写作中那些令人诧异不解的方面和悖谬的由来。”[①] 正是从这些愤激的言辞中，可以感受到郭沫若的孤独与清醒，“众人独醉我皆醒”就是当时社会的最真实的写照。

《李白与杜甫》尽管有明显的时代烙印，但在一些论述方面也表露了郭沫若的真性情与忧患意识。郭沫若自小深受儒家文化的熏陶，有着强烈的建功立业的愿望。郭沫若的文学创作与学术研究和时代政治有着紧密的联系，几次投笔从戎，参加革命实践活动，更加坚定了郭沫若改造社会的人生追求。作为党在文化界的领袖与“喇叭”，郭沫若出色地完成了党所交给自己的各项任务，为其新中国成立后担任多项重要的领导职务奠定了重要的基础。郭沫若的为文与从政明显体现了中国士大夫阶层积极入世的精神，但也无法摆脱悲剧的命运。郭沫若在文革时期的一系列举动，家庭中所遭遇的变故，都使他开始真正清醒并认真总结自己一生的为文与从政之路，希望给后世知识分子留下宝贵的借鉴。有学者指出：“中国传统文化中那根深蒂固的士大夫气是那样地具有不可思议的生命力，以至于是深受了苏俄——延安革命文化熏陶的学者，一旦走进古典文学的研究领域，甚至是在他们的思想清醒地告诉他们应该用马列主义、毛泽东思想的武器去批

① 刘纳：《重读〈李白与杜甫〉》，曹剑编：《公正评价郭沫若》，中共中央党校出版社 1999 年版，第 144—145 页。

判传统文化时，也会在论述中流露出对士大夫精神的神往！《李白与杜甫》就是明证。”[1]传统士大夫的气息也左右着郭沫若，使其不能摆脱自己的功名欲望与个人崇拜，陷入自我心灵的分裂与痛苦之中，给后人留下两个郭沫若的形象，公众场合的郭沫若紧跟时代，私下场合的郭沫若独醒与反思。在《李白与杜甫》中，郭沫若引用了恩格斯在《路德维希费尔巴哈和德国古典哲学的终结》中的一句话：“歌德和黑格尔在自己的领域中都是奥林帕斯山上的宙斯，但是两人都没有完全脱去德国的庸人气味。”[2]郭沫若拿这句话来批评李白与杜甫，“生在封建制度的鼎盛时代，他们两人也都未能完全摆脱中国的庸人气味。”[3]这其实也是郭沫若的自我批判和自我反思，是本书的创作主旨。

四、小结

郭沫若一生最佩服的两个“球形天才”，一个是中国的孔子，一个德国的歌德。周扬曾称赞郭沫若：“您是歌德，但您是社会主义新时代的新中国的歌德。”[4]这是对郭沫若的衷心称赞，但其实也指出了郭沫若自身所存在的缺陷。正如恩格斯这样评价歌德：“在他心中经常进行着天才诗人和法兰克福市议员的谨慎的儿子、可敬的魏玛的枢密顾问之间的斗争；前者厌恶周围环境的鄙俗气，而后者却不得不对这种鄙俗气妥协、迁就。因此，歌德有时非常伟大，有时极为渺小；有时是叛逆的、爱嘲笑的、鄙视世界的天才，有时则是谨小慎微、事事知足、胸襟狭隘的庸人。……他的气质、他的精力、他的全部精神意向都把他推向实际生活，而他所接触的实际生活却是很可怜的。他的生活环境是他应该鄙视的，但是他又始终被困在这个他所能活动的唯一的生活环境里。歌德总是面临着这种进退维谷的境地。”[5]歌德的这种复杂性格也同时体现在郭沫若身上，创作《李白与杜甫》的时期是清醒的，在时代政治大潮中，他是谨小慎微的，紧跟毛主席，至死不变；但郭沫若毕竟是伟大的，《李白与杜甫》的创作是一次精神涅槃，是为自己唱

---

① 樊星：《重读郭沫若的〈李白与杜甫〉——兼谈当代中国的文化评论》，《中国海洋大学学报》(社会科学版)2004年第3期。

② 《郭沫若全集·历史编》第四卷，人民出版社1982年版，第、220页。

③ 《郭沫若全集·历史编》第四卷，人民出版社1982年版，第221页。

④ 周扬：《悲痛的怀念》，新华月报资料室编，《悼念郭老》，生活·读书·新知三联书店1979年版，第9页。

⑤ 《马克思恩格斯选集》第四卷，人民文学出版社1972年版，第244页。

的一首哀歌，也为后人留下了一条通向自己内心世界的道路。

总之，《李白与杜甫》一书的价值不是反拨“抑李扬杜”的文学传统，而是通过中国历史上最负盛名的两位大诗人——李白与杜甫的人生际遇与政治追求，探求中国士大夫阶层的悲剧性历史宿命，并以此反观郭沫若自身所处的时代，进行自我的反思与总结。正如学者刘纳总结道：“这是一本用文学笔法写成的书，它的色彩和意味，它的咄咄逼人的气势和它所熔注的情感活力，都使它不同于一般的学术著作。在‘人民性’的标准尺度和扬李抑杜的表层评价下面，隐隐然藏着作者不便明言的曲衷和异常微妙复杂的心绪。处于当时的政治环境中，郭沫若只能把自己的思考和感受寄寓在这样一本书里。”①

（原载《文艺评论》2011年第12期，作者为商丘师范学院文学院讲师）

注：本文为商丘师范学院2011年度青年科研基金项目“郭沫若文学创作的政治文化阐释”（编号：2011QN07）和河南省教育厅人文社会科学研究2011年度青年项目“政治文化视野中的郭沫若文学创作研究”（编号：2011－QN－240）的阶段性成果。

① 刘纳：《重读〈李白与杜甫〉》，曹剑编：《公正评价郭沫若》，中共中央党校出版社1999年版，第151页。

经学史学化对郭沫若中国古代社会研究的影响

周书灿

晚清民初，随着各种新的社会思潮的输入，主导中国学术数千年的经学渐趋衰落而至于“终结”。[①] 与此同时，在新史学兴起过程中，史学逐渐挣脱经学的羁绊日渐走上独立的道路，为“扩张研究的材料”[②]，在“夷六艺于古史”[③]，“一切著作，都是史料”[④]的探讨中，经学逐渐向着史学化的道路发展。经学史学化加速了中国传统史学的现代转型，并对郭沫若先生的古史研究产生了深刻的影响。

一、对传统儒家经典的辨疑与批判

自汉代以来直至近代以前，《尚书》、《左传》、《周易》等儒家经典历来被视为封建时代的不容置疑的官方哲学，尤其在儒学独尊的时代，儒家经典更具有不可动摇的神圣和崇高地位。在与古史辨“不期而同”[⑤]（附录《追论及补遗》九《夏禹的问题》）的学术实践中，郭沫若先生不断对儒家经典大胆提出怀疑与批判。兹略举数例。

（一）关于《易经》作者与制作时代的辨疑

《易经》是我国一部最古老而深邃的经典，据说是由伏羲的言论加以总

① 汤志钧：《近代经学与政治》，中华书局1989年版。

② 《历史语言研究所工作之旨趣》，《中央研究院历史语言研究所集刊》第一本、创刊号，1928年。

③ 章太炎：《訄书·清儒》，朱维铮编校：《章太炎全集》，上海人民出版社1984年版，第159页。

④ 胡适：《章实斋年谱》（姚名达补），安徽教育出版社1999年版，第137页。

⑤ 郭沫若：《中国古代社会研究》，《郭沫若全集·历史编》第一卷，人民出版社1982年版。。

结与修改概括而来(同时产生了易经八卦图),是华夏五千年智慧与文化的结晶,被誉为“群经之首,大道之源”。“自来的定说,以为《易》的基础的八卦是伏羲氏所画;由文王重为六十四卦,卦各六爻,卦与爻各系以文辞便成为《周易》的经部;《易传》的《十翼》,……都是孔子所作的。”①很早就有人对以上“定说”产生过怀疑。郭先生对《易经》的作者与成书时代的认识有一个发展过程。最初,他推测《易经》为商末周初之际的作品:

> 关于《易》的作者与时代,一问再问地不敢决定下去,这是很慎重的,而且这些很慎重的质疑我们还可以看出是有相当的根据。
>
> 《周易》之作,论理可以与他(按:指箕子)同时……但是对于作者的问题,依旧不敢武断,而后人却公然把它武断下去了。
>
> 《易经》是古代卜筮的底本,……它的作者不必是一个人,作的时期也不必是一个时代。②

以后,郭先生专门撰著《〈周易〉之制作时代》一文,屡屡言及:

> 八卦并非作于伏羲,是毫无疑问的。本来伏羲这个人的存在已经是出于周末学者的虚构,举凡有巢、燧人、伏羲、神农等等,都是当时学者对于人类社会的起源及其进展的程序上所推拟出的假想人物,汉人把这些推拟正史化了,又从而把八卦的著作权送给伏羲,那不用说完全是虚构上的一重虚构。③
>
> 八卦是既成文字的诱导物,而其构成时期亦不得在春秋以前。
>
> 八卦既不能出于春秋以前,所谓文王把八卦重为六十四卦,再系以卦辞爻辞的说法,不用说完全是后人的附会。
>
> 其实照史实看来,文王并不是能够作出《易经》来的那样高度的文化人。
>
> 《周易》之作决不能在春秋中叶以前。由这个断定不用说是

---

① 郭沫若:《青铜时代》,《郭沫若全集·历史编》第一卷,人民出版社1982年版,第377页。

② 郭沫若:《中国古代社会研究》,《郭沫若全集·历史编》第一卷,人民出版社1982年版,第34—37页。

③ 郭沫若:《青铜时代》,《郭沫若全集·历史编》第一卷,人民出版社1982年版,第378页。

> 把文王重卦，文王演《易》之说更完全推翻了。在文王重卦说之外本来还有伏羲说、神农说、夏禹说，这些都是不值一辩的。又有人主张卦辞作于文王，爻辞作于周公，也同是一臆说。
>
> 孔子和《易》并没有关系，在孔子当时《易》的经部还没有构成，他的话被采用了，也正是一个确实的证据。[①]

综合各种资料，郭先生提出了"《易》之作者当是馯臂子弓"[②]，"《易传》多出自荀门"[③]等独到的见解。以后，郭先生进一步明确："《周易》固然是无问题的先秦史料，但一向被认为殷末周初的作品，……据我近年来的研究，才知道它确是战国初年的东西，……我在前把《周易》作为研究殷末周初的资料，当然是完全错误。"[④]综上所述，郭先生结合文献和考古学资料对《易经》在深入研究的过程中，逐渐认清了这部儒家经典的作者和成书过程的某些历史真相，从而将其置于特定的时代背景下考察中国古代社会的诸多重要问题，显然科学性大为增强。

(二)对《尚书》相关篇章著作时代的新考察

《尚书》是我国最早的一部历史文献，是研究夏、商、周时期历史的第一手文献资料。汉代以后，《尚书》被尊奉为儒家"五经"中最重要的一经。作为一部封建时代儒家教义的神圣经典，"随着二千多年封建王朝的历史发展，始终雄踞在意识形态领域的最高宝座上，成了历代帝王和封建士大夫必读的政治与道德教科书，给了汉以后全部封建时代的政治和思想以巨大影响"。[⑤] 然而从今古文之争到伪古文《尚书》的出现，学术界有关《尚书》的争议从来就没停止过。早在20世纪20年代，郭先生就明确指出：

> 我们中国的历史起源于甚么时候？《尚书》是开始于唐、虞，《史记》是开始于黄帝，但这些都是靠不住的。
>
> 在商代都还只是在文字的构造的途中，那末唐、虞时代绝对

---

① 郭沫若：《青铜时代》，《郭沫若全集・历史编》第一卷，人民出版社1982年版，第381—387页。

② 郭沫若：《青铜时代》，《郭沫若全集・历史编》第一卷，人民出版社1982年版，第391页。

③ 郭沫若：《青铜时代》，《郭沫若全集・历史编》第一卷，人民出版社1982年版，第402页。

④ 郭沫若：《十批判书》，《郭沫若全集・历史编》第二卷，人民出版社1982.年版，第4页。

⑤ 刘起釪：《 尚书学史》，中华书局1989年版，第1页。

做不出《尧典》、《皋陶谟》、《禹贡》。①

《诗经》是我国文献中一部可靠的古书，这差不多是没有可以怀疑的余地的，可怀疑的是《书经》。……《今文尚书》二十八篇中依然包含着一个很大的问题。②

郭先生明确指出："不仅在殷以前的古物已经渺无可考，连殷代末年的文字都还在构成途中，所以我们可以断定《虞书》和《夏书》的四篇完全不可靠。……《尧典》、《皋陶谟》、《禹贡》三篇为后世儒家的伪托。其他一篇《甘誓》，或许是《商书》羼入的，"③"就是《商书》和《周书》都应该经过殷周的太史及后世的儒者的粉饰，所以这二十五篇的可靠性只能依据时代的远近而递减。"④以后，郭先生对《尚书》的相关篇章继续进行深入探讨：

《尧典》（包括古文的《舜典》）、《皋陶谟》（包括古文的《益稷》）、《禹贡》、《洪范》这几篇很堂皇的文字，其实都是战国时代的东西——我认为当作于子思之徒。我在前虽不认《典》、《谟》为"虞书"，《禹贡》为"夏书"，以作为研究虞夏的真实史料，但我却把《洪范》认为确是箕子所作，曾据以探究过周初的思想，那也完全是错误。

《吕刑》一篇，文体与《左传》相近，旧称为周穆王所作，我也相信不疑。但其实那也是靠不住的。我揣想它是春秋时吕国的某王所造的刑书，而经过后来的儒者所润色过的东西。⑤

在我们今天看来，虽然殷商以前的考古已取得了长足的进展，并非"渺无可考"，但郭先生的以上诸多见解颇有道理，与先秦时期的历史实际颇为符合。正因为如此，郭先生结合《尚书》研究中国古代社会，能够建立在较为扎实可靠的文献基础上，所作结论较以前的学者，自然更为可信。

---

① 郭沫若：《中国古代社会研究》，《郭沫若全集·历史编》第一卷，人民出版社 1982 年版，第 10—19 页。

② 郭沫若：《中国古代社会研究》，《郭沫若全集·历史编》第一卷，人民出版社 1982 年版，第 90—91 页。

③ 郭沫若：《中国古代社会研究》，《郭沫若全集·历史编》第一卷，人民出版社 1982 年版，第 91 页。

④ 郭沫若：《中国古代社会研究》，《郭沫若全集·历史编》第一卷，人民出版社 1982 年版，第 96 页。

⑤ 郭沫若：《十批判书》，《郭沫若全集·历史编》第二卷，人民出版社 1982 年版，第 4—5 页。

(三)《〈周官〉质疑》与郭沫若先生对《周礼》的态度

《周礼》是一部研究周代制度的极为重要的古代文献，也是一部争议很大的书。其作者已不可知，一般认为是战国后期人们采择西周时期的官制与其他相关的原始资料，参考战国时期各国已实行的有关制度，加上编撰者自己的政治理想，综合融会，编纂成书。由于其为儒家六经中三《礼》之一且为其首要的一经，故受到历代学者的重视。然在相当长的时间，信之者奉之为“周公所制官政之法”[①]，“周公遗典”[②]；疑之者则径斥之为刘歆伪造之作，聚讼纷纭，悬而未决。郭先生在《〈周官〉质疑》一文指出：

> 《周官》一书，其自身本多矛盾，与先秦著述中所言典制亦多不相符。然信之者每好曲为皮傅，而教人以多闻阙疑；不则即以前代异制或传闻异辞为解。因之疑者自疑，信者自信，纷然聚讼者千有余年，而是非终未能决。[③]

事实上，早在郭先生《〈周官〉质疑》一文发表之前，杨筠如先生即尝试着结合文献及金文资料，以证《周礼》一书保存了部分周代官制。[④] 继杨先生之后，钱穆先生则仍采用传统历史考据法，分别从祀典、刑法、田制等方面考证出《周官》这部学术界“公认的伪书”的著作时代为战国时期。[⑤] 郭沫若先生认为，“旧有典籍传世过久，严格言之，实无一可以作为究极之标准者，故论者亦各持其自由而互不相下也”。其一反经学传统下以经解经的简单做法，“于前人之所已聚讼者不再牵涉以资纷扰，仅就彝铭中之周代官制揭櫫于次而加以考核”，以辨是书“真伪纯驳与其时代之早晚”。郭先生列举二十条“言周代官制之卓著”的彝铭资料，从中发现：“同于《周官》者虽稍稍有之，然其骨干则大相违背。”获得“如是铁证”，郭先生指出，《周官》一书，“断难斥为向壁虚造”，“亦断非前代异制或传闻异辞等说之所能规避”。郭先生举“《周官》书中并未著作者姓氏且亦无‘周公若曰’之文”，“古人并无以天地对立之观念”，“以天地四时配六官之说始见于《管子·五行篇》”

---

① 《隋书》卷三十二，《经籍志》，中华书局 1973 年版。

② 《朱子语类》第六册，卷八十六，《礼三·周礼》，中华书局 1986 年版。

③ 《周官质疑》，《金文丛考》，人民出版社 1954 年版。

④ 杨筠如：《周代官名略考》，《国立中山大学语言历史学研究所周刊》1928 年第 2 集第 20 期。

⑤ 钱穆：《周官著作时代考》，《燕京学报》1932 年第 11 期。

等反证,推断"作《周官》者,乃周末人也"。[①] 以后,郭先生继续指出:"《周礼》里面有儒字,但那并不是孔子以前的书,而且是经过刘歆篡改的。"[②]在此基础上,郭先生对历来被视为《礼》经之首的《周礼》的成书年代和过程提出了一系列自己独到的见解:

> 《周官》一书盖赵人荀卿子之弟子所为,袭其师"爵名从周"之意,纂集遗闻佚志,参以己见而成一家之言。其书盖为未竣之业,故书与作者均不传于世。知此。则其书自身之矛盾及与旧说之龃龉,均可无庸置辩。作者本无心托之于周公,托之于周公者,乃刘歆所为,则其书中之制度自不能与周初相符。认为周初之实际而兢兢为之辩护者,乃学者偏激之过也。[③]

综上所述,不难看出,郭先生对《周礼》的考察,较早跳出了传统经学家们从经学到经学,以经解经的圈圈。尤其其对照彝铭中的官制资料,相互比较,将民国时期的《周礼》学研究推向新的高度,从而为学术界科学使用《周礼》研究中国古代社会奠定了较为坚实的基础。尽管,郭先生的若干论点未必成为学术界的最终定论,但其研究路向和方法显然更趋科学理性。

(四)对吴起传《春秋》和刘歆伪造《左传》说的阐发

《春秋》是儒家五经之一,一般认为该书是孔子据鲁国史书《鲁春秋》修订的,借由记载各诸侯国重大历史事件,宣扬王道思想。学术界很早就有吴起传《春秋》的说法,郭先生对此种较晚的说法颇为重视。郭先生赞同姚鼐和章太炎的观点,以为:"所谓《左氏春秋》或《左氏国语》者,可能是吴起就各国史乘加以纂集而成。"[④]

《左传》为《春秋》三传中的一种,是中国早期最详备完整的编年史著作,是研究春秋及其以前历史的难得的文献。晚清以来,《左传》乃刘歆附益改窜[⑤]的说法,颇为流行。郭沫若先生亦曾推测:"《春秋左氏传》是刘歆割裂古史搀杂己见而伪托的。"[⑥]他屡屡言及:

---

① 《周官质疑》,《金文丛考》,人民出版社 1954 年版。

② 郭沫若:《青铜时代》,《郭沫若全集·历史编》第一卷,人民出版社 1982 年版,第 458 页。

③ 《周官质疑》,《金文丛考》,人民出版社 1954 年版。

④ 郭沫若:《青铜时代》,《郭沫若全集·历史编》第一卷,人民出版社 1982 年版,第 531 页。

⑤ 刘逢禄:《左氏春秋考证》,上海古籍出版社 1996 年版。

⑥ 郭沫若:《青铜时代》,《郭沫若全集·历史编》第一卷,人民出版社 1982 年版,第 529 页。

> 凡是《左传》上解经的语句，如“礼也”、“非礼也”一类的文章，都是刘歆所窜加。观书的几句话直承在窜加语的“礼也”之下，而把上下文的聘与享一联的事迹插断，作伪的痕迹甚为显著。①
>
> 《左传》和《国语》，其实是一套，同是经过刘歆玩过把戏的东西，而刘歆是古文家的宗主。……便是《左传》昭七年文是刘歆的造作固不用说，便是《史记·孔子世家》中的关于正考父的那一段，明明也是经过刘歆篡改的。②

在我们今天看来，郭先生在前人基础上对吴起传《春秋》和刘歆伪造《左传》说的阐发，并非真正意义上的“新论”，而且由于缺乏具有足够说服力的证据，以上论点并未得到学术界的普遍认可，但总的来看，其与近代以来经学衰落而至于“终结”背景下，学术界疑经惑传的倾向基本一致。

除以上所举《易经》、《尚书》、《周礼》、《春秋》、《左传》等文献外，郭沫若先生对其它儒家经典也屡屡阐发己见，提出新的认识。如他曾讲到：“古人说他（按：孔子）删《诗》、《书》，定《礼》、《乐》，修《春秋》，这话究竟该打多少折扣，暂且不提，但《诗》、《书》、《礼》、《乐》、《春秋》都是旧有的东西，并不是出自孔子的创造”③，“今存《乐记》，也不一定完全是公孙尼子的东西，由于汉儒的杂抄杂纂，易经把原文混乱了”④，“《尧典》……是子思依托的，子思是与公孙尼子同时代的人，很可以有同样程度的思想”⑤，“《孟子》、《王制》等的五等爵禄，《禹贡》、《职方》等的畿服制，本互有出入，而他们的物证，我们在周代的彝铭里面找不出来”⑥，“《考工记》是春秋年间的齐国的官书”⑦，“卜辞中无民字，亦无从民之字……《盘庚》、《高宗肜日》、《微子》那几篇《商书》都已经有了民字……这无疑是经过后代儒家所润色的”⑧。凡此表明，近代以来经学史学化思潮对郭沫若先生的学术思想产生了颇为深刻

---

① 郭沫若：《青铜时代》，《郭沫若全集·历史编》第一卷，人民出版社1982年版，第384—385页。

② 郭沫若：《青铜时代》，《郭沫若全集·历史编》第一卷，人民出版社1982年版，第447页。

③ 郭沫若：《青铜时代》，《郭沫若全集·历史编》第一卷，人民出版社1982年版，第460—461页。

④ 郭沫若：《青铜时代》，《郭沫若全集·历史编》第一卷，人民出版社1982年版，第490页。

⑤ 郭沫若：《青铜时代》，《郭沫若全集·历史编》第一卷，人民出版社1982年版，第503页。

⑥ 郭沫若：《十批判书》，《郭沫若全集·历史编》第二卷，人民出版社1982年版，第14页。

⑦ 郭沫若：《十批判书》，《郭沫若全集·历史编》第二卷，人民出版社1982年版，第31页。

⑧ 郭沫若：《十批判书》，《郭沫若全集·历史编》第二卷，人民出版社1982年版，第42页。

的影响。和其他史学家一样，郭沫若先生对传统儒家经典的怀疑与批判，不断从根本上动摇着长期以来作为封建时代政治哲学的儒家经典的神圣和崇高地位，与此同时，在促使“经学之材料转变为史学之材料”[①]的过程中，郭先生对传统儒家经典的怀疑与批判，逐渐恢复古史料经典的原貌，为唯物史观基础之上的先秦史料学的建立，奠定了较为坚实的基础。

二、藉经考史的学术价值及局限

值得注意的是，郭先生在对传统儒家经典进行大胆的怀疑与批判的同时，并非彻底否定传统儒家经典的学术价值，相反，其对于传统儒家经典的史料价值高度重视。他屡屡言及：

> 就是《尧典》、《皋陶谟》、《禹贡》三篇，完全是儒家的创作，在研究儒家的哲理上是必要的资料，但要作为古代的信史，那是断断不可！[②]
>
> 《周官》尽管是有问题的书，但只是经过刘歆的剪裁添削，割裂改编而已，其中自有不少的先秦资料。
>
> 《周官》和《左传》一样，固不可尽信，然亦不可尽不信，使用时须得有一番严密的批判。[③]
>
> 《周礼》虽然是有问题的书，但那问题是在刘歆利用了许多先秦的原始材料而加以改编，并掺杂了一些杜撰进去，故《周礼》仍然有丰富的先秦资料存在。[④]

事实上，早在郭先生提出以上观点之前，吕思勉先生强调不要再纠缠于今文、古文的孰是孰非，提出“藉经以考见古代之事实”[⑤]的主张。郭沫若先生在对传统儒家经典进行大胆的怀疑与批判的基础上，自觉从传统儒家经典中，分析出大量有价值的史料，并结合各种新旧资料，在唯物史观理论的指导下，较早对中国古代社会进行开拓性的研究。

---

① 顾颉刚：《读书笔记》卷四，台北联经出版事业公司1990年版。

② 郭沫若：《中国古代社会研究》，《郭沫若全集·历史编》第一卷，人民出版社1982年版，第95页。

③ 郭沫若：《十批判书》，《郭沫若全集·历史编》第二卷，人民出版社1982年版，第32页。

④ 《奴隶制时代》，《郭沫若全集·历史编》第三卷，人民出版社1984年版，第30页。

⑤ 李永圻编：《吕思勉先生编年事辑》，上海书店1992年版，第106页。

诸如郭先生依《孟子·万章上》“二嫂使治朕栖”记载，以说明史前社会的“彭那鲁亚”婚制[①]，结合《诗经》之《豳风》、《豳雅》、《豳颂》中的农事诗以证周初“从牧畜社会的经济组织一变而为农业的黄金时代”，结合《诗经》等考察周初的阶级构成，从“最可靠的信史——《诗经》”中所记长江流域、西方和山东一带的民族构成推论周宣王时周朝“还是被四围的氏族社会的民族围绕着的比较早进步了的一个奴隶制的社会”。[②] 又如郭先生试图通过对《易经》所反映的中国早期社会的生活基础、社会结构、精神生产等史料分析，[③]“揭去后人所加上的一切神秘的衣裳”，“得到当时的一个社会生活的状况和一切精神生产的模型。”[④]他还试图根据《尚书》“研究殷周时代的古代社会及其思想”，[⑤]并竭力从《诗》、《书》二经中搜集史料，论证殷周之际的社会组织的变化，考察“当时的产业状态”、“阶级对立”、“宗教思想”、“社会关系的动摇”等状况，探寻周代“社会变革”的真实信息。[⑥]

《尚书》也是学术史上争议较大的一部古书。尽管郭先生认为《尚书》是一部“可怀疑的”[⑦]古书，但在科学考察《尧典》、《禹贡》、《洪范》、《吕刑》等著作的时代的基础上，其仍然将《尚书》作为研究上古社会的重要文献，并结合金文资料，屡屡以《尚书》的记载为根据，深入系统地考察周代社会的政治、经济和文化。如他以《尧典》“四岳”、“十二牧”来解释禅让制下的“氏族评议会”，[⑧]以《吕刑》以钱赎罪的制度揭示“奴隶的解放”。[⑨] 郭先生指出，《尧典》、《皋陶谟》、《禹贡》三篇，“完全是儒家的创作”，“完全是‘托古改制’

---

① 郭沫若：《中国古代社会研究》，《郭沫若全集·历史编》第一卷，人民出版社 1982 年版，第 20 页。

② 郭沫若：《中国古代社会研究》，《郭沫若全集·历史编》第一卷，人民出版社 1982 年版，第 24—26 页。

③ 郭沫若：《中国古代社会研究》，《郭沫若全集·历史编》第一卷，人民出版社 1982 年版，第 32—89 页。

④ 郭沫若：《中国古代社会研究》，《郭沫若全集·历史编》第一卷，人民出版社 1982 年版，第 38 页。

⑤ 郭沫若：《中国古代社会研究》，《郭沫若全集·历史编》第一卷，人民出版社 1982 年版，第 96 页。

⑥ 郭沫若：《中国古代社会研究》，《郭沫若全集·历史编》第一卷，人民出版社 1982 年版，第 90—186 页。

⑦ 郭沫若：《中国古代社会研究》，《郭沫若全集·历史编》第一卷，人民出版社 1982 年版，第 90 页。

⑧ 郭沫若：《中国古代社会研究》，《郭沫若全集·历史编》第一卷，人民出版社 1982 年版，第 20—21 页。

⑨ 郭沫若：《中国古代社会研究》，《郭沫若全集·历史编》第一卷，人民出版社 1982 年版，第 26 页。

的伪作”,“要作为古代的信史,那是断断乎不可”,但“在研究儒家的哲理上是必要的资料”。[①] 郭先生认为《盘庚》中的某些文字,“或许是后来的史家所粉饰”,“但无论怎样,就从那不愿迁徙那么简单的史影看来,已经就表现着有了农业的状况了”。他依《尚书·无逸》的记载,推论殷代“农业纵有也是在萌芽的程度”[②],“就在文王的初年都还是不十分发达的农业,但是不久之间就完全变换了一个世界。”郭先生依《周书》中《洪范》、《大诰》、《金縢》、《酒诰》、《梓材》、《康诰》、《洛诰》、《无逸》、《多方》、《立政》“差不多篇篇都有关于农业的文字”,以证周代“农业轰轰烈烈地发达了起来,文明也就一天一天地灿烂了起来”。[③] 他试图从《康诰》、《召诰》、《多士》、《费誓》中“供役”的记载,探寻“奴隶的成因”。他还结合《梓材》、《尧典》探寻“庶民”、“百姓”、“黎民”的意义。[④] 郭先生结合《召诰》、《梓材》、《大诰》、《康诰》、《君奭》考察周人的天命思想,结合《酒诰》、《康诰》、《梓材》考察周人的“德”的思想,[⑤]并在对《洪范》中的“天”、“帝”、“五行”、“五事”、“八政”等内容进行深入分析的基础上,对周代的神权政治和折衷主义统治思想进行了系统的研究。[⑥]

在经学史学化背景下,学术界有关《周礼》的真伪之争不仅导致该书原有的经典地位一落千丈,与此同时,怀疑乃至彻底否定该书的史料价值,亦逐渐成为近代以来史学家的重要学术倾向。但值得注意的,亦有不少史学家对《周礼》一书的史料价值颇为重视。如早在 20 世纪 30 年代,蒙文通先生即合《孟子》、《左传》、《国语》以研究《周官》所载乡遂制度,[⑦]后来蒙先生通过对先秦时期社会制度和政治制度的考察推论《周礼》“虽未必即周公之

---

① 郭沫若:《中国古代社会研究》,《郭沫若全集·历史编》第一卷,人民出版社 1982 年版,第 95—96 页。

② 郭沫若:《中国古代社会研究》,《郭沫若全集·历史编》第一卷,人民出版社 1982 年版,第 103—104 页。

③ 郭沫若:《中国古代社会研究》,《郭沫若全集·历史编》第一卷,人民出版社 1982 年版,第 111—112 页。

④ 郭沫若:《中国古代社会研究》,《郭沫若全集·历史编》第一卷,人民出版社 1982 年版,第 120—121 页。

⑤ 郭沫若:《中国古代社会研究》,《郭沫若全集·历史编》第一卷,人民出版社 1982 年版,第 128—130 页。

⑥ 郭沫若:《中国古代社会研究》,《郭沫若全集·历史编》第一卷,人民出版社 1982 年版,第 130—143 页。

⑦ 蒙文通:《汉儒之学源于孟子考》,《论学》1937 年第 3 期;《非常异义之政治学说》,《重光》1937 年第 1 期;《非常异义之政治学说解难》,《重光》1938 年第 2 期。

书，然必为西周主要制度，而非东迁以下之治”。[①] 以后，斯维至先生亦由“《周礼》所言职官之名称及其职掌，实与金文往往契合”，以此书“固考史者最可信之资料”。[②] 郭沫若先生对《周官》一书的史料价值亦颇为重视。他屡屡结合《周礼》研究周代田制：“孟子式的井田说，也并不是毫无根据：它所根据的应该是《考工记》的《匠人》职文，或与《匠人》职文同根据一种古代曾经有过的事实”，“《考工记》的井田制大率在齐国是实行过的”，“周室治野的办法在《周官·遂人》职文里面还保持着，那是纯粹的十进位办法，没有‘九夫为井’的那一套花样，但遂沟洫浍川等名称是完全相同的”。[③] 他曾结合《周官·秋官》职金的职掌推测，周代“已经有美金恶金的分别”[④]，结合《周官》地官质人职掌以证周代人民并且还可以“当成牲畜来买卖”。[⑤] 他还指出：“《考工记》三十六工也都是官，是一些国家官吏管辖着各项生产工艺品的奴隶以从事生产”，“《周礼》在好些官职之下都有‘贾’，地位与胥徒相当”。他认为古代农工商之外的“虞”即“《周礼》的山虞、泽虞”。[⑥] 凡此表明，郭沫若先生对《周礼》的史料价值是颇为重视的，并非“于其真实性之一面并抹杀之”。[⑦]

综上所述，在经学史学化的学术背景下，郭先生试图从传统儒家经典中发掘大量有价值的史料，以获取中国古代社会的较为可靠的历史信息，从而对中国社会进行一次“清算”。郭先生自觉在唯物史观理论的指导下，对传统儒家经典的著作时代和材料真伪进行大胆的怀疑与批判的基础上，“摆脱了经学的思想和义例的束缚”[⑧]，充分注意到传统儒家经典的史料价值和对于研究中国古代社会的意义，并开拓性地结合传世文献、古文字资料和民族学材料，参互印证，这一尝试不仅“预示着考据学方法和视界的又一次突破性变革”，[⑨]而且也“是中国史学发展中的一大变革”。[⑩] 不可否认，

---

① 蒙文通：《从社会制度及政治制度论周官成书年代》，《图书集刊》1942 年第 1 期。

② 斯维至：《西周金文所见职官考》，《中华文化研究汇刊》1947 年第 7 期。

③ 郭沫若：《十批判书》，《郭沫若全集·历史编》第二卷，人民出版社 1982 年版，第 30—31 页。

④ 郭沫若：《中国古代社会研究》，《郭沫若全集·历史编》第一卷，人民出版社 1982 年版，第 110 页。

⑤ 郭沫若：《奴隶制时代》，《郭沫若全集·历史编》第三卷，人民出版社 1984 年版，第 30 页。

⑥ 郭沫若：《奴隶制时代》，《郭沫若全集·历史编》第三卷，人民出版社 1984 年版，第 47—48 页。

⑦ 斯维至：《西周金文所见职官考》，《中华文化研究汇刊》1947 年第 7 期。

⑧ 刘家和：《史学与经学》，《古代中国与世界》，武汉大学出版社 1995 年版。

⑨ 叶舒宪：《国学方法论的现代变革》，《文史哲》1994 年第 3 期。

⑩ 刘家和：《史学与经学》，《古代中国与世界》，武汉大学出版社 1995 年版。

在新旧学术转型与中国史学变革的过程中，郭沫若先生对于传统儒家经典史料化的尝试和努力是有一定的局限性的。郭先生在以后的学术实践中曾对这一局限有过颇为深刻的检讨："《周易》固然是无问题的先秦史料，但一向被认为殷末周初的作品，我从前也是这样。据我近年来的研究，才知道它确是战国初年的东西，时代拉迟了五六百年。我在前把《周易》作为研究殷末周初的资料，当然是完全错误。"又如，"《尚书》我们早知道有今古文之别，古文是晋人的伪作，但在今文的二十八篇里也有真伪，也是到近年来才开始注意到的。例如《尧典》(包括古文的《舜典》)、《皋陶谟》(包括古文的《益稷》)、《禹贡》、《洪范》这几篇很堂皇的文字，其实都是战国时代的东西——我认为当作于子思之徒。我在前虽不曾认《典》、《谟》为'虞书'，《禹贡》为'夏书'，以作为研究虞、夏的真实史料，但我却把《洪范》认为确是箕子所作，曾据以探究过周初的思想，那也完全是错误的。""《吕刑》一篇，文体与《左传》相近，旧称为周穆王所作，我也深信不疑。但其实那也是靠不住的。我揣想它是春秋时期吕国的某王所造的刑书，而经过后来的儒者所润色过的东西，吕国曾称王，彝器中有《吕王作内姬壶》可证，由文字上看来是春秋时期的器皿……这已尽足以证明它决不是周穆王所作的了。""自来说《诗》的人虽然对于各诗也每有年代的规定，但那些说法差不多全不可靠。例如《七月流火》一诗，《毛诗》认为'周公陈王业'，研究古诗的人大都相沿为说，我自己从前也是这样。但我现在知道它实在是春秋后半叶的作品了。就这样，一悬隔也是上下五百年。"①凡此表明，郭沫若藉经考史的学术尝试并非意味着近代以来的经学史学化的终结，从这重意义上讲，郭沫若先生在经学史学化背景下撰著的，被誉为中国史学发展的一座里程碑式的著作的《中国古代社会研究》一书，也仅仅具有奠定了马克思主义新史学的基础的意义。

(原载《郭沫若学刊》2011 年第 1 期，作者为苏州大学社会学院教授)

注：本文为苏州大学青年教师后期资助项目《层累说与古史重建》的阶段性成果。

① 郭沫若：《十批判书》，《郭沫若全集·历史编》第二卷，人民出版社 1982 年版，第 4—5 页。

关于郭沫若评价荀子的几个问题

杨胜宽

郭沫若在20世纪40年代研究诸子时，关于荀子的研究主要集中在《十批判书》的《荀子的批判》和《青铜时代》的《宋钘尹文遗著考》、《秦楚之际的儒者》、《后记》，以及《十批判书·后记——我怎样写〈青铜时代〉和〈十批判书〉》诸篇。从成文的先后时间看，《秦楚之际的儒者》写于1943年8月，《青铜时代·后记》写于1944年2月，《宋钘尹文遗著考》写于1944年8月，《荀子的批判》写于1944年10月，《十批判书·后记——我怎样写〈青铜时代〉和〈十批判书〉》写于1945年5月。从这个成文过程可以看出，专门针对荀子的研究，是在此前已经进行过先秦诸子研究涉及荀子相关问题探讨的基础上展开的，他对荀子的认识和评价，应以《荀子的批判》所表达的观点为定论。

跟他不满于当时的诸子研究一般观点和结论一样，对人们给予荀子的评价，他依然是不满意的。他指出："在社会变革的时期，价值倒逆的现象要发生是必然的趋势。前人之所贵者贱之，之所贱者贵之，也每每是合乎正鹄的。但感官容易跑到理智的前头，不经过严密的批判而轻易倒逆，便会陷入于公式主义的窠臼……在前是抑荀而扬孟，而今是抑孟而扬荀，而实则孟并未可厚非，荀亦不必尽是。"[①]至于荀子"不必尽是"的原因，郭沫若也给出了自己的解释："荀子后起，自然有他更加光辉的一面。但他的思想已受道家和墨家的浸润，特别在政治主张上是倾向于帝王本位、贵族本位的。"[②]由于荀子的政治立场不是"人民本位"，郭沫若当然不能满意。

那么，郭沫若心目中的荀子是一位什么样的历史人物？以上诸文所揭

---

① 郭沫若：《青铜时代·后记》，《郭沫若全集·历史编》第一卷，人民出版社1982年版，第614—615页。

② 郭沫若：《青铜时代·后记》，《郭沫若全集·历史编》第一卷，人民出版社1982年版，第614—615页。

示的荀子总体形象是：

第一，他是一位以著述、授徒为业的学者。荀子 15 岁就开始游学，他曾师从过当时各家著名学者，参加过齐国稷下的学术活动；韩非、李斯是出自荀门的最著名政治人物。

第二，他广泛接受了先秦各家的思想，特别是融汇了儒、道、墨、法诸家形成其综合百家的思想体系，因此，郭沫若既称“荀子是先秦诸子中最后一位大师”①，又说“觉得他倒很像是一位杂家”②。这种杂取各家的思想特色，不仅决定了秦以后儒家思想学说的面貌，同时也成为影响此后中国封建社会意识形态格局与走向的基本趋势。

第三，荀子是富有“特创性”的大儒③。其学说的特创性，主要体现为在批判的基础上吸收各家思想，其中包括对儒家八派的批判，他都豪不留情；然而，在郭沫若看来，荀子作为先秦儒家的最后一位大师，他在吸取各家思想的过程中，最终形成的是帝王、贵族本位的思想立场，而丢失了原始儒家人民本位的进步性，成为中国封建专制政治的御用工具，所以他坚决反对“扬荀”。

第四，荀子是郭沫若不大喜欢的人。他在《十批判书·后记——我怎样写〈青铜时代〉和〈十批判书〉》中坦诚地说出不喜欢荀子的由来：“荀子的思想相当驳杂，最成问题的是《仲尼篇》的‘持宠处位终生不厌之术’及‘擅宠于万乘之国，必无后患之术’。那完全是后代腐败官僚社会的宦海指南，令人怎么也不能忍耐。”④但郭沫若通过客观研究《仲尼篇》与《臣道篇》内容的矛盾之处，认定荀子不至于这样卑鄙。尽管荀子不是他所喜欢的人，但郭沫若仍然努力做到尽量客观公正地对待和评价古人。

以下分别评述郭沫若评价荀子的几个主要问题。

一、关于荀子的宇宙论

郭沫若认为，荀子的宇宙观是一种循环论。“一切自然界和人事界的

① 郭沫若：《十批判书·荀子的批判》，《郭沫若全集·历史编》第二卷，人民出版社 1982 年版，第 213 页。

② 郭沫若：《青铜时代·公孙尼子与其音乐理论》，《郭沫若全集·历史编》第一卷，人民出版社 1982 年版，第 250 页。

③ 郭沫若：《青铜时代·公孙尼子与其音乐理论》，《郭沫若全集·历史编》第一卷，人民出版社 1982 年版，第 504 页。

④ 郭沫若．：《十批判书·后记——我怎样写〈青铜时代〉和〈十批判书〉》，《郭沫若全集·历史编》第二卷，人民出版社 1982 年版，第 481 页。

现象虽然是千变万化，但变来变去却始终是在兜圈子，结果依然是没有变。”“只承认变化而看不出进化，只承认循环而看不出发展。”[①]这是郭沫若对荀子宇宙观的总体评价。因此，郭沫若对荀子关于“天”的概念进行了重点分析。

首先，肯定了荀子“明于天人之分”的思想。《荀子·天论》云：“明于天人之分，则可谓至人矣。不为而成，不求而得，夫是之谓天职。如是者，虽深，其人不加虑焉；虽大，不加能焉；虽精，不加察焉。夫是之谓不与天争职。天有其时，地有其财，人有其治，夫是之谓能参。”梁启雄解释说，荀子强调的是“天、地、人各有其道”。[②] 按照荀子的观点，能够明了天与人各自职责的人是最伟大的人。他认为天的职分是：“列星随旋，日月递照，四时代御，阴阳大化，风雨博施，万物各得其和以生，各得其养以成。不见其事而见其功，夫是之谓神；皆知其所以成，莫知其无形，夫是之谓天。唯圣人为不求知天。”按照梁启雄的说法，“此‘求知天’单指反科学方法的‘求’”。[③]无论是“不与天争职”，还是“不求知天”，荀子都是强调天与人各有职分，无法互相取代，也不能彼此僭越；只有天、地、人各司其职，世界才能有序运行。

其次，肯定了荀子对自然规律的正确把握。荀子《天论》开篇即言：“天行有常，不为尧存，不为桀亡。”[④]这里的“天”，有时候也叫“神”，就是今天所说的自然界及其自身存在和运动的规律。它“就是宇宙中的运行变化，生生不息的一种生机，而所谓天也只是这个。它是‘无形’的超越乎感官的，不仅不是有形的天空，也不是完全和人的形态相同的那位老汉。”[⑤]天的运行有自身不以人的意志为转移的规律性，尧的盛德与桀的恶行，都不可能改变这一客观规律。郭沫若高度肯定荀子在先秦时代就认识了“只有‘万物都有变化’这个道理不变化”的抽象自然规律，由于认识了这种客观性与规律性，荀子不再承认先秦以来的人格神观念，他扬弃了《周易》占筮的迷信，同时也反对“神道设教”。

再次，肯定了荀子的“勘天”，即人定胜天的思想。《荀子·天论》云：

---

① 郭沫若：《十批判书·荀子的批判》，《郭沫若全集·历史编》第二卷，人民出版社 1982 年版，第 214—215 页。

② 梁启雄：《荀子简释·天道》，中华书局 1983 年版，第 221—222 页。

③ 梁启雄：《荀子简释·天道》，中华书局 1983 年版，第 222 页。

④ 梁启雄：《荀子简释·天道》，中华书局 1983 年版，第 220 页。

⑤ 郭沫若：《十批判书·荀子的批判》，《郭沫若全集·历史编》第二卷，人民出版社 1982 年版，第 216 页。

“大天而思之，孰与蓄而制之？从天而颂之，孰与制天命而用之？”[①]这里强调“制天命而用之”，看起来跟前述“天人之分”“不求知天”的主张似相矛盾，实际上在当时的思想背景下，是为了破除统治者赋予“天”“神”的无上权威，大力彰显人“参天地”的能动作用。所以，郭沫若指出：“‘制天命’则是一方面承认（天）有必然性，在另一方面却要用人力来左右这种必然性，使它于人有利。”并且认为这包含了近代的科学精神。[②]

当然，对于掌握了历史唯物主义和辩证法的郭沫若来说，荀子的唯物主义和朴素辩证法思想不能令他完全满意，虽然肯定了其宇宙观中唯物的、变化的合理思想，但指出了其思想的明显缺陷，即没有认识到自然万物在变化中实现发展，在对立中实现统一。恩格斯在《自然辩证法》中指出：“整个自然界，从最小的东西到最大的东西，从沙粒到太阳，都处于永恒的产生和消灭中，处于不断的流动中，处于无休止的运动和变化中。”[③]自然界的变化不只是周而复始的简单重复，而是在运动和变化中不断地发展。荀子《王制》所说的“始则终，终则始，若环之无端”[④]，不仅没有看到变化的结果表现为发展的客观事实，而且也没有把握住变化的本质在于发展，的确是荀子宇宙观的最大局限，当然也是那个时代的认识水平所决定的。

二、关于荀子的人性论

众所周知，荀子是性恶论者。郭沫若对于荀子的人性论观点，是持全面批判态度的。他既不认同孟子的性善论，也不认同荀子的性恶论，而认为“性可以为善，可以为恶”更合乎事实[⑤]，与汉代扬雄“性善恶混”的观点相近。什么是人性？《荀子·正名》云：“生之所以然者谓之性”。梁启雄解释称：“此性字指（人的）天赋的本质，生理学上的性。”[⑥]《性恶》云：“人之性恶，其善者伪也。”《荀子简释》引杨树达云：“伪，为也。凡非天性而人作为之者皆谓之伪。”[⑦]在荀子看来，人的天赋本性是恶的，其成善需要人为即后天的

① 梁启雄：《荀子简释·天道》，中华书局1983年版，第229页。

② 梁启雄：《荀子简释·天道》，中华书局1983年版，第216页。

③ 恩格斯：《自然辩证法》，《马克思恩格斯选集》第三卷，人民出版社1972年版，第454页。

④ 梁启雄：《荀子简释·王制》，中华书局1983年版，第108页。

⑤ 郭沫若：《十批判书·荀子的批判》，《郭沫若全集·历史编》第二卷，人民出版社1982年版，第223页。

⑥ 梁启雄：《荀子简释·正名》，中华书局1983年版，第309页。

⑦ 梁启雄：《荀子简释·性恶》，中华书局1983年版，第327页。

努力。因此，在荀子的人性论思想里，不仅恶与善是对立的，而且性与伪、先天本性与后天习得都是对立的。

郭沫若对荀子性恶论的批判，主要从以下几方面展开：

第一，从生理学上看，荀子的性恶论只看到人的动物属性，而忽视了其与动物的区别。郭沫若说："一定要把人性说成恶的，颇有点类似近代某一部分生物学家的见解，主要是把人作为纯粹的动物在看。他认为人性具有好恶食色的情欲，让这种情欲发展下去，那就只有争夺暴乱，完全和禽兽无别。"[①]荀子在《礼论》中阐述"礼"的起源时，就是依据的这种逻辑理论："人生而有欲，欲而不得，则不能无求，求而无度量分界，则不能不争，争则乱，乱则穷。"[②]人有与生俱来的本能欲望，是与动物相似的一面，但只看到这一面是片面的。郭沫若指出："人虽然具有与动物相同的通性，但也具有为一般动物所没有的特性。这在我们现代相信进化的人看来是极平常的常识。……荀子不相信进化也不相信神，故又跑到另一极端，以为人生来只是坏蛋，这是违背事实的。假使真是那样，那么善或礼义从何而出，那就苦于解答了。"[③]郭沫若采用以子之矛攻子之盾的方法，揭示荀子性恶论的逻辑悖论：因为按照《礼论》的说法，圣人为了避免人类的欲望纷争，所以制定了必要的礼义规范，使社会按照礼义规定的等级、差别和秩序行事。既然人与生俱来的本性就是恶的，那么最初的圣人又是怎么产生出来的呢？如果最初的圣人能够成为圣人，不就证明人性中本有善端，才使先知先觉者可以培养其善端，长育成就，最终成为圣人吗？

《荀子·性恶》："凡礼义者，是生于圣人之伪，非故生于人之性也。故陶人埏埴而生瓦，然则瓦埴岂陶人之性也哉？工人斫木而生器，然则器木岂工人之性也哉？夫圣人之于礼义也，辟(譬)亦陶埏而生之也，然则礼义积伪者岂人之本性也哉？"[④]

郭沫若把荀子的这种论证逻辑斥之为"诡辩"。驳之曰："土不能自行成瓦，木不能自行成器，人却能自行成礼义积伪。这能自行成礼义积伪的

---

① 郭沫若：《十批判书·荀子的批判》，《郭沫若全集·历史编》第二卷，人民出版社1982年版，第218页。

② 梁启雄：《荀子简释·礼论》，中华书局1983年版，第253页。

③ 郭沫若：《十批判书·荀子的批判》，《郭沫若全集·历史编》第二卷，人民出版社1982年版，第220页。

④ 梁启雄：《荀子简释·性恶》，中华书局1983年版，第329—330页。

便是人之性。怎么能够断言人之性便全部是恶呢?"[①]《荀子·王制》就说过:"水火有气而无生,草木有生而无知,禽兽有知而无义。人有气有生有知,亦且有义,故最为天下贵也。"[②]这不已经承认人与植物、动物存在着本质区别吗?说人与禽兽一样只有恶的本能,而没有丝毫的善性,是自相矛盾的。

第二,从心理学上看,荀子的性恶论则是基于一个不可靠的理论前提和心理逻辑推论:"苟无之中者必求于外,苟有之中者必不及于外"。他采用演绎推理的方法证明人的本性是恶的,所举的例证包括薄而求厚,丑而求美,窄而求宽,贫而求富,贱而求贵等等,都是因为自己没有才想求得,以满足人的欲望;反过来,已经有钱的便不想发财,已经有地位的便不想发势——由此证明人因为自身没有善,所以必须通过学习积累以求得善性。郭沫若反驳说:"'无之中者必求于外',可以说是例外比较少的原则;'有之中者必不及于外',便差不多只是变例。照常识说来,有的人贪多,实比无的人求有,是更普遍的现实。"[③]郭沫若只是用常识来反驳荀子性恶论"假说"的理论前提不能成立。如果再用荀子关于人性的欲望理论,仍然能够有力地反驳其演绎推理的谬误:因为人是有欲望的,且人的欲望难以满足,富有的人贪图更富,有权势的贪图更高的权势,乃是人本能欲望的必然选择。

第三,从心、性之间的关系驳斥性恶论。《荀子·正名》:"生之所以然者谓之性。性之和所生,精和感应,不事而自然谓之心(原作性,依郭沫若说改,下同)。心之好恶、喜怒、哀乐谓之情。情然而心为之择谓之虑。心虑而能为之动谓之伪。虑积焉,能习焉而后成,谓之伪。"[④]这是荀子为心、性等概念所下的定义。郭沫若说:"心应该就是现代语的精神。它既是'性'之和所生,对于情欲能择选考虑,并因而成伪(人为),那么所谓'化性起伪'也就是'性之所和生'的事。怎么能够说性一定是恶!"[⑤]荀子对于"心"的作用有清楚的说明:"心者,形之君也,而神明之主也,出令而无所受

① 郭沫若:《十批判书·荀子的批判》,《郭沫若全集·历史编》第二卷,人民出版社1982年版,第221页。

② 梁启雄:《荀子简释·王制》,中华书局1983年版,第109页。

③ 郭沫若:《十批判书·荀子的批判》,《郭沫若全集·历史编》第二卷,人民出版社1982年版,第220页。

④ 梁启雄:《荀子简释·正名》,中华书局1983年版,第309—310页。

⑤ 郭沫若:《十批判书·荀子的批判》,《郭沫若全集·历史编》第二卷,人民出版社1982年版,第222页。

令。自禁也，自使也，自夺也，自取也，自行也，自止也。”(《荀子·解蔽》)显然，在荀子的观念中，性是人的天赋本质，而心则是主宰形神的，通过它的自律，节制人的本能欲望；正是因为它的作用，使人与动物有了本质区别。心生于性，但对性起抑制调节作用；二者合和感应，进入“虚壹而静”的状态，这正是荀子所期望的人生境界。实际上，性与心是彼此关联互相作用的两个东西，如果承认人性之恶，则心的向善功能与作用也就难以成立，荀子主张通过后天学习而积习成善，也就是不可能实现的事了。因此，郭沫若认为，荀子关于知识的见解也和性恶说自相矛盾。《荀子·正名》：“所以知之在人者谓之知，知有所合谓之智。智所以能之在人者谓之能(本能)，能有所合谓之能(才能)。”郭沫若分析道：“‘所以知之在人者’不就是孟子所说的‘良知’吗？人性既本来具有这种良知良能，何以能够说人性完全是恶呢？”①在指出荀子性恶论的诸多矛盾之后，郭沫若认为，荀子的观点难以自圆其说。

三、关于荀子的社会论

郭沫若认为，荀子的社会理论是其学说中最有特色的部分：“在先秦诸子中，能够显明地抱有社会观念的，要数荀子。这也是他的学说中的一个特色。”

那么，荀子是怎样构筑其社会理论体系的呢？

首先，荀子把人性“能群”的习性作为构筑社会理论体系的逻辑起点。《荀子·王制》云：“人有气有生有知，亦且有义，故最为天下贵也。力不若牛，走不若马，而牛、马为用何也？曰：人能群，彼不能群也。人何以能群？曰：分。分何以能行？曰：义。”②人比牛、马等动物更进步也更具优势的地方，在于其具备了群居的生活习性，懂得利用群体的力量战胜比自身强大的对手。而群居最重要的是需要组织和秩序，所以必须确定群体的分工和各自应处的地位，因此，“分”对于人类来说至关重要。郭沫若认为，荀子所说的“‘分’，有时又称之为‘辨’，是已经具有比较复杂的含义的。它不仅限于分功，它已经是由分功而分职而定分(去声)，在社会是‘农农、士士、工工、商商’，在家庭是‘父父、子子、兄兄、弟弟’，在国家是‘君君、臣臣’，要各

① 郭沫若：《十批判书·荀子的批判》，《郭沫若全集·历史编》第二卷，人民出版社1982年版，第224页。

② 梁启雄：《荀子简释·王制》，中华书局1983年版，第109页。

人守着自己的岗位,共同遵守着一定的秩序,而通力合作。”[①]士农工商作为中国封建社会的四大台柱,荀子特别重视“士”这个特殊阶层的社会作用。郭沫若分析道:“士农工商虽是四民,但士是候补官僚,他的地位是和王公大人接近,而超出乎农工商之上的。一时新起的‘士民’,在荀子时代已成为固定的阶层,而实质上恢复了前一时代的元士的地位。”[②]从这里,不仅体现了士与农工商的地位区别,而且确认了“士”与后者的阶级对立及其所取得的统治地位。新兴阶层的“士”,其社会地位和作用之所以重要,是因为他们承担着弘扬礼义制度和规范社会伦理行为的重任。《荀子·修身》:“礼者所以正身也,师者所以正礼也。无礼何以正身?无师,吾安知礼之为是也?礼然而然,则是情安礼也;师云而云,则是智若师也。”[③]有了师,人们不仅能够准确理解礼义制度的含义,而且能够按照他们的指导规范自己的社会行为,使庶民百姓变得跟师一样地聪明。

其次,荀子把人群的角色划分和等级区分作为社会存在与发展的根本规则与规律,高度肯定礼义制度的合理性和重要性。他说:“君臣、父子、兄弟、夫妇,始则终,终则始,与天地同理,与万世同久,夫之谓大本。”(《荀子·王制》)社会成员的伦理关系遵循天地万物存在和变化同样的规则与规律,是不能动摇和改变的。所以,他把礼义作为人不能须臾离舍的道德根本,它不仅是人区别于动物的主要标志,也是维系人群秩序和社会稳定的根本准则。郭沫若注意到,荀子所用的独特术语“曲辨”,直译是“区别”之意,指的是社会分工或等差阶级,“农以力尽田,贾以察尽财,百工以巧尽械器,士大夫以上至于公侯,莫不以仁厚知能尽官职,夫是之谓至平。”(《荀子·荣辱》)因此,人类社会的每一个成员,都必须严格遵守社会礼义规范,各安其分,各司其职,共同维护社会公共秩序。郭沫若对此评价说:“在他看来,人是因为有这样的创制本领所以才能够和天地并列的。‘天有其时,地有其财,人有其治,夫是之谓能参。’”[④]又说:“荀子的社会观完全是一种阶级的社会观,但有趣的是他却说这样就是平等。他说,这是不平等的平

---

① 郭沫若:《十批判书·荀子的批判》,《郭沫若全集·历史编》第二卷,人民出版社1982年版,第226页。

② 郭沫若:《十批判书·荀子的批判》,《郭沫若全集·历史编》第二卷,人民出版社1982年版,第231页。

③ 梁启雄:《荀子简释·修身》,中华书局1983年版,第21页。

④ 郭沫若:《十批判书·荀子的批判》,《郭沫若全集·历史编》第二卷,人民出版社1982年版,第227页。

等,或平等的不平等。"[①]因此,人类的不平等是天经地义的:"斩而齐,枉而顺,不同而一,夫是之谓人伦。"(《荀子·荣辱》)郭沫若用现代语翻译其义是:"参差却是整齐,弯曲却是顺畅,不同却是一致,这就是所谓人类社会!"颇能传达荀子社会伦理观念的神髓。荀子认为,以人群的角色和等级划分为标志的社会礼义制度的形成,是人类最伟大的发现,是古代圣人最杰出的贡献;有了它,人取得了参天地、赞化育的崇高地位。

再次,荀子的理想治世是复兴"周道",所以他所提倡的"法后王"即是恢复西周的社会秩序和伦理制度。郭沫若首先分析了荀子"复古"与"法后王"观念的思想内涵。《荀子·王制》:"王者之制,道不过三代,法不贰后王。道过三代谓之荡,法贰后王谓之不雅。……声则凡非雅声者举废,色则凡非旧文者举息,械用则凡非旧器者举毁。夫是之谓复古。"郭沫若把这样的复古主张直斥之为"开倒车"。他也不同意时贤的一种学术观点,即因为荀子有"法后王"的说法,就认为他有社会进化的观念,指出:"他的所谓'法后王'和孟子的'尊先王'毫无区别,所谓'先王'者因先于梁惠、齐宣故谓之'先',所谓'后王'者因后于神农、黄帝故谓之'后',如此而已。但孟子的'尊先王'还保有着托古改制的用意,如他的耕者有其田的井田制便是绝好的例证。荀子则差不多老老实实的在想复兴'周道'了。"[②]孔子也曾表达过"吾从周"的复古主义理想,但郭沫若依然注意到荀子与孔子的重要差别:即荀子的社会理论中,已经掺杂了比较多的法家思想成分,如他所说的:"荀子之礼含有法"[③]。前述的主张废弃一切声色器用的激烈观点,就与法家的愚民政策相接近。

总之,郭沫若认为,荀子作为先秦诸子百家思想的综合者和最后一位儒家思想大师,他的社会理论不仅是对先秦各家思想的总结和扬弃,同时也开启了此后两千余年的封建社会的所谓纲常名教。封建时代的统治者之所以接受和欣赏荀子的社会理论,是因为这些理论的落脚点以帝王、贵族为本位。荀子的"百王之无变,足以为道贯"的主张(《荀子·天论》),直接影响了汉儒董仲舒"天不变,道亦不变"的思想;他的非攻非斗的主张,则具有消磨人的斗志作用,对维护等级社会的秩序稳定是不可缺少的。这些

---

① 郭沫若:《十批判书·荀子的批判》,《郭沫若全集·历史编》第二卷,人民出版社 1982 年版,第 233 页。

② 郭沫若:《十批判书·荀子的批判》,《郭沫若全集·历史编》第二卷,人民出版社 1982 年版,第 232 页。

③ 郭沫若:《十批判书·荀子的批判》,《郭沫若全集·历史编》第二卷,人民出版社 1982 年版,第 235 页。

都成为古代封建社会的基本和重要的理论武器，发挥着长久和重要的作用。郭沫若说："汉武以后学术思想虽统于一尊，儒家成为了百家的总汇，而荀子实开其先河。"[①]这一评价是比较中肯的。

四、关于荀子的政治论

郭沫若对荀子的政治理论，论述不是很充分，基本评价也不高，说"他的主张，和孟子一样，在原则上是重视王道的，但也不反对霸道。"[②]但这并不表明荀子不重视政治理论问题，而是因为《荀子》一书中的不少政治理论内容，被郭沫若归入了社会理论之中予以观照，所以再单独讨论这部分话题时，内容就相对单薄了。不然，就很难解释一位先秦最具社会观念，且其思想对后来两千多年封建社会专制统治产生了深刻而直接影响的思想家，为什么在政治理论方面缺乏独特贡献了。

郭沫若认为，荀子的王道、霸道政治理论，是在对春秋战国的政治格局和社会发展现实进行分析与思考基础上形成的，具有现实针对性和实用性。郭沫若指出："古代社会的蜕变，经过了齐桓、晋文、楚庄、吴阖闾、越勾践的递霸（这是荀子所称的五霸，见《王霸篇》），继之以战国七雄，而以秦总承其势，'四世有胜'，中国快要达到大一统的局面了。要如何来应付这大一统，即是如何来建立将来社会的新秩序，是战国时儒者的王道思想之所由产生的苗床。"[③]秦既然在"七雄"中成为翘楚，它已经具备了独霸天下的实力，荀子对秦国的动向和发展计划格外关注，亲自跑到秦国进行观察，得出的结论是：秦国不仅拥有"形胜"之利，而且其民风、吏治、人才和朝政都具有古风，整个社会面貌非常纯朴而上进，被他誉为"治之至"者，所以非常看好其日后的发展前景。因此，荀子有意在这样的国度干一番事业，他向秦国的统治者有针对性地提出了下一步奋斗的目标：走向王道之治。郭沫若分析说："他替秦国的划策，也就是希望它实行儒术，所谓'力术止，义术行'，'节威反文，案用夫端诚信全之君子治天下焉，因与之参国政、正是非、治曲直、听咸阳，顺者错之，不顺者而后诛之。若是则兵不复出于塞外，而

---

① 郭沫若：《十批判书·荀子的批判》，《郭沫若全集·历史编》第二卷，人民出版社1982年版，第251页。

② 郭沫若：《十批判书·荀子的批判》，《郭沫若全集·历史编》第二卷，人民出版社1982年版，第236页。

③ 郭沫若：《十批判书·荀子的批判》，《郭沫若全集·历史编》第二卷，人民出版社1982年版，第239—240页。

令行于天下矣’。”[1]这就是荀子针对秦国社会政治现实提出的王道政治设想，基本思路在于放弃气力之争斗，奉行儒家仁义之术，重用君子参与国家管理，是非曲直，各得其道。这样，就用不着以武力征服天下，而可以获得民心的支持，实现一统天下的目标。

自然，比霸道更高级的王道，其具体内容是很丰富的，要求也是很高的，其中包括“王者之政”、“王者之人”、“王者之制”、“王者之论”“王者之法”等等。譬如“王者之政”的要求是：“贤能不待次而举，罢不能不待须而废，元恶不待教而诛，中庸民不待政而化。分未定也，则有昭穆，虽王公大夫之子孙也，不能属于礼义，则归之庶人；虽庶人之子孙也，积文学、正身行，能属于礼义，则归之卿相士大夫。故奸言、奸说、奸事、奸能、遁逃反侧之民，职而教之，须而待之，勉之以庆赏，惩之以刑罚。……”[2]朝政能够达到这样的水准，王天下当然不成问题了。谈到“王者之法”，郭沫若评价荀子是一位重农主义者，因为荀子论述最多的是土地税收及其与国家贫富的关系问题。荀子主张：“轻田野之税，平关市之征，省商贸之数，罕兴力役，无夺农时，如是则国富矣。夫是之谓以政裕民。”[3]又说：“上好功则国贫，上好利则国贫，士大夫众则国贫，工商众则国贫，无制数度量则国贫。下贫则上贫，下富则上富。……故明主必谨养其和，节其流，开其源，而时斟酌焉。”[4]郭沫若特别注意到，荀子这里说的“民”，指的是农民老百姓，“不仅士是除外了，就连工商都等于是除外了的。”[5]依照郭沫若的解释，可以看出荀子的这种思想是很了不起的，他把国家的强弱衡量程度与老百姓的贫富程度直接挂钩，主张只有让老百姓日子好起来，国家才能够富强，这样的要求对于封建统治者而言，当然是非常地高了。

那么，什么人才配得上施“王者之政”，行“王者之法”呢？荀子提出：“天下者至重也，非至强莫之能任；至大也，非至辨莫之能分；至众也，非至明莫之能和。此三者非圣人莫之能尽。故非圣人莫之能王。”[6]只有有德有能的圣人才是治理天下的理想人选。然而，无论是历史还是现实，据有权

---

① 郭沫若：《十批判书·荀子的批判》，《郭沫若全集·历史编》第二卷，人民出版社 1982 年版，第 239 页。

② 梁启雄：《荀子简释·王制》中华书局 1983 年版，第 99 页。

③ 梁启雄：《荀子简释·富国》中华书局 1983 年版，第 121 页。

④ 梁启雄：《荀子简释·王制》中华书局 1983 年版，第 133 页。

⑤ 郭沫若：《十批判书·荀子的批判》，《郭沫若全集·历史编》第二卷，人民出版社 1982 年版，第 245 页。

⑥ 梁启雄：《荀子简释·正论》中华书局 1983 年版，第 236 页。

位者往往不是所谓圣人，而是以气力取胜的霸主、武夫和独裁者，他们也许足够强大，但要论“至辨”“至明”，就根本不具备条件。因此，荀子赞同采取革命的手段“诛独夫”：“夺然后义，杀然后仁，上下易位然后贞，功参天地，泽被生民，夫是之谓‘权险之平’，汤、武是也。”[①]郭沫若认为，荀子的“革命”理论相当彻底，是“他晚年在膺受秦始皇的暴政之下有所激而然的”。[②] 无论真实的情况怎样，荀子继承先秦儒家的政治理想，提出这样的见解是值得高度肯定的。

关于《荀子》书中论“术”的篇章，郭沫若认为与别处荀子鼓励“谏诤”、提倡“从道不从君”的言论存在矛盾，说那些谈论卑鄙“妾妇之道”的法术之言，不应该出自荀子本人之口，可能是其门人弟子所为，如《仲尼》、《宥坐》等篇。他说：“照历史发展的情形看来，要汉文、景以后才有发生那种方术的苗床，或者就是董仲舒之流所揣摩出的也说不定。”[③]在1945年写成的《郭沫若全集・历史编》第二卷的《后记——我怎样写〈青铜时代〉和〈十批判书〉》中，郭沫若专门谈及《仲尼》、《宥坐》的辨伪过程，说是由于荀子非常重礼，书中各篇礼字出现的频率很高，唯独这两篇中没有一个礼字出现，他据此断定非出自荀子本人。[④] 对《仲尼》、《宥坐》等篇怀疑的声音，自清代崔述、梁玉纯以来就一直没有消停，迄今学术界并没有完全形成定论。其实，从另一方面看，道家老子就发明了“君人南面之术”，春秋战国时期言术操术者不乏其人。我们既然承认荀子思想中已经综合了包括道家、法家在内的诸子百家思想成分，他谈论为君、为臣之术也是十分自然的，不必大惊小怪。即使如郭沫若痛批的“持宠处位终身不厌之术”，其中所言“贵而不为夸，信而不处谦（梁启雄引杨树达云：‘谦’读为‘嫌’），任重而不敢专”[⑤]，辩证地看，也有当时政治生态下的合理成分，不能简单斥之为“卑鄙”。

总体看，郭沫若反感当时“抑孟而扬荀”的学术潮流，决意要做点翻案文章，这为他主观上不喜欢荀子，开了方便之门。加之受他的阶级本位评

---

① 梁启雄：《荀子简释・臣道》中华书局1983年版，第182页。

② 郭沫若：《十批判书・荀子的批判》，《郭沫若全集・历史编》第二卷，人民出版社1982年版，第247页。

③ 郭沫若：《十批判书・荀子的批判》，《郭沫若全集・历史编》第二卷，人民出版社1982年版，第249页。

④ 郭沫若：《十批判书・后记——我怎样写〈青铜时代〉和〈十批判书〉》，《郭沫若全集・历史编》第二卷，人民出版社1982年版，第481页。

⑤ 梁启雄：《荀子简释・仲尼》中华书局1983年版，第74页。

价观和方法的影响，他对荀子的评价是比较苛严的，无论是对于荀子的宇宙观，还是政治理论，有些方面并没有给予足够的肯定。倒是分析其人性论的矛盾、社会理论的特色，比较客观中肯。同时，郭沫若评价荀子的视野是相当开阔的，他利用充分熟悉先秦历史材料的优势，对诸子进行全面比较批判以确定各家各派的优劣及其所应处的历史地位，基本上做到了“没有过于轻率地诬枉古人”，[①]即使对于评价他所不喜欢的荀子，大致也可作如是观。

（原载《郭沫若学刊》2011 年第 3 期，作者为四川乐山师范学院教授）

① 郭沫若:《十批判书·后记——我怎样写〈青铜时代〉和〈十批判书〉》,《郭沫若全集·历史编》第二卷，人民出版社 1982 年版，第 482 页。

“耻不食周粟”？

——郭沫若《甲骨文字研究》出版前后

何　刚

流亡日本期间，郭沫若开始了全面“清算过往社会”的中国古代社会研究。与当时学者不同的是，郭沫若从一开始就创造性地将古代史研究与古文字研究结合起来，对甲骨文、青铜铭文进行了全面系统的整理，取得了举世公认的成就。其中，《甲骨文字研究》是郭沫若研究甲骨文的第一本论文集，也是他旅居日本时期从事中国古史研究所取得“三部曲”之一。在书中，郭沫若对甲骨文作考释，并利用甲骨文材料研究商代社会，对后世古史研究和古文字研究产生了深远影响。几十年来，众多学者对此已有相当多的阐述，本文在此不作赘述。

《甲骨文字研究》文稿完成于 1929 年 8 月，后于 1931 年 5 月由上海大东书局出版，中间经历了近两年的时间。在这段时间内，围绕着《甲骨文字研究》的出版，经历了一番周折，令人颇费思量。此番周折一方面是郭沫若流亡异邦，艰辛从事古史研究的真实写照，同时，他对傅斯年和中央研究院历史语言研究所提供的“周粟”的拒绝，在很大程度上体现出了他的学术旨趣和价值取向。另一方面，这一出版周折也从侧面反映出了近代学术话语建构与出版行为之间的有趣互动，以及牵涉其中的复杂的人事关系等。

一、“耻不食周粟”：郭沫若与傅斯年的一次间接之交

在日本，郭沫若在研究中国古代社会的同时，也开始了他的甲骨文和金文研究。他通过阅读王国维的文章，知道了国内治古文字学的容庚，并读了容庚的依照说文部首编制的金文字典——《金文编》，认为它是一部有用的工具书，“用力之勤，究学之审，成果之卓荦”，甚为钦佩。于是在古文字研究中深感“欲磋商之事颇多”，却“循迹海外，无可与谈者，甚苦孤陋”的郭沫若在素未谋面的情形之下，冒昧写信向在燕京大学任教的容庚请教问

题，署名“未知友郭沫若”。容庚虽未见过郭沫若，却复信给予支持。自此，两位“未知友”开始了频繁的信件往来，成为了“文字交”。他们交流古文字研究心得，借寄甲骨金文资料。容庚就曾经把《殷墟书契前编》和董作宾的《新获卜辞写本》寄给郭沫若使用过，在资料方面对郭沫若帮助很大。

1929 年 9 月 19 日，郭沫若在给容庚的信中说：“余顷有《甲骨文字十五释》（即后来的《甲骨文字研究》，引者按）之作……今稿将垂成，欲求先进者审核，足下如乐与相商，当即奉上。”[①]稍后，郭沫若就将文稿邮寄到北平，向容庚请教。文稿到了北平之后，在一定范围内的学者中得到了观阅，并得到了他们的赏识。例如，1929 年 12 月 23 日，顾颉刚就“在希白（容庚字希白——引者按）处见郭沫若所著《鼎堂甲骨文考释》”，并在日记中称赞其“极多创见。此君自是明白人”。直到 1930 年 2 月 22 日，顾颉刚仍在“看郭沫若先生甲骨文考释”。[②]

1930 年 2 月 6 日，郭沫若致信容庚，首次谈到了《甲骨文字研究》出版之事。信中说：

> 希白吾兄：《古史新证》昨夜奉到，正欲专复，顷复奉手教，拙著蒙为介绍出版处，甚慰。更名事本无足轻重，特仆之别著《中国古代社会研究》一书不日即将出版，该书于《甲骨文释》屡有征引，该书系用本名，此书复事更改，则徒贻世人以掩耳盗铃之诮耳。近日之官家粟亦雅不愿食。谨敬谢兄之至意，兼谢傅君。专此即颂。[③]

信中的“傅君”是中央研究院历史语言研究所所长、创办《国立中央研究院历史语言研究所集刊》并任主编的傅斯年，郭沫若要“谨谢”的，是容庚在收到《甲骨文字研究》文稿后，对郭沫若的研究成果极为赞赏，遂向傅斯年推介出版此书，并得到傅斯年同意一事。容庚对此后来回忆道：

> 他的第一部古文字著作《甲骨文字研究》脱稿后，即邮寄给我，请我提意见。我拜读之后，深为钦佩，即介绍给有关方面出版。当时主其事者考虑到诸种关系，虽同意出版，但以改用笔名

① 黄淳浩：《郭沫若书信集（上）》，中国社会科学出版社 1992 年版，第 309—313 页。

② 顾颉刚：《顾颉刚日记》第二卷，台北联经出版有限公司 2007 年版，第 354—377 页。

③ 黄淳浩：《郭沫若书信集（上）》，中国社会科学出版社 1992 年版，第 316 页。

> 发表为条件。这当然是郭沫若同志所不能同意的，因为即将出版的《中国古代社会研究》一书系用本名，而该书屡次征引《甲骨文字研究》之说，此书若用笔名，“徒贻世人以掩耳盗铃之诮”，所以他说：“近日之官家粟亦雅不愿食。”①

1947年，郭沫若在《海涛集·我是中国人》用了较长的篇幅详细叙述了他在日本写作自己的古史研究“三部曲”时，所遭受的“艰难迫害”，包括牢狱之苦、行动被严密监视、高烧使身体“终竟不能支持”、邻居“戒备而轻视的眼光”等等，然而最后在“我是中国人”的坚强信念的支撑下，依然取得研究重大成就的“奋斗”经过。其中对于这件事情，郭沫若的说法与容庚的回忆大致不差。他说：

> 原稿寄给容庚后，他自己看了，也给过其他的人看。有一次他写信来，说中央研究院的傅孟真（斯年）希望把我的书在《集刊》上分期发表，发表完毕后再由研究院出单行本。发表费千字五元，单行本抽版税百分之十五。这本是看得起我，这样的条件在当时也可算是相当公平，但我由于自己的洁癖，铁面拒绝了。我因为研究院是官办的，我便回了一封信去，说：“耻不食周粟”。②

傅斯年对以“钦犯”身份流亡日本的郭沫若的学术研究如此的肯定和赏识，是一种包容大度、不以政治立场来决定学术价值的学术态度，体现出的是一位杰出学者的眼光与睿智。当然，郭沫若的“钦犯”身份确实是存在的，对于傅斯年和中央研究院历史语言研究所来说，用郭沫若的真名来发表的确很是为难，用笔名的办法不失为一好的变通之策。更为实际的是，傅斯年所给出的“发表费千字五元，单行本抽版税百分之十五”的条件不可谓不优厚，这对早已断了经济来源、生活拮据的郭沫若一家，可以说是天大的好事。在这种情形下，郭沫若竟然“铁面拒绝”，这确实太让人出乎意料了。而他给出的拒绝理由看似自然，实际上另有深意。

事情后来的进展似乎再次说明了郭沫若的拒绝实在有点“不识时务”。容庚将书稿寄还回郭沫若后，郭随即又托人向商务印书馆推荐。商务馆负责人一听是郭沫若之书，而且写的还不是文学，而是甲骨文金文之类无人

① 容庚：《怀念郭沫若同志》，《学术研究》1978年第4期。

② 《郭沫若革命春秋》，人民出版社1974年版，第315页。

愿买的书，连连摇头。他们既不敢担政治风险，又不愿做赔钱生意，连一个字也不要看，就拒绝了。就在《甲骨文字研究》四处碰壁、转来踢去的过程中，郭沫若又写成了金文研究著作《殷周青铜器铭文研究》。无奈之中，他将两部书一并拿到东洋文库，请石田干之助帮助在文库出版。他对石田说："我的研究是在文库开始的，我很感谢这一段姻缘。假使我的书能在文库出版，那也就表示我对文库的谢意了。报酬多少是在所不计的。"石田没有立即拒绝。他让郭沫若把书稿留下，说待专家审订后决定。一个月过去了，郭沫若终于等到了文库的邀请通知。他兴冲冲赶到那里，不料石田拿出书稿还给他，说："这书太难懂，在日本没有多少人愿读的。我们无法出版此书。"拿着退回的书稿，郭沫若自嘲不已："真是太不自爱了！国立的官办机关要给你出版，你说'耻不食周粟'，今天却要来向外国资本家摇尾乞怜，岂不自讨没趣。"①

二、拒绝源于学术取向的殊异

对于郭沫若给出的"耻不食周粟"的拒绝理由，学者已有一些解读。王戎笙认同了郭沫若在给容庚信中提到的因《中国古代社会研究》征引《甲骨文字研究》，所造成的在署名上的具体技术问题。他说："因为署名郭沫若的《中国古代社会研究》即将出版，其中多处引用《甲骨文字研究》一书，真假之间，会引出意想不到的许多麻烦。"②朱彦民则认同了郭沫若在"自叙"中提到的中央研究院的"官办"性质，从二人不同政治立场的角度进行分析："郭沫若有自己鲜明的政治立场。他认为中央研究院是国民党官办的学术机关，自己一个共产党人，又是国民党政府通缉的政治要犯，不能和它有任何牵连。"③笔者认为，郭沫若拒绝的真正理由并不在于颇有政治意味的"周粟"，而在于"周粟"的提供者——傅斯年和中央研究院历史语言研究所所属的治学流派，在于郭沫若进行中国古代史研究和古文字研究时所秉持的与他们殊异的学术取向。

纵观郭沫若的中国古代社会研究，他从一开始就明白地表露出对当时居民国史学主流的由胡适、顾颉刚、傅斯年等人为代表的"新派"学人的反对。他是以主流学术的挑战者和批判者的姿态出现在学界的。在《中国古

① 《郭沫若革命春秋》，人民出版社 1974 年版，第 353—354 页。

② 王戎笙：《傅斯年与郭沫若》，《文史哲》2005 年第 3 期。

③ 朱彦民、巫史重光：《殷墟甲骨发现记》，百花文艺出版社 2001 年版，第 234 页。

代社会研究·序》中，郭沫若首先对胡适的《中国哲学史大纲》以及他发起的“整理国故”运动提出了批评：

> 胡适的《中国哲学史大纲》，在中国的新学界上也支配了几年，但那对于中国古代的实际情形，几曾摸着了一些儿边际？社会的来源既未认清，思想的发生自无从说起。所以我们对于他所“整理”过的一些过程，全部都有从新“批判”的必要。
>
> 我们的“批判”有异于他们的“整理”。
>
> “整理”的究极目标是在“实事求是”，我们的“批判”精神是要在“实事之中求其所以是”。
>
> “整理”的方法所能做到的是“知其然”，我们的“批判”精神是要“知其所以然”。
>
> “整理”自是“批判”过程所必经的一步，然而它不能成为我们所应该局限的一步。
>
> ……
>
> 我们要跳出了“国学”的范围，然后才能认清所谓国学的真相。
>
> ……
>
> 谈“国故”的夫子们哟！你们除饱读戴东原、王念孙、章学诚之外，也应该知道还有马克思、恩格斯的著作，没有辩证唯物论的观念，连“国故”都不好让你们清谈。[①]

郭沫若此处所称的“他们”，除了胡适，显然包括了傅斯年及其领导的中央研究院历史语言研究所的，因为“在学术上，提到胡适的整理国故运动时，亦必提到傅斯年的历史语言研究所是这个运动实际的中心”。[②]“傅斯年本人与胡适密切的关系，胡适与史语所之间的亲和性，不但宣之于口说，而且见之于各式各样的行动”。[③] 正因为胡适领导的整理国故运动是以傅斯年执掌的历史语言研究所为基地的，故而在一般人眼里，两者常被视为一体，不分彼此。

在《历史语言研究所集刊》创刊号上发表的《历史语言研究所工作之旨

① 郭沫若：《中国古代社会研究·序》，上海现代书局 1932 年版。

② 王汎森：《中国近代思想与学术的系谱》，台北联经出版有限公司 2003 年版，第 321 页。

③ 罗志田：《20 世纪的中国学术与社会·史学卷》，山东人民出版社 2001 年版，第 69 页。

趣》中，傅斯年反复强调历史研究中材料的根本重要性，“凡能直接研究材料，便进步”，“凡一种学问能扩张它研究的材料便进步，不能的便退步”，“凡一种学问能扩充它作研究时应用的工具的，则进步”，反之，便退步。所以，他提出的首要“宗旨”便是要“保持亭林百诗的遗训”，倡言“反对疏通，我们只是要把材料整理好，则事实自然显明了”。[①] 很明显，在郭沫若看来，这其实就是属于他所说的“知其然”，是“局限的一步”。而他在流亡日本期间从事历史研究的一开始，就明确了自己不会仅仅停留在这一步，而是要超越它，要“实事之中求其所以是”，要“知其所以然”。郭沫若选择和坚持了怎样的研究理论和工具，让郭沫若有如此自信呢？答案自然就是贯穿于这部“恩格斯的《家庭、私有制和国家的起源》的续篇”始终的马克思主义唯物史观。它不仅是《中国古代社会研究》的指导思想，而且是郭沫若整个古史研究和古文字研究的指导思想。

具体到甲骨文研究而言，早前的《中国古代社会研究》的“卜辞中的古代社会”一篇应该算是郭沫若最早的甲骨文研究之作了。当时他就说：“我们现在也一样地来研究甲骨，一样地来研究卜辞，但我们的目标却稍稍有点区别。我们是要从古物中去观察古代的真实的情形，以破除后人的虚伪的粉饰——阶级的粉饰。本篇之述作，其主意即在于此……所以我现在即就诸家所已拓印之卜辞，以新兴科学的观点来研究中国社会的古代。”而这“新兴科学的观点”显然就是其奉行的唯物史观。

写作《甲骨文字研究》时，郭沫若在《序》中进一步明确指出：“余之研究卜辞，志在探讨中国社会之起源，本非拘泥于文字史地之学。然识字乃一切探讨之第一步，故于此亦不能不有所注意。且文字乃社会文化之一要征，于社会生产状况与组织关系略有所得，欲进而追求其文化之大凡，尤舍此而莫由。”1952 年，人民出版社重印《甲骨文字研究》，郭沫若回忆当初自己研究甲骨文字的目的时也说：“这些考释，在写作当时，是想通过一些已识未识的甲骨文字的阐述，来了解殷代的生产方式、生产关系和意识形态。”[②]可以看出，这些同他在《中国古代社会研究》中反复强调的指导思想——“对于未来社会的待望逼迫着我们不能不生出清算过往社会的要求”是一脉相承的。两部著作“自是辅车唇齿”的关系。所以，郭沫若的古文字研究完全是为他探讨中国古代社会服务的，而他探讨古代社会的终极目标，则是用唯物史观把中国实际的社会“清算”出来，使马克思主义的辩

① 傅斯年：《傅斯年全集》第四册，台北联经出版有限公司 1980 年版，第 253—266 页。

② 郭沫若：《郭沫若全集·考古编》第一卷，科学出版社 1982 年版，第 7 页。

证唯物论"中国化",阐述人类共同的社会发展规律。

此外,还有一事值得提及。在30年代的北平,以胡适、傅斯年为代表的注重考据的一派占据其时的学术主流,学术界里充满着"非考据不足以言学术"的空气。① 燕京大学是其中的重镇之一,而《燕京学报》又是"和《集刊》(即《历史语言研究所集刊》,引者按)性质一类的学报"。② 而在郭沫若和容庚的通信中,我们得知,郭沫若在联系《甲骨文字研究》出版之余,又写成了《殷周青铜器铭文研究》上下两册。时任主编的容庚曾向郭沫若表示愿在《燕京学报》上刊载此文。郭沫若在1930年8月18日给容庚的信中说:"书太长,登录《学报》恐非所宜。又贵校衮衮诸公,意见似颇复杂,弟亦雅不愿以个人交谊重累吾兄也。"郭沫若此处的委婉拒绝,也颇能说明他对于自己同崇尚考据一派学人殊异的学术取向有着相当清醒的自觉。

所以,拿起了"辩证唯物论的观念"的郭沫若,在学术取向上,与提倡"近代的历史学只是史料学",反对疏证,"不以'史观'为急图"的傅斯年及历史语言研究所是完全不同的。他不仅不能认同胡适、傅斯年及历史语言研究所等所代表的史料考证学派的学术取向和治学方法,而且在自己的研究中每每把他们作为直接的批评对象、挑战目标和"竞进"对手。因此,对于他们所提供的"周粟",他又怎会去"食"呢?

三、出版背后的人事交际

虽然经历了对傅斯年及其历史语言研究所的拒绝,也有来自商务印书馆和东洋文库的拒绝,郭沫若的《甲骨文字研究》最终还是出版了。1931年3月,上海的大东书局根据著者手迹影印出版了该书。在这一过程中发挥重要联络作用的是李一氓。郭沫若在1947年回忆说:

> 但这两部书的出版虽然经过一些周折,仍然应该感谢一氓,是他向上海大东书局为我交涉办成功了。交涉的经过情形我不知道,当时李幼椿在担任大东的总编辑,或许是念到同乡的关系,承受了下来的吧?③

① 钱穆:《八十忆双亲·师友杂忆》,读书·生活·新知三联书店1998年版,第171页。

② 逯耀东:《胡适与当代史家》,台北东大图书股份有限公司1998年版,第229页。

③ 黄淳浩:《郭沫若书信集(上)》,中国社会科学出版社1992年版,第325页。

对于此事，李一氓后来在回忆录则是这样说的：

> 经过他（傅子东）我又认识了孟寿椿，也是四川人，一个美国留学生。那时他当大东书局的编辑所长。我手头正有两部郭沫若的稿子，一是《中国古代社会研究》，二是《殷周青铜器铭文研究》。因为大东书局张静庐向我表示愿意出版郭沫若的著作，在征求郭沫若的同意之后，我就把《中国古代社会研究》交给了张静庐，大概在1930年底就出版了。至于《殷周青铜器铭文研究》，我早就同孟寿椿谈起过，他出的稿费也比较优厚，我就把他交给了孟寿椿，1931年也出版了。郭沫若在《海涛集》最后《我是中国人》的一节中，把孟寿椿误记为李幼椿，应予更正。[①]

郭沫若提到的李幼椿，即李璜（1895—1991），别名幼椿，四川成都人，是少年中国学会的发起组织者之一，后来成为了中国青年党的首领之一。20年代末30年代初，李璜在上海主持青年党党务，攻击中国共产党领导的武装革命斗争，因此，李幼椿明显是郭沫若的"误记"。李一氓对此进行了纠正，正确地指出了此人应为孟寿椿。孟寿椿（1894—1954），字滋荣，四川涪陵人，求学于北京大学文学系，是少年中国学会的主要发起筹备人之一，任会计股、文牍股主任，后赴美国加利福尼亚大学留学，并在加利福尼亚成立少年中国学会美国分会，1927年获史地硕士，归国后在大东书局任编辑所所长。

李一氓在回忆录中虽然纠正了郭沫若的一处"误记"，然而，他自己却也有多处误记，混淆了人事关系。现罗列并纠正如下：

第一，李一氓提到的张静庐与大东书局并没有关系。大东书局是当时上海的一家重要的民营出版发行机构，1916年创办，系吕子泉、王幼堂、沈骏声和王均卿4人合资经营，经理沈骏声，总店店长王幼堂。而张静庐是中国现代著名的出版家。他做出版的第一站是在泰东图书局，先做编辑，后主管出版和营业。后来他脱离了泰东图书局，到联合通讯社做外勤记者。1925年春，张静庐重返出版界，与沈松泉、卢芳等三人共同合资创办了光华书局。1927年，他与别人合资创办了现代书局。1929年和1934年，他又先后独资创办了上海联合书店和上海杂志公司。

第二，郭沫若与张静庐在泰东书局期间就有着较为密切的关系，张静

① 《郭沫若革命春秋》，人民出版社1974年版，第352页。

庐离开泰东后独立创办书局时，也得到了郭沫若等创造社朋友的支持。定位为“一家社会科学书店”的联合书店刚刚创立之时，是否有作者和稿源的支持非常重要，正是郭沫若的《中国古代社会研究》在联合书店的首次出版，才使得书店真正成立起来。八年后张静庐回忆道：

> 试试看，写了一封信托李一氓先生转给住在千叶市的佐藤和夫（即郭沫若，引者按），问他有没有社会科学的译稿，这全是试试看，明白晓得他是弄文艺的，尤其在日本帝国主义者侦探们的监视之下，即便有这样的心意，也不会有现成的稿件。何况社会科学稿，在国内有没有书店敢接受来出版，还是很成问题。
>
> 出乎意外的是，居然告诉我，他正在赶写一部《中国古代社会研究》已将完成，可以交给我出版。——并且声明，这是他比较满意的一部著作物。这样一来，专门社会科学书店的上海联合书店四马路中西药房隔壁大厦上竖起了招牌。①

第三，经过李一氓的帮助，在大东书局出版的两部著作，应分别是《甲骨文字研究》（二册，1931 年 5 月）和《殷周青铜器铭文研究》（二册，1931 年 6 月），并不包括李一氓所回忆的《中国古代社会研究》。而且据目前资料判断，大东书局自始至终都没有出版过《中国古代社会研究》一书。

不管怎样，两部书终归是出版了。出版后，大东书局给郭沫若寄来了各二十本。看着这些来之不易的书，郭沫若竟激动得流下了热泪。妻子安娜专门煮了红豆饭来庆祝这次成功。吃过饭，郭沫若每种选了两本，其余的打成两捆，与妻儿一起扛上电车，送到位于东京本乡一家“专卖中国古书的书店”——文求堂。老板田中庆太郎很客气地把书留下，按定价的七折付了款。这样，一家人的生活又暂时有了保障。

从以上郭沫若的古史研究和古文字研究著作的出版过程中，我们惊讶地发现，由同乡关系以及郭沫若与少年中国学会之间的特殊交往组成的人事网络，在其中发挥了重要作用。起到关键作用的李一氓是四川彭县人，自北伐战争起就与郭沫若建立了深厚的革命情谊。在革命低潮时期，郭沫若转入学术研究，李一氓对其帮助甚大。《甲骨文字研究》和《殷周青铜器铭文研究》的出版即是如此，就连郭沫若在研究之外，为了“顾计到生活”而写成的《我的幼年》和《反正前后》，翻译的《石炭王》、《屠场》、《煤油》以及

① 李一氓：《李一氓回忆录》，人民出版社 2001 年版，第 130—131 页。

《美术考古学发现史》等,“也都靠着国内的朋友,主要也就是一氓,替我奔走,介绍,把它们推销掉了。”[①]另外,在写作《甲骨文字研究》的《释支干》和《释岁》时,因为所需资料众多,前后差不多费了一年工夫。期间“国内有不少的朋友曾经帮助过我,特别是李一氓,他替我把所需要的书,陆续地收集,购寄,使我跑东京的时间也就省下了。”[②]就连出版后的《甲骨文字研究》向鲁迅等人赠送之事,也由李一氓完成。[③]

此外,在出版郭沫若这两部著作上有着重要决定权的大东书局编辑所所长孟寿椿,甚至是郭沫若“误记”为的李幼椿,也是四川同乡。同时,在主要由四川人发起成立的少年中国学会里,这两人也为主要成员。而郭沫若虽然并没有加入该团体,但在和宗白华、田汉的通信交往过程中,郭沫若“又有意无意地置身于少年中国学会会员构成的关系网络中”,“当时郭沫若与少中会的核心成员——郭沫若同学曾琦、王光祈、魏时珍、周太玄等关系还不错”,[④]郭沫若自己也认为感受到了少年中国学会“诸至友之厚爱”。[⑤]所以,既是四川同乡,又是少年中国学会主要成员的孟寿椿,对郭沫若几处碰壁的古文字研究著作出版的帮助,既包含有郭沫若所说的“念到同乡的关系”,郭沫若通过与少年中国学会的特别交往而建立起的人际关系应该也是不可忽视的因素之一。至于李幼椿,虽然他与此事完全无涉,但是,郭沫若不偏不倚的“误记”或许在一定程度上恰好印证了本文的这一判断。

(原载《新文学史料》2011 年第 1 期,作者为乐山师范学院四川郭沫若研究中心讲师)

---

① 张静庐:《在出版界二十年》,上海杂志公司 1938 年版,第 138 页。

② 《郭沫若革命春秋》,人民出版社 1974 年版,第 347—348 页。

③ 鲁迅:《鲁迅手稿全集·日记》第七册,文物出版社 1982 年版。1931 年 5 月 14 日的日记说“晚雨,李一氓赠甲骨文字研究一部”。

④ 陈俐:《郭沫若与少年中国学会同乡同学关系考》,《新文学史料》2007 年第 4 期。

⑤ 黄淳浩:《郭沫若书信集(上)》,中国社会科学出版社 1992 年版。

胡适与郭沫若

桑逢康

胡适比郭沫若年长一岁，成名也比郭沫若早。1917 年 1 月他的《文学改良刍议》一文在《新青年》杂志第 2 卷第 5 号上发表，这是提倡白话文学的第一篇正式宣言，胡适由此奠定了五四新文化运动倡导者之一的历史地位。同年 8 月胡适又被北京大学聘为文科教授。

当胡适声名鹊起之际，郭沫若还在日本冈山第六高等学校读医科。

胡适在理论倡导的同时也进行了一些“尝试性”的文学创作实践。他写过小说，编写过剧本，而写得较多的是新的白话诗。1920 年 3 月出版的《尝试集》是现代文学史上第一部个人白话新诗集，“胡适之体”因而名噪一时。

郭沫若最早写作新诗的时间他本有几种说法：1916 年夏秋之交、1918 年初夏、1919 年夏秋之间，不过有据可查的是 1919 年 9 月 11 日才在上海《时事新报》副刊《学灯》上第一次发表新诗，并首次使用“沫若”的署名。大名鼎鼎的胡适，肯定没有注意到一个崭新的“东方未来的诗人”正在大步朝他逼近！

1921 年 8 月郭沫若的《女神》面世，立即引起了巨大的反响。胡适的《尝试集》虽说出版较早，开风气之先，但毕竟不过是“尝试”而已，就连胡适本人也承认“像一个缠过脚后来放大了的妇女”，未完全摆脱旧的痕迹。郭沫若的《女神》才是真正意义上的新诗，无论内容和形式都令人耳目一新，用“震撼”两个字来形容它对诗坛的影响一点儿也不为过。从历史的角度看，“五四”文学革命在诗歌领域取得的标志性的重大成就不是胡适的《尝试集》，而是郭沫若的《女神》。

1921 年 7 月至 9 月，胡适应高梦旦邀请到上海代筹商务印书馆编译所改良计划。郭沫若为筹划创造社事宜往返于日本和上海之间，此时正在上海泰东图书局编纂《女神》。高梦旦先生 8 月 9 日晚特意在一枝香番菜馆宴请胡适，郭沫若、郑心南、何公敢、郑伯奇等作陪。高梦旦是商务元老，他坐在长餐桌上手一边的正中，左边是胡适，右边是郭沫若，两位主要的客人还没有见过面，高梦旦就向胡适介绍说：

“这是沫若先生，我们沫若先生很有远大的志向，不久还要折回日本去继续学业。”

“很好的。”胡适发出了第一声，又说：“很好的，我们就等郭先生毕了业之后再作商量了。”在胡适和郭沫若握手的时候，何公敢说：“你们两位新诗人第一次见面。”

胡适接着说道：“要我们郭先生才是真正的新，我的要算旧了，是不是啦？”

郭沫若没有摸准胡适这样问究竟是什么意思，只是感觉着好像自己也应该说一句客气的话来满足对方的要求，然而却没能立刻想出来怎么讲，便含糊地笑了一笑以示回应。对郭沫若的这一举动，当然也可以解释为他是“笑纳”了胡大博士的“恭维”。

胡适的“恭维”恐怕只有一半是真实的，他在当天的日记中谈到郭沫若时说：“沫若在日本九州学医，但他颇有文学的兴趣，他的新诗颇有才气，但思想不大清楚，工力也不好。”后两句显然就有些贬意了。

为了便于两位新诗人交谈，高梦旦索性把自己的座位让给了郭沫若，这样郭沫若就紧挨着胡适了。胡适问郭沫若有无新作，郭沫若回答说有一篇未完成的戏剧《苏武与李陵》正在《学艺》杂志上发表，胡适当即不是批评地批评道：

你在做旧东西，我是不好怎样批评的。

郭沫若在《创造十年》中对他同胡适的第一次见面有相当详尽的记述，上面所引即本于此。《创造十年》作于1932年，那时郭沫若和胡适在政治上、思想上和学术观点上已经产生了严重的分歧，因此郭沫若在重提往事时不免带着相当浓厚的个人感情色彩，字里行间对胡适杂有不少讽刺和调侃。比如：

“博士到得很迟，因为凡是名脚登场总是在最后的。——光荣到了绝顶的是，他穿的也是夏布长衫。他那尖削的面孔，中等的身材，我们在那儿的相片上早是看见过的，只是他那满面的春风好像使那满楼的电风扇都掉转了一个方向。

这要算是我们自有生以来的最大光荣的一天，和我们贵国的最大的名士见面，但可惜我这个流氓，竟把那样光荣的日期都忘记了。

这样煊赫的红人，我们能够和他共席，是怎样的光荣呀！这光荣实在太大，就好像连自己都要成为红人一样。

“……博士先生也懂得一些德文。但他的德文发音好像很有点‘不落肯’。”

郭沫若还特意写了一个胡适“奉仕”他的细节：

“我那时候也在吸香烟，在电风扇之下擦了几根火柴都不能擦燃。博士把火柴匣接过去，顺手又取了一个酒杯来打横，把左手的姆指和无名指挟着酒杯边，食指和中指挟着火柴匣，那样酒杯便成了一个玻璃罩，火柴他就擦燃了。他向我笑了一下，我也着实地佩服着他：毕竟不愧是我们的博士！”

从郭沫若的叙述中，可以看出中间有“文人相轻”的成分：胡适名声显赫，偶作谦虚却难掩自大，多少有些居高临下，倚老卖老，而郭沫若作为文坛新锐，并不买胡大博士的账。

不久以后郭沫若和胡适就因为翻译的问题打起了笔仗，起因是余家菊由英文转译德国哲学家威铿的著作《人生之意义与价值》。郁达夫写了一篇文章指责余的译文有错误，然而郁达夫自己却把“establish”译成了“建设”，同样出了错，郁达夫还在文章中使用了“粪蛆”之类骂人的语言。胡适针对郁达夫在《努力周报》上发表了一篇题为《骂人》的短文，摆出一副教师爷的架式，用教训的口吻批评“初出学堂门”的郁达夫“浅薄无聊”而“不自觉”，其改译“几乎句句是大错的”，且有“全不通”之处。为了纠正余家菊和郁达夫译文的错误，胡适还示范性地亲自把那几句重新改译了一遍。

这件事本来和郭沫若没有什么直接关系，但郁达夫是创造社中人，那时大家都有些“文人的小集团主义倾向”，抱成一团，党同伐异，因此郭沫若就站出来替郁达夫打抱不平了。他在《创造季刊》第1卷第3期上发表文章《反响之反响》，指责胡适“起首便把达夫文中前半的几句愤慨语挑剔出来，一面把他愤慨的原因全盘抹杀了，一面又把他的愤慨语专门扯到余家菊身上去。我不知道以'公道'自任的胡适,何以竟会有这种态度?"文章用了很多篇幅,将胡适的几句译文与威铿著作的德文初版相对照,奚落留学美国以英文见长的胡大博士"翻译更错得一塌糊涂",竟连极普通的"while"都错译为"虽然"去了。胡适在自己引为骄傲的领域,被(他看来是)"一班不通英文的人"抓住了把柄,感到很是恼火,一边赌着气,一边身份拿得十足地声言:"我没有闲工夫来答辩这种强不知以为知的评论。"郭沫若毫不客气,又著文回击道:"通英文一事不是你留美学生可以专卖的","我劝你不要把你的名气来压人,不要把你北大教授的牌子来压人,不要把你留美学生的资格来压人,你须知这种如烟如云没多大斤两的东西是把人压不倒的!要想把人压倒,只好请'真理'先生出来,只好请'正义'先生出来!"文人相争中还掺和了留美留日之争。

这场笔墨官司闹得不小,除上面提到的几位主角外,张东荪、成仿吾、吴稚晖、陈西滢、徐志摩等人都参加了进去。从积极的一面来说,对推动文学翻译不无帮助,但毕竟显露出了文人相轻、感情用事的毛病。

按照郭沫若的说法,后来是以胡适的主动"求和"而告终结。1923 年 5 月 15 日胡适给郭沫若和郁达夫写了一封长信,表白道:

> "我是最爱惜少年天才的人;对于新兴的少年同志,真如爱花的人望着鲜花怒'放'心里只有欢欣,绝无丝毫'忌刻'之念。但因为我爱惜他们,我希望永远能作他们的诤友,而不至于仅作他们的盲徒。
>
> "至于我对你们两位的文学上的成绩,虽然也常有不能完全表同情之点,却只有敬意,而毫无恶感。我是提倡大胆尝试的人,但我自知'提倡有心,而实行无力'的毛病,所以对于你们的尝试,只有乐观的欣喜,而无丝毫的恶意与忌刻。
>
> "至于我的《骂人》一条短评,如果读者平心读之,应该可以看出我在第一条里只有诤言,而无恶意。"

鉴于"不通英文"那句话伤害了郭沫若和郁达夫的自尊心,胡适恳求他们宽恕:

> "只当是一个好意的诤友无意中说的太过火了。如果你们不爱听这种笨拙的话,我很愿意借这封信向你们道歉。"最后,胡适"盼望那一点小小的笔墨官司不至于完全损害我们旧有的或新得

的友谊。”

应该讲，胡适在这封长信中尽管也有“长者”教诲“少年同志”的意味，但总的来说态度还是相当诚恳的，像他那样有名的人物能主动屈尊道歉求和也诚属不易，说明宰相肚里能撑船，确有绅士风度。郭沫若和郁达夫接受了胡适的道歉，郭沫若5月17日给胡适回复了一封信，表示：

“所有种种释明和教训两都敬悉。先生如能感人以德，或则服人以理，我辈尚非豚鱼，断不至因小小笔墨官司便致损及我们的新旧友谊。目下士气沦亡，公道凋丧，我辈极思有所振作，尚望明晰如先生者大胆尝试，以身作则，则济世之功恐不在提倡文学革命之下。”

郭沫若这样说，含有肯定胡适倡导文学革命的意思。后来胡适到民厚南里看望过郭沫若和郁达夫，郭沫若、郁达夫、成仿吾也到胡适的下榻处回拜，一场笔墨官司就这样结束了。郭沫若在《创造十年》中是这样说的：

“我们的回信去后，胡大博士毕竟是非凡的人物，他公然到民厚南里来看我们，一年不见的他是憔悴多了。他说在生病，得了痔疮；又说是肺尖也不好。我看他真有点像梁山泊的宋公明，不打不成相识，《骂人》的一笔官司就像是从来没有的一样。他那住在法租界杜美路的一家外国人的贷间里，我们，仿吾、达夫和我，也去回拜过他一次。我们被引进了一间三楼的屋顶室，室中只摆着一架大木床；看那情形，似乎不是我们博士先生的寝室。博士先生从另一间邻室里走来，比他来访问时，更觉得有些病体支离的情景。”

胡适和徐志摩在他们的日记中也分别作了记述。胡适1923年日记中有以下几条：

(5月25日)“出门，访郭沫若、郁达夫、成仿吾。结束了一场小小笔墨官司。”

(5月27日)“下午，郭沫若、郁达夫、成仿吾来。”

(10月11日)“饭后与志摩、经农到我旅馆中小谈。又同去民厚里692访郭沫若。沫若的生活似甚苦。”

(10月13日)“沫若来谈。前夜我作的诗,有两句,我觉得不好,志摩也觉得不好,今天沫若也觉得不好。此可见我们三个人对诗的主张虽不同,然自有同处。……沫若邀吃晚饭,有田汉、成仿吾、何公敢、志摩、楼XX(石庵),共七人。沫若劝酒甚殷勤,我因为他们和我和解之后这是第一次杯酒相见,故勉强破戒,喝酒不少,几乎醉了。是夜沫若、志摩、田汉都醉了,我说起我从前要评《女神》,曾取《女神》读了五日。沫若大喜,竟抱住我,和我接吻。”

(10月15日)“……与志摩同请沫若,仿吾等吃饭。田寿昌和他的夫人易漱瑜女士同来。叔永夫妇也来。”

徐志摩1923年的几则日记可以作为佐证:

(10月11日)“午后为适之拉去沧州别墅闲谈,……适之翻示沫若新作小诗,陈义体格词采皆见竭蹶,岂《女神》之遂永逝?”

“与适之,经农,步行去民厚一二一号访沫若,久觅始得其居。沫若自应门,手抱襁褓儿,跣足,敝服(旧学生服),状殊憔悴,然广额宽颐,怡和可识。入门时有客在,中有田汉,亦抱小儿,转顾间已出门引去,仅记其面狭长。沫若居至隘,陈设亦杂,小孩羼杂其间,倾跌须父抚慰,涕泗亦须父揩试,皆不能说华语;厨下木屐声卓卓可闻,大约即其日妇。坐定寒暄已,仿吾亦下楼,殊不话谈,适之虽勉寻话端以济枯窘,而主客间似有冰结,移时不涣。沫若时含笑谛视,不识何意。经农竟噤不吐一字,实亦无从端启。五时半辞出,适之亦甚讶此会之窘,云上次有达夫时,其居亦稍整洁,谈话亦较融洽。然以四手而维持一日刊,一季刊,其情况必不甚愉适,且其生计亦不裕,或竟窘,无怪其以狂徒自居。”

(10月15日)“前日沫若请在美丽川,楼石庵自南京来,故亦列席。饮者皆醉,适之说诚恳话,沫若遽抱而吻之——卒飞拳投詈而散——骂美丽川也。”

“今晚与适之回请,有田汉夫妇与叔永夫妇,及振飞。大谈神话。”

无论是郭沫若的《创造十年》,还是胡适和徐志摩的有关日记,都记载了那一段时间他们交往的事实。事实是谁也否认不了的，但有几点不妨多说几句：

一、说胡适"其争也君子"也好，"绅士风度"也罢，胡适抱病登门去访郭沫若、郁达夫，说明他的态度是诚恳的，他的确想结束那一场笔墨官司，并为此采取了主动。

二、胡适的诗基本上可纳入写实主义范畴，郭沫若是积极浪漫主义的代表，徐志摩致力于现代格律诗的试验。胡适当时欣赏并赞扬徐志摩，对郭沫若则有所肯定也有所保留："英美诗中，有了一个惠特曼，而诗体大解放。惠特曼的影响渐被于东方了。沫若是朝着这方向走的；但《女神》以后，他的诗渐呈'江郎才尽'的现状。"这句话可以印证徐志摩日记中所说："适之翻示沫若新作小诗，陈义体格词采皆见竭蹶，岂《女神》之遂永逝？"他们三个人"对于诗的主张虽不同，然自有同处"，这体现了胡适一贯对不同主张、不同风格持宽容的态度。实际上，"不同中有同处"正是艺术创作多样性的表现，也是作家之间相互关系的准则，兼容并包，各呈其长。作诗如此，其他方面也应如此。

三、徐志摩日记中把郭沫若写得很寒酸，郭沫若那时生活的确很清贫，胡适与徐志摩比他要阔绰得多，至少免不了那种"穷书生而有阔少爷的脾气"。尤其是和社会底层接触以后，郭沫若的思想发生了重大变化，从而走上革命的道路。胡适和徐志摩一辈子过的都是养尊处优的生活。

四、在饭桌上，当醉酒之际，郭沫若听到胡适说"曾取《女神》读了五日"的话，竟高兴得抱住胡适接吻。徐志摩用"遽抱而吻之"五个字把郭沫若当时"大喜"的样子描述得活灵活现，说明写诗较晚的郭沫若还是很希望像胡适这样的名人为自己捧场的。这也是人之常情，不足为怪。胡适晚年曾对唐德刚讲：有一次在一个宴会上他称赞了郭沫若几句，郭氏在另外一桌上听到了，特地走了过来在他脸上 Kiss 了一下以表谢意。如果这指的是高梦旦的那次宴请，两位新诗人第一次见面，那么郭沫若 Kiss 胡适恐怕就不怎么确切了，胡适当天日记中并无此记载。何况高梦旦作为主人，不会安排他宴请的两位主要客人分坐两桌，因而也就不会有郭沫若从另外一桌"特地走过来"与胡适接吻的情况发生。晚年的胡适之所以对唐德刚那样讲，十之八九是他的记忆有些混淆了，转述者唐德刚又没有加以订正。郭沫若抱住胡适接吻确有其事，不过不是在他们第一次见面的时候，而是在那之后，郭沫若请胡适、徐志摩等在美丽川吃饭的饭局上，有那么一次酒醉后的"抱而吻之"。郭沫若是自视很高的人，按照他自由豪放、昂扬奋进、天马行空的个性，不会也不可能接二连三地抱吻胡适，尤其是当他清醒的时候。

相投本以诗为友，结怨终因歧见多。郭沫若和胡适并没有将“友谊”继续保持下去，随着政治上的分歧日趋严重，愈来愈演变为对立的两极。

现在有人指责或者惋惜郭沫若未能守住“艺术之宫”，跟政治跟得太紧因而成了政治的“喇叭”，殊不知在这方面胡适其实和郭沫若一样。郭沫若和胡适都不是纯粹的文人，他们都深深地卷入了现代中国复杂激烈尖锐的政治斗争，要他们这样“入世”的文人游离或独立于政治之外，简直是不可思议的事情。胡适和郭沫若的差别，仅仅在于他们政治方向选择上的不同。在中国现代文学史乃至整个文化史上，如果说鲁迅和郭沫若属于左翼，代表无产阶级和人民大众，同情、支持甚或加入了中国共产党，先后成为革命文学和革命文化的旗手，那么胡适就是右翼的，代表资产阶级的，国民党方面的文化班头（也可以说是“文化旗手”）。

在旧中国，帝国主义、封建主义和官僚资本主义是压在中国人民头上的三座大山，它们理所当然地成为革命的对象。胡适却从改良主义的立场出发，提出“五鬼乱中华”，藉以混淆视听，转移革命斗争的大方向。他在1930年的《新月》杂志第2卷第10号发表了《我们走哪条路》一文，以“探路”者自居向世人指示说：

> “我们要铲除打倒的是什么？我们的答案是：我们要打倒五个大仇敌：第一大敌是贫穷。第二大敌是疾病。第三大敌是愚昧。第四大敌是贪污。第五大敌是扰乱。这五大仇敌之中，资本主义不在内，因为我们还没有资格谈资本主义。资产阶级也不在内，因为我们至多有几个小富人，哪有资产阶级？封建势力也不在内，因为封建制度早已在二千年前崩坏了。帝国主义也不在内，因为帝国主义不能侵害那五鬼不入之国。帝国主义为什么不能侵害美国和日本？为什么偏爱光顾我们的国家？岂不是因为我们受了这五大恶魔的毁坏，遂没有抵抗的能力了吗？故即为抵抗帝国主义起见，也应该先铲除这五大敌人。”

民主革命时期的三大对象就这样被胡适一笔勾销了。既然帝国主义、封建主义、资本主义在中国根本就不存在，革命岂不成了无的放矢？于是乎反对革命尤其是反对“暴力革命”，在胡适那里就成了顺理成章的事。

郭沫若在《创造十年》中针对胡适的“五鬼乱中华”，用犀利尖锐而又略带嘲讽的文笔，进行了批驳：

"胡大博士真可说是见了鬼。他像巫师一样一里招来,二里招来的所招来的五个鬼,其实通是些病的征候,并不是病的根源。要专门谈病的征候,那中国岂只五鬼,简直是百鬼临门。重要的是要看这些征候,这些鬼,是从甚么地方来的。

"我们的博士先生'浅薄'得真是有点可爱。他说'资本主义不在内。……资产阶级也不在内',是的,内或者是不在。外呢?中国的金融、交通、矿山、纱厂等等是在贵何国度的贵何主义、贵何阶级的手里呀?他说'封建势力也不在内,因为封建制度早在二千年前崩坏了'。这只是在名词上玩把戏。他说的'封建制度'是秦以前的封功臣建同姓的说法……现在所谈的'封建势力'是指在行帮制下的各种旧式产业,在地方上割据着的军阀、官僚、地主的那个连锁,以及因之而发生的各种痼弊的迷信与腐化(胡博士所说的五大仇敌都包含在这里面),这些是崩坏了的吗?问题不是徒逞唯名的(nominalistic)诡辩,而是要你看着事实!更可爱的是我们的博士问'帝国主义为什么不能侵害美国和日本?'这该不是多喝了两杯洋酒时说的话罢?因为这等于在问:'疟疾的病源虫为什么不侵害Plasmodium,梅毒的病源菌为什么不侵害Spirochaeta pallida?'

"博士先生,老实不客气地向你说一句话:其实你老先生也就是那病源中的一个微菌。你是中国的封建势力和外国的资本主义的私生子。中国没有封建势力,没有外来的资本主义,不会有你那样的一种博士存在。"

胡适自谓:"哲学是我的职业,文学是我的娱乐,政治只是我的一种忍不住的新努力。"他的政治构想,简单地说来,就是按照美国的民主政治模式在中国建立"民主宪政"体制。胡适的确为此作出了持续不断的努力,然而可悲亦复可笑的是,他将自己的"民主"追求与"自由"梦想同蒋介石的法西斯独裁统治紧紧绑在了一起,甘心情愿地充当蒋家王朝的遮羞布,并最终成为了笑柄。

作为人民解放事业的积极参与者,真正的中国民主进程的推动者,中共坚定的支持者实际又是其中一员的郭沫若。对胡适倒行逆施、为虎作伥、替反动派"曲为辩护"的行径进行了无情的揭露和批判。这是理所当然的,也是很自然的事,非如此则非郭沫若。他把胡适的种种表演斥之为"裸体胡魔舞",他借替胡适改诗,嘲笑胡适"作了过河卒子,只得奉命向前"。

在《斥帝国臣仆兼及胡适》中，郭沫若写道：

“胡适学无根底，侥幸成名，近二三年来更复大肆狂妄。蒋介石独裁专擅，祸国殃民，而胡为之宣扬‘宪法’，粉饰‘民主’，集李斯、赵高、刘歆、扬雄之丑德于一身而恬不知耻。更复蛊惑青年，媚外取宠，美国兽兵，强奸沈崇，竟多方面为之开脱。平时蒙上‘自由主义者’之假面具，高唱‘理未易明，善未易察’之滥调，以乡愿贼德，毒害学生。……”

郭沫若把胡适骂得体无完肤，完全是从政治立场上出发的，他和胡适分属于两个对立的政治营垒，在国共两党决战的时候，两位“文化班头”之间的斗争也到了白热化的程度。至于文章中说胡适“学无根底，侥幸成名”，当然并不完全符合事实，胡适在新文化运动初期还是作了很大贡献的，他也并非侥幸而成名。以人废言，骂倒一切，文人常犯这种绝对化的毛病，郭沫若也未能完全避免。不过郭沫若当时是在进行政治斗争，并不是在作学术评价，因此文章写得过火一点，也是可以理解的，为了清除诸多“病源”中的一个“微菌”，需要投一剂猛药。

胡适对郭沫若火药味十足的攻击性文字没有作任何的回应，大概他是不想给对方提供更多的子弹。1947 年他在给王世杰的一封信中曾透露出了自己难言的苦衷：

“自从我出席国大之后，共产党与民盟的刊物(如《文萃》，如《文汇报》)用全力攻击我。……听说郭沫若要办七个副刊来打胡适。我并不怕‘打’，但不愿政府供给他们子弹，也不愿我自己供给他们子弹。”

当时的政治形势，决定了郭沫若在这场斗争中最终占了上风。1948 年 12 月 16 日，北平已处在人民解放军的重重包围之中，“红妆素裹，分外妖娆”，然对困守北平的胡适等人来说，却是“无可奈何花落去”，一片寒冬肃杀景象。胡适自感大势已去，无力回天，不得不乘坐国民党政府派来的专机，悄然南下。与胡适形成强烈对照的是，郭沫若和大批进步文化人与民主人士在中共地下党的安排下，离开香港赴东北解放区，迎接新中国的成立。一个兴高采烈地北上，一个落荒而逃似的南下，形成了巨大的反差。

20 世纪 50 年代，大陆开展对胡适思想的大规模的系统批判，作为胡适长期对手与论敌的郭沫若，提出了旨在“彻底清除”胡适思想“遗毒”的《三点建议》。胡适又恼又恨，咒骂郭沫若是共产党的“文化奴才”。——多年来台湾、香港的反共文人，以及近年来大陆某些持“自由主义”观点的所谓知识“精英”，在攻击和诋毁郭沫若时都追随胡适，操着与胡适同样的腔调，使用同胡适一样的语言，甚至比当年的胡适有过之而无不及。

（原载《郭沫若学刊》2011 年第 2 期，作者为中国社会科学院文学研究所研究员）

郭沫若政治转向过程中的人际关系探微

陈俐

1924年郭沫若在《洪水》刊物上与国家主义的论战是他政治态度明朗化的标志性事件。这一场论战，肇端于以留日学生为主的孤军派关于中国经济走向的大讨论，郭沫若参与其中，并酿成其后与国家主义派的论战。郭沫若与国家主义者的交往，继而产生分裂乃至决裂的过程，正是郭沫若摸索中华民族的发展道路，逐步转向马克思主义和中国社会主义革命的政治选择过程。郭沫若的政治转向，与一批留日同乡同学的关系变化，以及与共产党人蒋光慈、瞿秋白等人的相识和相交，有着非常重要的联系。

郭沫若在《学生时代》、《创造十年续编》等文中，多次提到与国家主义者曾琦的关系。由于叙述的兴奋点主要在政治分歧，他们之间很多实际交往过程和情景就被过滤掉了。事实上他们之间的关系，一开始并不只是分歧和对立，只是后来由于政治选择的不同，他们才完全分道扬镳的。

曾琦与郭沫若既是四川同乡，又都毕业于成都分设中学，后来又同为留日学生。他们的中学时代，正处在中国社会激变的关头，他们在成都亲眼目睹了四川保路同志会的兴起和失败，共同见证了以蒲殿俊为代表的宪政革命的流产，他们的中学校长刘士志既是著名的理学名儒，又是排满先锋，其中的教师杨庶堪、刘咸荣、徐子休皆是如此。这一批进步教师成为当年学生们共同效法的对象。曾琦在中学时尤其活跃，当时就“密与杨庶堪等人从事排满活动，执笔于成都商报、商会公报、四川公报等，宣传爱国主张。此后又赴重庆，参加熊克武、杨庶堪讨袁运动”。[①] 后来，郭沫若在成都分设的一批同学曾琦、王光祈、周太玄、魏时珍、李劼人等组织少年中国学会，成为20世纪初中国政治、文化舞台上的风云人物；郭沫若与曾琦的交往并不在中学阶段，在中学他们仅仅见过一面，甚至招呼也没有打，真正关

① 程沧波：《发挥曾慕韩先生的精神影响力》，《曾慕韩先生逝世三周年纪念特刊》，中国青年党中央党部1981年版，第6页。

系较为密切的时间是在日本。当年郑伯奇与郭沫若相识,并加入创造社,与曾琦的极力推荐有很大关系。郑伯奇曾提到:

> 曾慕韩(曾琦)、左舜生、李幼椿、黄仲苏诸兄都是自己在上海震旦读书的旧同学。我们都讨厌教会学校的那种恶劣空气,又看不上上海同学的那种浮薄态度,便自然而然地形成一个小集团……慕韩和我在东京郊千驮谷同住过一个时期。他常常对我提起他的旧同学郭开贞怎样聪明好学,而可惜无法与我介绍。因为他远在冈山的六高读书,我也觉得非常遗憾。有一次他给他寄了一本德文的斯宾诺莎的《埃迪加》,他很得意地说,这位朋友只学两年德文,已经能够读这样艰深的书了,这更提高了我结交的愿望。……我将这段经纬说明了以后,寿昌自告奋勇,愿为我们居间介绍,这使自己感到意外的高兴①。

大概是1917年在日本房州,郭沫若与曾琦还同在海边洗过海水澡。在这里,曾琦诗兴大发,赋诗多首,抒发爱国忧愤之情,其中一首《丙辰七月避暑日本房州那古町海边游泳感赋》(1917年):

> 风咏吾家事,沧浪此濯缨。鱼龙争逞异;鸥鹭若为情。落日争涛吼;浓烟铁舰横。赏心还怵目,归去莫谈瀛。

在诗中抒发其要干一番事业的雄伟志向,很快就转为实际的行动。紧接着,曾琦就有了组织学生救国会归国示威的壮举。在日本的组织活动中,还有郭沫若的另一位中学同学漆南熏(树芬)的身影。据曾琦1918年日记载:"五月十九日,午后偕贵州胡天鹏同乡漆树芬及梦九三人,乘火车赴千叶访专门医学诸人,劝同罢课回国,盖京内外各校皆已罢课,近日归国者已有千人,惟该校独持异议,帮往劝说,免使外人笑我国民行动不一致也。"②曾琦日记还不断提到四川同乡会在此中的作用,由此可以看出曾琦等人发起这一团体活动以及后来成立少年中国学会的过程中,同乡及同学间的人际交往的黏合作用。

---

① 郑伯奇:《二十年代的一面》,《郭沫若在重庆》,青海人民出版社1982年版,第482页。

② 曾慕韩:《日记》,《曾慕韩先生遗著》,台湾,曾慕韩先生遗著编辑委员会1954年版,第388页。

1924年9月5日，曾琦从法国留学返上海后，10月份即受聘大夏大学，任政治课讲师。这时曾琦已是中国青年党的首席负责人。郭沫若于该年结束留学生涯返回上海后。碍于情面，于1925年4月也接受了大夏大学的聘任，教授《文学概论》课，每周两课时，其后他们又共同受聘于学艺大学，曾琦任国文课教师，郭沫若任文科主任。在这所大学应聘的教员，大都是四川人。在大学，曾琦非常注意利用大学阵地，宣传中国青年党的主张，大夏大学和学艺大学成为国家主义派和青年党的舆论重镇。曾琦日记记载：他们在双十节纪念日这一天，在此上课时，曾与青年党同志作过《中国革命与法国革命之比较》政治演讲，[①]并在大学生中发展党员。曾琦俨然成为一部分青年的崇拜对象。对此郭沫若很反感，但仍然还维系着个人关系。五卅事件后，为声援爱国群众，郭沫若又与同学漆南熏、曾琦等筹组四川旅沪学界同志会，同时郭沫若草拟了《四川旅沪学界同志会五卅案宣言》，因这份宣言的左倾色彩，郭沫若与曾琦的分歧进一步加深。

与国家主义者交往更多的，其实还不是曾琦，而是陈慎候、何公敢等一批孤军派人物。这又还须提到当时在京都大学文科部读书的郑伯奇。1921年6月初，郭沫若专为筹建创造社一事，由上海返回日本，他在福冈家中仅住一天就往京都，会晤第一位同人便是神交已久的郑伯奇。在相处的几天里，郑伯奇陪同郭沫若走访了时居京都的李闪亭、穆木天等几位留学生。郭沫若的京都之行，开始了他与孤军派人物的诸多接触。1921年，六高同学李闪亭(后来在京都大学经济学科，受教于河上肇先生)就曾介绍他去读河上肇的《社会问题及研究》杂志，但那时没有特别动心。[②] 由于孤军派诸多成员是东京帝大经济学科的学生，其中好些直接受教于日本著名学者河上肇。受其影响，对于资本主义或社会主义是否适用于中国国情，进行了大讨论。在《孤军》杂志从第2卷1期(1923年12月)开始到终刊号(1925年11月)共15期，连续辟专栏“经济政策讨论”。该专栏中关于中国经济模式及发展路向的论争，被日本学者认为是把马克思主义的认识深化到了探索研究如何把马克思主义运用于中国社会现状的阶段。[③] 在这场大讨论中，河上肇的社会主义经济理论成为论争中的重要参考。由于醒狮派和孤军派中大都有郭沫若的同学，郭沫若与其有过密切交往，又因帮助过

---

① 曾慕韩：《日记》，《曾慕韩先生遗著》，台湾，曾慕韩先生遗著编辑委员会1954年12月2日，第473—474页。

② 郭沫若：《创造十年》，《学生时代》，人民文学出版社1979年版，第95—96页。

③ 三田刚史：《留日中国学生论马列革命——河上肇的中国学生与〈孤军〉杂志》，《徐州师范大学学报》2005年第5期。

《孤军》杂志在泰东书局的刊行，因此郭沫若一开始被人误认为“郭沫若、曾琦那一批国家主义者”。孤军派那一场关于经济问题的大讨论，郭沫若也列席过几次。但由于不是经济学专业，所以每次都是旁听，并没发言。① 但这并不表示他对讨论的话题不感兴趣。1924 年他再次去日本时，郭沫若对河上肇的经济理论著作特别留意起来。“当他得到一部总集后，读完则得出一个不十分满意的结论，去征求成仿吾的意见，成是不十分赞成译出的，但是他终于译出来了。”②

但是，郭沫若绝不是人云亦云的人。在翻译《社会组织与革命》的过程中，他一方面高度认同河上肇的马克思主义经济学理论，一方面结合中国社会的现状，提出了对河上肇理论的批评。并且写信与河上肇讨论，河上肇在回信中承认了自己的理论局限。同时，他对孤军派的国家主义理论也开始反思，进而批评，进而论战，在论战中他与国家主义彻底决裂，走进了共产主义阵营，建立了政治信仰。

最早的论敌，是孤军派的重要人物林骙，表字植夫，号灵光，他当时留学东京农大，也研究河上肇的经济理论。郭沫若翻译《社会组织与革命》所依据的译本就是由他提供的。而论争起因，是因为在《创造周报》林灵光第五信而起，此前，灵光在《创造周报》上连续发表了《致中国青年》的四封信。③ 当他又寄出第五封信的稿件时，被退稿。林灵光认为：

> 郭沫若在办创造周报，要我写稿，我写了五封“致中国青年”的信，第五封主张革命十分激烈，他不敢发表，我遂看他不起，认为他只是风头主义者，不是真正的革命者，后来并公开批评他，因此同他的关系一直弄不好。④

而郭沫若解释之所以没有继续刊载灵光先生的信是“因为后来论到了要求恢复约法，要求裁兵的滥调上来，我们实在没法顾情面，把稿子退还给了他；他便在《孤军》杂志上写出文章来骂了我一顿”。⑤ 郭沫若在后来的一

---

① 郭沫若：《创造十年》，《学生时代》，人民文学出版社 1979 年版，第 130、250 页。

② 朱受群：《郭沫若与河上肇及其〈社会组织与革命〉》，《江西师范大学学报》1980 年第 2 期。

③ 以林植夫之名《致中国青年》的 4 封信分别发表于《创造周报》第 3 号，1923 年 5 月 7 日；第 6 号，1923 年 6 月 16 日；第 8 号，1923 年 5 月 13 日；第 10 号，1923 年 7 月 14 日。

④ 林植夫：《林植夫自述》，《福建文史资料》第十九辑，福建省政协文史资料编辑室 1988 年，第 12 页。

⑤ 郭沫若：《创造十年续编》，《学生时代》，人民文学出版社 1979 年版，第 245 页。

篇对话体短文《无抵抗主义者》中，详细记载了他们的分歧所在，郭沫若认为灵光在信中所主张的“革命”，实质是要求“裁军”，而要革命，正是要用着兵力。因为不同意灵光的观点，灵光便骂郭沫若是出风头的人。

关于国家主义论战的先声，是由林灵光在《孤军》杂志上一篇文章引起。[①] 这篇文章否认中国有资产阶级和无产阶级之分，认为中国国情与俄国大有不同，没有效法的必要。文章甚至批评中国共产党缺乏独立自主精神，拿莫斯科的钱，做莫斯科的走狗。郭沫若随即在《洪水》半月刊第 1 卷第 4 号上(1925 年 11 月 1 日)发表《穷汉的穷谈》一文，针对灵光的文章中“共产党利用共产之美名，以惑一般无十分辨别力的青年与十分不得志的穷汉”进行反驳。郭沫若在文章中首先理直气壮地阐明了共产主义革命与“穷汉”的关系，批驳了对共产主义的简单理解。文章末了又狠狠地对“共产党拿莫斯科的钱”的谬论幽了一默。

这场论战中郭沫若的立场和态度，引起了共产党人蒋光慈、瞿秋白等的高度重视。当时的共产党员作家蒋光赤(慈)马上以公开信的方式，予以支援。信中一开始就传递出强烈的政治取向：

> 在现代的文学界中，我对于你表示相当的敬意。这并不是因为你出风头，你是大文豪，而是因为在你的作品中，我还可以找着点反抗的精神，伟大的气魄，及真正罗曼谛克所应有的心灵。至于小白脸儿式的徐志摩，……以及其他一些 X 式的……或者受一般人们的喝采，但是我，说一句老实话，总没放在眼里。这也并不是因为他们的作品完全不好，而是因为我与他们是两路人。
>
> 去年我初从国外回到上海时，就想找你谈谈，可是我有一种怪皮(脾)气，不爱去拜访不相识的人。这并不是因为拿驾(架)子，而是因为我恐怕遭人的白眼：分明是好意去拜访他，但对方反以为是拍马屁，拿起架子来了，——这件事情倒是我不愿意忍受的。也就因为这个原(缘)故，致使我想找你多少次，而终未找过一次。今天到民智书局买了一本《洪水》，见上面有你一篇文章《穷汉的穷谈》，我觉着这个题目很新鲜，于是走出该书店的门口，就坐着一股气读了。我读了之后，发生一种不可言喻的快感：由

① 由于这篇文章没有提及灵光文章的具体出处，根据郭沫若在反驳中所引灵光文章的论点，查林灵光在《孤军》杂志上发表的文章，似与第 2 卷 12 期(1925 年 6 月)上发表的《评论共产主义的误谬并论中国经济政策》很有关联。

此我更相信你是我们所需要的作家；你的见解与众不同；你深明了(瞭)社会的真象：你向穷汉们——我也是其中一个——表示很深切的同情。[①]

这里很明确地看到，蒋光慈是从政治的角度引郭沫若为同志而表示敬意的。而这时，从这封信中还可得知，在此之前，他们还未曾谋面。但是，蒋光慈对郭沫若的关注并不始自于此，1925 年伊始，蒋光慈在《现代中国社会和革命文学》一文中就曾高度评价郭沫若诗歌的革命性，认为"在中国的文学史上有一部《女神》，在现代中国文学界里有一个郭沫若，这总算令我们差堪自慰了。倘若现在我们找不出别一个伟大的，反抗的，革命的文学家来，那我们就不得不说郭沫若是在中国唯一的诗人了"。[②] 显然，蒋光慈作为共产党员作家，完全是从政治和阶级的角度对郭沫若诗歌予以高度评价的。有了这样的前奏，在这场论战中，蒋光慈发出那封公开信，就是顺理成章的事。是否就因为这封信，郭沫若与郁达夫首先拜访了蒋光慈？总之后来蒋光慈参加了创造社，并在《创造月刊》发表长篇论文，而且与郭沫若来往密切。正因为有了蒋光慈牵线搭桥，后来才有了郭沫若与瞿秋白的第一次见面(蒋光慈陪同)。据杨之华回忆，在 1925—1927 年间，瞿秋白有很多对创造社工作的指导都是通过蒋光慈传达的。[③]

与灵光的论战并没有就此完结，紧接着，灵光发表了《独立党出现的要求》，这篇文章涉及以曾琦为首的中国青年党成立的契机：1923 年 5 月 5 日，北洋军队孙美瑶部在山东滕县抢劫津浦路火车上中外游客数百人，酿成"临城劫车案"，引发国际舆论的极大不满，帝国主义叫嚣，提出"共管"中国。曾琦等人抓住列强提出的"共管"说，利用该党的喉舌，将此与共产主义理论强扯在一起进行攻击。灵光的文章正是在这样的背景下发表的。郭沫若抓住灵光文章中，将"共产"与"共管"两个没有必然关系的概念强拉在一起的逻辑漏洞予以反击，并且旗帜鲜明地提出要对付列强的经济侵略，应该走"国家资本主义、共产革命"道路。

正是在这场论战中，郭沫若与另一位留日同乡中学同学漆南熏的关系再一次密切起来。漆南熏名树棻(后多用"树芬")，1892 年生于四川江津县

① 蒋光慈：《读了〈穷汉的穷谈〉之闲话——致郭沫若先生的一封信》，《猛进》(周刊)第 47 期，1926 年 1 月 29 日；《中国现代文艺资料丛刊》第八辑，上海文艺出版社 1984 年版。

② 光赤：《现代中国社会与革命文学》，《民国日报副刊・觉悟》，1925 年 1 月 1 日。

③ 杨德俊：《蒋光慈传》，安徽人民出版社 1979 年版，第 179 页。

李市乡。其经历与郭沫若极为相似:同时出生于1892年,于1912年与郭沫若同时随成都分设中学丙丁班学生并入成都府中学堂,于1913年12月毕业于成都联合中学新丁班(第11班)。漆南熏于1915年赴日本留学,初到日本在东京读预科期间,与郭沫若更是来往密切。后来漆南熏考入京都帝国大学经济部,受教于著名经济学家河上肇,从大学三年级起,即潜心收集了大量有关帝国主义对中国进行经济侵略的资料,通过分析研究,撰写了《资本帝国主义与中国》的毕业论文,深受导师河上肇的赞许。

漆南熏此后于1924年出版的《经济侵略下之中国》正是脱胎于这篇毕业论文。此书可以看成是对中国经济现状和经济发展道路的系统性思考和论述。1924年,他们两人都已归国,漆南熏在上海法政大学任教,住在离郭沫若住所不远的霞飞路。两人住地相隔不远,来往又密切起来,郭沫若为之作序正是在这一段时间。尽管从个人好恶的角度,郭沫若并不一定非常喜欢漆南熏。但由于政治见解的高度契合,他得到郭沫若的高度赞赏。特别是漆南熏回国后的经济问题的专著《经济侵略下之中国》于1925年10月初版,此书由吴稚晖、郭沫若等三人同时作序,不到一个月即售罄,到1929年6月,已刊行第六版。可见该书对当时社会的影响。该书的出版,成为孤军派关于中国经济问题论争中一颗重磅炸弹,由于其中的许多见解与郭沫若的政治观点不谋而合,因此漆南熏成为郭沫若敬佩并引为知己的为数不多者之一。此书刚一出版,《洪水》第1卷第3号便专门介绍了《经济侵略下之中国》:

> 本书一名《帝国主义铁蹄下的中国》,为著者数年之苦心的著作,参考书籍至七十余部,引用贵重材料有数十种,刚刚在这"五卅潮"民气磅礴中出版,真算是对于时势最可贵重最有关系之文字了。
>
> ……
>
> [本书价值]吴稚晖先生序首云:近三十年关于新思潮之名著译述者或著作者种类亦不少,然凡一编到手读之忘寝食,一起读下欲罢不能者,在吾经验中:第一部则为严又陵先生之群学肄言。过十数年又有胡适之先生之中国哲学史大纲。至今又过八九年而漆树芬先生之经济侵略下之中国,又迫我穷两日夜一起读下欲罢不能。

为加强与国家主义论战的说服力,郭沫若特地约请漆南熏、蒋光慈著文。于是漆南熏在《洪水》上发表《赤化与军队》、《共产问题的我见》两篇文章，予以声援。后来郭沫若南下去广州，在广东大学任文科院长，又写信邀请漆南熏来广州做经济学教授。他婉言谢绝了。漆南熏在写给漆琪生信中，说明不愿去广州的原因是："一则上海是工业大城市，此地的工人、学生最集中，对他们的宣传教育工作很重要。再则，法政校长徐谦是左派，可以对他进行争取工作，如果都集中到广东，留下上海不管，不是道理"。① 后来漆南熏又回到重庆，这时郭沫若再次来信相邀，并寄来正式聘书，但漆南熏仍然婉拒了。在给漆琪生另一信中，他解释，"四川是反动军阀的根据地，把这里的工作做好了，可以和广东西南相呼应，很有意义。"漆南熏到四川，是因为任《新蜀报》主笔萧楚女因在四川的革命活动暴露而离任，《新蜀报》电聘漆南熏继任主笔。漆南熏回重庆之后，还应吴玉章的邀请，到重庆中法大学任教，后来任国民党重庆市党部(左派)执委会常务委员，与共产党亲密合作，并肩战斗。他同中共重庆地委负责人杨闇公、刘伯承、吴玉章、冉钧等保持着密切联系。四川本是国家主义派及后来的青年党的根据地。漆南熏和重庆的共产党员一起，对此进行了坚决斗争。不幸的是，漆南熏于 1927 年在重庆"三·三一惨案"中被反动军阀残酷杀害。郭沫若一直没有忘记这位老朋友。新中国成立后安排漆南熏烈士的女儿漆宗英专职做他的秘书，同时为漆南熏的夫人凌淑珍题词。

今天回头来看郭沫若与国家主义派的这场论战，与共产党人对中国青年党的斗争是完全融为一体的。针对中国青年党及其喉舌《醒狮周报》的大量国家主义言论，瞿秋白、肖楚女等共产党的理论精英纷纷著文批判驳斥。瞿秋白连续撰文批驳国家主义言论，以《国民革命运动中阶级分化——国民党右派与国家主义派的分析》、《国民会议与五卅运动》、《五卅案重查的结果与国民革命的组合战线》、《帝国主义之五卅屠杀与国民革命》、《五卅反帝国主义联合战线的前途》等文章，针对国家主义对中国共产党与苏俄关系及国共合作方面的攻击，阐述了中国共产党的基本立场与观点。四川是国家主义和青年党的大本营，肖楚女在重庆担任《新蜀报》主笔期间，也从理论和实践两方面与国家主义展开斗争。据不完全统计，1925 年到 1926 年，中国共产主义青年团机关刊物《中国青年》有 33 期共 45 篇批判国家主义的文章。其中有肖楚女的《显微镜下的醒狮派》、恽代英的《评醒狮派》、《答醒狮派周报 32 期的质难》、《呜呼——醒狮的下流》等。② 中共

① 漆南熏给郭沫若的两封信见漆泽邦(遗作):《记四公漆南熏》。

② 李玉琦:《中国共青团团史简编》,中国青年出版社 1997 年版,第 29 页。

在1925年与国家主义论战的过程中，瞿秋白、肖楚女、恽代英等起到了重要作用。郭沫若与漆南熏、蒋光赤等人在《洪水》周刊上与国家主义的论战绝不是孤立的个人行为。而是当时并立的三大政党对中国往何处去的大论争、大斗争。正是在这一场论战中，郭沫若与政治结下不解之缘，也与中国共产党和中国革命的命运连在了一起。

（原载《新文学史料》2011年第3期，作者为乐山师范学院四川郭沫若研究中心教授）

郭沫若:写与不写的纠结

冯锡刚

新中国成立后的50年代中期到70年代初,郭沫若留给了世人《蔡文姬》、《武则天》、《郑成功》三部历史剧作,另一些创作计划却由于"种种原因"付诸东流。归根结底,是时代、性情和环境决定了郭沫若的"写"与"不写"。

一

1957年4月17日,郭沫若在给他的忘年交,正在上海中学读书的陈明远的复信中有这样一段话:

> 《三人行》和《李岩》,我现在都不想写。因为时代变了,我对他们的关心也不如从前了。以前我没有把他们写出来,我倒有点失悔。写文学作品,尽管取材于历史,总是和写作者所处的时代有关联的。这就是一种现实主义的倾向。

毫无疑问,年仅16岁的陈明远一定在信中表达了某种期盼。

先来说说有关《三人行》的创作设想。早在1940年,"厅务闲闲"的郭沫若就对王安石"怀抱着一种崇敬的念头"。这年夏间,他为友人题词:

> 余于古人最钦佩王安石,不仅诗文独具风格,即其学问道德政治事功无不出人一头地,宋以来小儒咸菲薄之,直可谓群犬吠日。

1943年,郭又应福建上杭某青年求字而"信笔书此瞬间心中所感":

> 要想成为一个人，不是容易的事，总要不虚度此生，对于社会有所贡献，才能算是一个人。我近来很佩服王安石，觉得他和屈原一样有一个悲剧的身世。他的文章道义都可以风徽百世，而被道学家辈所诬蔑。他的政治设施和军事布置，如不被伪君子司马光所隳堕，宋室何至南渡以迄亡，元人又安得入主中土？然而千年来知此者殆少。不求人知，但求尽力作一个人，王安石是一位真儒者，我愿意以他为模范。

此间，郭沫若作过几次关于王安石的讲演，也写过几篇短文，而留给世人最重要的研究成果，大约就是收录在《历史人物》中的《王安石》。1947 年 7 月，郭沫若为行将出版的《历史人物》作序，称“有好些研究是作为创作的准备而出发的”，研究王安石亦然：

> 我很有意思把王安石、司马光、苏轼三人拿来写成一部《三人行》，以王安石代表人民意识，司马光代表地主阶级，苏轼代表游移于两端的无定见的浪漫文人。

1943 年前后，正是郭沫若历史剧创作的井喷期。在他心目中，王安石较之屈原简直可称为完人。然而，人们读到的只是假口屈原的“雷电颂”，却未能一睹“中国十一世纪改革家”（列宁语）的风采。创作自然有其不确定性，然在笔者看来，郭沫若当时未能乘兴写出《三人行》，最主要的原因在于对苏轼的定位。要将自幼喜爱且气质相近的旷代文豪处理成“游移于两端的无定见的浪漫文人”，确有难以逾越的心理障碍。郭沫若作于 1939 年秋的寺字韵组诗十三首“其四” 中，称许苏轼“蔚成苏子才如海”、“赢得千秋万岁名”。诗虽作于 1940 年代之前，但显见郭在研究王安石的同一时期，对苏轼衷情未改。1944 年 2 月为夫人于立群书此诗，在跋语中有“东坡精神固长留于天地间也”之叹。后来还将此诗书为横幅以赠友人。

将王安石、司马光、苏轼这三位历史人物作代表人民、地主阶级与游移两端的文人这种类型化处理，除去学术家的史识这层因素，多半是政治活动家的现实情怀使然。

到了 1947 年 7 月，国共内战已然如火如荼，郭沫若在序文中旧事重提，并称王安石提出的“摧制兼并，均济贫乏”就是“我们今天所说的打倒土豪劣绅，使耕者有其田”。这位年前曾在沪宁道上呼号奔走的政治活动家似重燃旧绪，然而终究“没有动手”。究其原委，除了情理的两难，恐怕还有环境的变迁。学术家、文学家、革命家兼具一身的郭沫若，流亡日本10年和闲居重庆6年，分别经历学术研究和文学创作的丰收时期，绝非偶然；反观1926年的“北伐途次”和1946年的“南京印象”，则成为其“革命春秋”的写照。前后迥异，多系环境制约。

10年之后，陈明远写信旧事重提，郭沫若以“时代变了，我对他们的关心也不如从前了”回应，表示对《三人行》的断念。

20世纪50年代，确是“时代变了”。此时的郭沫若对苏轼的情感似也发生了变化，引以为据的是作于1962年2月的《儋耳行》，以与苏轼对话的构思，嘲讽“此翁似达却似顽”，“摭拾佛老牙慧玄。半是半非自信坚，无奈珠黄不值钱”。

时代、性情、环境，三者缺一不可，《三人行》就这样失之交臂了。那么身处20世纪50年代的郭沫若“关心”的是什么呢？

二

自1943年春创作《南冠草》，到1957年4月回复陈明远，郭沫若的历史剧创作已中辍整整14个年头了。在1955年10月致陈明远的信中，郭沫若吐露了这样的心声：

> 自从建国以来担负了国家行政工作，事务繁忙；文艺女神离我愈来愈远了。不是她抛弃了我，而是我身不由己、被迫地疏远了她。有时候内心深处感到难言的隐衷。看来只好等我退休以后再去亲近文艺了。这也是为国为民所作的个人牺牲吧。

就在表示对王安石他们的关心“不如从前”两个月后，反击“右派”罡风匝地而起。郭沫若以无党派民主人士的身份，发表了许多拥护中共、谴责“右派”的言论，其中最出奇的是对“言者无罪”的驳难：无罪的言者无罪，有罪的言者还是有罪。

1957年11月，毛泽东率中国党政代表团访苏，参加十月革命40周年庆典并世界各国共产党、工人党会议（即“莫斯科会议”）。令世人瞩目的是，并非中共成员的宋庆龄和郭沫若居然作为中共代表团成员与会，目睹了毛泽东代表中共在《莫斯科宣言》上签署的历史性一幕。

1958年12月下旬，《人民日报》报道：郭沫若、李四光、钱学森等三百多名优秀分子"经过党支部的认真讨论和上级党组织的批准，加入了中国共产党"。几天后的1959年1月3日，《中国青年报》发表郭沫若的《学习毛主席》，表达了对领袖知遇之恩的感戴。并非巧合的是，仅隔了一个月，郭沫若即以一周的时间，创作出五幕历史剧《蔡文姬》。又并非巧合的是，在相隔不到一个月的时间里，他发表《替曹操翻案》的史论。在接受《戏剧报》记者的采访中，郭沫若明白无误地表示：

> 蔡文姬被迎接回国，只是作为一个典型：通过她可以代表很多的人。蔡文姬能够被赎归汉，不是只靠金钱，还是靠曹操的文治武功才能争取回来的。这个事件是典型的，可以通过它来表扬曹操。

这样看来，《蔡文姬》与《替曹操翻案》仿佛是一而二，二而一了。这就是郭沫若在"时代变了"之后的"关心"所在。这年"五一"节，郭沫若在改定《蔡文姬》的同时，写了题为《中国农民起义的历史发展过程》的长序，在重申"我写《蔡文姬》的主要目的就是要替曹操翻案"的同时，于开首有一段至为重要的文字：在引用了福楼拜关于《包法利夫人》的名言"包法利夫人就是我——是照着我写的"，推衍出"蔡文姬就是我！——是照着我写的"之后，特别强调：《蔡文姬》"有一大半是真的。其中有不少关于我的感情的东西，也有不少关于我的生活的东西。不说，想来读者也一定察觉到。在我的生活中，同蔡文姬有过类似的经历，相近的感情"。

郭沫若在20世纪50年代中期，为《金文丛考》重版作序，回顾流亡日本作古文字研究的生涯，生发"是毛泽东主席领导的人民革命拯救了我，使我临到了沉溺的危境，而没有遭遇到灭顶之灾"之叹。这就不难理解《学习毛主席》与《蔡文姬》的内在联系。看来，是批准加入中共使郭沫若迸发创作激情，化而为散文便是《学习毛主席》，凝之为剧本则是《蔡文姬》。郭沫若在这年初夏出访北欧时，私下里曾对驻北欧某大使径直表白：写《蔡文姬》就是为了歌颂毛主席。因此，才会将曹操治下的文姬归汉沿途写得安定繁荣，生民康乐（在最初的发表稿中，甚至颇有以屯田制比附人民公社之意）；才会将曹操写成被普天下民众讴歌膜拜的"太阳"；才会对曹植歌颂其父"同量乾坤，等曜日月"，"民望如草，我泽如春"的辞藻表示欣赏。

同样并非巧合的是，郭沫若在参加莫斯科会议后不久，1958年1月为侯波所摄的《毛主席在飞机中工作》题照，内有"难怪阳光是加倍地明亮：机内和机外有着两个太阳"的诗句。1959年6月，又为《毛主席和亚非拉朋友在一起》的摄影题照：

> 世界大团结，明星何煌煌！
> 北辰居其所，地上建天堂。

太阳也好，北辰也罢，总之在1958年个人崇拜之风再起后，郭沫若以得风气之先的政治敏感，不断以诗文表达对领袖“五体投地”的崇拜之情。

三

1944年11月，毛泽东致信郭沫若，在称赞其史论、史剧“有大益于中国人民”，“希望继续努力”的同时，亦表达了“倘能经过大手笔写一篇太平军经验，会是很有益的”之意向。于立群在《难忘的往事》中说：“毛主席在信中所说关于研究太平军经验的问题，郭老始终放在心上。在重庆时，他就曾想动笔，但因资料不足，未能实现。六十年代初，郭老积累了一些材料，准备动手，由于种种原因，计划又未能实现。”“种种原因”虽语焉不详，但恐非“资料不足”。就在“准备动手”的同时，郭沫若在一首涉及太平军的诗中有这样的概括：“惜哉萧冯奋战死，金陵内讧自刳肝。翼王西走大渡河，天险飞渡奈无船。天朝十误良可叹，纵有陈李难成全。”郭沫若自然明白，毛泽东1944年提议“写一篇太平军经验”，意在鉴戒“小胜即骄傲，大胜更骄傲。一次又一次吃亏，如何避免此种毛病，实在值得注意”，而今“时代变了”，领袖意不在此，又岂能不识时务。

人们在1960年5月号的《人民文学》上，读到的是郭沫若于这年1月上旬创作的四幕历史剧《武则天》。郭沫若在这年8月写出《我怎样写〈武则天〉?》的长文，内中标举宋之的（剧作家，曾加入左翼戏剧家联盟——编者注）创作于二十多年前的同名话剧与正由上海越剧团上演的《则天皇帝》，对其传记式的写法不以为然。“我是把徐敬业的叛变作为中心，围绕着这个中心事件来组织我所选择的事件和任务。我把地点局限在洛阳，把事件局限在……六年间。我尽可能追求着人、地、时的三统一”。这确是郭沫若高明的地方，其实这种艺术构思出于更深的用意：“我所写的武则天只写出了她六十岁前后的六年，可以说是她最成熟的时代”，“武后执政时代是唐朝的极盛时代，不仅海内富庶，经济和文化都达到相当的高度。她把唐太宗的‘贞观之治’发展了，并为唐玄宗的所谓‘开元盛世’奠定了坚实的基础”。

郭沫若在致忘年交的信中，引用该剧导演焦菊隐的话，认同这部历史剧“全力表现了盛唐气象”。在七分人祸蔓延九州的1960年之初，郭沫若出于比附现实的需要，“全力表现盛唐气象”，显示出这位政治活动家的“关心”所在。《武则天》通过上官婉儿和骆宾王这两位著名文人的感化，不但意在彰显武则天的文治，更着意颂扬这位最高统治者的人格感召的魅力。其中武后与骆宾王所说的这样一段台词，曲折地表达了郭沫若的自我期许：

> 朝廷今后要加倍地尊重农时，务尽地力，奖励耕织，重商惠工，广开言路，重用人才，要使四海如同一家，万邦如同一族。要使普天下的人都能够安居乐业，长享太平，文治光华，昭被九域。你们会做诗文的人，应该好好体贴这些意思！

骆宾王受到鼓舞，以昂扬的气概作答：

> 我骆宾王决不辜负天后陛下的期待！

以平定徐敬业叛乱为中心事件不仅是为使剧情紧凑，冲突强烈，更有借古喻今的用意。郭沫若说过“以裴炎暗射彭德怀”这样的话。这表明以平定徐敬业叛乱为作品主干，不仅出于展示武则天雄才大略的需要，也是出于刻画时任宰相、与徐敬业里应外合的野心家裴炎面目的需要。（对裴炎作这样的艺术处理，是否符合历史的真实，是有争议的。）1959年的庐山会议整肃出“以彭德怀为首的反党集团”，在此后发动的“反右倾”运动中，集中于批判彭“反对三面红旗”，并未涉及其他。然而，内部传达的文件中则开列出诸如“军事俱乐部”、“里通外国”、“魏延式的人物”之类的“罪状”。奉毛泽东之命，周恩来作过彭与毛30年来“三分合作，七分不合作”的专题报告。对于这些内情，以郭沫若的政治地位，自然得以与闻。历史剧当然不是简单的比附，但作者“以裴炎暗射彭德怀”，确实道出了创作的深层动因。

在经过了两年多的反复修改之后（郭沫若在此期间致阳翰笙、邵荃麟等行家的书信中一再强调“主要是把武则天加强了”），以“翻案何妨傅粉多”的艺术追求，将武则天塑造成“现代政治家”（陈毅语），单行本于1962年9月由中国戏剧出版社出版。周恩来对过分美化武则天虽有微词，但毕竟能体会和认同作者借古颂今的用意，故在北京人艺演出第一百场时莅临观看并致贺。郭沫若在书赠焦菊隐的五律中有“喜闻还乐见，努力辅明时”的勖勉，“辅明时”自然也是作者的自我期许。

四

就在为《武则天》的定稿而煞费苦心的时候，1962 年 5 月，郭沫若应八一电影制片厂之约，开始了电影文学剧本《郑成功》的创作准备。这一年是郑成功驱除荷兰殖民者、收复台湾 300 周年纪念。郭沫若于这年 1 月 18 日赋七律一首：

> 台湾自古属中华，汉族高山是一家。
> 岂许腥膻蒙社稷，不容蟊贼毁桑麻。
> 千秋大业驱荷虏，一代英雄赐姓爷。
> 三百年来民气壮，教他纸虎认前车。

也许是看到郭沫若近几年创作《蔡文姬》和《武则天》显示出宝刀不老的势头，也许是这首发表在 2 月初《南方日报》并在《文汇报》刊出手迹的《郑成功光复台湾三百周年纪念》，向世人展示这位文坛泰斗兼史界班头对这一具有现实意义的重大历史事件的关注，八一电影制片厂认定，郭虽从未“触电”，但仍为剧作者的最佳人选。郭沫若当然清楚，话剧剧本与电影剧本终究有很大区别，何况以自己的创作经验，无论是重庆时期的《屈原》和《虎符》，还是近年间的《蔡文姬》和《武则天》，都非命题作文。这主客观的两层因素，显然是对创作的极大制约。但这位颇具雄心的文坛大佬还是欣然从命。他在当年年底剧协召开的座谈会上谈了创作过程：

> 八一电影制片厂向我出了这个题目，让我来做。他们给我送来了许多关于郑成功的史料，以及许多怎样写电影剧本的理论书籍，一大堆，要我来读。八一厂为我服务得真是周到。他们还为我放映了许多中国的、外国的电影，他们在尽力培养我写剧本。我受到这样的待遇真是感动。我如果不交出作品，真是对不起他们……

这是郭沫若漫长的创作生涯中唯一一部电影剧本，也是最后一个剧本，甚至从严格的意义上可以说，这是郭沫若最后一部叙事文学作品。

写作这部10万余字的电影文学剧本费了两个月时间，于10月间完成初稿。这在郭沫若创作史上是绝无仅有的——此前创作的8部历史剧，没有一部超出5万字，写作时间大体在5到10天之间。这表明，郭沫若写《郑成功》确实勉为其难。作品于次年春季发表在《电影剧作》上，但没有引起文艺界特别是电影界的反应。其时，虽适逢上海市委第一书记柯庆施标新立异，鼓吹"大写十三年"，但文艺界大多数人包括掌门人周扬并不以为然。1962年长春电影制片厂拍摄《甲午风云》，次年上映后获得广泛好评。令人不解的是，八一电影制片厂对这部出自名家又是应其邀约而创作的剧本，似乎缺乏应有的热情。作者去世后，1979年才由上海文艺出版社出版单行本。不久，《文学评论》刊登读者来信，呼吁文艺界关注这部出自文坛泰斗的历史剧压轴之作，但仍然没有任何反应。

人们对有特点的作品会产生说三道四的兴趣，而对平庸之作往往无话可说。《郑成功》纵然出自名家之手，却并未产生"名家效应"。相反，从阅读心理的角度看，对名家的期望值越高，则失望愈甚。虽然《蔡文姬》和《武则天》不能算是优秀作品，但终究体现作者一以贯之的艺术追求。《郑成功》难以引起读者的兴趣，大致出于以下几方面原因：

这是一部"遵命"之作，主题单一，意境平平。全剧写郑成功攻打南京失败，转而克复台湾以为抗清复明基地的过程，缺乏紧张的矛盾冲突，尤其是作为主角的郑成功，既未能置于外在冲突的中心，亦无从领略这位历史人物丰富而复杂的内心世界。简而言之，无"戏"可看。其次，作为浪漫主义的剧作家，郭沫若的长处在于丰富的艺术想象，生气贯注的主观情感的宣泄，以及富于诗意的场景描写。而这一切在《郑成功》中很少体现。除了某些特有的遣词造句上的个人色彩，颇难见出其独具的艺术风格。再次，文体的更换，使得这部冗长的剧作既失却话剧紧凑集中的长处，又未能发挥电影时空转换的蒙太奇效用，甚至在不少地方采用的是小说、散文的叙述手法。

这样的一个故事性既不强，人物性格又不鲜明的冗长的本子，确实很难引起读者(如拍摄为影片则为观众)的兴趣。

自然，要说一无是处则太过，至少在那个年代《郑成功》能将剧中一位西方神甫处理成正面形象，还是颇为不易的。但这毕竟无从改变整体的艺术水准，艺术规律也并非靠着勇气就能改变的。

五

郭沫若以横溢的才情和弥满的精力，在78岁高龄的1970年，居然写出了近二十万字的《李白与杜甫》。因着某种契机，人们似乎有理由相信，郭沫若仍能胜任《李岩》的创作。

1972年1日，人民出版社再版《甲申三百年祭》，出版说明中有这样一段文字：

> 伟大领袖毛主席一九四四年在《学习和时局》一文中曾指出："我党历史上曾经有过几次表现了大的骄傲，都是吃了亏的。""全党同志对于这几次骄傲，几次错误，都要引为鉴戒。"又说：我们印行这篇文章的目的，"也是叫同志们引为鉴戒，不要重犯胜利时骄傲的错误。"

笔者清楚地记得，当年确是将"九一三"事件称作"文革"的"又一次伟大胜利"。

为这次再版，郭沫若"做了个别文字上的修改"。这自然无从反映作者斯时斯地的心境。倒是他和于立群生养的长子为我们提供了令人深长思之的历史细节：

> "文化大革命"期间，他曾不止一次地感慨过："很可惜，这是帝王思想，而且妒贤，这样下去是很危险的。"他曾经公开地讲过，也不止一次地对我们说过："我很后悔当初没有把李岩和红娘子的故事写成戏。"

此时的"后悔"其含义当不复1957年的"失悔"。毛泽东解读《甲申三百年祭》，意在鉴戒"不要重犯胜利时骄傲的错误"。郭沫若的本意或重心却不在此，而在李岩的悲剧命运上。

激发郭沫若创作欲望的，是李岩和红娘子参加李自成农民起义运动的悲剧结局。细读这篇近两万字的史论，不难看出论述的重心所在。作者以近乎三分之二的篇幅围绕李岩的身世、经历、谋略及悲剧命运落墨。作者对李岩的至高评价，集中在这句上："有了他的入伙，明末的农民革命运动才走上了正轨。"李岩的悲剧，正是由历代农民起义的规律性结局所决定的。这篇史论的结尾部分有这样一段感情深沉的论述：

> 大凡一位开国的雄略之主，在统治一固定了之后，便要屠戮功臣，这差不多是自汉以来每次改朝换代的公例。李自成的大顺

> 朝即使成功了(假使没有外患,他必然是成功了的),他的代表农民利益的运动迟早也会变质,而他必然也会做到汉高祖、明太祖的藏弓烹狗的"德政",可以说是断无例外。然而对于李岩们的诛戮却也未免太早了。
>
> 《甲申三百年祭》的结句是:"李岩的悲剧是永远值得回味的。"

当年《中央日报》主笔、《中国之命运》的捉刀者陶希圣,攻击郭沫若"以'李公子'自命",这固然是过甚其辞,却也独具只眼。郭沫若虽不致如此愚妄,然而对李岩的悲剧命运,确有心灵之感应。

郭沫若于20世纪40年代中期未能写出《李岩》,除了"非写成上下两部不可的"构思上的原因,多半还是对表现李岩悲剧命运是否合时宜的踌躇乃至顾忌。郭沫若在"文革"中对子女所表露的"这是帝王思想,而且妒贤"的殷忧,证明了当年对李岩悲剧命运的深切关注绝非杞忧,实有先见之明。但要让这位对领袖"五体投地"的文坛大佬借古讽今,显然是强人所难了。因此,这位精明的政治活动家可以对子女表露"这样下去是很危险的"心境,却绝不可能"吾其九死犹未悔"地创作《李岩》;这位洞明世事的学术家可以通过《李白与杜甫》入木三分地剖析李白的"觉醒",却决不会藉再版《甲申三百年祭》的契机,不仅作"个别文字上的修改"。

20世纪50年代中期,因着"关心不如从前",《三人行》和《李岩》都不想写;60年代初,准备研究太平军,由于"种种原因,计划又未能实现";及至70年代初,虽有赓续《李岩》的契机,只是徒唤"后悔"而无可如何。这样,在"时代变了"的20世纪五六十年代,郭沫若留给世人的便是《蔡文姬》、《武则天》和《郑成功》。

归根结蒂,郭沫若的性情决定了他的写与不写。

(原载《同舟共进》2011年第7期,作者为上海理工大学出版学院副教授)

郭沫若建国初期对诗集《女神》的筛选

商金林

新中国成立不久，经出版总署署长胡愈之的提议，中央人民政府文化部就成立了“新文学选集编辑委员会”，负责编选“新文学选集”，主持“新文学选集”①的选编工作。文化部部长茅盾担任编委会主任，出版总署副署长叶圣陶、中宣部文艺处处长、作协党组书记兼副主席、《文艺报》主编丁玲、文艺理论家杨晦等担任编委会委员。这套“新文学选集”的《编辑凡例》共三条，现抄录如下：

一、此所谓新文学，指“五四”以来，现实主义的文学作品而言。如果作一个历史的分析，可以说，现实主义是“五四”以来新文学的主流，而其中又包括着批判现实主义（也曾经被称为旧现实主义）和革命现实主义（也曾经被称为新现实主义）这两大类。新文学的历史就是批判的现实主义到革命的现实主义的发展过程。一九四二年毛主席《在延安文艺座谈会的讲话》发表以后，革命的现实主义文学便有了一个新的更大的发展，并建立了自己完整的理论体系和最高指导原则。

二、现在这套丛书就打算依据这一历史的发展过程，选辑“五四”以来具有时代意义的作品，以便青年读者得以最经济的时间和精力获得新文学发展的初步基本知识。本来这样的选集可以有两种方式，一是按照作品的时代先后，成一总集，又一是个别作家各自成一选集；这两种方式互有短长，现在所采取的，是后一方式。这里还有两个问题须要加以说明。第一，这套丛书既然打算依据中国新文学的历史发展的过程，选辑“五四”以来具有时代意义的作品，换言之，亦即企图藉本丛书之助而使读者能以比较经

① 叶圣陶 1950 年 10 月 11 日日记中说：“新文学选集”各册目录以“大致交到”。

济的时间和精力对于新文学的发展的过程获得基本的初步的知识，因此，我们的选辑的对象主要是在1942年以前就已有重要作品出世的作家们。这一个范围，当然不是绝对的，然而大体上是有这么一个范围；并且也在这一点上，和“人民文学丛书”作了分工。第二，适合于上述范围的作家与作品，当然也不止于本丛书现在的第一、二两辑所包罗的，我们的企图是，继此以后，陆续再出第三、四……等辑，而使本丛书的代表性更近于全面。

三、本丛书现在的第一、二两辑共包罗作家二十四人，各集有为作家本人自选的，也有本丛书编委会约请专人代选的，如已故作家及烈士的作品。每集都有序文。二十余年来，文艺界的烈士也不止于本丛书所包罗的那几位，但遗文搜集，常苦不全，所以现在就先选辑了这几位，将来再当增补。

新文学选集编辑委员会

一九五一年三月，北京

“此所谓新文学，指‘五四’以来，现实主义的文学作品而言”；“现实主义是‘五四’以来新文学的主流”；“新文学的历史就是批判的现实主义到革命的现实主义的发展过程”。这种独尊“现实主义的文学”的做法，既把胡适排除在新文学阵营之外（当时确有一部分人盲目地认为“‘五四’新文学是胡适那些资产阶级分子领导的”①），又把浪漫主义、象征主义以及意识流小说等许许多多“非主流”的文学来了个“全盘否定”。这在今天看来不免“太偏”，可在新中国成立伊始的“大欢乐的节日”里，在只承认鲁迅和郭沫若的时代氛围中，这一定位倒是带有一定的“包容性”的，它至少能让国人知道在鲁迅和郭沫若之外，还有一批值得敬重的作家；在《狂人日记》和《女神》之外，还有一批既有内容又有技巧的“新文学”。

“现代作家选集”1951年至1952年由开明书店出版。第一辑“已故作家及烈士”的选集，原定出12种，依次为《鲁迅选集》、《瞿秋白选集》、《郁达夫选集》、《闻一多选集》、《朱自清选集》、《许地山选集》、《蒋光慈选集》、《鲁彦选集》、《柔石选集》、《胡也频选集》、《洪灵非选集》和《殷夫选集》，可最终只出了11种，《瞿秋白选集》未能出版，因为瞿秋白曾经是中共的领导人，按当时的规定：中央一级领导人的文字要公开出版，必须经中央批准。再加上瞿秋白对“新文学”评价太低，他个别文艺论文中的见解与“左翼”话语

① 《中央文学研究所第一学期学习情况与问题》，《文艺报》第4卷第7号，1951年7月25日。

相抵牾，出于慎重的考虑，编委会只好放弃了。第二辑是“健在”作家的选集，原定也出12种，依次为《郭沫若选集》、《茅盾选集》、《叶圣陶选集》、《丁玲选集》、《田汉选集》、《巴金选集》、《老舍选集》、《洪深选集》、《艾青选集》、《张天翼选集》、《曹禺选集》和《赵树理选集》，可结果也只出了11种。《田汉选集》因田汉本人“十分惶恐”，他大概觉得自己的作品不是地道的“现实主义的文学”，就“延搁下来”①。出版的22种选集，《鲁迅选集》分上、中、下三册，《郭沫若选集》分上、下二册，其余20位作家都只有一册，规格和分量上的区别凸显了鲁迅和郭沫若在我国现代文学史上崇高的地位，鲁迅是新文化运动的旗手和主将，郭沫若是继鲁迅之后的又一位“主将”和“向导”②。

新中国成立后，郭沫若担任全国政协副主席、政务院副总理兼文化教育委员会主任。作为国家领导人以及文化战线上继鲁迅之后的又一位“主将”和“向导”，这本《郭沫若选集》的示范性和“经典”意义是不言而喻的。郭沫若在1950年10月27日写的《〈郭沫若选集〉自序》中说：

> 自己来选自己的作品，实在是很困难的事。每篇东西在写出或发表的当时，都好像是得意之作，但时过境迁，在今天看起来，可以说没有一篇是能够使自己满意的。
>
> 但这五四以来的文艺作品选集，一方面是想整理一下优良的文艺遗产，以便更好的推广和保留，一方面也是想作为史料，以供研究历史和社会发展者的参考。在这第二种意义上，我来选出了这个选集。

“每篇东西在写出或发表的当时，都好像是得意之作，但时过境迁，在今天看起来，可以说没有一篇是能够使自己满意的。”这倒不是郭沫若一个人的客套，而是当年一批作家用毛泽东的《讲话》衡量后的由衷之言。新中国成立之初，沉浸在新中国诞生了的喜悦中，作家们都在努力地告别“旧我”，塑造“新我”，检讨过去，转换文学观念，与新生的共和国同行。虽说出版“现代作家选集”是为了打造“经典”，重塑“传统”，而作家本人的“选编”，更多的则是为了“剖析批判”，“略述所以不佳之由”，“借以暗示当世之作

① 田汉：《田汉剧作选》，人民文学出版社1955年版。

② 周恩来：《我要说的话》，《重庆新华日报》，1941年11月17日。

者”。[①] 有些“健在”作家对自己的作品缺少满意度，哪个作品该选哪个作品不该选吃不准，就委托他信得过的人代选，如《叶圣陶选集》就是由出版总署秘书长金灿然代选的。郭沫若不像叶圣陶那么谦卑，这部《郭沫若选集》他自己选的，是地地道道的“自选集”，但“可以说没有一篇是能够使自己满意的”话，也道出了他当时复杂的心情。郭沫若在《自序》中说明编这个选集只“是想作为史料，以供研究历史和社会发展者的参考”之后，回顾了自己弃医从文的奋进历程，声称当初“搞文学是想鼓动起热情来改革社会”，由于“可恨的肠伤寒”害了耳朵，听觉不灵，“便爱驰骋空想而局限在自己的生活里面。因而在文学活动中，也使我生出了偏向——爱写历史的东西和爱写自己”。

郭沫若的这番自述是值得研究的。他所说的“使我生出了偏向——爱写历史的东西和爱写自己”，这显然是在说作为意在“改革社会”的“新文学”，是不应该“写历史的东西和爱写自己”的，“写历史的东西和爱写自己”就偏离了“新文学”的方向，就是“偏向”。郭沫若重申了“新文学”必须是“现实主义的文学”的思想，说明他的这个“偏向”是被迫的，因为有“耳病”，不能像正常人那样贴近社会生活，从中汲取创作的养分，这才使得他的创作“局限在自己的生活里面”，没能很好地尽到“鼓动起热情来改革社会”的责任。在谈到思想转变历程时，郭沫若特别强调说：

> 我在 1924 年的春夏之交，便下了两个月的苦工夫，通过日本河上肇博士的著作《社会组织与社会革命》来研究马克思主义。这书我把它翻译了。它对于我有很大的帮助，使我的思想变了质，而且定型化了。我自此以后便成为一个马克思主义者。
>
> 思想定型化使我的生活起了剧烈的变化，我从此更加注意社会活动了。
>
> 七七事变后，从日本逃回，参加了抗战。在反动派的控制下工作，工作既不能做，写作也不能搞。虽然接触了毛主席一九四二年《在延安文艺座谈会的讲话》，知道文章应该以工农兵为对象，但我们根本就无法接近对象。
>
> 抗战期间特别是在重庆的几年，完全是生活在一个庞大的集中营里。七八年间，足不能出青木关一步。因而也还是只好搞历

---

① 温儒敏：《浅议有关郭沫若的两极阅读现象》，《文学课堂——温儒敏文学史论集》，吉林人民出版社 2002 年版，第 163 页。

史，写写历史剧之类的东西了。

按照郭沫若的说法，他 1924 年“以后便成为一个马克思主义者”，“思想定型化”了，1942 年接触了毛主席的《讲话》，“知道文章应该以工农兵为对象”，但在“反动派的控制下”，“无法接近”工农兵，“抗战期间特别是在重庆的几年，完全是生活在一个庞大的集中营里”，“因而也还是只好搞历史，写写历史剧之类的东西了”。郭沫若把作品“没有一篇是能够使自己满意的”原因归为两点，一是有“耳病”，二是国民党反动派的“控制”。《自序》最后说到“中国的人民文艺将有辉煌灿烂的黄金时代出现”，希望“年青一辈的朋友们”，一定“不要辜负了时代”的期望，“祝自由而健康的天地里有文艺上的大森林参天拔地”。

作为“一个马克思主义者”，郭沫若当然要独尊“革命的现实主义文学”，要用新文学“完整的理论体系和最高指导原则”来筛选他的作品，因而选得很严。他的这本“选集”，分“诗选”、“散文选”和“剧选”三个部分，“诗选”共选诗 46 首。选自诗集《女神》的 10 首；选自诗集《星空》的 10 首；选自诗集《前茅》的 11 首；选自诗集《恢复》的 8 首；选自诗集《战声集》的 3 首；选自诗集《蜩螗集》的 2 首；选自日记《苏联纪行》的 1 首；选自“集外”的 1 首（即《红场观体育节》）。

从篇目上看，选自诗集《女神》的诗明显偏少，个中原因，值得探讨。诗集《女神》1921 年 8 月由上海泰东书局出版，是我国现代文学史上公认的经典之作，郭沫若在文学史上的地位，主要是由《女神》奠定的。《女神》以火山爆发般的热情，宣告旧时代的结束和新时代的来临。由于《女神》的出现，使新诗诞生期就跨上了浪漫主义的高峰。瞿秋白 1935 年 5 月 28 日在汀州狱中致郭沫若的信中称诗集《女神》以及以它为代表的创造社，“代表着黎明期的浪漫主义运动”，“开创了新文学的途径”。（1940 年 1 月香港《大风》半月刊第 60 期）诗集《女神》内收诗剧 3 篇（《女神之再生》、《湘累》、《棠棣之花》），诗（包括序诗）54 首，而编入《郭沫若选集》的只有 10 首，即《凤凰涅槃——“菲尼克司”的科美体》、《炉中煤——眷念祖国的情绪》、《地球，我的母亲！》、《立在地球边上放号》、《夜步十里松原》、《蜜桑索罗普之夜歌》、《霁月》、《晴朝》、《晨兴》和《黄浦江口》。

这 10 首诗中，《凤凰涅槃——“菲尼克司”的科美体》、《炉中煤——眷念祖国的情绪》、《地球，我的母亲！》、《立在地球边上放号》4 首固然是诗集《女神》的代表作，但还有一些名篇如《天狗》、《我是个偶像崇拜者》、《金字塔》（《女神》初版题为《金字塔——白华自佛朗克府惠赐金字塔画片两张赋此二诗以鸣谢》)、《匪徒颂》、《晨安》等最能体现《女神》的诗风、也最能体现"五四"特征的诗篇未能入选;写思想矛盾和苦闷的诗如《夜》和《死》也割弃了,这就使得诗集《女神》的思想和风格未能得到完整的呈现。

《凤凰涅槃——"菲尼克司"的科美体》原名《凤凰涅槃》,最初发表于1920年1月30日和31日上海《时事新报·学灯》;《天狗》最初发表于1920年2月7日上海《时事新报·学灯》,相隔只有7天。《时事新报·学灯》主编宗白华1920年2月7日写给郭沫若的信中说:"你的新生的凤凰还在翱翔,你的天狗又奔腾而至。"如果说在烈火中永生的凤凰是寓意整个民族的新生的话,那么奔腾的天狗就是颂扬个性解放思想最高的体现。文学史家温儒敏曾说过:"一读《天狗》便如同触电。"[①]在《天狗》中,诗人把个性解放的抒情同天狗吞吐日月吞吐星球的形象融为一体,用这个吞吐日月、吞吐星球的形象去传达要冲出封建牢笼,渴求自我扩张,追求个性解放的浪漫主义激情。天狗本来是不祥之物,我国旧时民间迷信,以为日食月食是天狗吞食日月,遇日食和月食就敲锣打鼓放鞭炮,驱赶天狗。郭沫若以"天狗"自况,宣称"我是一条天狗呀! / 我把月来吞了, / 我把日来吞了, / 我把一切星球来吞了"。郭沫若当然知道天狗吃月亮、吃太阳、吃星球、吃宇宙只是"迷信",是没有的事。但他就是以他特有的气魄,赋予"天狗"以崭新的意义:气吞日月,具有压倒一切之势;称自己是"月底光"、"日底光"、"一切星球底光"、"X光线底光"、"是全宇宙底Energy(能)底总量"。诗中的"天狗"气魄宏伟,心胸开阔,热情奔放。"天狗"在大呼"我把全宇宙来吞了。 / 我便是我了!"以后,紧接着高唱"我剥我的皮, / 我食我的肉,……我在脊髓上飞跑, / 我在脑筋上飞跑。""我便是我呀! / 我的我要爆了!"在"自我"爆裂中创造一个新的自我,在"自我"毁坏中求得新生,这是"五四"时期要求个性解放的知识青年最形象化的描述,是个性解放思想极度夸张的象征,是彻底叛逆精神的集中体现。全诗没有一定的诗节,仅仅是一气呵成的抒情独白,简直像咆哮的风雷。

《我是个偶像崇拜者》:"我崇拜偶像破坏者, / 崇拜我! / 我又是偶像破坏者哟!""崇拜我"、"我又是偶像破坏者哟"与新中国主流思想背道而驰。

《匪徒颂》的缺选同样让我们感到遗憾。这首诗写于"1919年年末",最初发表于1920年1月23日上海《时事新报·学灯》。郭沫若在《创造十年》

---

① 温儒敏:《浅议有关郭沫若的两极阅读现象》,《文学课堂——温儒敏文学史论集》,吉林人民出版社2002年版,第213页。

中说："《匪徒颂》，那是对日本新闻界的愤慨，日本记者称五四运动以后的中国学生为'学匪'，为抗议'学匪'的诬蔑，便写出了那首颂歌。"[①]诗人热情讴歌古今中外一切政治革命、社会革命、宗教革命、学界革命、教育革命的"匪徒们"，对他们三呼万岁，表现了"五四"时代狂飙突进的革命精神，是对叛逆精神狂热的礼赞。《匪徒颂》中的三行诗，前后作过三次修改（1921 年、1928 年、1953 年），共有四个不同的版本，这三行诗在《时事新报·学灯》发表时为：

倡导社会改造的狂生，天夺其魄的罗不尔呀！
倡导优生学的怪论，妖言惑众的哥尔栋呀！
亘古的大盗，实行波尔显威克的列宁呀！
西北南东去来今，
一切社会革命的匪徒们呀！
万岁！万岁！万岁！

《女神》初版本改为：

倡导社会改造的狂生，瘦而不死的罗素呀！
倡导优生学的怪论，妖言惑众的哥尔栋呀！
亘古的大盗，实行波尔显威克的列宁呀！
西北南东去来今，
一切社会革命的匪徒们呀！
万岁！万岁！万岁！

诗人把对现实否定的叛逆精神同歌颂无产阶级革命、社会主义的理想联系在一起。只是由于当时还分不清什么是无产阶级领袖，什么是资产阶级革命家；什么是社会进步思潮，什么是资产阶级思潮，他歌颂的"匪徒"良莠并存，既有提倡"优生"的遗传学家哥尔栋（今译高尔顿），也有鼓吹超人哲学的尼采，把罗素、哥尔栋、列宁并列在一起，作为"社会革命"的"匪徒"，三呼万岁，这是诗人的局限性。尽管这样，但《匪徒颂》的意义仍不可低估。《匪徒颂》写于"1919 年年末"。当时，列宁领导的十月革命刚刚成功，世界反动势力企图用舆论绞杀十月革命，而诗人却三呼列宁万岁，这确实是需

---

① 郭沫若：《郭沫若全集》第十六卷，人民文学出版社 1992 年版，第 73 页。

要惊人的勇气的。到了1928年，郭沫若觉得这首诗里的思想过于驳杂，在编入《沫若诗集》中改为：

> 鼓吹阶级斗争的谬论，穷而无赖的马克思呀！
> 不能克绍箕裘，甘心附逆的恩格斯呀！
> 亘古的大盗，实行共产主义的列宁呀！
> 西北南东去来今，
> 一切社会革命的匪徒们呀！
> 万岁！万岁！万岁！

这个修改，说明郭沫若经过北伐的洗礼，思想有了更成熟的发展。特别是1927年"四一二"后写了风靡一时的《请看今日之蒋介石》、参加南昌起义，并加入中国共产党之后，他的思想与"五四"时期相比已经发生了巨大的变化。要说"作为史料，以供研究历史和社会发展者的参考"，这《匪徒颂》更值得编入"自选集"，可郭沫若把它割舍了。他大概觉得即便修改了在思想上仍不够"一个马克思主义者"的水准，对马、恩、列这三位领袖该怎么颂扬也让他感到为难。1953年1月《女神》由人民文学出版社出版时，郭沫若将"穷而无赖的马克思呀"①，改为"饿不死的马克思呀"(后来出版的《郭沫若全集》均采用这个版本)。"饿不死"显然要比"穷而无赖"更正面，更响亮。这个修改也能道出《匪徒颂》未能编入"自选集"的原因。

近年来"地球村"、"与世界接轨"之类的说法成了时髦，这样的话语在20世纪"五四"时期的确是没有的，但放眼世界、走向世界的呼唤是"五四"时期一个的宏亮的口号，郭沫若的《晨安》就是"五四"时期的代表作。这是一首惠特曼式的抒情诗。诗人立在博多湾海岸，沐浴着清晨的曙光，昂首天外，一连高呼27个"晨安"，把崇敬的问候传给"我年青的祖国"、"我新生的同胞"、"南方的扬子江"、"北方的黄河"、"万里长城"、"喜玛拉雅山"，传给四面八方，五湖四海。诗人"所畏敬的"是"俄罗斯"、是"Pioneer"(先驱者)，他把对祖国的那种热爱的心情，同十月革命后对苏联的感情和谐地凝聚在一起。诗人用"寒冷"象征祖国，用"我望你胸中的冰块早早融化"，象征对祖国的热爱；把"畏敬"十月革命和热爱祖国的感情，同向往社会主义的理想交织在一起，这在"五四"诗歌中是很难找到的。诗人在向"我年轻的祖国"问候的同时，也向恒河、印度洋、红海、苏彝士运河、尼罗河，向"大

---

① 郭沫若：《沫若文集》第一卷，人民文学出版社1957年版。

西洋畔的新大陆”、“太平洋上的诸岛”和“扶桑”致意；在向“我新生的同胞”问候的同时，也向“泰戈尔”、“达·芬奇”、“华盛顿”、“林肯”、“惠特曼”，向“比利时的遗民”、“爱尔兰的诗人”致敬。这种宽阔的胸襟和远大的眼光在中国诗歌发展史上是前无古人的。《晨安》通篇都是豪放无拘束的语言，非常散漫、坦露、粗糙，无拘无束，随兴所致，但又有规律可寻，是一泻千里的抒情独白，中间又充满了想象的波澜、跳跃的旋律，深刻地反映了中华民族已经冲出自我封闭的绝境，走向世界，以世界民族大家庭的一员出现于世界民族之林的情怀，因而被誉为是“五四”新生的颂歌，是新世纪的晨光曲。《晨安》以反精美、反优雅为时尚，“就如同当今的摇滚乐、霹雳舞”[①]一样，风靡一时，博得读者喝彩。

然而“时过境迁”。新中国成立之后，为了巩固新生的革命政权，统一思想就成了当务之急。像《天狗》这样宣扬“‘我’很伟大”、鼓吹“个性解放思想”的诗作；像《匪徒颂》这样张扬“叛逆”精神颂歌，与新中国成立伊始的“主流思想”是相抵触的。《晨安》似乎要纯净一些，但把“泰戈尔”、“达·芬奇”、“华盛顿”、“林肯”、“惠特曼”，以及“比利时的遗民”、“爱尔兰的诗人”放在一起来礼赞，阶级阵线模糊，思想过于驳杂，也就失去了“时代意义”(《编辑凡例》)。除去思想上的原因，《匪徒颂》、《天狗》和《晨安》在形式上都属于“欧化的狂体”，是“绝对自由的抒写”，缺少“地方色彩”和民族风格，这也与《讲话》的精神相拧，与“新中国文艺的方向”相背。

大概也正是出自对写实主义的依归，和对“民族风格”的追求，《选集》中选了《夜步十里松原》、《蜜桑索罗普之夜歌》、《霁月》、《晴朝》、《晨兴》和《黄浦江口》等 6 首短诗。

《夜步十里松原》，最初发表于 1919 年 12 月 20 日上海《时事新报·学灯》，写的是当年日本博多湾十里松原的夜景，诗人由欣赏眼前的夜景拓展开来，进而赞美“天宇”的“高超，自由，雄浑，清寥”。

《蜜桑索罗普之夜歌》，写于 1920 年 11 月 23 日，最初发表在北京《少年中国》(季刊)第 2 卷 9 期田汉译文《沙乐美》之前，曾作为《沙乐美》一书的《序》，初刊本和《女神》初版本另有副标题：“此诗呈 Salome 之作者与寿昌”。Salome(《沙乐美》)，是英国诗人王尔德写的剧本。蜜桑索罗普(Misanthrope)，即厌世者。郭沫若在诗中表示羡慕厌世者，幻想像颗流星“曳着带幻灭的美光，向着‘无穷’长殒”。他在《创造十年》中谈到这首诗的写作

---

① 温儒敏：《浅议有关郭沫若的两极阅读现象》，《文学课堂——温儒敏文学史论集》，吉林人民出版社 2002 年版，第 214 页。

背景时说到“在小小的病室里”，“守着一个发高烧、因饥饿与痛苦而啼哭着的半死的婴儿”时的“寂寞”，“我那首《蜜桑索罗普之夜歌》便是在那惺忪的夜里做出的。那是在痛苦的人生的负担之下所榨出来的一种幻想。”[①]

《霁月》，最初发表于1920年9月7日上海《时事新报·学灯》。与《夜步十里松原》相仿，《霁月》也写月光下日本的海边风景。

《晴朝》，写日本的池畔春色，最初发表于1920年9月7日上海《时事新报·学灯》。

《晨兴》，写清晨“携着个稚子徐行”的感兴。收入诗集《女神》前未曾发表过。

以上5首都写于日本。1918年8月初，郭沫若升进了福冈的九州帝国大学医科，居住在博多湾的海岸边，这些诗颇有“写实”的意味，是可以作为诗人旅日生活的“史料”来阅读的。《黄浦江口》（写于1921年4月3日，最初发表于4月12日上海《时事新报·学灯》），写归国时的心情。1921年3月31日，郭沫若从日本启程乘船回国，4月3日凌晨船进入黄浦口，诗人在《创造十年》中写到当时的心情时说：“两岸的风光的确是迷人的”，“几年来所渴望着的故乡，所焦想着的爱人，毕竟是可以使人的灵魂得到慰安的处所”，不禁呼出“和平之乡哟！我的父母之邦！”“很想跳进那爱人的怀里——黄浦江的江心里去”[②]，这种心情在《黄浦江口》中表现得淋漓尽致。

这6首短诗既有“小诗”的风味，又类似中国的古风；虽说也都有全新的意境，但当年最能打动读者的恐怕不是这一类的短诗，而是那些“欧化的狂体”，是那些富有浪漫主义激情和鲜明的个性主义色彩的诗篇。郭沫若在《创造十年》中说：读了有岛武郎有关美国诗人惠特曼的介绍，“我和惠特曼的《草叶集》接近了”，“他那豪放的自由诗使我开了闸的诗作欲又受了一阵暴风般的煽动”，[③]“惠特曼的那种把一切的旧套摆脱干净了的诗风和五四时代的暴飙突进的精神十分合拍，我是彻底地为他那雄浑的豪放的宏朗的调子所动荡了。在他的影响之下，应着白华的鞭策，我便做出了《立在地球边上放号》、《地球，我的母亲》、《匪徒颂》、《晨安》、《凤凰涅槃》、《天狗》、《心灯》、《炉中煤》、《巨炮的教训》等那些男性的粗暴的诗来”[④]。郭沫若还说过：“自《女神》以后，我不再是诗人了。要从技巧的立场来说吧，或许《女

① 郭沫若：《郭沫若全集》第十六卷，人民文学出版社1992年版，第69页。

② 郭沫若：《郭沫若全集》第十六卷，人民文学出版社1992年版，第88页。

③ 郭沫若：《郭沫若全集》第十六卷，人民文学出版社1992年版，第67页。

④ 郭沫若：《郭沫若全集》第十六卷，人民文学出版社1992年版，第216页。

神》以后的东西要高明一些,但产生那火山爆发式的情感是没有了。"(《〈凤凰〉序》)他期待着:"总有一天诗的发作会来袭击我,我又要如冷静了的火山重新爆发起来。在那时候我要以英雄的格调来写英雄的行为,我要充分地写出些为高雅文士所不喜欢的粗暴的口号和标语。我高兴做个'标语人','口号人',而不必一定要做'诗人'。"[①]而当毛泽东的《讲话》发表以后,郭沫若就"知道文章应该以工农兵为对象",对自己的作品来了个全盘否定("可以说没有一篇是能够使自己满意的")。他在《自序》中教导"年青一辈的朋友们""不要辜负了时代",努力营造"文艺上的大森林",而这"大森林"中"参天拔地"式作品只能是"现实主义的文学作品"。老舍在《〈老舍选集〉自序》中说:

> 我乘印行这本选集的机会,作个简单的自我检讨。人是很难完全看清楚自己的,我说的对与不对,还成问题。不过,我的确知道,假若没有人民革命的胜利,没有毛主席对文艺工作的明确指示,这篇序便无从产生,因为我根本就不会懂什么叫自我检讨,与检讨什么。我希望,以后我还不偷懒,还继续学习创作,按照毛主席所指示的那么去创作。

"我乘印行这本选集的机会,作个简单的自我检讨",以后"按照毛主席所指示的那么去创作",老舍的这番话也道出了郭沫若的心声。所不同的是:郭沫若的"自我检讨"比老舍更彻底,郭沫若的表态比老舍更坚定。《老舍选集》选了《黑白李》、《断魂枪》、《上任》和《月牙儿》4 个短篇,以及长篇《骆驼祥子》(删节本)。他在《自序》中说:

> 论篇数,此集只选了旧作小说五篇,为是教集子短小精悍,也就是"楞吃鲜桃一口,不吃烂杏一筐"的意思。
>
> 论技巧,《黑白李》是不很成熟的,因为它产生在我初学乍练写短篇小说的时候——我是先发表过几部长篇,而后才试写短篇的。《断魂枪》、《上任》和《月牙儿》三篇,技巧都相当的有些进步;《月牙儿》是有以散文诗写小说的企图的。至于《骆驼祥子》,则根本谈不上什么技巧,而只是朴实的叙述。它的好处也许就在此:朴素,简劲有力。

---

① 郭沫若:《郭沫若全集》第十六卷,人民文学出版社 1992 年版,第 221 页。

老舍称他的这“旧作小说五篇”都是“鲜桃”，并没有像郭沫若那样对自己的创作来了个全盘否认；老舍只是表明自己今后要“按照毛主席所指示的那么去创作”，郭沫若除了说自己，还要求“年青一辈的朋友们”“能够顺畅地成长”。所谓“能够顺畅地成长”，也就是老舍所说的“按照毛主席所指示的那么去创作”。

这就是作为国家领导人以及文化战线上继鲁迅之后的又一位“主将”和“向导”的郭沫若与老舍的区别。彻底地告别“旧我”，宣传《讲话》，传播新文学“完整的理论体系和最高指导原则”，这就是郭沫若选编《郭沫若选集》时的心态和用意。

（原载《南京师范大学文学院学报》2011 年第 4 期，作者为北京大学中文系教授）

主体思维与学科壁垒

——再谈郭沫若研究中的时空关系

刘悦坦

20 世纪已经离我们远去，但是 20 世纪遗留给我们的某些学术课题并没有随着新世纪的曙光而拨云见日。20 世纪中国最具学科跨越性的文化名人郭沫若，也便由于一堵堵的"学科墙"的分割，从而成为 20 世纪中国评价反差最大的文化名人之一。

分割与整合

——20 世纪郭沫若研究的整体回顾

郭沫若是 20 世纪中国一个复杂的存在。郭沫若的复杂性不仅在于他是 20 世纪中国最具学科跨越性的文化名人之一，还在于郭沫若在 20 世纪中国的特殊地位，这使得对郭沫若的评价和研究早已突破了学术研究的小圈子，从而进入一个更广阔的范围中。

郭沫若，作为继鲁迅之后中国新文化运动中的又一面旗帜，在中国文化界的领导地位已经得到官方的认定；郭沫若在新诗、小说、散文、历史剧、翻译、文学理论、考古、历史、书法乃至民族关系等领域内的众多开拓性成就也已经为学界所广泛研究；郭沫若自身存在的某些失误和纰漏也为有意"从另一侧面反思"他的人提供了足够的炒作原料。另外，广大平民百姓所津津乐道的更是郭沫若那一系列"浪漫"的传奇经历。与此同时，海外对郭沫若的批评之声也一直不绝于耳。近百年来，郭沫若在不同的关照视角下进入了不同的话语系统。作为一个"复杂的存在"的郭沫若，也就在主流话语（中国官方对郭沫若的定位和评价）、学院话语（大陆学院派知识分子的郭沫若研究）、商业话语（以"反思郭沫若"为借口的商业炒作）、民间话语（平民百姓对郭沫若的评说）和海外批判话语（史剑、金达凯、余英时等海外学者怀着不同目的的对郭沫若的批判）等不同的价值尺度与衡量标准下，呈现出其“复杂”的不同侧面。

作为20世纪中国文化史上一位“全能型文化巨人”，只凭主流话语的官方定位与维护并不能推进郭沫若研究的广泛深入，学院派自身在郭沫若研究上无论怎样花样翻新也并不能引起其他话语系统的注意，从而只能使研究的圈子越来越窄。相反，倒是商业派更富于开放精神。不容否认，20世纪末郭沫若研究的“热闹”场面是由商业派掀起来的。因为商业派的所谓“反思”，目的在于使郭沫若的“真实”面目公布于众。商业派充分运用了现代市场的“炒作”手法，成功地吸引了主流话语、民间话语和学院话语的注意，使沉寂了很久的郭沫若评价与研究重新火爆起来。商业派的所谓“反思”充其量是一种市场运作机制下的追求轰动效应和商业效益的炒作行为，缺乏必要的学术积累和文化底蕴。但是它毕竟在郭沫若评价和研究中自成一派，企图站在更为广泛的民间立场上向主流派和学院派争夺话语权力和市场。这不能不给广大郭沫若研究者一种启示，不是说学术研究一定要追随市场，而是当我们在郭沫若研究上越来越花样翻新并感到层出不穷时，就已经显示了我们的研究已经越来越局限在“学院”的小圈子里，路子也会越来越窄:郭沫若成了新理论、新方法的试验田，种出的东西也只有作者自己才能明白。正是学院派的研究过于狭窄和封闭，研究成果不能为民间所了解和接受，民间这一最为广泛的话语主体才一直对郭沫若存在着这样或那样的较为片面的看法，从而与商业话语结成联盟，形成一种否定郭沫若的潮流，以至于郭沫若在民间的形象在很大程度上被“另一面”所代替。这才是值得每一个严肃的学者去认真对待的。

思维方式的相通是理解的真正基础。在本文看来，对郭沫若的第一次整合，应该建立在对郭沫若思维方式的研究上，并以郭沫若的思维方式为出发点，去贯穿郭沫若分散在文学、历史等不同领域内的成就，还原一个真实、完整、统一的郭沫若。然后，在这一整合的基础上，随着研究的不断深入，新见解、新看法的不断出现，又形成新的整合。在这样一个动态的滚动系统下，不断向研究对象的整体和本质逼近。遗憾的是，在郭沫若研究中，第一次整合尚未形成。由于研究的过于分散而形不成整体突破，也便使后来者缺乏可供继续攀登的台阶。

循环论的“怪圈”

——研究者的思维逻辑

郭沫若研究的现状使我们不得不清醒地认识到，即便是在各个分散的研究领域中，郭沫若学术成就方面的研究又最为滞后。在郭沫若思想研究和文学研究已经取得单项突破的同时，对郭沫若学术方面的研究却成了阻碍郭沫若研究整体水平提高的“后腿”。用“思维方式”这条红线去拉动“郭沫若学术研究”这个“后腿”，首先就是要调整我们研究者自己的思维方式。对郭沫若学术方面的研究之所以长年“原地踏步”，这主要是因为研究者的思维方式陷入了一种“起点”就是“终点”的循环论“怪圈”。

在研究郭沫若的史学成就时，研究者使用的也是“唯物史观”的逻辑话语。但是，一旦进入这个话语系统，当我们肯定郭沫若学术研究的指导思想是“唯物史观”的同时，“唯物史观”本身就已经不知不觉地从一种研究理论变成了研究对象本身。而郭沫若的学术成就也就自然成了证明“唯物史观”是普遍真理的“论据”了。这就说明研究的起点已经包含了结论，研究的终点就必然又回到了起点。这就是郭沫若学术成就方面的研究已经远远落后于郭沫若文学或思想方面的研究的主要原因所在。

想要真正把郭沫若学术成就方面的研究拉回到研究对象本身，我们首先必须对“唯物史观”与郭沫若的学术研究之间的关系进行分析。只要我们依然沿着“唯物史观”是真理，郭沫若学术成就的取得是应用“唯物史观”的结果，那么，对郭沫若学术成就方面的研究就自然难以取得突破。在这个意义上说，一种理论不管包含多大的真理性成分，只要它作为方法使用于研究对象，其绝对真理性的普遍价值就必然缩小为作为工具的具体价值。例如说，爱迪生发明电灯对人类的进步是一个巨大贡献，但是一个农民在用电灯为鸡舍取暖时，电灯的意义和价值就已经大大缩减，甚至不比一根原始的火把更有效。

郭沫若所开创的“唯物史观派”史学在20世纪中国出现，可谓中国史学史上一件开天辟地的大事。但是近年来，随着学术研究中意识形态的逐渐淡化，“唯物史观派”的史学研究不再是史学的主潮，反而进入了低谷。各种名目的西方史学大量涌入，同时，中国固有的传统国学再度复兴，而陈寅恪、钱穆等“国学”派的研究者大受推崇。这与原来“唯物史观”一统天下的局面形成了鲜明的对比。

在本文看来，“唯物史观派”今日不再是史学主流的局面是正常的，因为任何“真理”都不具备“放之四海而皆准”的超时空绝对正确性，任何“真理”都有其使用范围。超越了这个范围，真理也就不再能承担它原不应该承担的义务。我们承认“唯物史观”是真理，但不是可以覆盖一切的唯一真理。就史学研究而言，我们不能拒绝或排斥“唯物史观”之外的研究理论与方法。正是原来对“唯物史观”的过分推崇，才造成了今日对“唯物史观”的过分冷落。

推进郭沫若史学研究走向深入的途径不再是肯定郭沫若对“唯物史观”的“开创”和“奠基”,而是从思维方式的角度真正走向研究对象本体。

从文学构思看郭沫若的史学研究

用郭沫若的思维方式去贯穿郭沫若的不同成就,我们首先必须从其前期新诗创作中的艺术思维去考察其后来的史学研究。这是打通“学科墙”的第一步。

郭沫若原本是一个热情澎湃的诗人,但是在1928年流亡日本以后,在极为艰苦的条件下研究中国古代史,从昂首天外的新诗创作到沉下心来拨弄甲骨文、青铜器,郭沫若的转换可谓是180度的,但最令人不可思议的是无论是新诗创作还是学术研究,郭沫若均取得了第一流的巨大成就。缺乏学术基础的郭沫若何以能从一位激情澎湃的诗人一跃而成为考古、古代史研究领域内的大家?

也许由于这是个“跨学科”的问题,所以,无论是从事郭沫若文学研究还是历史研究的学者都不曾或不愿对这个问题进行考察。

我们知道,郭沫若正式从事古史研究是在1928年流亡日本之后。在这之前,郭沫若因为《女神》等诗集早就已经成为中国现代文坛上的著名诗人。《女神》不是中国现代诗歌史上第一部新诗集,但是谁也不能否认,在“五四”新诗坛上,《女神》才是最新的新诗集。长期以来,人们都相信《女神》是中国诗歌史上新诗与旧诗的分水岭,“生平服膺《女神》几近于五体投地”的闻一多这样说道:“若讲新诗,郭沫若君的是才配称新呢!不独艺术上他的作品与旧诗词相去甚远,最重要的是他的精神完全是时代精神——二十世纪的时代精神。”[①]与郭沫若同时代的郁达夫也曾说五四诗坛上“完全脱离旧诗的羁绊,自《女神》始。”[②]几十年来,学界基本形成了“共识”:充满着“二十世纪的时代精神”的《女神》是五四文坛上最新的新诗集。但是,这只是事物的一个侧面。

细读《女神》,我们发现,越是能代表《女神》成就的作品,就越带有浓厚的原始色彩。翻开《女神》,简直等于进入了一个色彩斑斓的史前世界。在这里,既有充满原始灵感与巫术迷狂般的创作状态,又有凤凰涅槃、天狗吞

① 闻一多:《〈女神〉之时代精神》,《创造周报》1923年6月3日。

② 郁达夫:《〈女神〉之生日》,《时事新报·学灯》1922年8月2日。

月、处女生育等神话情结。其中最为突出的是无处不在的“互渗”：梅花与自我的同一，“火便是凰，凤便是火”的融合，“还有什么你，还有什么我”，“一切的一，一的一切”，“我中也有你，你中也有我……”《女神》时期的郭沫若，由于受泛神论的影响，思维方式上存在着强烈的“返祖性”，与原始思维有着内在的相通。

文化人类学的研究表明，原始思维主要是指世界上处于较低发展阶段的某些原始部落的人运用的思维方式，也指人类历史上远古先民的思维方式。法国人类学家列维-布留尔对原始思维的研究进行了整合，指出互渗律是原始思维最一般的规律。互渗律支配下的原始思维中，主体、客体、存在物或现象能够以我们不可思议的方式既是他们自身，又是其他别的什么东西。互渗律支配下的原始思维对矛盾视而不见，漠不关心，它不服从我们逻辑思维的“矛盾律”与“因果律”。因此，在原始思维中，几乎没有独立的个人意识，在那里个人与部落，个人与环境，个人与祖先，个人与图腾往往是互渗在一起的。有些事物在我们正常的逻辑思维看来不陷于荒谬就不能归一，在原始思维看来，却没有丝毫不妥。

思维方式与原始思维的相通，造就了郭沫若前期诗歌“别有天地非人间”的“天才美”。只有从这种合于诗性而不合逻辑的思维方式的角度出发才能揭开郭沫若的创造之谜，才能理解《女神》那绮丽的想象与联想，大胆的变形与夸张；才能领悟为什么“我”既是吞日吞月的天狗，又是日的光月的光；才能感受为什么“火便是凤，凰便是火”；才能参透为什么“我”既赞美梅花，又赞美自己。在这里，梅花和自我可以互渗，都是“宇宙自我表现的本体”，天狗既能在自己的神经上奔跑，又能剥自己的皮，食自己的肉，“还有什么我，还有什么你”，“你中也有我，我中也有你”，“你便是我，我便是你”。

从这个意义上讲，“互渗”的思维方式是郭沫若整个创造性思维体系的生长点。由“互渗”的思维方式所造成的“返祖”情结，是郭沫若前期新诗创作的内在动力基础。也是揭示郭沫若这一“球形天才”神奇创造力奥秘的宝贵入口。当这种“互渗”的思考方法与不同领域内的具体对象内容相结合时，便会产生不同的“化学反应”：当这种结合运用的不恰当时，郭沫若就会犯普通人都不会犯的荒谬错误，然而更多的情况下则是显示出惊人的创造力。

更为重要的是，思维方式与原始思维的相通，使郭沫若有一种神奇的能力可以轻易地回到远古社会，直接理解远古文化，这使得原本缺乏学术基础的郭沫若可以从一个热情洋溢、激情澎湃的诗人一跃成为考古、古代史研究领域内的行家里手。我们毫不避讳地指出，郭沫若对古文字的考证，在某些情况下是他“猜”出来的，然而，由于思维方式的相通，在很多情况下，他“猜”得确实准，令人叫绝。这显示了郭沫若确实比一般人更有“天赋”。但是，我们把郭沫若当成考古领域内的大家，绝不仅仅因为他是“猜字先生”。

郭沫若学术研究中的“对称”思维

思维方式与原始思维的相通，使得原本缺乏学术基础的郭沫若获得了一种独特的“天赋”，使他比一般人更能洞悉远古文化的奥秘。另一方面，郭沫若是医学科班出身，受过严格的自然科学方面的训练，他自然明白学术研究的科学性和系统性。因此，郭沫若表现在学术研究中的思维方式并不仅仅是原始的“互渗律”，而是一种非逻辑的原始思维和逻辑的理性思维并存的“对称”思维。

郭沫若在从事古文字研究之前，也没有这方面的学术根底。他毕竟是一位激情洋溢的浪漫主义诗人。在郭沫若最初看到甲骨文时，感到“那毫无考释的一些拓片，除掉有些白色的线纹，我可以断定是文字外，差不多是一片墨黑。”①但是，郭沫若并没有在“一片墨黑”中不知所措，“在当初，我第一次接触甲骨文字时，那样一片墨黑的东西，但一找到门径，差不多一两天的功夫，便完全解除了它的秘密。”②

郭沫若的考古、古文字研究之所以成就巨大，一方面因为郭沫若的思维方式与原始思维相通，这使得郭沫若在具体考证古文字时如鱼得水，“以我之自由精神直接与古人相印证”从而“求得其真相”③——直接认知，成为郭沫若在考古学上取得惊人成就的一大法宝。另一方面，郭沫若并不只是单单依赖这项独特的“天赋”。郭沫若不同于其他古史研究者的地方在于他是学医出身，而不是科班的历史学家。学过医，郭沫若知道近代自然科学的研究方法，从而能够跳出“国学”的范围，“认清所谓国学的真相。”④这样的研究思路就是郭沫若应用在考古研究中的“对称”思维——认知与元认知的对称结合。认知，就是具体的考证；元认知，就是对认知的认知，即

① 郭沫若：《郭沫若全集・历史编》第一卷，人民出版社 1982 年版，第 358 页。

② 郭沫若：《郭沫若全集・历史编》第一卷，人民出版社 1982 年版，第 363 页。

③ 郭沫若：《学艺》第三卷第一期，1921 年 5 月 30 日。

④ 郭沫若：《郭沫若全集・历史编》第一卷，人民出版社 1982 年版，第 8 页。

对前人研究的再研究和科学的学科体系的建立。

在考古研究中，郭沫若独特的“返祖”能力使他比一般人更能深入地了解古代语法、句式、文字的特点，因而比一般人更能作出准确的考证。例如在对楚辞的研究中，郭沫若对“兮”字的结构进行分析，认为“从字形上说来兮字是叫人张口发出丂(同考)声，八就是张口的意思，那样发出来的声音自然和阿声极相近。知道这个兮字的发音来读《楚辞》，可以知道《楚辞》就是当时的白话。”这样，郭沫若就“解决了《楚辞》兮字的秘密”①。

在直接认知的基础上，郭沫若还十分注重元认知，对古文字研究规律进行及时的归纳与整理，从而促进考古学的科学的研究体系的确立。著名学者唐兰对“甲骨四堂”的各自特点有精辟的论断：“夫甲骨之学，前有罗(振玉)王(国维)，后有郭(沫若)董(作宾)。雪堂导夫先路，观堂继以考史，鼎堂发其辞例，彦堂区其年代。”②在“导先路”、“以考史”、“发辞例”、“区时代”中，不难看出，把甲骨文研究变成为一种真正的科学体系贡献最大的应是“发辞例”。郭沫若对甲骨文进行研究的目的是“读破它”、“利用它”，想要在读破的基础上利用，就必须让甲骨自己说出自己的奥秘，这就不能只满足于单个文字的辨认、考证，而是为辨认、考证提供一个可供依靠的研究系统。只有建立了这样的系统，才能“洞察到内面潜在着的事物之真性与历史关系，以这样的材料建出一座有多年生命的殿堂。”③这正是郭沫若古文字研究的巨大创造性所在。郭沫若的甲骨文研究，重视研究者的研究理论与方法，开辟了甲骨文研究的新框架，使古文字学真正成为一门有章可循的学问。

从“元认知”的角度讲，郭沫若所开创的史学研究方法，与中国源远流长的传统史学以及胡适的“实验主义”史学、顾颉刚的“古史辨”派史学有着截然的不同。胡适等人标榜科学方法，就其实质而言仍不过是“以校勘、训诂为本的文献材料整理术”和“以内外考证为主的史料审定术”，④这还是逃不脱乾嘉学派的窠臼。即使是被称为“新史学的开山”的王国维的“二重证据法”，也还是实证主义范畴内的一种方法，“这一方法与传统的训诂、校勘和考据方法并用，固然可以发前人之未发，但一旦涉及到史料解释，进入史事重建层次，它就无用武之地了。”⑤

---

① 郭沫若：《郭沫若全集·历史编》第四卷，人民出版社 1982 年版，第 39 页。

② 唐兰：《天壤阁甲骨文存·自序》，辅仁大学出版社 1939 年版。

③ 郭沫若：《郭沫若全集·历史编》第二卷，人民出版社 1982 年，第 45 页。

④ 许冠三：《新史学九十年》，香港中文大学出版社 1986 年版，第 140 页。

⑤ 王学典、陈峰：《20 世纪唯物史观派史学的学术史意义》，《东岳论丛》2002 年第 2 期，第 54 页。

这就说明，在考古学和古史研究中，仅靠文献证据与文物证据的“二重证据”并不足够，任何曾经被证据“证实”的结论，都有可能被后来的证据“证伪”。学术研究越是发展，对研究者的主体思维提出的要求也就越高，也就越需要超越性的思维方式。

“认知”与“元认知”造成郭沫若考古研究中的主导思维方式是一种“对称”思维。“对称”原本是自然界普遍存在的一种本质和属性。人类思维中所表现出来的对称性，是客观事物各种对称性变化规律在人脑中的一种反映，“对称”思维就是人类思维所具有的这种本质属性的反映。“对称”思维并不是正、反两种思维方式的一种简单组合，而是两种相悖的认知结构在同一主体思维中的同时并存。

这种思维不是从习惯认识与反向认识中“二选一”，也不是把两个看来无关的事物综合在一起表示两个对立的概念，而是同时肯定二者。例如，用 O 和 O 表示两个对立的理论、事物或者思维因子，“对称”思维是同时肯定 O 和 O，从而获得对它们的整体认识 S＝OUO。“对称”思维是一种对通常思维具有极强超越性的创造性思维方式。一方面它超越了传统观念的困难，即科学批判精神与科学和谐精神的统一；另一方面，它也超越了认识层次的困难，即要建构从 O 到 OUO 的逻辑思维与非逻辑思维互补的科学创造。

“对称”思维一方面使郭沫若的运思方式可以和原始思维的不讲逻辑律、不讲因果律的运思方式直接对接；另一方面，由于受到现代自然科学逻辑思维的熏陶，思维过程中又充满了清醒的理性观念和批判精神，使得郭沫若可以用科学的标准检验考古、古代史研究中的具体的考证，并形成一套较为完备的理论体系。更为难能可贵的是，“对称”思维容许非逻辑的思维因子和逻辑的思维因子同时发挥作用。这就使得郭沫若在古文字研究和对古文字学的学科系统的建立方面都取得了超越性的巨大成就。

透过 20 世纪的时间看 21 世纪郭沫若研究的空间，我们不能再局限在某一个狭小的圈子里零敲碎打地研究这样一位文化巨人了，较之于单纯认定他是中国新文化运动的一面旗帜或从人格上垢病他的缺失、从学术上指责他的纰漏，从思维方式的角度入手去探讨他的认知结构，弄清郭沫若人格现象背后的原因，探索创造的奥秘，不是又一片极富价值又亟待发掘的新空间吗?

（原载《德州学院学报》2011 年第 3 期，作者为美国密苏里大学博士后）

“重写文学史”视野下的郭沫若研究

——兼及夏志清《中国现代小说史》

李钧

20世纪80年代中期开启的“重写文学史”工程，给郭沫若研究带来新契机，至今已取得了许多具有突破意义的研究成果。但“重写”郭沫若的过程中，也存在一些矫枉过正的、非历史主义的“酷评”——夏志清的《中国现代小说史》就是典型代表——这需要学界加以关注和警惕。就目前研究状况来看，郭沫若研究中还有许多重大学案和学术增殖点值得深入探讨。

重写：郭沫若研究的新阶段

“重写文学史”工程使学界在新启蒙理性的烛照下，逐渐摆脱主流话语的桎梏与羁绊，在“人性、民族性与世界性”的三维坐标中研讨文学，开创了文学研究与文学史写作的新局面。郭沫若研究在这个大背景下多向突围，取得了许多具有重要意义的研究成果。总括起来主要表现在以下几个方面。

散佚资料的发现与整理取得显著成绩。蔡震、藤田梨那等在郭沫若散佚史料的搜求方面作出了贡献，而魏建教授更胜一筹。魏建先生自20世纪80年代就致力于创造社期刊与郭沫若研究，在郭沫若散佚资料的收集与整理方面用功最多。他目前发现整理出来的郭沫若文学佚文资料比已出版的《郭沫若全集·文学卷》收录的文字总量还要多。这种“竭泽而渔”的资料搜求与整理工作，是郭沫若研究最重要的前提工作，这不仅为研究者提供更高更广的对话平台，也可能会使郭沫若研究中长期难以索解的一些问题迎刃而解。《文学评论》2010年第2期刊发的魏建《郭沫若佚作与〈郭沫若全集〉》一文对此项工作作了详细说明。另外，国际郭沫若研究会会长(IGMA)藤田梨那搜集的大批史料也已移交四川郭沫若研究中心，丰富了郭沫若研究的资料……但所有的资料搜集与整理工作也带来了另一个问题——《郭沫若全集补遗》何时出版？如果这个前提解决不了，那么郭沫若研究将成为“陷阱”和“沼泽”，因为史料的“地基”建筑在流沙上，后果不堪设想，研究者一不小心就会用了错误的资料，从而得出相悖的结论——比如随着蔡震整理的《〈女神〉及佚诗》2008 年由人民文学出版社出版，即有文学史关于《女神》时期郭沫若诗风的阐释就需重新言说。——而在“纠偏”的过程中，会制造多少学术泡沫呢？

重大问题的辩证与探究。中国郭沫若研究会、郭沫若纪念馆、四川郭沫若研究中心与《郭沫若学刊》等集合了国内外、老中青学者，使大家在资料、方法、思想等方面得以交流共享，使多学科研究得以结缘；几代人在争鸣与碰撞、传承与创新中将郭沫若研究不断推向深入，许多重大问题得到探究与解决。比如郭沫若性格与人格研究、日本记忆与郭沫若创作、郭沫若文学创作与政治的关系、郭沫若生平重大转折及其原因研究、郭沫若史学思想、郭沫若家庭生活研究、四川文化与郭沫若的文学创作、传统文化与郭沫若文学创作、“两极阅读现象”研究、对《反思郭沫若》的反思与批评、郭沫若文学史地位的重写等等，凸现了郭沫若的时代价值和超时代意义。王训昭等编《郭沫若研究资料》[①]和四川郭沫若研究中心、四川郭沫若研究学会与中国郭沫若研究会合编《当代视野下的郭沫若研究》[②]，收录了其中的代表性研究成果或观点。

研究成果数量与质量不断提高。检索中国知网 1984 年至 2010 年 6 月“文史哲”库收录的论文，在“篇名”选项下键入研究对象的名字，则“郭沫若”研究文章 3200 篇，“鲁迅”相关文章 1.44 万篇，“茅盾”有关文章 1735 篇，“巴金”1596 篇，“老舍”2081 篇，“曹禺”1283 篇，“张爱玲”2947 篇，“沈从文”2578 篇，“钱锺书(钱钟书)”967(154＋813)篇……从这组数据来看，郭沫若仍然是 20 世纪 80 年代以来学界研究的一个重点、热点和难点。郭沫若研究论文有多篇刊发于《文学评论》、《中国现代文学研究丛刊》等国内最具影响力的学术期刊。在国家社会科学规划基金项目立项方面，自 2007 年以来，魏建“郭沫若文学佚作的收集、整理和研究”，刘悦坦“20 世纪中国文化语境中的郭沫若”，王文彬“郭沫若戴望舒艾青融会和创化中西诗学传统的研究”，廖思湄“郭沫若西方戏剧文学的译介研究”等先后获得立项。在 1993 年至 2006 得年国家社会科学规划基金立项中，没有一项专门研究

① 王训昭等:《郭沫若研究资料》,知识产权出版社 2010 年版。

② 中国郭沫若研究会:《当代视野下的郭沫若研究》,巴蜀书社 2008 年版。

创造社或郭沫若[①]——这标志着郭沫若研究在近年成为新热点，步入了中国文学研究的最前沿。

研究队伍年龄与学缘结构不断优化。20 世纪 80 年代迄今，郭沫若研究队伍中既有郭沫若的故旧亲友，也有中坚的博导教授，更有大批博士、年轻学者和中学语文教师；一些日本学者和西方汉学家持续关注郭沫若研究；港台学者蔡登山等人的加入，使郭沫若研究有了更多的对话者——蔡登山先生的文章给人以深刻印象，史料众多，考据扎实，言必有据，其史家作风值得借鉴。郭沫若研究者有的打阵地战，终其一生致力于郭沫若研究；有的是游击式的奇兵；有的从相关学科专业跨过来闯入另一领域，让人既惊且喜。就代际而言，如果说老一代学者多写回忆、感受文章，研究成果多是印象式批评，那么中青年学者则持有更多更新的理论、方法和更全面的史料，因而更具学理性。

总之，“重写文学史”视野中的郭沫若研究正逐步深化，取得了丰硕成果，为进一步的整合研究、比较研究、跨学科研究奠定了坚实的基础。

酷评：郭沫若研究的新误区

曾几何时，郭沫若研究是主流意识形态保护的禁区。只有进入舆论自由度较高的新时期，尤其是学界提出“重写文学史”口号以后，才出现了对郭沫若的批评之声，如王富仁、温儒敏等学者关于郭沫若的批评文章，客观公允，极具建设性，所论问题令人茅塞顿开。但是也有佛头着粪式的“酷评”，不能不引起人们的注意。

如果说真正的学术评论是以科学实证为前提的“学与思”的结合，那么“酷评”是逞才使气的情绪批评，是以个人好恶为前提的粗暴批评，是疏于学理逻辑的印象批评，是詈街谩骂式的侮辱攻讦，是哗众取宠的话题炒作。“酷评”看似消解“宏大叙事”，实质上却不是“后现代主义”批评，因为真正的后现代主义批评都具有明确的目标指向、衡定的价值标准、严谨的学术

① 在 2007 年以前的国家社会科学规划基金项目成果中，涉及郭沫若的国家社科基金项目有谭桂林“20 世纪中国诗学与西方诗学的关系研究”、王泽龙“中国现代诗歌意象论”、方长安“新诗(1917— 1949)接受史研究”、吴思敬“中国新诗理论史”、石兴泽“社会转型时期中国浪漫主义文学研究”、姜耕玉“新诗语言形式研究”、骆寒超“传统汉语诗体演变规律与新诗诗体建设”、胡星亮“中国现代比较戏剧史(1949—2000)”、李继凯“20 世纪中国文学的文化创造”、杨建民“中国现代作家论研究”等。另外，喻天舒将国家社会科学规划基金项目“中西宗教与现代文学”中的两个分论题集成《王国维、郭沫若与儒教》一书。

规范。而“酷评”者操持的是冷战思维和二元标准，他们笔下的历史人物不是圣人就是流氓，不是旗手就是打手，不是才子就是恶棍，不是“超人”就是“末人”，唯独不是“人”；他们的政治或道德意识形态评价中存在许多向壁虚造的想象、有罪推定式的诛心之论，却常常匮乏历史常识；他们有着真理在握的“正义的火气”和“致命的自负”，只是不明白这才是一种轻狂与虚妄。市场经济条件下的“酷评”又增添了“货币意识形态”一维，这种“商业性酷评”绝不是为了追究真实和真相，而是为了争夺市场、炒作自己、实现“眼球经济”的一种成名策略。对于现代学统的建设来说，“酷评”具有极大的破坏性，因为“酷评”者往往没有恒定的价值标准，常常趁火打劫、落井下石，是“雷峰塔倒掉”后的“奴才式的破坏”，而现代学统则需要披沙拣金、层累递进……

夏志清的《中国现代小说史》自20世纪70年代末通过各种渠道进入大陆后，曾给重写文学史带来重要启示，但是也开启了郭沫若研究领域“酷评”的先河。主要涉及以下几方面。

彻底否定郭沫若的文学与学术成就。夏志清说：“他（郭沫若）的译作是否可靠，译文是否可读，大有研究的余地。他对古代中国的研究有无价值，也有问题。至于文名所系的创作，实在说来，也不过尔尔。民国以来所公认为头号作家之间，郭沫若作品传世的希望最微。到后来，大家只会记得，他不过是在他那个时代一个多彩多姿的人物，领导过许多文学与政治的活动而已。”具体到《女神》：“这种诗看似雄浑，其实骨子里并没有真正内在的感情：节奏的刻板，惊叹句的滥用，都显示缺乏诗才。”而“《三个叛逆的女性》可能是他最糟的作品”①……从学理上说，这样的评论是没有举证的定性论断，有违“无征不信”的学术规则；从立场上看，这是政治意识形态的评点，立场不同则人言人殊，让人难以信服；从历史角度看，没有将研究对象放在具体的历史环境中进行评价，否认郭沫若是新文学“历史进化链条”的重要一环——开拓者固然不成熟，但其筚路蓝缕以启山林的功绩却不能一笔抹杀。有夏志清的“酷评”始作俑，也就不难理解为什么今天仍有人对郭沫若“大开骂戒”了。

全面诋毁郭沫若的人格。夏志清在谈到创造社时，说它“成就之微”其实难副，创造社诸君“喜欢卖弄学问，态度独断，喜欢笔伐”②，“假浪漫主义为名，一味放浪，浮而不实，作品没有丝毫规矩绳墨，言过其实。他们的唯

① [美]夏志清：《中国现代小说史》，刘绍铭等译，复旦大学出版社2005年版，第70页。

② [美]夏志清：《中国现代小说史》，刘绍铭等译，复旦大学出版社2005年版，第68页。

美主义仅仅可以说是为了感情的放纵而艺术而已”[①]。谈到郭沫若更是语带嘲讽，如“郭沫若听觉有毛病，却选了医科……留学期间的生活大体上很快乐，也很有意思。不久娶了日女为妻”，郭沫若“善变”，“他定不下心来做任何有意义的事情”。[②] 谈到郭沫若的创作时说：“郭沫若最好的诗是在40年代所写历史剧里穿插的几首歌词，运用传统的节奏和情感，朗朗可诵”[③]；可是在另一处谈到《棠棣之花》、《屈原》和《虎符》时，却又说作者“把战国时代的人物和事件任意加以发挥，拿来作为反重庆政府的宣传之用。（在这些剧本的序言中，郭沫若自夸写作速度，说在9天之内完成《虎符》而不影响他的公务和社交。他又自比于莎士比亚。其实这些剧本用散文方式写出的爱国口号，艺术上连德国浪漫主义诗剧家席勒的作品也根本比不上。）”[④]直到2008年他仍然毫不避讳地说他对鲁迅、郭沫若、老舍、茅盾的人品极不看好，认为“中国作家变得最可怕的要算郭沫若和老舍两人了”。[⑤]如果说上文所引夏志清对郭沫若文学与学术的评论是政治意识形态评价，那么他对郭沫若人格的“酷评”则是道德评说，完全脱离了文本与语境，引导了一种“谩骂与嘲讽”式的不良学风。而这样的道德评说在当下中国不乏其人：对郭沫若由“为艺术而艺术”向马克思主义的转变、从批判鲁迅到高度赞扬鲁迅、创办《大众文艺丛刊》等学案给予道德评判，更多的人则抓住郭沫若“大跃进”时代的《百花齐放》、“文革”中与毛泽东的唱和、对江青的歌颂等不放，尤其是对郭沫若1976年“文革”结束前后的两首“水调歌头”（《庆祝无产阶级文化大革命十周年》和《粉碎四人帮》）大加嘲讽，把“小丑”、“御用文人”、“无耻”、“斯文扫地”等极具人身攻击性的语汇抛掷在郭沫若头上，恣意评说其性格、人格与私生活。

极度贬斥文学与政治的结缘。《中国现代小说史》涉及“共产主义文学”之处几乎都不加分析地贴上了政治意识形态标签：宣传八股、资料写实、时代精神、文艺大众化等，几乎否定了所有左翼作家。抗战文学则因为充满了“爱国的功利主义”而“变成一种机械的宣传方式所采取的手段”，作品质量低劣明显是“由于蒙昧主义所致”；“多数的中国作家，犹如其他国家‘为主义而战’的作家一样，有好些弱点：道德感迟顿，缺乏风格和抱负，对

---

① [美]夏志清：《中国现代小说史》，刘绍铭等译，复旦大学出版社2005年版，第69页。

② [美]夏志清：《中国现代小说史》，刘绍铭等译，复旦大学出版社2005年版，第71页。

③ [美]夏志清：《中国现代小说史》，刘绍铭等译，复旦大学出版社2005年版，第70页。

④ [美]夏志清：《中国现代小说史》，刘绍铭等译，复旦大学出版社2005年版，第223页。

⑤ 李怀宇、夏志清：《讲中国文学史，我是不跟人家走的》，《南方都市报》2008年7月30日。

问题的看法和见解人云亦云"等等。[①] 而所有这一切在夏志清看来，与郭沫若引导人们走向马克思主义、号召"文章入伍"密不可分，从而异化了文学。——始作俑者，其无后乎？现在很多人极度贬斥文学与政治的结缘，之所以如此，不仅是因为他们忽视了文学与政治之间的辩证关系，更因为匮乏历史常识：20世纪中国文学从救亡图存的新民和启蒙源头就没有离开过政治：变法维新与新小说，五四运动与启蒙文学，国内战争与普罗文学，对日战争与民族主义文学，延安整风与解放区文学，以及1949年以后的大跃进文学、文革文学、改革文学、反思文学，甚至寻根文学，背后一样是政治情结……在20世纪的中国，让文学脱离政治几乎是一个痴人说梦的话题，因为"第三世界"国家的知识分子都是"政治分子"。站在今天要求前人写"纯文学"、搞唯美主义，这是典型的后设叙事、后知之明，有违历史主义原则。何况，文学与政治结缘不一定没有杰作，《一九八四》、《古拉格群岛》、《日瓦格医生》、《生命不可承受之轻》、《黄金时代》等都说明了这一点。夏志清文学评论的"金科玉律"是劳伦斯所说"勿为理想消耗光阴，勿为人类但为圣灵写作"。他说："照此说法，那么一般的现代中国文学之显得平庸，可说是由于中国现代作家太迷信于理想，太关心于人类福利之故了。"[②]——这里且不论文学是否该写理想、该关心人类福利，我只是由此想到一个问题：前有夏志清说中国现代文学"平庸"，后有顾彬说中国当代文学是"垃圾"[③]，那么"中国现当代文学"就只能是"一场烂污"，可以休矣！

我因为文学史研究的缘故，很早就托朋友复印过夏著《中国现代小说史》(台湾传记文学版)的部分章节，并曾在2002年专门写文章呼吁大陆早日出版其《中国现代小说史》，认为可以为我们提供另外的观点和启示。[④]——我至今仍认为夏志清的部分作家论写得很好，这也是学界公认的。但是现在看来，这部《中国现代小说史》存在阅读视野、历史观以及学术语言等方面无法弥补的缺陷：他没有论述当时的"主旋律文学"即民族主义文学，也没有论及出版量最大的市民文学(如新感觉派)，更缺少对东北作家群、京派小说家废名等人的评论……就此而言，这部小说史只能算是一部"中国现代小说摭论"；他的文学评论从总体上看是比较典型的政治和道德意识形态写作；他的语言缺乏学术严谨性，至少缺乏史家的客观从容

① [美]夏志清：《中国现代小说史》，刘绍铭等译，复旦大学出版社2005年版，第324页。

② [美]夏志清：《中国现代小说史》，刘绍铭等译，复旦大学出版社2005年版，第319页。

③ 冯伟宁：《德国汉学家称中国当代文学是垃圾》，《重庆晨报》2006年12月11日。

④ 李钧：《"老书"新读味更浓》，《粤海风》，2003年第3期。

态度与叙述语气，有时候不免如他批评创造社时所说，“喜欢卖弄学问，态度独断，喜欢笔伐”了。当然，考虑到《中国现代小说史》的出版年代正处于麦卡锡主义时代，难以摆脱冷战思维，加之由于隔绝而造成的对大陆文学的不了解，所以我们仍然要对作者某些“错位”的分析保持理解。只是40年后引起中国文界的“酷评”热，则恐怕夏志清当年绝没有想到。夏著对郭沫若的评价提醒我们，那种“唯新唯西”的学术贩卖行为应当引起人们的警惕，当我们拿来海外学者的研究成果时要有独立自主的再辨析和再判断。仍以夏志清《中国现代小说史》为例，此书深受李欧梵推崇，在李为《剑桥中华民国史》书写文学部分的章节时多有引述，因而名声大震，光芒令人目盲，因而大陆很少有人敢提出质疑。2005年复旦大学出版社出版的《中国现代小说史》附录中倒是收录了夏志清“答普实克教授”的文章，详细回答普实克的质疑。——这不能不让我想问：夏志清《中国现代小说史》进入大陆30年来，质疑者殊少，这是为什么？

深化：郭沫若研究的增殖点

如上所述，当下的郭沫若研究仍然存在政治意识形态、道德意识形态与货币意识形态的干扰，仍然受到资料方面的限制，但这种情形反而说明郭沫若研究还有巨大的开掘空间和诸多学术增殖点。然而在我看来，学界更急需申述的却是几个基本学术原则——

首先是历史主义原则。学术研究自然要无征不信，但更要知人论世，对研究对象有“同情的理解”。学术前辈在这方面的做法值得我们参考。比如王国维《耶律文正公年谱余记》中谈到金遗民元遗山给耶律楚材写信荐人一事：“元遗山以金源遗臣，金亡后上书耶律中书荐士至数十人，昔人恒以为诟病。然观其书则云：‘以阁下之力使脱指使之辱，息奔走之役，聚养之，分处之，学馆之奉不必尽具，饘粥足以糊口，布絮足以蔽体，无甚大费’云云，盖此数十人中皆蒙古之驱口也，不但求免为民，而必求聚养之、分处之者，则金亡之后，河朔为墟，即使免役为良，而无所得食，终必馁死故也。遗山此书，诚仁人之用心，是知论人者不可不论其世也。”这样的研究以史料为据，将历史人物还原到具体的历史情境中去，真正持守了历史主义原则。由此联想到王国维的自沉原因，叶嘉莹女士能力排殉清说、畏共产党说、罗振玉逼死说等成见，认为当时罗振玉欲挟溥仪去东北、联合关东军成立“满洲国”，而要求王国维出面支持。王国维觉得这是“再辱”（冯玉祥逼宫为其一），并且是真正的辱。王国维不想毁掉他与罗振玉之间三十年的友谊，更不愿看到溥仪另立王国，所以选择自沉明志[①]——我认为这样的评论才算得上知人论世之评。而某些酷评者对待郭沫若就缺少这种态度，更缺少对郭沫若生存环境（绝不同于传统中国，更异于西方社会）的了解，所以才会有那么多"无知者无畏"的妄谈谬解。设想一下，开国元勋、十大元帅在"文革"中多有死无葬身之地者，国家主席刘少奇手持宪法也无法保命，那么郭沫若在此情势下如何才能保全身家性命？对于郭沫若这样一个敏感的天才式的人物来说，他会没有自己的判断与思考？我只想提醒人们：如果要追究郭沫若在"文革"中的"异化"，那么首先要做前提追问：是什么使郭沫若发生了"异化"？必须要清楚"'文革'虽短，却是20世纪甚至更长时期内，人类思想史上最黑暗的岁月之一"。[②] ——这才是从历史主义原则出发研究郭沫若的大问题、真问题。

其次，对于历史人物不能求全责备。比如，郭沫若固然"多变"，但稍有历史常识的人都会知道康有为、梁启超、严复、王国维、蔡元培、孙中山、陈独秀、鲁迅、蒋介石、毛泽东、邓小平等，从某种程度上说都是"流质易变"的——时代使然。郑振铎在《梁任公先生》一文中对梁的"善变"表示理解，认为这是不固步自封、不谬执己见的表现，因而"始终是一位脚力轻健的壮汉，始终能随了时代而走"。"他的最伟大处，最足以表示他的光明磊落的人格处便是他的'善变'，他的'屡变'。他的'变'并不是变他的宗旨，变他的目的。他的宗旨他的目的是并未变动的，他所变动者不过方法而已，……他的宗旨，他的目的便是爱国。"[③]人们在评价郭沫若时应借鉴这种观点。这并不是要把所有责任都推给时代和环境，而是提醒学人：真正需要研究、需要证实或证伪的是历史人物在哪里发生了变化又为什么变化？这才是真问题。何况，人性有善恶、美丑、真假，郭沫若是天才，但首先是人，也有人之常情。学者要从"人"的本位出发去深会体悟，而不可求全责备。

第三，要有真正的问题意识。首先要深入研究涉及人物历史评价的重大学案。如"创造社"与"文学研究会"的文学主张是否是传媒时代争夺话语权的公关策略？李欧梵说："创造社的'为艺术而艺术'的口号，既不是追随戈蒂埃的艺术的非功利主义思想，也不是响应象征主义者对超越现实的优越性的论战性主张——更不用提创造一个比当代生活和社会那种浅薄

---

① 叶嘉莹：《王国维及其文学批评》，广东人民出版社1982年版，第69页。

② 王学典：《思想史上的新启蒙时代》，河南人民出版社2010年版，第54页。

③ 夏晓虹：《追忆梁启超》，中国广播电视出版社1997年版，第89页。

外部世界更‘真实’的新的美学世界这一特点的现代主义者的主张了。”[①]那么中国现代文学与世界文学究竟有多大差距？我们在哪里错了位？郭沫若转向普罗文学是真正向马克思主义转变还是时尚写作所致（“新感觉派”穆时英的《南北极》最“普罗”）？郭沫若为什么写作《试看今日之蒋介石》？郭沫若缘何批评鲁迅？又在哪些方面赞美鲁迅？郭沫若与沈从文缘何交恶？在这交锋中沈从文是否就是一个绝然天真的“乡下人”？郭沫若在新中国成立后有哪些痛与悔？等等。其次，要开展比较研究。郭沫若与日本文学/文化的关系研究、与四川文化的关系研究已比较到位，但是郭沫若与中国传统文化研究、郭沫若与西方诗歌资源的关系研究、前辈们对郭沫若的影响研究、郭沫若与同时代人的比较研究等还相对薄弱。比如梁启超与郭沫若在性格与经历上最为相似，都属于与政治有着千丝万缕联系的“流质易变”的狐狸型学者，他们之间有何传承？郭沫若赞美王国维，那么他在王国维那里受到什么影响和启示？郭沫若赞美孔子“圆形天才”，又写屈原颂歌，他的人格与孔子、屈原有没有相似性？等等。再次，应开展跨学科的整合研究。郭沫若一生涉及政治、军事、文化、历史、文学、翻译、国际交流等领域。目前各学科对郭沫若在不同领域的成就已有了较深入的研究，那么进行全方位跨学科的整合研究，一定会有更新、更深、更大的成果。

总之，对郭沫若的“重写”应尽力剔除政治、道德与金钱意识形态等非学术因素的影响，更要防止主题先行、粗暴武断、有罪推定的“酷评”。唯有如此，才会有利于中国文学的发展，有利于各相关学科的研究，有利于现代学统的层累建设；也只有这样，我们才能在郭沫若停止思想的地方继续探索。如果仅以“酷评”的方式将郭沫若及其文学、学术乃至人格进行消解或碎片化，那么不仅有违历史主义原则，也无益于20世纪文学史书写，更无益于现代学统建设。今天的人们仍须牢记阳翰笙在1988年发出的“把郭沫若研究深入下去”的号召，将郭沫若这样一个箭垛式人物以及围绕着他的星丛式问题开掘得更深，研究得更好！

（原载《文化学刊》2011年第1期，作者为曲阜师范大学文学院教授）

注：本文系“山东省研究生教育创新计划资助项目”（项目编号SDYY08070）的部分成果。

① ［美］费正清：《剑桥中华民国史》上卷，杨品泉等译，中国社会科学出版社1993年版，第563页。

历史剧《屈原》新时期研究综述

孙娜　颜同林

1942 年 1 月 2 日至 11 日郭沫若仅用 10 天时间，创作了气魄宏伟的五幕历史剧《屈原》。剧本完稿后，在国民党主办的《中央日报》上连载发表，1942 年 3 月初开排，4 月 3 日起在国泰大戏院正式公演，当时在国内外都引起了巨大反响。随之对《屈原》的研究也拉开了帷幕，早在剧本完成之初就有学者徐迟等人对之评议、写贺词，以后几十年之间各种研究成果也很多。新时期以来随着政治气候的宽松，国内形势的变化，对《屈原》的学术研究也随之繁荣。本文试图对新时期以来《屈原》的研究做一简要的综述。

一、思想内容

(一)政治主题研究

在思想内容研究上，20 世纪 80 年代的研究者主要关注剧本所体现的意识形态。方仁念、王训昭的《围绕郭沫若同志历史剧创作与演出的斗争》①着重强调了《屈原》的政治作用即鼓舞大众进行反抗，坚决和国民党做斗争。

黄中模在专著《郭沫若历史剧〈屈原〉诗话》②中搜集了一百多首有关话剧《屈原》这场斗争的唱和诗，主要从政治因素方面考虑特选出六十二首，采用诗话的形式进行解析。

邹水旺的《把握历史的精神而不为史实所束缚——谈郭沫若历史剧的历史真实性问题》③指出《屈原》反映了历史上反动统治阶级及其思想意识

---

① 《徐州师范学院学报》1979 年第 4 期。

② 四川人民出版社 1981 年版。

③ 《江西师院学报》1982 年第 3 期。

对人民群众的影响，在剧中表现为人民群众对屈原的误解。王剑丛的《〈屈原〉屈原精神·民族精神》[①]认为郭沫若写此剧的出发点是把“时代的愤怒复活在屈原的时代里”，屈原的“雷电独白”实际上代表广大人民群众对国民党黑暗统治的不满和抗争。

90年代《屈原》所蕴含的意识形态依然是引人关注的重要侧面。江源的《郭沫若历史剧知识分子形象摭谈》[②]探讨了新中国成立前后郭沫若剧作中知识分子的两种根本对立的类型，以及对此进行是非功过评价的依据；其创作意图是肯定、颂扬屈原等这些理想化的英雄人物，来激发全国人民爱国抗日的战斗热情，同时通过对宋玉等人物的否定来鞭挞国民党的丑恶行径。

徐麟的《历史精神的回游与沉沦——“〈屈原〉现象”散论》[③]探讨了屈原悲剧的真正根源，在于他的儒家人格模式。作者认为一再强调屈原的爱国爱民实质是强调“民本主义”为“德政”服务。陈龙泉在《史剧〈屈原〉民族文化遗产的瑰宝》[④]中认为《屈原》具有民族性，该剧把屈原的精神气质思想感情合理地升华到抗日的高度，抨击了当下祸国殃民的蒋介石之流。

新世纪以来，研究者在有关《屈原》的意识形态的阐释上更加繁杂。陈志军在《国家神话的延续——从〈屈原〉的当代解说开去》[⑤]中就《屈原》的文学史地位提出了质疑。该剧反映了至高无上的国家神话及个体生命的卑微渺小，这是它所承载的历史意义。曾平在《论郭沫若新编历史剧的精英立场与民间想象——以〈棠棣之花〉〈屈原〉〈虎符〉与〈高渐离〉为例》[⑥]中指出郭沫若在处理精英与民间的关系时，由五四时期的不相容、无法沟通改为二者之间的共存关系，但也存在着精神上的不平等。黄科安在《历史人物的构想与改写——试论郭沫若历史剧创作》[⑦]中认为郭沫若是站在左翼的意识形态立场上对历史人物进行改写。江新苗在《从个体意识到集体意识——通过历史剧分析郭沫若文学思想的转变》[⑧]中指出郭沫若主要是通过对屈原形象的塑造发现民族精神，该文通过《屈原》等历史剧着重探讨了

---

① 《中山大学学报》1984年第3期。
② 《乐山师专学报》1992年第3期。
③ 《中国文学研究》1995年第3期。
④ 《郭沫若学刊》1996年第4期。
⑤ 《戏剧文学》2001年第5期。
⑥ 《郭沫若学刊》2007年第2期。
⑦ 《郭沫若学刊》2009年第3期。
⑧ 《安徽文学》2009年第10期。

郭沫若此类思想的转变。刘绪才在《浅论郭沫若史剧的"历史"叙事与意义生成》①中借用"叙事"理论对郭沫若历史剧的意义生成展开探讨，指出了《屈原》的政治性。陈夫龙在《郭沫若的创作与侠文化精神》②中指出《屈原》一剧郭沫若克服了"侠文化"中"义"的狭隘性，将其提升到民族大义的高度，赋予侠义人物舍生取义的侠义美德，在屈原身上体现为为了崇高远大的政治理想而勇于斗争并为此受尽迫害。

（二）其他思想内容研究

从新世纪开始，研究者们虽然仍是关注剧本的意识形态，但已开始从新的角度考察《屈原》的思想内容。如熊泽文、谭晓雯在《论〈屈原〉的生命意蕴》③中认为郭沫若把自己和屈原融合在一起并在剧本中复活了屈原，改写了从死亡中寻找永恒的历史史实。刘同般在《郭沫若历史剧〈屈原〉的神话色彩及思维结构》④中认为该剧充满了图腾崇拜与神话色彩，具体体现在日神意象和水神意象上。裴萱在《从六大史剧看郭沫若的悲剧观》⑤中结合西方理论及中国传统文化心理来考察《屈原》的悲剧特质。刘勇、李春雨在《郭沫若：多维性与创造性的宗教文化情态》⑥中谈到了郭沫若与基督教及整个宗教文化的关系，即受难——献身，在《屈原》中充满宗教意味的受难意识和献身品格。

总之，从70年代末到新世纪，在思想内容的研究上主要是突出《屈原》的政治性，关于该剧所表现的其他主题涉及很少。新世纪的政治意识形态研究氛围比八九十年代的更浓厚，研究文章更多，也更为深入。

二、艺术审美

（一）创作原则

80年代出版了一些郭沫若史剧研究专著，主要是对郭沫若创作的艺术

---

① 《郭沫若学刊》2010年第2期。
② 《山东师范大学学报》2010年第4期。
③ 《宜宾学院学报》2005年第2期。
④ 《四川戏剧》2006年第4期。
⑤ 《郭沫若学刊》2009年第4期。
⑥ 《中国文学研究》2010年第1期。

特点进行探讨。其中，田本相、杨景辉的《郭沫若史剧论》，[①]韩立群的《郭沫若史剧创作论》[②]两部专著就《屈原》的艺术特点进行了分析，详细阐释了"失事求似"的创作原则是《屈原》一剧最突出的艺术特点。《郭沫若史剧论》作为新中国成立以来第一部全面地研究郭沫若历史剧的论著，从美学的范畴认为《屈原》最能体现郭沫若创作方法和风格特点。傅正乾在《历史·史剧·现实——郭沫若史剧理论研究》[③]一书中指出《屈原》的成功在于浪漫主义与现实主义创作方法的并用。

这些专著对后人的研究奠定了一定的基础，后来的很多研究文章都从这些专著中汲取到了思想资源。

曹树钧的论文《论郭沫若历史剧艺术构思的心理特征》[④]从心理学范畴对《屈原》进行探讨，指出剧作中一系列心理活动所发挥的作用。

（二）人物形象

1. *屈原形象*

关于《屈原》中人物形象的研究受到普遍重视，但在八九十年代研究屈原形象的并不多见。谷辅林在《郭沫若的屈原研究及其剧作中的屈原形象》[⑤]中探讨了一个被放逐的屈原形象，提出了历史史实与虚构剧本中被放逐的时间并不相同的问题。

新世纪对屈原形象的关注较前期逐渐增多。钱玉趾在《郭沫若史剧中屈原的年龄问题》[⑥]中从艺术审美与历史真实的角度考察了屈原的年龄问题，指出在五幕史剧中其年龄定为"年四十左右"较为合适。马征在《屈原形象胜出回窥》[⑦]中运用"圆形人物"、"扁平人物"等理论分析屈原形象，指出屈原是郭沫若塑造圆形人物的成功开始。王以武在《论郭沫若历史剧〈屈原〉》[⑧]中指出郭沫若歪曲丑化了宋玉的形象，剧本中社会底层人物、贵族阶级人物对待屈原的态度并不符合历史事实。吴兴宇在《论郭沫若对屈原的政治评价》[⑨]中引用众多史料对历史上的屈原进行了客观评价，否定了

① 人民文学出版社 1985 年版。
② 山东教育出版社 1988 年版。
③ 陕西人民出版社 1988 年版。
④ 《戏剧艺术》1993 年第 1 期。
⑤ 《湖南师大学报》1986 年第 2 期。
⑥ 《文史杂志》2001 年第 1 期。
⑦ 《郭沫若学刊》2001 年第 3 期。
⑧ 《戏剧研究》2010 年第 4 期。
⑨ 《攀枝花学院学报》2010 年第 8 期。

郭沫若把屈原定位为“伟大的革命政治活动家”，否定郭沫若对屈原形象的再塑造。

2. 女性形象

除了对屈原形象的研究，女性形象的研究也是一个不可忽视的方面。王剑丛的《〈屈原〉屈原精神・民族精神》①对南后的分析较为深入，认为她“通权变”“阴险毒辣”不亚于吕雉、武则天。而在《论历史剧〈屈原〉的艺术结构特征》②中，何益明认为南后等人强加给屈原的“淫乱宫廷”之罪，是虚构的事件，由这一情节来承担楚国命运的转折，它的意义显然是过于重要；由一个并无政治特权的宠妃来充当国家命运逆转的重要角色，南后的地位也是过于突出了。

90 年代对女性形象的研究少于前期，徐麟的《历史精神的回游与沉沦——“〈屈原〉现象”散论》③认为南后是一个不甘失败的女人对男性文明的复仇，其后隐藏着中国女性命运和男性文化的深刻悲剧性。

新世纪关于女性形象解析的文本逐渐增多，发表的论文有王凤仙的《浅析郭沫若〈屈原〉南后形象的艺术价值》④、王凤娟、宋新丽的《郭沫若历史剧女性主义意识分析》，⑤后者指出婵娟、南后摆脱了传统对女性的界定，在人格、爱情、正义等方面采取主动姿态，摆脱了物的属性。李畅的《郭沫若抗战历史剧女性形象浅析》⑥认为郭沫若作品中塑造的几个女性形象除了貌美和对道义的执著追求外，性格上再没有特别突出的地方，而且结局多以死亡告终，这是男性为本位的男权话语在郭沫若身上的显示。王永慧、高树博在《论郭沫若抗战时期剧作中的女性形象》⑦中站在女性主义研究角度看婵娟女性角色的功能性、非本位性，认为婵娟愿意为屈原而死并非自我意识的萌发，而是她所接受的男性思想的启蒙。在新世纪出现的女性主义批评中，可以看出随着经济的发展与社会的进步，对女性生存状态的关注越来越成为衡量人类文明程度的标志。

3. 群众形象

新世纪出现了对群众形象的研究。尚烨在《〈屈原〉中的群众心理分

---

① 《中山大学学报》1984 年第 3 期。

② 《湘潭大学学报》1985 年第 9 期。

③ 《中国文学研究》1995 年第 3 期。

④ 《郭沫若学刊》2006 年第 3 期。

⑤ 《郭沫若学刊》2008 年第 4 期。

⑥ 《四川戏剧》2009 年第 5 期。

⑦ 《文艺研究》2010 年第 3 期。

析——屈原的另一种解读》[1]中把群众分为以老者为代表的集体群众和以婵娟为代表的个体群众，二者所表现出的盲目、迷狂均是“兽性的上层建筑”，而且在内部又存在着对立和矛盾。群众心理是郭沫若英雄情结的流露，缺少了“五四”时期的“启蒙”精神。在以往的研究中对群众形象的分析不多且不够深入，该文超越了以往只把注意力集中在屈原等人身上的局限。

（三）情节结构

剧本的情节结构也是研究者关注较多的一个方面。70年代末郑富成发表的《史实·结构·人物——史剧〈屈原〉读后札记》[2]一文认为郭沫若把上官大夫对屈原的谗害改为郑袖以“淫乱宫廷”之罪加害于屈原，该情节不符合历史真实。何裕华在《谈〈屈原〉的结构艺术》[3]一文中运用偶然性创造戏剧情境、正确设置悬念等多种角度研究剧本结构。何益明在《论历史剧〈屈原〉的艺术结构特征》[4]中认为该剧基本上符合古典主义戏剧“三一律”的要求，“开放式”与“闭锁式”的情节，以及“团块式”与“线条式”的结构，概括得相当独到而新颖。

徐麟在90年代发表的文章《历史精神的回游与沉沦——“〈屈原〉现象”散论》[5]中把《屈原》的结构概括为“蝴蝶形”，屈原、张仪、南后与蝉娟、宋玉、子兰构成了蝴蝶的双翼，屈原与蝉娟一体两面构成了“蝴蝶”的身子，该概括较有创意。柳易江的《论历史剧〈屈原〉的叙述结构》[6]主要引用了法国厄·苏里奥在《二十万种戏剧情境》中提出的六个戏剧功能，以图表的方法把戏剧结构、人物之间的矛盾冲突标示出来。此前很少有人用叙事学的理论进行分析，此文为《屈原》研究又开辟了一条新的路径，也表明了90年代以来外国文学理论对国内学术界的渗入，以及我国研究者对外国文学理论的灵活运用。

新世纪有价值的文章不断涌现。沈庆利的两篇文章《郭沫若〈屈原〉性

---

① 《现代中国文化与文学》2010年第1期。

② 《河北师范大学学报》1979年第1期。

③ 《黄冈师专学报》1982年第2期。

④ 《湘潭大学学报》1985年第9期。

⑤ 《中国文学研究》1995年第3期。

⑥ 《江西教育学院学报》1994年第1期。

与政治的偷情》[1]和《现代视界与传统魅惑——重读郭沫若历史剧〈屈原〉》[2]认为《屈原》最大的成功在于郭沫若将政治、爱情、"性"一类的"传奇"巧妙地扭结在一起,同时指出剧本的不足在于:《屈原》的主题情节安排为忠良遭女人和小人的陷害有些荒唐。

(四)语言及其他

关于《屈原》的语言艺术的研究文章有:林淑红的《浅谈历史剧〈屈原〉的语言艺术》[3]、陈向平的《浅谈郭沫若历史剧〈屈原〉的语言艺术》[4]等,这些文章都论述了剧本的成功和出色的语言表达是分不开的。

另外,新世纪研究者的眼光与研究角度较前期更为细致新颖。如何玉兰的《郭沫若历史剧〈屈原〉与楚文化》[5]从人物形象与艺术形式两方面探讨了《屈原》与楚文化的关系,该研究不拘泥于文本的细读,已经拓展到了文化研究的范畴。

三、成型、版本及演出情况

(一)创作情况

刘烜在《读郭沫若历史剧〈屈原〉手稿》[6]中大致介绍了郭沫若的手稿以及剧本改写的具体情况。晓亮在《〈屈原〉创作的前前后后》[7]中介绍了郭沫若创作的时代背景、剧本的写作以及刊登情况,还包括话剧的排演和演出后的反响。唐鸿棣译苏联学者费德林的《我译〈屈原〉的前前后后》[8]一文叙述了费德林对剧本的认识以及决定翻译《屈原》的原因与过程。

90年代以来对《屈原》的创作情况进行研究的文章较前期少但研究得比较细致。如曾健戎在《郭沫若第一次修改〈屈原〉考析》[9]一文中详细地考证了郭沫若第一次修改《屈原》的时间、内容及版本等问题,指出第一次修

① 《现代中国文化与文学》2008年1期。
② 《中国现代文学研究丛刊》2009年第4期。
③ 《辽宁高职学报》2000年第4期。
④ 《常州工学院学报》2000年第9期。
⑤ 《郭沫若学刊》2005年第2期。
⑥ 《读书》1984年1期。
⑦ 《中国戏剧》1986年第10期。
⑧ 《湖北师范学院学报》1987年第4期。
⑨ 《郭沫若学刊》1992年第4期。

改的时间应是作者1948年3月31日写于九龙《〈屈原〉校后记》之时；指出“后记”中所说的“几年前”即是《屈原》在重庆最初上演时。

（二）版本研究

《屈原》的版本也是研究者所关注的焦点，从70年代末到80年代没有关于其版本的研究性文章，90年代出现了歌剧版《屈原》的研究。孙允文的《歌剧〈屈原〉启示录》[①]着重探讨了话剧《屈原》改编为歌剧的一些不足之处，认为《屈原》不适合歌剧演出。该文从音乐范畴来研究是个很新颖的角度。

新世纪关于版本研究更为成熟。金宏宇在《〈屈原〉版（文）本演进考释》[②]中指出《屈原》在版本变迁过程中主要有两次，一次是从初版本到群益本，另一次是从群益本到人文本。作者详细指出了初版本到群益本的修改内容主要包括剧情、人物、语言等方面；从群益本到人文本的修改，则涉及戏剧结构、人物关系和人物形象的改变问题。政治主题在《屈原》诸版本中并无改变，伦理主题则有微调。从初版本到群益本再到人文本，人物关系调整得更真实，人物形象更丰满。作者详细比较了各个版本的异同及其价值倾向，关于《屈原》版本研究方面，该文是写的最为详细也最有学术价值的一篇。李畅在《历史剧〈屈原〉版本校评》[③]中谈论了初版本（1942）、两次修改本（1945）和定本（1948）的比较，指出两次修改本和最后一次修改的时间，并指出三次修改主要集中在人物形象、情节设置和词语锤炼三个方面。

承接90年代歌剧版《屈原》的研究，新世纪研究者把目光投向了电视剧版《屈原》。吴卫华在《历史叙事与历史意识——电视连续剧〈屈原〉谫议》[④]中指出电视剧《屈原》强烈的历史意识及塑造的典型知识分子形象，这对当今知识分子的“自救”和“救世”的意义非同凡响。

（三）演出研究

研究界对《屈原》演出情况的研究也较多。70年代末80年代初较有代表性的研究文章有河原崎长十郎的《〈屈原〉在日本》[⑤]、刘厚生的论文《日本

---

① 《人民音乐》1999年第4期。

② 《中国文学研究》2007年第3期。

③ 《四川戏剧》2008年第1期。

④ 《云梦学刊》2006年第9期。

⑤ 《人民新报》1978年第8期。

话剧——〈屈原〉精彩的演出》[①]。前者介绍了《屈原》在日本的演出情况：1952年首次在日本上演，1962年在读卖剧场演出，1972年再次在日本演出。从1952年初次上演到1972年为止，《屈原》在日本演出突破了五百次的上演记录。后者对河原崎长十郎版《屈原》和金山版做了评价比较，认为前者沉稳后者激烈但都演出了屈原精神。

丁景唐、马积先在90年代发表的文章《抗战话剧史上的丰碑——陈鲤庭忆〈屈原〉在重庆的演出》[②]中叙述了《屈原》40年代在重庆的排演情况以及成功演出的巨大反响等内容。

新世纪对《屈原》的上演情况仍有关注。魏奕雄在《周恩来与郭沫若的史剧论》[③]中写了剧本的演出情况及其影响，特意引用周恩来的话来强调剧作重要的政治意义。另外文中也涉及了挑选演员的情况，可以看出已从影视新视角来解读《屈原》的演出，这为后人的研究开拓了新思路。谭家斌在《郭沫若与屈原的不解之缘》[④]中写了《屈原》的演出与连载在当时的政治影响，引用孙伏园、周恩来、董必武等人的评价来阐释《屈原》的政治意义。以上文章都着重介绍了《屈原》的诞生背景、演出情况与反响，指出《屈原》在当时主要是和国民党反动派做斗争的锐利武器。

碧莲的《历史剧〈屈原〉的首次公演》[⑤]主要介绍了该剧在重庆首次公演的具体情况和反响。权五明在《郭沫若历史剧〈屈原〉在日本的上演与影响》[⑥]中分析了《屈原》在日本的改写、评价及演出情况。文章详细介绍了《屈原》的两次公演，比较了1952年9月到1953年8月第一次公演和1962年5月—7月第二次公演的时代背景、演职员阵容、日本"前进座"和郭沫若的书信往来、日本剧团跟中国电影代表团的交流、公演的反响与评价等。该文的学理性比较强，开始关注《屈原》在国外的影响，站在比较文学的角度进行研究，开拓了该领域的学术视野。

---

① 《中国戏剧》1981年第1期。
② 《新文化史料》1996年第3期。
③ 《郭沫若学刊》2004年第3期。
④ 《郭沫若学刊》2008年第4期。
⑤ 《文史杂谈》2009年第6期。
⑥ 《重庆师范大学学报》2009年第6期。

四、比较研究

(一)比较文学研究

80年代关于《屈原》的比较研究主要是与莎士比亚戏剧的比较。何满仓的《〈屈原〉与〈哈姆莱特〉之比较研究》[①]从比较文学的角度分析二者的异同,认为《屈原》和《哈姆莱特》创作思想一致,都是透过历史以透视现实。但在人物塑造、艺术结构上又有所差异。就主题而言,二者都是反映正反两方的斗争;就人物的悲剧性格而论,哈姆莱特的延宕在于他还没有最后证实奸王的罪行。

90年代仍是关注与莎士比亚的比较。邓莉在《〈屈原〉与〈哈姆雷特〉》[②]一文中认为《屈原》有莎士比亚的风味,两部作品的题材有类似之处:都是描写宫廷中的斗争,都笼罩着"鬼气",人物都是悲剧性格,剧中都用正面人物的"误死"来渲染悲剧气氛,都借助戏中戏推动剧情,都用"疯子"来掩盖事实的真相,都用对比,语言都充满诗化。

日本研究者和富弥生的论文《〈屈原〉与〈李尔王〉初探》[③]中提到徐迟的《屈原与厘雅王》是将二者进行比较研究的第一篇文章。作者主要就究竟应当如何认识二者的关系,它们在哪些地方"有平行",应怎样看待徐迟70年代的自我批评和对比较文学的无知等命题进行分析研究。在《屈原》问世后的几十年中,很少有人涉足从比较文学的角度研究《屈原》,八九十年代发表的不多的几篇研究文章为中国文学艺术与世界文学艺术的比较研究开创了一个新的天地。

新世纪有代表性的研究文章仍然是拿《屈原》与《李尔王》进行比较。马征在《屈原形象胜出回窥》[④]中把《屈原》和《李尔王》相比,用马克思主义美学观、别林斯基对戏剧中抒情的作用的观点来阐释《雷电颂》的成功,指出后者的"暴风雨"独白是失败的。龚伯禄在《试论屈原和李尔王发疯时的精神追求》[⑤]中粗略地比较了屈原和李尔王的人物形象。

---

① 《延安大学学报》1987年第4期。

② 《郭沫若学刊》1991年第1期。

③ 《郭沫若学刊》1998年第4期。

④ 《郭沫若学刊》2001年第3期。

⑤ 《武汉科技大学学报》2000年第4期。

(二)内部比较

1. 与郭沫若前期作品的比较

对《屈原》和郭沫若前期作品的比较主要集中于与《湘累》的比较上。王尔龄在《从〈湘累〉到〈屈原〉》[①]中指出由于二者构思不同,悲剧性质的发展经历了从性格悲剧转换为社会悲剧的过程。

王大敏在《郭沫若史剧论》[②]中探讨了从20年代的《湘累》到40年代的《屈原》,主要的变化是从内涵上深化了主题,加强现实的针对性和战斗性。在两部作品中,女须和婵娟这两个"诗化"出来的人物和相应情节所起的衬托作用是完全相同且不可缺少。90年代有关郭沫若史剧研究的专著明显比80年代少,到新世纪几乎没有,这说明对郭沫若的史剧研究到了一定的水准,很难有新的实质性的突破。

魏红珊的《论郭沫若文化身份的嬗变——从〈女神〉到〈屈原〉》[③]写得较具学理性,运用文化批评比较分析了郭沫若从《女神》到《屈原》文化身份的嬗变,阐释了《屈原》抗战时期的文化价值,以及通过屈原形象的塑造阐释了民族国家的本质,《屈原》的出现,重建并鼓舞了民族的文化认同。

黄科安在《历史人物的构想与改写——试论郭沫若史剧创作》[④]中指出诗剧《湘累》和《屈原》中屈原的形象塑造有所不同,前者是孤独狂放独立不羁,后者有远大的政治理想,更具爱国情操。

2. 其他比较

有几篇文章较为关注《野玫瑰》和《屈原》的比较。付金艳在《拨雾见日观"玫瑰"——再看〈野玫瑰〉与〈屈原〉的论争》[⑤]中指出《野玫瑰》和《屈原》虽然创作目的不同但都是国共两党政治斗争的武器,在当时的背景下,二者的上座率和轰动效应可以相抗衡。廖全京在《抗战时期大后方话剧与政党政治》[⑥]中认为《野玫瑰》和《屈原》都是国共两党政治斗争的武器,由于和政治太过密切及时代原因,《屈原》的艺术水平远远没有达到《虎符》等剧的艺术水准。

刘伟生的论文《鲜明坚定的精神书写——论穆陶历史小说〈屈原〉兼及

① 《浙江师范学院学报》1983年第4期。

② 武汉出版社1992年版。

③ 《中国社会科学院研究生院学报》2006年第3期。

④ 《郭沫若学刊》2009年第3期。

⑤ 《当代文坛》2007年第4期。

⑥ 《四川戏剧》2010年第3期。

郭沫若的历史剧〈屈原〉》[①]把小说与剧本放在一起用比较的眼光来分析。李杰虎在《关于戏剧与政治文化关系的思考——从〈屈原〉到〈武林外传〉》[②]中指出，郭沫若在剧中坚持贯彻文以载道，而在《武林外传》中意识形态的功能与作用已淡化世俗化，非英雄普通人的生存状态在《武林外传》中得到充分表现，但仍认为文学要服务于社会。

刘晓平、刘立在《鲁迅、郭沫若对悲剧理论的贡献》[③]中比较了鲁迅和郭沫若对悲剧理论的贡献，指出鲁迅的小说主要写下层社会的不幸，郭沫若写的多是历史转换期的大悲剧，悲剧人物比较单一，大多是人们理想中的较为完美的英雄人物，如屈原、信陵君等。

郭沫若是中国20世纪文学史上有巨大影响和杰出贡献的作家，他创作的历史剧《屈原》是经典作品。研究界对于《屈原》的研究一直不曾中断，主要集中于思想内容、艺术成就、演出及影响、还有它的各种版本及翻译改写等方面。

（原载《郭沫若学刊》2011年第1期，作者孙娜为贵州师范大学现当代文学专业2009级硕士研究生，颜同林为贵州师范大学文学院教授）

---

① 《郭沫若学刊》2008年第2期。

② 《戏剧文学》2009年第7期。

③ 《河北学刊》2010年第4期。

郭沫若与日本杂志的关连

[日本]藤田梨那

1928年至1937年,郭沫若逃亡日本,在日生活9年。在日期间他一直受着日本警察的监视,失去言论及作品发表的自由。1934年郭沫若在《沫若自选集》序文中暗示了他所处环境的危险和艰难,他说:"我目前很抱歉,没有适当的环境来写我所想写的东西,而我所已经写出的东西也没有地方可以发表。在闸门严锁着的期间,溪流是停顿着的。"[①]当时国民党对革命文学者的残酷迫害和日本政府对普罗文艺运动的封锁便是郭沫若所说的"严锁着的闸门",他以火热的爱国之心和强烈的创作意欲与环境作着决死的搏斗,流亡时期的作品都是这场搏斗的产物。在艰难的环境中,他把精力集中到古代社会研究和古典研究上,他的历史研究和身边小说实际上都在向读者表示被闭锁着的溪流仍未失去它强劲的生命力。

经过2009年"郭沫若在日本史料挖掘"[②]工作,我们调查到的事实是:在近乎软禁状态中,日本仍有几十家杂志翻译发表过郭沫若的作品和文章,按《日本郭沫若研究资料集》,曾登载过郭沫若作品的日本杂志有《中央公论》、《改造》、《大调和》、《同仁》、《满蒙》、《日本评论》、《历史科学》、《支那语》、《中国文学月报》、《中国事情》、《中国文学》、《现代中国文学》、《自由》、《飙风》等。30年代,日本政府已逐渐增强对国内左翼势力的镇压,不少进步的杂志如《改造》、《日本评论》等都前后遭到禁刊处分,即使没有被禁刊,也要接受政府的严格检阅。在这样的情况下,这些杂志社仍然登载郭沫若的作品,这表明在日中关系极险恶的形势下,很多日本进步人士仍然不减对中国左翼文学的关注和支持,也反映了战争期间日中文化界交流的一个侧面。本文准备以《历史科学》、《同仁》、《日本评论》为例,探讨郭沫若流亡时代与日本杂志的往来关系。

---

① 郭沫若:《沫若自选集》,乐华图书公司1934年版,第1页。

② 2009年四川省教育厅重点科研项目,参与人:藤田梨那,岩佐昌章,岸田宪也,郭伟。

一、郭沫若与白扬社

白扬社创始于大正5年(1916年),昭和时期的社长是中村德次郎。二战中改名青木书店。白扬社主要以出版历史研究与社会研究方面的书籍为主要经营项目,是一家倾向于社会改革的出版社。白扬社自昭和8年(1932年)5月始,创办杂志《白扬》(1921—1962年)和《历史科学》,《历史科学》自1932年至1936年12月为止,共出了51辑。后又出版杂志《历史》。现将这几期杂志列出如下:

《白扬》1921—1962年
《历史科学》1932—1936年　1—51号
《历史》1937年1月—1938年5月

《历史科学》本身带有浓厚的左翼色彩,主要执笔人有:相川春喜、久保荣、佐野袈裟美、田村荣太郎、铃木安藏、德永直、服部之总、八田元夫、早川二郎、李北满等。这些人大多是社会运动家或左翼学者。郭沫若接触白扬社,大抵是通过佐野袈裟美和渡部义通的牵线。白扬社在30年代出版了一系列亚洲社会研究专著,如:渡部义通《日本母系时代的研究》(1932年)、佐久达雄《东洋古代社会史》(1934年)、李清源《朝鲜社会史读本》(1936年)、佐野袈裟美《支那历史读本》(1937年)等。这些书籍在日本亚非图书馆所藏"郭沫若文库"中都可见到,其中渡部义通和佐野袈裟美的著作是作者直接赠送给郭沫若的,书的扉页上都有作者的签名。另外,在日朝鲜人李北满是一位社会运动家,他1922年来日,曾参与朝鲜普罗艺术同盟组建工作,1932年又组织"殖民地研究小组",这个组织在白扬社的掩护下展开研究活动,亦属地下左翼团体,专门研究"朝鲜的农业问题"。李清源也是左翼学者,他1929年来日,参加"在日朝鲜劳动总同盟"和"日本普罗文化联盟",着重研究朝鲜的农民问题,1936年由白扬社出版《朝鲜社会史读本》,在郭沫若藏书中亦有此书。关于在日朝鲜左翼运动可参考新潟国際情報大学教授広瀬貞三氏《李清源の政治活動と朝鮮史研究》(2004年《新潟国際情報大学情報文化学部紀要》第7号)。从这样的人际及书籍关系观之,可知郭沫若与出入于白扬社的左翼学者和作家们过从甚密,而连接他们的重要基点应是反帝国主义的左翼普罗运动。其中应有更多的接触往来,但因当时的社会形势,他们的活动大多潜入地下,至今仍有很多情况为我们所未知。今后在这方面的研究挖掘将成为有意义的工作。

现查到《白扬》上登有郭沫若作品1篇;《历史科学》上登有郭沫若作品2篇。均系1936年译文。这期间的来龙去脉可见于郭沫若致文求堂书店老板田中庆太郎书信中,伊藤虎丸编辑《郭沫若致文求堂书店田中庆太郎书简》中有三封谈到白扬社的信件。现列于下:

> 1936年3月4日致田中庆太郎信
>
> 蒙赠奇书一册,多谢。日前白扬社主人来,言愿出《古代社会史》,初版二千部,版税千五十元。虽略有成议,尚未定约。贵台日前亦有言愿承印之意,特此奉闻,如便,请复。①
>
> 1937年1月22日
>
> 白扬社事,去年未还款三百元,预定本月末还清余款三百元。今对方来函催索。故欲再仰支三百元,未识便否?
>
> 1937年1月25日
>
> 请付白扬社主人中村先生三百元为祷。专此即上。②

其实早在1933年,《历史科学》上就曾登载过早川二郎的书评《郭沫若氏著〈中国古代社会史论〉》,对郭沫若的古代社会研究已有所注目。根据上面几封书信,可以知道1936年白扬社社长中村德次郎曾直接到市川市拜访郭沫若,商议翻译出版《中国古代社会研究》之事。看后二信,可推测郭沫若与白扬社之间已大致成约,并白扬社事先预支一千五十元的版税。但此书译本最终未能出版,郭沫若需将预支的版税退还给白扬社。1936年郭沫若将自己的3篇作品登载于白扬社的杂志上,登载作品如下:

> 《历史科学》5卷2号(1936年2月)
>
> 田中三平译　《秦始皇の死》
>
> 《历史科学》5卷9号(1936年9月)
>
> 郭沫若　《项羽の自殺》
>
> 《白扬》第1卷4号(1936年5月)
>
> 郭沫若　《孟子妻を出す》

---

① 郭沫若:《致文求堂书简》,文物出版社1997年版,第215页。

② 郭沫若:《致文求堂书简》,文物出版社1997年版,第317页。

这3篇作品的稿费或许被用于退款，1937年年初，郭沫若仍欠款300元。此时郭沫若求助于文求堂书店老板田中庆太郎，请他代为付上。经田中庆太郎插手，此事得以圆满处理。

白扬社杂志所载评论郭沫若的文章有：

《历史科学》2卷3号(1933年5月)　早川二郎

《郭沫若氏著〈中国古代社会史论〉》

《历史》1937年7月号　佐野袈裟美

《支那における封建制の成立過程とその特殊性》

白扬社杂志上虽然登载了郭沫若的历史小品，但考虑到郭沫若与白扬社的几次来往，可知白扬社开始所重视的是郭沫若的古代史研究。1930年《中国古代社会研究》由上海联合书店出版后，在国内销售很好，很快就再版了三次。此书给日本史学界也带来了一些影响。日本史学家早川二郎1933年发表书评，评论郭沫若的这本书。早川的文章很短，仅仅3页纸面，而且文中多见被删除的文字，很难准确了解他的论旨。仅可指出的是围绕“中国古代(周代前期)是否存在奴隶制社会”这一点，早川并不同意郭沫若的意见。他凭据了当时苏联支那问题研究所的见解，质疑依靠古典记载(《诗经》、《左传》、《史记》等)分析古代社会生产结构的方法论，进而否定郭沫若的古代史——周代为奴隶制社会——的见解。当时日本史学界对中国古代——西周、春秋时代、战国时代——的通论一般定义为封建社会，但正如早川所说：“现在正是我们依据恩格斯、列宁所没有的材料来探讨东洋具体国家，特别是支那的古代到底是否存在奴隶社会？如果说不存在的话，那么理由如何等问题的时刻了。”[①]日本史学界围绕中国古代社会构造的问题，到50年代后才开始大规模的学术性争论，而在30年代，郭沫若就已提出了他的见解，引起日本学界的敏感反应，这证明30年代日本史学界围绕封建制社会与奴隶制社会的问题，已出现了对主流性定义的质疑。早川本人是一位积极的左翼学者，曾通过翻译苏联《唯物史观世界史教程》，早期地将苏联唯物主义史学介绍到日本。著有《古代社会史》、《唯物史观日本历史》。在当时的日本史学界，他所提倡的史学方法论可以算是崭新的。但他对中国古代社会的见解仍偏重于主流性定义。正因为如此，郭沫若的《中国古代社会研究》对他起了刺激性的作用，他的意见是否正确有待

① 郭沫若：《中国古代社会史论》，第66页。

详细探讨。但从时代的角度看，早川的评论恰恰佐证了郭沫若古代史研究的先驱性，反映了30年代日本对唯物论的敏感与热心。几年后，郭沫若的《中国古代社会研究》，又引起了普罗评论家佐野袈裟美的关注，他在《支那における封建制の成立過程とその特殊性》一文中指出中国古代的奴隶制度和封建制度的问题在国际史学界正处于混乱不定的状态，作为反通论的学术见解，佐野第一个举了郭沫若的《中国古代社会研究》，并声明他自己的专著《支那历史读本》亦将从西周、东周到春秋前期界定为奴隶制社会。他在《支那における封建制の成立過程とその特殊性》中简介了他的《支那历史读本》的研究工作，通过《诗经》、《春秋左氏传》、《史记》、《孟子》、《国语》等古典，分析论证了从周代到春秋时代的奴隶制向封建制转变的过程，(具体方法和过程有待别论)从这篇文章可推测佐野袈裟美的古代史观大致与郭沫若相近。

在这里论者可以提出一个课题，即郭沫若的古代社会研究是否在方法论和史料解读上给日本史学界显示了一个划时代性的实践先例。在此仅以佐野袈裟美的历史研究提示这个课题的根据。佐野袈裟美的《支那历史读本》于1937年1月从白扬社出版，之后他曾赠送给郭沫若一本。今查《支那历史读本》，在书后参考文献一览中所见郭沫若的书籍有：《中国古代社会研究》、《甲骨文字研究》、《青铜研究要纂》、《卜辞通纂》、《天的思想》、《两周金文辞大系》、《屈原时代》。佐野主要在本书前半部分——殷周氏族制与奴隶制问题——中多次引用郭沫若的这些著作，引用次数在24次以上。特别值得注意的是，在殷周是封建制社会抑或是奴隶制社会的问题上，佐野通过史料分析得到了与早川二郎以及史学界通论不同的结论，他在《支那在亚洲生产模式中的具体形态》一节中指出："我认为支那周代奴隶劳动的比例在生产领域中所占的比例是值得重视的，对于支那在亚洲生产模式中的形态，我与早川氏持不同看法，我认为将它划类为一种奴隶所有者的生产模式是较为妥当的。"①很明显，在殷周社会结构的问题上，佐野的结论与郭沫若相同。佐野在撰写《支那历史读本》时受到了郭沫若的影响，这一点是无可怀疑的。由此我们可以推测30年代日本史学界其他有关中国古代史的论著也或多或少会参考郭沫若的学术观点和方法。如史学方面的学者注视并研究这个问题，一定会有更有意义的学术见解出现。

30年代白扬社的杂志上出现的这两篇完全相反的郭沫若史学评论，从白扬社重视社会问题研究这一面来看，郭沫若的史学研究无疑为日本学界

① 佐野袈裟美：《支那历史读本》(笔者译)，白扬社1937年版，第99页。

投了一块石头，引起一定的影响作用，为解释历史提供了新的可能性。

二、郭沫若与《同仁》

《同仁》是日本医学团体同仁会的机关杂志。同仁会建于明治35年（1902年），截止于1945年。组建阶段曾有诸多政界人士参与，如近卫笃麿、小村寿太郎及东亚同文公司负责人等。会章中确定同仁会的目的为："在清韩及亚细亚诸国普及医学及有关技术，同时保护彼我人民的健康，救济病苦。"（笔者译）第一届会长是长冈护美，第二届会长是政界人士大限重信。在日本统治朝鲜时代，同仁会在朝鲜各地开设医院；后来又在中国东北地区及北京、山东、上海等地开设医院。在开展医疗工作的同时，还致力于培养中国和朝鲜的医疗人才，推动语言教育。

《同仁》月刊创刊于1932年，截至1945年，共126辑。《同仁》除了登载医学方面的文章外，还多登载有关中国和朝鲜政治、社会、文化的论文。通观杂志内容，特别是1937年以前有关中国的内容甚多，内容包括中国留学生动向、中国政治动向、日清贸易问题、中国的风俗习惯、中国旅游记、中国作家的小说、文学介绍、翻译等。在文学方面，《同仁》月刊每一期都设有《歌坛》、《诗歌》专栏，特由日本著名诗人斋藤茂吉编辑诗歌专栏，斋藤茂吉又是精神科医生。诸如此类，文化性的内容要占杂志的大半篇幅，作为一部医学杂志，已呈现出大不相承的风貌。这样的风格以1937年卢沟桥事变为界线，之后大改其貌，完全倾向于配合战争的方向。日本神奈川大学教授大里浩秋在他的论文《同仁会与〈同仁〉》中指出："这里有丰富的内容佐证从明治期一直到日中战争，日本人通过医疗与中国保持的关连。我们可以通过同仁会的历史来考察现代日中关系。"①大里浩秋氏在此提出了一个研究日中关系的重要资料和视角，很值得我们参考。

郭沫若流亡日本期间，正值《同仁》大量介绍中国文化的时期，他曾与同仁会发生过一些关系，他的几篇作品登载于杂志《同仁》上。与日本其他杂志相比，发表在《同仁》上的作品最多，在此将郭沫若作品登载情况及其他有关事项梳理如下：

《同仁》1932—1945年第1卷1号—第13卷5号

郭沫若的作品：

---

① 大里浩秋：《同仁会与〈同仁〉》，《人文学研究所报》第39号，2006年3月（笔者译），第53页。

《同仁》第 4 卷 12 号(1930 年 10 月)

《歧路》けんぼう译

第 5 卷 1 号(1931 年 1 月)

《金刚山にて》榛原茂树译

第 5 卷 4 号(1931 年 4 月)

《帰りの函谷関》一二六落生译

《飂流挿曲》浅川谦次译

第 6 卷 6 号(1932 年 6 月)

《荘子》大高巖译

第 6 卷 10 号(1932 年 10 月)

《后悔》大高巖译

第 7 卷 10 号(1933 年 10 月)

《王昭君》柳嘉秋译

第 7 卷 11 号(1933 年 11 月)

《王昭君》(承前)柳嘉秋译

第 8 卷 8 号(1934 年 8 月)

《英罗提の墓》大高巖译

第 9 卷 4 号(1935 年 4 月)

《考史余谈》郭沫若谈话

共 10 篇

郭沫若以外作者:

陶晶孙　共 8 篇

郁达夫　共 3 篇

田汉　共 1 篇

周作人　共 1 篇

叶绍钧　共 1 篇

许地山　共 1 篇

张资平　共 3 篇

茅盾　共 1 篇

徐祖正　共 1 篇

周全平　共 1 篇

王伯平　共2篇
徐钦文　共2篇
沈从文　共1篇
冰莹　　共1篇
王一亭　书画1幅

《同仁》所载论及郭沫若的文章：

第8卷3号(1934年3月)
池田孝《主潮革命文学に向ふ》
第8卷4号(1934年4月)
池田孝《プロレタリア文学全盛を極む》
第8卷4号(1934年4月)
池田孝《一九三〇年以後の中国文学の動向》
第8卷10号(1934年10月)
池田孝《中国现代作家列传4》
第9卷1号(1935年1月)
王伯平《易经时代における中国の社会機構》
第9卷2号(1935年1月)
吉井稜恵《中国新文学と世界文学との交涉》

与其他日本杂志相比，郭沫若载于《同仁》上的作品为最多，所载作品除了历史小品外还有自传作品、身边小说和史剧，在内容丰富这一点上大大地超出其他杂志。那么，郭沫若通过怎样的渠道与《同仁》来往？为什么会有如此多的作品登载在《同仁》上？

看《同仁》所载中国作家的作品，除了郭沫若外，要以陶晶孙为多，共登8篇，而且开始登载时期与郭沫若在同一年，即1930年。陶晶孙此时已在上海，在上海自然科学研究所工作，但上海自然科学研究所是日本政府所设研究机构，陶晶孙与日本医学界一直保持密切的关系。加之陶晶孙的弟弟陶烈自日本京都大学医学部毕业后，又进东京大学继续深造，在脑神经研究方面颇有成就。郭沫若流亡日本的前半期，陶烈亦在东京(1928—1930年)。郭沫若很有可能通过陶晶孙和陶烈与《同仁》发生关系。

《同仁》上所载郭沫若的作品以及评论郭沫若的文章中没有一处用××表示被删除的地方，与白扬社《历史科学》相比较这是一目了然的不同点。实际上这与同仁会的性质大有关连，同仁会在组建阶段就与日本政府有着紧密的关系，在医疗事业上始终配合了政府的对亚洲政策，杂志《同仁》的运营经费基本上来源于政府的国库补助。[①] 正因为《同仁》的这种特殊性质，未受到政府的严格检阅，成为镇压危险中的一个安全地带。郭沫若的作品，除了历史小说外，还有身边小说、史剧等，登载作品的丰富或许也与这一点有关。

再看池田孝评论文，更可以具体了解此中的情形。1934 年池田孝在《同仁》上接连登载介绍中国现代文学的论文，其中多次触及到郭沫若，如《主潮革命文学に向ふ》,《プロレタリア文学全盛を極む》,《一九三〇年以後の中国文学の動向》,《中国现代作家列传 4》。这样的文章都属于左翼性的文字，都要受到严格的检查，30 年代凡有类似“革命”“プロレタリア”的字眼，大致都要被删除，但池田孝的文章原封不动地登载在杂志上，文章里面也没有被删除的地方。

上举几篇池田孝的评论文也是当时较详细介绍郭沫若文学的文章。在《主潮革命文学に向ふ》中介绍创造社提倡的革命与文学时，引用了郭沫若的《艺术家与革命家》、《革命与文学》；在《中国现代作家列传 4》中更详细介绍了郭沫若的人生与作品，作品分小说、戏剧、诗歌、论集 4 部分，列出具体作品。在论述 1924 年郭沫若的思想转变中，池田孝指出“他为了拯救中国民族的衰弱，又为了打倒帝国主义，毅然决意放弃过去的浪漫主义，转而提倡革命文学。”对亡命日本时期，他指出“亡命后他仍然通过文化斗争，文化批判，以及其他手段，间接援助普罗文学的扩大。”[②]这里暗示了 30 年代，郭沫若以隐蔽的形式仍然与日本普罗文学保持一定的关系。池田孝在《一九三〇年以後の中国文学の動向》中介绍海外普罗文学时，也是第一个举了郭沫若的《屠杀场》翻译。

《同仁》的性质虽与文学杂志有殊，又有依靠和配合政府之疵，但它偏重介绍中国的风俗文化及文学美术。因了这样的性质与倾向，在重重封锁的状况下，郭沫若仍得以发表作品，一些文学评论家也得以介绍和评论郭沫若。不能不说在介绍中国现代文学上，《同仁》起了很大的作用。

---

① 丁蕾:《近代日本对中医疗文化活动——同仁会研究 4》，日本医史学杂志第 46 卷 4 号，2000 年 12 月。

② 《同人》，第 8 卷 3 号(笔者译)，第 60 页。

三、郭沫若与《日本评论》

日本评论社初创于1918年，初期出版书籍和杂志的内容以文艺为主，最具代表性的杂志便是《日本评论》。1927年以后逐渐倾向于社会问题，30年代至第二次世界大战期间更着重于社会研究，普罗派性格很强，是日本屈指的硬派杂志。30年代末至40年代，曾在河合荣治郎事件和横滨事件时遭受日本政府的言论镇压。

《日本评论》所载郭沫若的文章如下：

第11卷1号(1936年1月)
郭沫若《万宝常——彼の生涯と芸術》
第12卷10号(1937年9月)
郭沫若《日本人の支那人に対する態度》
第13卷11号(1938年10月)
郭沫若《戦時下の支那人生活》
第27卷2号(1956年2月)
郭沫若《共和共存について》

《日本评论》所载论及郭沫若的文章如下：

第13卷3号(1938年3月)
佐藤春夫《アジアの子》
第14卷5号(1939年5月)
田辺耕一《郭沫若》
第27卷2号(1956年2月)
フヨードレンコエヌ《郭沫若とのめぐりあい》

与《同仁》、《历史科学》相比，登载在《日本评论》上的郭沫若的文章，没有一篇历史小品，而全是涉及历史、文化、战争的文章。而且时间范围不只局限在亡日期间，还延续到他回国之后。

《万宝常——彼の生涯と芸術》一文写作时期正值郭沫若致力于中国古代社会研究，并与日本雕塑家林谦三(1899—1976)交往之时。林谦三不仅是优秀的雕塑家又是古典音乐研究家，郭沫若亡日期间与林谦三有过密切的交往。1935 年林谦三的第一本古代宫廷音乐研究专著《隋唐燕乐调研究》就由郭沫若翻译成中文，由上海商务出版社出版。郭沫若翻译了林谦三《隋唐燕乐调研究》后，1935 年和 1936 年分别在中国的杂志《文学》(第 5 卷 3 期)和日本杂志《日本评论》(11 期 1 号)上发表论文《隋代大音乐家——万宝常》与《万宝常——彼の生涯と芸術——》，后收入《历史人物》。这两篇论文的发表大致基于两个意图，一是完善林谦三的课题，二是挖掘被埋没的历史人物。

关于隋代的燕乐调，林谦三主要根据了《隋书》、《辽史》、《旧唐书》等史料，特别着重于论证龟兹乐调与隋宫廷雅乐结合的事实。而为雅乐与胡乐融和，产生新的宫廷雅乐作出决定性贡献的历史人物便是隋代沛国公郑释。《隋书·音乐志》对郑释的评价为以后的中国音乐史研究奠定了根本的基准。林谦三在隋唐琵琶八十四调和《应声》的发明上给予郑释高度的评价，并发现了《应声》的位置和其效果。郭沫若对林谦三的研究和发现给予了一定的肯定和评价，但他并没有满足于林的结论。他的万宝常研究就是通过史料论证八十四调和《应声》的创始人不是郑释，而是万宝常。郭沫若所根据的史料同样也是《隋书》、《辽史》、《旧唐书》等。但他并没有被史书的定论所局限，而是洞察史书记述的字里行间的含意，严紧地、客观地追踪他的目标。[①]《万宝常——彼の生涯と芸術》可以说是属于古代研究的论文。

《日本人の支那人に対する態度》本是 1935 年发表在杂志《宇宙风》25 期上的一篇文章，题为《关于日本人对中国人的态度》，后收入《日本管窥》(1936 年宇宙风出版社陶亢德编辑)。1937 年 9 月《日本评论》设《支那人の見た日本》专栏，登载了郭沫若的这篇文章，由日本文学家鱼返善雄翻译。除了郭沫若外还登载了 6 位中国人的文章，在此一并列出：

《日本人の支那人に対する態度》	郭沫若
《日本及び日本人に対する私の観察》	許北辰
《日本民族の健康さ》	刘大杰
《日本人》	罗牧
《印象中の日本》	胡行之
《日本人文化の生活》	郁达夫

① 藤田梨那：《郭沫若与日本——万宝常研究之动机与意义》，《记念郭沫若留学九大九十周年国际聚会》2008 年。

《日本民族の二三の特性》　　　　付仲涛

1937年正值中日战争爆发，卢沟桥事变后日军开始攻击上海，8月13日发生第二次上海事变，中国军队浴血奋战3个月，终不能克胜，上海沦陷，即淞沪战役。此后中日战争在中国全面展开。在这样的状况下，日本的报刊、杂志都在狂热报道日军战胜的消息，有关中日战争的话题充满纸面。是年9月号《日本评论》的目录上也处处可见"时局"、"上海现地报告"、"北支"等字眼，呈现出对中日关系的极大关心。值得关注的是，中日战争爆发后《日本评论》与杂志《同仁》相反，一直没有间断登载中国人的文章。上举7位中国人的文章均属鱼返善雄的翻译，1937年9月鱼返善雄又以他的笔名信浓忧人，出版《支那人の見た日本人》一书。此书虽由青年书房出版，但与日本评论社有密切的关系。鱼返善雄在本书序文《译者之言》中写道："本书小部分先登于《日本评论》，这些文章的收录和单行本出版均承蒙室伏高信先生的厚意得以实现。"[①]由此可见，鱼返善雄在出版此书之前，先配合了《日本评论》，将一部分文章发表出来。室伏高信则是日本著名评论家、政治记者，曾为《二六新闻》、《时事新报》、《朝日新闻》、《改造》撰稿。当时他正任《日本评论》的主编，杂志登载文章均由他决定。鱼返善雄《支那人の見た日本人》一书的出版也由他从中操作。可见鱼返善雄的这部书从部分发表到单行本出版，均受了日本评论社的帮助。另外，看宇宙风社《日本管窥》与本书目录，内容大致相仿，《支那人の見た日本人》一书很可能截译了《日本管窥》。

1938年10月《日本评论》又设专栏"敗走支那の現地レポ"(败走支那当地报告)，登载了是弗、叶文津、郭沫若、周越、马国亮五人的文章。同时还登载了胡适、汪兆铭的论文。郭沫若的《戦時下の支那人生活》并非专为这个专栏撰写，它是1938年5月12日发表在《救亡日报》上的《把精神武装起来》中一部分。《把精神武装起来》本来是郭沫若为号召人民奋起抗战所草的一篇文章，文中对当时中国社会及人民的生活状态、精神状态进行了具体的分析，他举了很多具体的例子，如：封建文明所致的"因循的习惯"、"男子的长衫，女子的旗袍"、"茶楼酒馆"、"饱食浪费"、"文武官职待遇不均"等，指出这些因循守旧、萎靡不振的现实促使人们精神松弛，堕落。为了改变这种状态，他提倡"军训"、"服兵役"、"买国家公债"、"集体学习"、"节省费用"。对中国社会现状分析的这一部分被《日本评论》截取来作为

① 《支那人の見た日本人》(笔者译)，第3页。

中国现状的报告。

二战后，1955 年末，郭沫若率中国科学家代表团访日，12 月 15 日在广岛大学进行讲演，题目为《关于和平共存》。此讲演稿后来载于《日本评论》第 27 卷 2 号上。

这样，郭沫若在抗日战争中和战后一直为《日本评论》供稿，与日本评论社保持了长时期的关系。他为什么这样做是有其缘由的。中日战争时期，日本几乎所有的杂志，报刊都倾向于宣传战争，拥护政府的对外扩张方针。凡有主张反战，或对日本政府持批判态度的媒体大都受到政府的镇压。但在这样的形势下，《日本评论》仍坚持发表批判社会和政府的文章，几遭政府查禁。河合事件就是一个鲜明的例子。河合事件发生于 1938 年，东京大学教授、经济学家河合荣治郎在 1936 年"二·二六"事件时勇敢地站出来批判军部；他站在自由主义和人道主义立场分析社会问题，曾出版《社会政策原理》(1931 年)、《法西斯主义批判》(1938 年)等著作。1938 年因他反对文部大臣荒木贞夫的大学校长官选论，又因他屡次发表反专制统治的言论，遭到日本政府的压制，被判罪，他的著作被强制禁刊，甚而被免掉东京大学教授的职位。而上举河合荣治郎的著作又都是由日本评论社出版的，因了这个因缘，日本评论社也遭到政府的镇压。

河合事件发生时，郭沫若已在中国，投入抗日战争。但他对日本社会的动向非常关心。1939 年他在《大公报》上发表《文化与战争》，批判法西斯主义对文化的摧残，他指出战争的罪恶"不仅破坏文明，毁灭文化，它的破坏性不仅及于别国，而且要及于本国。"他举了日本政府对社会学家河上肇教授，美农部教授的迫害，还特别举了河合事件。说："所可惊异的乃是事件之始实因河合荣治郎教授出版《法西斯主义的批判》一书而以叛逆罪被捕。法西斯主义之神圣不可侵犯要等于日本的'天皇'了。"他在文章中不仅表示了他自己的惊异与愤慨，同时还介绍了日本媒体界人士的愤怒，他举的例子正是当时日本评论社主编室伏高信，他说："连素来颇以仰军部之鼻息而著名的一位记者室伏高信都在吐着这样颇有诗味的牢骚了：政治属于剑，思想文学及其它的艺术也都系慴伏于剑之力下。"(见《日本评论》正月号第 131 页)[①]在这里，郭沫若举了室伏高信的言论来批判日本军部的暴力，而他参阅的正是《日本评论》。这又证明郭沫若从日本回国后仍一直关注《日本评论》，从中了解日本国内的社会动向。他非常关心日本国内的反

① 郭沫若：《战争与文化》，《郭沫若全集》第十九卷，人民文学出版社 1982 年版，第 11—14 页。

法西斯运动的动向，对反战的日本知识分子和政治家始终持支持的态度，诚恳地期待日本民族的觉醒和解放。正因了这样的动机，他对坚持发表和出版反法西斯统治，批判政府的文章和著作的日本评论社保持了关注和支持。

四、结语

以上围绕郭沫若流亡日本期间与杂志《历史科学》、《同仁》、《日本评论》的关连，整理了见于这些杂志上的郭沫若的作品及日本人士对他的评论；探讨了郭沫若的作品或论文对日本学界所起的作用；梳理了郭沫若与杂志社的内部关连。通过梳理和分析，我们知道：在日中关系最艰难、最混乱的时代，仍有一些知识分子保持冷静的头脑，反对军部的法西斯政策。他们与郭沫若或是朋友，或是学术同人，由于他们的从中牵线，使郭沫若与一些杂志社发生交往，在“闸门严锁，溪流停顿”的状态下，他仍有机会发表自己的作品和文章。日本流亡时期郭沫若一直受着警方的监视，但他与日本社会的交往匪浅。就以日本的杂志为例，登载过他的作品和文章的有文学杂志，学术性杂志，也有医学杂志，还有社会评论性的杂志。这个事实告诉我们，一方面，日中两国有良知真见的知识分子之间的友好交流并没有被战争所阻隔；另一方面，郭沫若的史学研究、文学作品在一定程度上受到了日本学界的关注。本论文仅举《历史科学》、《同仁》、《日本评论》三个杂志，进行了分析和梳理，从中发现了不少牵扯到郭沫若与日本学术界或社会运动相关的事实。郭沫若的史学研究、历史小说、身边小说通过日本的各种杂志给日本史学界及一般社会一定的影响。1930 年以后日本中学国语教科书上开始采用郭沫若的作品，反映着郭沫若文学亦被日本教育界所关注。如果我们把研究范围扩大到更多的杂志，就一定会发现更多的、更有意义的课题。亡日时期的郭沫若研究，这是一个仍未完结的课题，还有很多问题需要我们去探讨。而详细的资料调查、扎实的文本分析及史实调查，都是这项研究中不可缺少的重要环节。

（原载《郭沫若学刊》2011 年第 1 期，作者为日本国士馆大学教授）

郭沫若的书学贡献与书法艺术

史忠平

郭沫若从早期投身新文化运动开始，到晚年在政府担任要职，他的身份在诗人、学者、革命活动家、官员等间不断转换。但终其一生始终不渝者，其翰墨情结。所以，无论在何种特定的历史时期和学术研究领域，他对书法艺术一直给予充分的肯定，并身体力行，在书学研究和书法创作方面都颇多涉入，为现代书法的延续和繁荣作出了贡献。

一、郭沫若的书法立场

中国古代文字书写与政治、教育以及人才选拔制度有着较为密切的关系，文人士大夫乃至历代帝王大多都是善书者和书法的倡导者。因此可以说，书法在古代中国的发展有着特殊的“激励机制”和“政治优势”。但20世纪以来，随着中国社会的变革，书法与政治的“特殊关系”脐带被割断。书法不再拥有传统社会所赋予的特权，它的“政治优势”消失了。尤其是“五四”先驱们在“汉字不灭，中国必亡”的呐喊中提出了“汉字落后论”和“汉字拉丁化”的口号。之所以如此是因为先驱们误认为汉字难识、难记、难写，是中国落后挨打的罪魁祸首。新中国成立后，汉字改革又被作为社会主义文化革命的重要任务之一。其主要目的还是为了普及教育，提高全民素质。而在对汉字的发难与改革中，郭沫若都是忠实的支持者。书法是书写汉字的艺术，汉字遭此厄运，书法必受冷落。但值得指出的是，一向支持汉字改革的郭沫若，并没有因此而忽视汉字与书法的关系，也没有因此而否认书法的独立性及其艺术价值。略举两例，引以为证：

培养中小学生写好字，不一定都成为书法家，总要把字写得合乎规范、比较端正、干净、容易认。这样养成习惯有好处，能够使人细心，容易集中意志，善于体贴人，草草了事，粗枝大叶，独行专断，是容易误事的。练习写字可以逐渐免除这些毛病，但要成为书家，那是另有一套专门的练习步骤的，不必作为中小学生的普遍要求。[①]

我自己是同汉字共同呼吸了六十多年的人，我对汉字是有深厚的感情的。不仅现行的汉字我爱它，就是前代的汉字，无论是甲骨文、金文、篆书、隶书、行书、草书，我无一不爱。我不仅把汉字作为工具在使用，而且能对它们作艺术欣赏。中国的汉字是具有独创性的文字，而中国的书法，更是具有独创性的艺术。但是，无可讳言，这优美而具有独创性的文字，在作为文字使用上确实是难于掌握的工具。它的字数太多，读音不准确。我虽然使用了它已经六十多年，而直到现在还会遇到不认识的字，非得查字典不可。[②]

可见，对文字的非难尽管使书法一度陷入低谷，但在郭沫若眼里，书法并没有沦入“落后”之列。这或许也是他一面主张文字改革，一面从事书法创作的原因之所在。

除了肯定书法的审美价值和艺术价值之外，郭沫若对民间书法也给予了肯定的态度。例如他在谈到长沙出土的帛书以及其他简书、陶文等时说：他们“是所谓民间的‘俗书’。但历史昭示我们：它们是富有生命力的，它们将促使贵族化了的文字，走下舞台，并取而代之。”[③]在为西安碑林所做的序中，他又说：“前人对于古代文物，多留心于文字书法，而忽视雕饰造型，这是一种偏向。盖以文字书法出于上层统治阶级之手，故被重视，而雕饰造型则出于工匠之手，故特遭轻视。在今天看来，价值要发生倒逆了。花纹的雕刻，型式的裁成，正表现着历代劳动人民的无穷智慧。即以书法而论，俗语云‘七分是刻，三分是书’。可见名人书法实因匠人刀笔而增妍，这是人所共喻的”[④]。这一观点无疑来自于新中国强调人民性的环境及其本人所提的“人民本位”口号。然而，也正是20世纪以来这种“人民本位”思想，加之大量书法资料的出土和发现，使得其后的书法热潮中，书界对“民间书法”投以持续关注的目光，除学术考辨研究外，并大量应用于创作。

---

① 郭沫若：《人民教育》杂志题辞，《人民教育》1962年第9期。

② 郭沫若：《日本的汉字改革和文字机械化》，《人民日报》1964年5月3日。

③ 郭沫若：《古代文字之辩证的发展》，见《奴隶制时代》，中国人民大学出版社2009年版，第202页。

④ 郭沫若：《序西安碑林》，《郭沫若全集·考古编》，科学出版社2002年版，第262页。

郭沫若所说的社会变动时期“价值倒逆”,即“前人之所贵者贱之、之所贱者贵之”[1],可以说在理论上对这一历史时尚转换先期作了阐述。

二、郭沫若的书学贡献

如果说“身居魏阙,心在江湖”的处境造就了古代文人的“双重人格”,并使其醉心于书法,以期心灵归隐的话,现代文人则是另一种状况。无论是鲁迅还是郭沫若,他们在书法问题上一直存在一种“矛盾性格”。一方面他们主张革汉字的命;另一方面,他们都是汉字书法的狂热追随者。郭沫若的立场也是游走在二者之间。一旦他站在书法的立场上,就不仅自己心追手摹,而且影响了他的夫人于立群,使她成为著名的女书法家。正因如此,郭沫若在书学研究上也投入了极大的热情并作出了积极的贡献。

(一)书法史

20 世纪书法新资料的出土和发现,迫使我们对过去以书法名家为主的、单线性的书法史叙事方式和研究模式进行重新思考与调整。于是,树立新史观与重写书法史就变得至关重要。而郭沫若以其广阔的视野、渊博的学识、独到的视角和方法,对新材料进行多方位的考释,钻得进,跳得出,挖得深,从而对复线型书法史模式的形成作出了极大的贡献。

具体而言,郭沫若对书法史的贡献主要体现在古文字研究与碑帖考证两个方面,相应的成果有《古代文字之辩证的发展》及有关《兰亭》论辩诸文。

首先,在古文字研究上,他一方面以史辩字,另一方面又以字证史。以此试图解决书法史上的诸多疑难问题:

1. 关于书法史的上限,历代学者都把仓颉造字、八卦造字与画图造字作为书法的起源,影响深远,以致在甲骨文发现之后还有人沿袭此说。直到 20 世纪 40 年代末,才有祝嘉所著《书学史》开始述及甲骨文作为文字起源的意义,学术显示实证科学意义。而 20 世纪 60 年代初,郭沫若提出不同见解,他认为:“彩陶上的那些刻划记号,可以肯定的说就是中国文字的起源,或者中国原始文字的孑遗”[2],并指出“契刻甲骨文字的人无疑是当时的

---

① 郭沫若:《青铜时代》后记,中国人民大学出版社 2009 年版,第 250 页。

② 郭沫若:《古代文字之辩证的发展》,见《奴隶制时代》,中国人民大学出版社 2009 年版,第 191—192 页。

书家”[①]，“乃殷世之钟、王、颜、柳也”[②]。这就把书法史的源头提前到了甲骨文前的陶文刻画，这一观点，后来为书法史著作者所袭用。

2. 揭示古代字体形成和演变的客观规律。郭沫若通过对古文字的研究，揭示了许慎“六书”次第的正确性，认为中国文字的起源应归纳为指事与象形两个系统，且前者早于后者。由此他指出“指事先于象形也就是随意刻划先于图画；从书法观点来说，也就是草书先于正书”[③]，对此他还进一步指出规整的字体与官方相对应，用于正规场合，而草率急就的字体与民间相对应，用于非正式场合，“故篆书时代有草篆，隶书时代有草隶，楷书时代有行草。隶书是草篆变成的，楷书是草隶变成的。草率化与规整化之间，辩证的互为影响”[④]。郭沫若认为文字的螺旋式发展也正是中国书法的发展规律，这无疑是卓有见地的。

3. 揭示了字体“由繁到简”与书法“由粗到精”的辩证关系。郭沫若认为“文字的书法有粗有精，且必先粗而后精”[⑤]，而作为应用工具的文字，却由于实际需要，不得不取繁而就简。书法的粗精是言技术，字体的繁简是言实用，文字的每一次规整化都会促进书法的雅化与精美化，但规整和雅的追求又会导致文字的僵化，而另一轮文字新鲜血液的注入又赖于简化字体与粗率的书法。

4. 揭示了字体由篆到隶的演变。他认为秦代通行于民间的草篆促进了由篆而隶的转变，“程邈或许是最初以草篆上呈文而得到奖励的人，但绝不是最初创造隶书的人；一种字体也决不是一个人一个时候所能创造出来的”[⑥]，这也是十分中肯的。

其次，在碑帖考证方面，郭沫若根据对新出土的书法资料的考证，于1965年撰文掀起了有关《兰亭序》真伪问题的大讨论，认为传为王羲之的《兰亭序》从文到书都是假的，而智永正是伪托之人。这一论点即出，高二

---

① 郭沫若：《古代文字之辩证的发展》，见《奴隶制时代》，中国人民大学出版社2009年版，第195页。

② 郭沫若：《殷契粹编·序》，《郭沫若全集·考古编》第3卷，科学出版社2002年版，第3页。

③ 郭沫若：《古代文字之辩证的发展》，见《奴隶制时代》，中国人民大学出版社2009年版，第199页。

④ 郭沫若：《古代文字之辩证的发展》，见《奴隶制时代》，中国人民大学出版社2009年版，第193页。

⑤ 郭沫若：《古代文字之辩证的发展》，见《奴隶制时代》，中国人民大学出版社2009年版，第196页。

⑥ 郭沫若：《古代文字之辩证的发展》，见《奴隶制时代》，中国人民大学出版社2009年版，第208页。

适首先撰文反驳，于是对垒双方的阵营迅速形成，并由此展开了长达近三十年的大讨论。先后参与《兰亭》论辩的各界人士多达四十余人，文章五十余篇，可以说在书法史上是空前的。由郭沫若发起的《兰亭》聚讼，失误与偏颇难免，然而由此所引起的有关东晋书体、南北书风、王羲之书风、石刻尺牍、隶书笔意，以及《兰亭序》的真迹创作、下落、临摹、伪托、帖本价值等问题的讨论，不但把《兰亭》相关问题的讨论推向了高潮，而且把书法史推向深入发展的道路。因为此次论辩“不仅涉及书法学中的书家论、书作论、书体论、书风论、书派论、书史论，而且涉及了考古学中的碑、帖、简、牍、器、铭等最新实物资料”①，更重要的是，由此而产生了“多向思维起用、无数学科交叉、实证推理并举与宏观微观兼顾的新型学术研究方法”②。这对书法史研究的意义无疑是深远的。总之，郭沫若对此虽着力不甚多，却非常关键，且很有影响。他的相关学术活动，引导了后来书法文献学及书法考古学的发展。

（二）书法文献学

一门成熟的学科，必有其完备的文献学体系。就书法而言，其文献学构成应包括传世文献中的书法史料、书法理论以及书法文本资料。20 世纪以来，我国的艺术史资料，尤其是文本资料总是难以备善，陈寅恪先生曾有感于此，并指出其中之原因：其一，“其佳者多遭毁损，或流散于东西诸国，或秘藏于权豪之家”③，因不得见而无从研究；其二，藏于博物馆者，或“高其入览券之价”④，或“因经费不充、展列匪易，以致艺术珍品不分时代，不别宗派，纷然杂陈”⑤，不便参考；其三，全国无有精善之印刷工厂，无传真工具，资料难以保护与普及。陈先生所言艺术史资料，应包括被称为“20 世纪四大发现”的敦煌文献书法、敦煌汉简书法和甲骨文书法。因为敦煌文献与汉简的损毁与流失，曾使他有过“敦煌学者，吾国学术之伤心史也”⑥的感叹。而甲骨文书法资料，在发现后，也通过各种途径，大量流失国外。据我国甲骨学专家统计，目前收藏有甲骨文资料的国家共有 12 个，甲骨文资料

---

① 毛万宝：《1965 年以来兰亭论辩之透视》，《书法研究》，1994 年第 4 期。

② 毛万宝：《1965 年以来兰亭论辩之透视》，《书法研究》，1994 年第 4 期。

③ 陈寅恪：《吾国学术之现状及清华之职责》，《金明馆丛稿二编》，第 317—318 页。

④ 陈寅恪：《吾国学术之现状及清华之职责》，《金明馆丛稿二编》，第 317—318 页。

⑤ 陈寅恪：《吾国学术之现状及清华之职责》，《金明馆丛稿二编》，第 317—318 页。

⑥ 郭沫若：《古代文字之辩证的发展》，见《奴隶制时代》，中国人民大学出版社 2009 年版，第 191—192 页。

总数为 26700 片，其中日本就多达 12443 片。[①] 可以说，敦煌文书、汉简和甲骨文的流散，即是文献史料的流散，也是书法史料的流散。在这种书法文献极不完备的情况下，郭沫若却为此作出了很大的努力和贡献。

首先是他对书法文献的搜集和整理。“典籍结集，为文献学上最重大之事业，故首及之”[②]。郭沫若流亡日本期间，几乎访遍了日本所有的收藏者和图书馆，掌握了大量的实物资料，据他讲：“秦汉以前的材料，差不多被我彻底剿翻了。”[③]之后他完成了《甲骨文字研究》等著作，尤其是郭沫若晚年主编的大型甲骨文汇编《甲骨文合集》，收入 41956 片甲骨，被誉为新中国古籍整理的最大成就，这无疑也是甲骨文书法的文献集成。其次是郭沫若对书法文献的审定。他认为：“材料的来历既马虎，内容的整理又随便”的学问是“纸上的杂货店”，所以必须进行审定与考释，这其中也兼有对书法文本资料的考证与艺术评价；其三就是他对文献资料“涉其流，探其源，采剥其华实，而咀嚼其膏味”[④]。这也是他把集结和审定的文献放入历史的时空之中加以阐释，使其互为表里、发扬光辉的主要方法。如《兰亭》论辩中，他对魏晋碑帖考证，并以此来论及《兰亭》之真伪即为例证。可见，郭沫若为甲骨文、金文等书法文献的搜集、整理、考释、研究和刊布作出了极大的贡献，为“书法文献学”的建构奠定了一定的基础。然而，在陈寅恪担忧的问题基本解决，书法学科建设取得巨大成就的今天，“书法文献学”的价值与意义仍然不被书界所重视，此实为一件憾事。故此，当有学者呼吁在书法学科中成立“书法文献学”时，我们自然不能忘记郭沫若对此所作的努力与贡献。

（三）书法考古学

由考古和美术学科交叉而产生的“美术考古学”早在 20 世纪 80 年代就已得到学术界的认可。例如，在由国家技术监督局 1994 年发布的《国家标准学科分类与代码》中，美术考古被列为考古学中“专门考古”类下的三级学科。《中国大百科全书 · 考古学》中也把美术考古列为考古学的一个分支。而书法学作为与美术学并列的二级学科，却没有设立“书法考古学”。实情如此，徒有感叹，确属无益，然而，当有人思考并呼吁构建“书法考古

---

① 睢媛：《甲骨文流散国外》，2010 年 6 月 4 日，http://www.ha.xinhuanet.com/fuwu/kaogu/2006－03/27/content_6576523.htm。

② 郑鹤声、郑鹤春：《中国文献学概要》，商务印书馆 1929 年版。

③ 郭庶英：《我的父亲郭沫若》，辽宁人民出版社 2004 年版，第 151 页。

④ 参见苏东坡：《李氏山房藏书记》。

学”时，我们不能不提及郭沫若，因为他在书法考古方面为我们开辟了道路，也提供了思路与方法。

夏鼐先生曾经指出：“美术考古学是从历史科学的立场出发，把各种美术品作为实物标本，研究的目的在于复原古代的社会文化。”[①]而郭沫若也曾说：“余治殷周古文，其目的本在研究中国之古代社会。”[②]并认为“是什么还他个什么，这是史学家的态度，也是科学家的态度”[③]，所以，他对甲骨文、钟鼎文的研究，正是把这些古文字资料作为“实物标本”用于“复原古代的社会文化”。他通过对古代各时期社会文化与文字的互证，理清了文字发展演变与整个社会文化更替之间的内在关系，并深刻地论述了作为书法艺术的文字与作为应用工具的文字之间的微妙关系。如从出土实物来看，殷、周青铜文字很多，但石刻文字却极少，而郭沫若从社会历史及生产力发展的角度出发，认为这与刻字的工具有关。殷、周所用铜刀和石刀是此期刻石较少的原因，而秦汉以后石刻碑碣的大量出现，又是人类进入铁器时代的必然成果。而当其“以字证史”的方法落实到具体问题的时候，郭沫若又为我们打开了一扇认识古代书法社会的窗口。首先，他还原了甲骨文字的契刻工具与工序。他认为甲骨文字是在经过酸性溶液泡制后的甲骨上用铜刀或石刀契刻而成的，这一结论虽然掺杂了推测与想象的成分，但若以当时社会整体环境观之，亦不无道理。而他通过对甲骨缺刻横划现象的分析，得出“刻横划时也用刻竖划、斜划的刀法”，“每字先刻竖划、斜划，等全文刻完，再转移骨片补刻横划”[④]的结论，却真实地再现了当时契刻甲骨的状态；其次，他指出了甲骨契刻中所体现的师徒授受关系。如他从一些练字骨中发现，同一甲骨中，有一行字规整秀丽，而其他则歪歪斜斜，而有些在歪斜者中又偶有数字贯行而且规整，由此郭沫若认为，规整的为老师所刻，歪斜者为徒弟所刻，而歪斜与规整结合者，为老师一旁捉刀所致。这一现象的合理解释，无疑为我们展示了当时习字过程中的师徒关系，可视为最早的书法教育模式，而这一模式，在敦煌写卷中也大量存在，乃至今天还有沿用；再次，以字来探寻书法的书写工具与材料。如他从甲骨文中的

---

① 夏鼐、王仲殊：《考古学》，载《中国大百科全书·考古学》，中国大百科全书出版社 1986 年版，第 17 页。

② 郭沫若：《殷周青铜器铭文研究》初版自序，《郭沫若全集·考古编》第 4 卷，科学出版社 2002 年版，第 1 页。

③ 郭沫若：《青铜时代》后记，中国人民大学出版社 2009 年版，第 248 页。

④ 郭沫若：《古代文字之辩证的发展》，见《奴隶制时代》，中国人民大学出版社 2009 年版，第 195 页。

“册”、“典”二字，佐证以《周书·多士》“惟殷先人有册有典”的记载，得出“殷代除甲骨文之外一定还有简书和帛书”的结论；从甲骨文、金文中的“聿”字及以“聿”为偏旁的字而指出“殷代不用说是在用笔了，除刀笔之外，也有毛笔”[①]。第四，从书写与制作技术上来探讨字体面貌的区别。如“金文和甲骨文，实际是一个体系。甲骨文是用刀刻在骨质上的，故来的瘦硬；金文是用笔写在软坯上而刻铸出的，故来的肥厚而有锋芒。甲骨上乃至陶器上偶有用笔写的字，那感触便和金文差不多”。[②]

郭沫若的书法考古研究，突破了单靠艺术类型学、风格学的分析来认识古代书法社会的方法，使书法资料超越了书法艺术本学科范畴，显示出其多重潜在的文化史价值，为我们呈现出一个立体的古代书法生态环境。

三、郭沫若的书法艺术

从以上论述我们可以看见，书学成就是郭沫若古文字研究与史学研究的副产品，而其在书法创作方面的成就则来自于他对书法的热爱和其他学识的滋养。

郭沫若生于清末民国初，特殊的社会环境，使他从小接受了中西结合的教育。在深受传统文化熏染的同时，也培养了他批判和创新的意识。据现有资料记述，郭沫若早年的学书情况大致如此：1. 年幼时“临摹字帖，每天早上要写三道字，第一道用墨写核桃字，第二道用土红写大腕字，第三道用土红写斗方字。为了节约，他用的都是土彦纸，常练不断，用过的纸摞起来有书桌那么高”[③]。2.“大哥写的是一手苏字，他有不少的苏字帖，这也是使我和书法接近了的机会。我们在家塾里写的是董其昌的《灵飞经》，还有那俗不可耐的王状元的《文昌帝君阴隲文》”[④]。3.“我从前也学过颜字，在悬肘用笔上也是用过一番功夫的”[⑤]。4. 少年时代，曾有老师以包世臣的《艺舟双楫》为教材，教授字法与文法。[⑥] 5.“沫若同志早年曾学写颜字，能

---

① 郭沫若：《古代文字之辩证的发展》，《奴隶制时代》，中国人民大学出版社2009年版，第196页。

② 郭沫若：《古代文字之辩证的发展》，《奴隶制时代》，中国人民大学出版社2009年版，第196页。

③ 陈龙泉描述，见郭庶英：《我的父亲郭沫若》，辽宁人民出版社2004年版，第198页。

④ 郭沫若：《我的童年》，《郭沫若全集·文学编》第11卷，人民文学出版社1992年版，第51页。

⑤ 郭沫若：《洪波曲》，人民文学出版社1979年版。

⑥ 郭沫若：《少年时代》，人民文学出版社1979年版，第67页。

悬腕作大书。喜读孙过庭《书谱》及包世臣《艺舟双楫》。领悟运笔之法，在于'逆入平出，回锋转向'八字"。[1] 6."我自己也是喜欢《兰亭序》书法的人，少年时代临摹过不少遍，直到现在我还是相当喜欢它。我能够不看帖本或墨迹影印本就把它临摹出来。"[2]

由此可见，郭沫若早年对书法用功颇勤、取法广泛，这就为他后来的研究和创作打下了坚实的基础。当时的社会书法状况是：一方面，时代更替，新的书坛秩序尚未建立，清代以来的碑学精神仍在延续；另一方面，封建制崩溃，日趋简单与便捷的生活，需要一种与之相适的书写方式。而"'苏字'不用中锋，连真带草，正适合于这种生活方式"[3]。在这种情况下，郭沫若早年书法呈现两种面貌：其一，融碑学精神于行书创作，探求凝重、浑厚的艺术语言。书于 1927 年的《民生治国五言联》堪为代表；其二，领会"苏字"精神，以适时风。他曾说："一和苏字接触起来，那种放漫的精神就和从工笔画移眼到南画一样了。"[4]书于 1926 年的《论语・泰伯・士不可以不弘毅》行书扇面，便是这种"放漫的精神"的体现。此时也正值郭沫若文学成就的高峰，大量的诗作、戏剧、翻译作品出版，其自提的书名也随之向世人展露了他的书法风采。

大革命失败以后，郭沫若流亡日本，从此进入了他书法的中期阶段。于立群曾说他："中年研究甲骨文与金文，用工颇深。秦汉而后，历代书法，几乎无所不观。"正因如此，郭沫若此期的作品广泛涉入各种书体，甲骨文、金文、隶书、行书、草书等作品在此期均有遗存。并在用笔上不拘一格，除运用中锋，为其特点以外，墨迹间也自然流露出金石之味。值得指出的是，郭沫若此期在楷书方面也有很多的转变，首先是在对楷书的态度上有所不同。如早年学习时，认为王状元的《文昌帝君阴隲文》"俗不可耐"，"《灵飞经》还可以忍耐，但总是一种正工正楷的书法，令人感觉着非常的拘束"。[5]但 1939 年，他在行书作品《录王阳明句》中却说郭培谦前来求字，"余感其意，特书阳明先生语录一则，惜不能楷书为憾耳"[6]，在 1938 年以楷书写《胡

---

① 郭庶英：《郭沫若遗墨》编后记，《人民日报》1980 年 2 月 8 日。

② 郭沫若：《由王谢墓志的出土论到兰亭序的真伪》，见《兰亭论辩》，文物出版社 1977 年版，第 17 页。

③ 郭沫若：《少年时代》，人民文学出版社 1979 年版，第 45 页。

④ 郭沫若：《沫若童年》，见《我的童年》，第 19—20 页。

⑤ 郭沫若：《我的童年》，《郭沫若全集・文学编》第 11 卷，人民文学出版社 1999 年版，第 52 页。

⑥ 《郭沫若书法集》，四川辞书出版社 1999 年版，第 11 页。

笳十八拍》时，“书至途中，有警报至，邻居多往防空壕避难，余仍手不辍笔”[①]，可见他对楷书的态度有很大的转变。其次就是因出版需要，其在楷书书写上也更趋成熟。郭庶英曾说“在日本完成的九部考古书籍，全部是父亲用毛笔楷书成稿完成的。其中包括书中的甲骨龟甲片的摹本及文字”[②]。这些墨迹虽然出于实用而无意于书法，但也不乏苏、颜、赵的印痕。1937年，郭沫若别妇抛雏，回国抗战，期间大量的书法作品均为抗战而书，新中国成立后，他又为歌颂新生活而书。作为领导人，他认为：“为大家题字也是为人民服务”[③]。所以，凡郭沫若所到之处，便是其书法所到之处。据当年他身边的同志与荣宝斋的工作人员回忆，他写字不叠格、不择纸笔、有求必应、不求回报。我们从一些照片中也可看到，一张简陋的桌子，下垫几张报纸便可书写了。

郭沫若晚年的书法由法向意转化，进入了“无法而法”的自由境界。他在1961年所书的一幅行书扇面中自提诗道：“有笔在手，有话在口。以手写口，龙蛇乱走。心无汉唐，目无钟王。老当益壮，兴到如狂。”[④]这正是他晚期作品的自我表白。另外，在当时个人崇拜日炽的时风下，大多数中国知识分子都在精神上臣服于主流话语，郭沫若也不例外。他认为：“主席更无心成为书家，但他的墨迹却成为书法的顶峰”。[⑤] 除了对毛泽东书法的歌颂外，在书风上也有靠拢和跟随现象，如他的部分草书作品借鉴怀素《自叙帖》风格，这当然与郭沫若早年对怀素的喜好有关，但也不能说与毛泽东钟情于此帖无涉。郭沫若晚年受政治环境影响，借书法宣情，加之其“兴致如狂”[⑥]、不求雕琢的审美取向，使部分作品出现粗率并有躁气。所以，清晨起来时的那份书兴与静气都让他颇为激动。他在1964年所书是楷书扇面《秦妇吟》中说：“今晨天气殊无燥意，为数日来所未有。”[⑦]据于立群说，郭沫若“尝闻孙过庭《书谱》至‘通会之际，人书俱老’句，自叹人已老，而书不老，可为憾耳”。[⑧] 他对自己苛求，也体现了其作为一位文学家和史学家的治学态度。

---

① 《郭沫若书法集》，四川辞书出版社1999年版，第207页。

② 郭庶英：《我的父亲郭沫若》，四川辞书出版社1999年版，辽宁人民出版社2004年版，第152页。

③ 郭庶英：《我的父亲郭沫若》，四川辞书出版社1999年版，辽宁人民出版社2004年版，第196页。

④ 《郭沫若书法集》，四川辞书出版社1999年版，第257页。

⑤ 郭沫若：《“红旗跃过汀江”》，《光明日报》1965年2月1日。

⑥ 《郭沫若书法集》，四川辞书出版社1999年版，第257页。

⑦ 《郭沫若书法集》，第281页。

⑧ 郭庶英等《郭沫若遗墨》编后记。

郭沫若一生诸体兼善，尤长行草，在博采众长的基础上形成了独特的风格，被称为"郭体"。我们根据《郭沫若书法集》所收的1926—1977的近四百帧作品，以表格形式对其各体代表作品的取法及风格特点加以说明。

其他 字体	代表作品	创作年代	样式	风格特点
篆书	《郘壶铭》附释文	1931年	册页	篆书铭文、楷书释文、行草落款。篆书朴实厚重、行笔顿挫，颇具金石之气，楷书法度严谨，行草自然流动。整幅作品随为实用，但章法得当，美观大方
	《金文丛考》卷首语	1932年	册页	金文，共三十二字，章法布局整齐美观，每字姿态各异，线条瘦硬，富有弹性，用笔方圆结合，转折处衔接自然，非深知金文者不能为
	《贺岁词》	1934年	册页	内容为金文"甲兵满地，戎马嘶风"。雄浑朴茂，宽厚温润。落款行书"蒙倛外史"四字，有似柳公权《蒙诏帖》
	《节石鼓文集联》	20世纪40年代	对联	结体方正、布局庄重，线条平稳厚重，整幅作品简洁明快，有金石味
隶书	《司空图诗品一则》	1938年	扇面	隶书是郭沫若作品中较少的内容，但此扇面笔法娴熟，结字中宫紧凑、外围舒展，既有法度，有透露出文人才情
楷书	蔡琰《胡笳十八拍》	1938年	横幅	书家黄苗子说此作品："用笔由方变圆，很象苏轼和米芾那种北宋风格，虽是楷书，笔调却十分豪纵自由，略带行书的味道。可见郭老在中年时代，书法又是一变"①
	《清谣真想五言联》	1939年	对联	细劲、清瘦，兼有魏碑、隶书、欧体笔意
	录《美女叹》一首	1944年	条幅	结体紧凑，线条瘦劲有力，整幅作品秀丽明快，可以看出受赵孟頫影响，笔势连带中有见《兰亭》笔意
	《推翻压倒五言联》	1965年	对联	是郭沫若学习颜字的代表，宽博雄厚，颇具生趣，但个别笔画处理草率，是他楷书中少见的大字。是早年学颜体，悬腕作大字的见证

① 转引自唐进、龙鸿：《郭沫若书法艺术探析》，见《重庆大学学报》(社会科学版)2004年第10卷第4期。

其他 字体	代表作品	创作年代	样式	风格特点
行草	《论语·泰伯·士不可以不弘毅》	1926年	扇面	此为郭沫若受苏字影响较大的作品，章法富于变化、清新自然，格调很高
	《民生治国五言联》	1927年	对联	这是其早期受碑帖结合环境的影响，化隶法与魏碑楷书笔法入行书的代表。线条平稳凝重，为沈增植、康有为一脉
	临《兰亭序》	1965年	手卷	是郭沫若早年多次临摹的例证，此摹品笔法准确，深得王羲之笔意，非谙熟此帖者不能为
	毛泽东词《满江红·和郭沫若同志》	1967年	手卷	是郭沫若晚年借鉴怀素风格的代表作品，整篇气势磅礴、行云流水，洋溢着潇洒浪漫的情调

除以上各体以外，拓本题跋也是郭沫若书法的组成部分，而且由于其对构图的经营，使得这些作品别具一格，既有文献价值，也有很高的审美价值，其中1940年题的《富贵砖二首》拓片，字迹又有着浓厚的汉简和写经的影子。

纵观郭沫若一生存世书法作品，客观评价其艺术成就，我以为要注意两点：一方面，不能一味地放大他在书法艺术上的成就，而忽略了书法在郭沫若一生学术与政治生涯中的从属地位；反言之，亦不能由此而无视其作为文人学者性情，史学与书学互参、理论与实践相辅、书才与诗才并行的完美展示。启功曾为《郭沫若书法全集》题词道："学者手泽，保存真迹……"[①]。沈尹默也曾有诗云："郭公余事书千纸，虎卧龙腾自有神。意造妙参无法法，东坡原是解书人"。这是对其书法文人性质的最好说明。诚然，书法对于学者，实乃"余事"，但又能够"意造妙参"，从而达到"有神"，这似乎是真正学者型书法家的共同品质。以郭沫若与鲁迅为例，在文学上，二人均是以笔为刀的文化战士，"鲁迅是新文化运动的导师，郭沫若便是新文化运动的主将。鲁迅如果是将没有路的路开辟出来的先锋，郭沫若便是带着大家一道前进的向导"[②]。在书法上，二人又是现代文人书家的代表，都注重"人民性"在作品中的体现，均受碑学影响，都曾潜心于金石、碑刻研

① 《郭沫若书法集》扉页。

② 周恩来：《我要说的话》，《新华日报》1941年11月18日。

究，取法均“远逾宋唐，直攀魏晋”，“熔冶篆隶于一炉”[①]。所不同的是，郭沫若少年时代心仪苏字、颜字，后来又旁采米芾等而形成了他外拓的自由挥洒型风格，而鲁迅则“似脱胎于汉简、古隶”[②]，故而形成了朴拙、内敛的书法风格；鲁迅崇尚直线与弧线，认为在绘画、篆刻中，“视盘旋圆转，以曲线取胜者，相去盖远”[③]，所以其作品线条简约，结体疏朗，一派平淡天真之气，而郭沫若的作品，尤其是草书作品盘旋环绕，极尽曲线之能事；再则，鲁迅冷峻静思，其文泼辣犀利，其书果敢明快，而郭沫若叛逆不羁，其文热情浪漫，其书气势磅礴，堪称“民国尚势”的代表之一。对于鲁迅的书法，郭沫若曾说：“鲁迅先生亦无心作书家，所遗手迹，自成风格，……听任心腕之交应，朴质而不拘挛，洒脱而有法度，……世人宝之，非因人而贵也。”[④]如此中肯的评价，对他自己来讲，又何尝不适？且看他经常情之所至，文由心生，笔随心运，文入笔端，达于纸上，文意、书境与其忧国之情浑然一体，自然而然，可谓“学问文章之气，郁郁芊芊，发于笔墨之间”[⑤]。所以，郭沫若书法的价值不仅仅在形式面貌上，也在于内容的可读性与文献价值上，其诗词文章、手札书信、宣传口号、考释题跋莫不如此。

当今的书法，早就步入了以展览体制为主导的展厅时代，人们对书法的观看方式也由“读”变成了“看”。这不单使“书法原有的文献性、史料性、叙事性的一面退居其次”[⑥]，更重要的是这一展示与观看方式的转变，使书法“缺失了‘文’与‘人’，……淡化了书写的文辞内容，失去了‘载道’的作用，失去了传统文化的厚重感，也缺失了作品中折射出的人格魅力”[⑦]。所以，当我们在新的历史条件下，提倡书法的人文精神、关注书法家的艺术修养、重提书法的文献价值与历史意识，从而呼吁由“欣赏书法”向“阅读书法”[⑧]转化的时候，郭沫若作为先行者的实践和启迪意义是昭然自明的。

总之，郭沫若的书法早期随其文学、诗歌成就而面世，之后又以古文字研究而面世，继而又随其领导人身份而面世。而这也正好标明了他作为一位复合型学者在书法方面的突出成就。作为文学家、诗人，他是文人书法

---

① 郭沫若：《鲁迅诗稿·序》，《人民日报》1961年9月18日。

② 王新陵：《〈鲁迅诗稿〉的书法艺术初探》，《书法研究》第二辑，第50页。

③ 鲁迅：《脱龛印存》序，《若社丛刊》1917年第4期。署名启明。

④ 郭沫若：《鲁迅诗稿·序》，《人民日报》1961年9月18日。

⑤ 见黄山谷：《跋东坡书远景楼赋后》。

⑥ 陈振濂：《阅读书法》，《中国书法》赠阅刊，2009年第12期。

⑦ 李刚田：《请循其本与女红》，《中国书法》赠阅刊，2010年第5期。

⑧ 陈振濂：《阅读书法》，《中国书法》赠阅刊，2009年第12期。

家的典范；作为史学家、古文字学家，他为书法文献、考古和书法史作出了巨大贡献；作为领导人，他为书法的推广、普及给予了有力的支持；作为书法家，他对书法的理论与实践作出了一定的努力，其独特的书风对后人以深远的影响。故此，在当今展厅书法的机制下，我们反观郭沫若一生与书法的不解之缘以及成就，无疑是意味深长的。

（原载《中国书法》2011 年第 5 期，作者为西北师范大学美术学院副教授）

韩国报刊上的郭沫若

(韩国)林大根

一、前 言

郭沫若是在中国现代文学史中占有重要地位的人物。虽然,他对韩交流不算频繁,而是比较着重于"韩国战争"时期的所谓"援朝"活动,但1949年以前韩国的一些刊物曾经关注过他和他的文学作品。本文要探讨的是1923年至1949年间在韩国报刊中有关郭沫若的报道,以讨论当时的韩国人是如何接受与想象中国的著名青年作家的。

我们可以在"韩国历史数据库"和一些史料看到相关资料:依据本人的调查,上述时期(即1923—1949年)韩国发行的报纸类材料上共有8篇相关报道,期刊杂志上共有21篇相关文章。我们将以其为中心,分析20世纪20—40年代韩国对郭沫若的态度及研究,具体如下。

二、译 作

韩国最早介绍郭沫若的作品是其诗集《女神》。它登在1922年12月24日杂志《东明》上,翻译题目为"中国新诗:闻春女神之歌"。其后《东明》于1923年1月7日又陆续登出两篇诗歌:一篇为"春来了",一篇为"死的诱惑"。《东明》杂志是1922年9月3日创刊的周刊,发行人为抗日时代亲日新闻工作者秦学文,编辑为著名作家崔南善,它将"团结朝鲜民族;团结民族自助"的口号当作宗旨,该杂志每版有四开20页左右,主要探讨当时的时事问题,例如朝鲜的历史文化、艺术、宗教等,文学方面连载朝鲜作家梁柏华的《洗衣的姑娘》及廉想涉的《E老师》等作品,也曾登载过好几篇翻译小说。1923年6月3日第40号就停刊,之后改成《时代日报》。

1925年1月1日,韩国著名报刊《东亚日报》翻译登载了郭沫若的一篇诗歌,《地球,我的母亲》。这篇诗歌由梁建植翻译。梁建植,生于首尔,号白华、菊如,朝鲜"三·一"独立运动后主导以文学鼓吹民族主义,致力于近代文学史的传统与改革之统一,小说有《石狮子像》、《迷之梦》、《悲哀的矛盾》等描写20世纪10年代知识分子的虚伪意识及悲惨的殖民地状况。尤其是他在韩国最早用韩文口语翻译介绍了《红楼梦》,它的文章风格影响到著名作家韩龙云,也有对中国文学的评论《中国文学革命——以胡适为中心(1920—1921)》。

韩国20世纪20年代初中期已经接受了郭沫若的文学作品,《女神》于1921年出版,相差两三年而已,这就意味着郭沫若一开始文学创作,韩国人就已经接受了它的文学,与他的创作具有同步性之意义。20世纪20年代介绍他的文学都是以诗歌为主,特别是他的诗歌大部分在新春之际登载,不难看出当时的韩国人想把它看做一种新春开笔。

1930年6月1日,杂志《三千里》翻译介绍了郭沫若的文章《文学与革命》,将它看做一个中国现代文学的现象。1932年9月15日(第2卷第8号)杂志《第一线》翻译登载郭沫若的诗剧《湘累》,《第一线》杂志在1932年5月20日创刊,1933年3月15日停刊,共出11号。它是月刊,杂志《彗星》为其前身,发行人为日据时期的文人车相赞。宗旨为"与大众一起在第一线,为舆论、为启蒙提高文化、为振兴文艺努力",但日本政府的审查很严,删除的稿子较多。这部诗剧由韩国的中国现代文学研究的第一代学人丁来东翻译而成。

1940年6月1日杂志《三千里》介绍了所谓《新支那文学特辑》,登载"支那新诗坛"和"随笔"。其中,"新诗坛"上有郭沫若《黄浦江口》的翻译版本,韩文诗句美丽流畅。这个特辑上共有六篇诗歌,除郭沫若的作品之外,还有汪精卫的《新中国的建国歌》、《支那民谣二篇》(包括湖北民谣《鸦雀歌》和北京民谣《小妹妹骑驴》)、冰心女士的《哀辞》及徐志摩的《偶然》。编辑对汪精卫的"建国歌"加以说明:"纪念国民政府回都,汪精卫自己作词、作曲建国耿,4月26日典礼上国民音乐对其最早演奏,将之翻译登载本志",但没有表示译者的姓名。民谣二篇是由一段时期从事左翼文学的文人朴英熙翻译的;其他三篇都是由林学洙翻译的。林学洙是个诗人,创作倾向于田园生活风格,喜欢对如玫瑰、星星等的象征化表达,表现出创作者的激情,他也注重翻译外国文学,最早翻译荷马的《伊利亚特》等。

虽然不是郭沫若自己的文章,1940年6月1日杂志《三千里》又翻译介绍佐藤富子的文章,《我的丈夫郭沫若》。编辑说"郭沫若,在中国西南文学运动上的异彩,被旧国民政府赶去日本亡命。发生了事变,又出走日本,目前很遗憾在重庆政府政治宣传部里活动。报道说青年阶层对他的信赖是绝对的。此文是郭夫人佐藤富子回忆丈夫的文学生活中的苦恼。目前在思想方面,郭敌视日本。相信不知何时,他对夫人的爱情会转为日本爱,促他的思想也会转变。”当时韩国在日本的统治下,一切公开刊物不能批评日本,甚至于要赞扬日本统治,因此,这本杂志的编辑也表示出了对郭沫若的遗憾。文章分成三个细节:“九州帝大医科毕业前后”的生活、“创造社时代的贫困”及“与广东共产军提携前后”等。文中佐藤富子叙述了生活的悲哀与欢喜,郭沫若向文学运动的投身,对母为日本人、父为中国人的孩子的恐惶等私人感情,以帮助我们理解当时郭沫若的另一侧面。

1947年3月至5月杂志《新天地》翻译介绍了《苏联纪行》。《新天地》1946年1月创刊,是1945年日本投降,韩国解放到1950年爆发韩国战争之前这段时期最有影响力的刊物,主要介绍社会主义政治思想及社会运动(包括《毛泽东论》等),反对纯粹文学论。译者尹永春(1912—1978)为诗人,也从事研究中国文学。

20世纪20—40年代,韩国人接纳郭沫若的文学作品不算繁多,也不算全面,但是,当时的一些知识分子积极参考中国文坛的概貌,郭沫若文学的大体面貌是可以了解的。20年代主要介绍《女神》为主的一些诗篇,30年代介绍诗剧,40年代介绍纪行散文,这意味着韩国的知识分子一直在注意中国文坛的变化,抽出影响力重大的作品翻译成韩文,在某种意义上,保持了与郭沫若创作的同步性。

三、文学活动之介绍及评价

20世纪20年代以后,韩国报刊的不少记事文注意到了郭沫若的文学活动。

1924年2月杂志《开辟》登载“现文坛的世界倾向”,介绍俄、英、法、德、美、中和日等七国文坛的情况。其中,对中国文坛,由梁白华写文,“中国文坛上流行反新文学出版的奇现象”,说中国“新文学运动有两方向:一是北京的耽美派,将美、艺术和莎士比亚当做标语,宣传中国的莎士比亚是梅兰芳的一派;一是在上海的日本留学生出身‘创造’社同人,自称‘德卡当斯(décadence)’,但看《创造周报》上郁达夫君的《文学上的阶级斗争》或郭沫若君的《我等的文学新运动》,具有浓厚无产者文学的色彩。”

当时郭沫若已经被认为是创造社的主要人物。1930年《三千里》上,笔名苏杭学人的文章《新兴中国进行曲、南京革命军遗族学校与里乡村、教育设施、艺术运动》中介绍剧作家田汉的新剧运动时说，他是“郭沫若氏创造社的一个人，尽力鼓吹革命文学”。1931 年 6 月 1 日《三千里》介绍《中国左翼作家联盟宣言》，说明左翼作家联盟是“综合结成创造社、太阳派、大众文艺社、摩登青年社、艺术剧社、拓荒月刊社、现代小说社等”，“作家及理论家有郭沫若、鲁迅、冯乃超、朱镜我、彭康、钱杏邨、洪霍非、将光慈、金满城、郑伯奇等诸氏”。但是，1934 年 9 月 1 日的《三千里》上，笔名为草兵丁的一人写文章《文坛归去来》，一边主张解散韩国普罗文学派“卡普”，一边还主张“很想与中国文坛上的诸人如周作人、鲁迅、郭沫若、田汉等交欢”，反映着一些意识上的混乱。

1934 年 6 月 1 日，《三千里》上发表韩国文人卢子泳的文章《中国新文艺的百花阵》，文章介绍“中国新文艺发达小史”“中国的文艺杂志”“新中国文人群”“中国文坛与单行本”等，作者认为郭沫若是新中国的文人当中重要的一人，“前年在中国人气投票获得第一名，作品有《落叶》、《我的少年》、《正反前后》、《漂流三部曲》、《黑猫》、《创造十年》、《塔》、《橄榄》等，也是著名诗人，有《郭沫若诗集》，这本诗集中国男女青年爱读，随笔有《山中杂记》、《文艺论集》”。有趣的是，文章结尾说明“郭沫若、张资平、茅盾等诸氏每月收入五千圆左右，其他无名作家也在谋食中不太困难。看申彦俊氏的《鲁迅访问记》，他的稿费收入每月有四千圆，为社会事业使用这笔钱。一张四百字稿纸值 5 钱，比起朝鲜没有卖处来，中国明明是文艺人的黄金王国。中国的现成作家都享受豪华生活，一年出一作，能获一二万圆，这不羡慕吗?”

1934 年 9 月 1 日，卢子泳还在《三千里》上发表了“近读短评”说：“最近读了郭沫若的《落叶》，因为百花体汉文，不易懂得文章的真味，全体上可以说是整顿的作品。但既然是中国人的作品，有些夸张，勉强使用美辞丽句，保留缺点。内容多少感伤，认为表现出好目前中国青年的心态。”

1935 年 10 月 26、27、29 日，《朝鲜中央日报》连载李达的文章《代表现代中国的作家——论郭沫若》三回，第一回简单介绍郭沫若的小传，第二回和第三回主要分析他的早期诗作包括《女神》等。他说：“郭沫若是在中国现代文坛上最重要的作家，无论在创作或在翻译方面，都有无比惊人的成就，不能说不是在现代文以发展上作出了大大的贡献。”

1936 年 6 月 1 日《三千里》上登载一个会议的论讨，会议名称为《三专门学校、四教授、三新闻社学艺部长文艺政策会议》，会议的第二单元是加入国际笔会有关的主题，《三千里》编辑金东焕说明世界各国都有它的分会，中国分会在上海，“胡适、蔡元培、田汉、郭沫若等都是它的会员”。但是他认为国际笔会的目的是“超越阶级、民族或国家，只让世界艺术进步，艺术工作者互相交流”。

但是，1937 年中日战争爆发后，对郭沫若的认识大部分转变为抗日作家。1939 年 1 月 1 日《三千里》召开一个座谈会，《“战争文学”与“朝鲜作家”——谈起战争与文学及其作品的座谈会》，虽然谈论不仔细，可是明确表示郭沫若是战争文学的“生产人”。1939 年 6 月 1 日《三千里》，笔名叫广东黄鹤楼人的文章《战时支那思想战，从北京大学时代到现在的混战》中说明 20 年里中国思想界分成七派：国民主义派、中国国家社会党、第三党与后身、中国壮会民主营与后身、人民战线派、支那法西斯分子、中国托洛茨基分子等。文中说明了郭沫若属于人民战线派，“它的作用不必重新叙述”。

1940 年 4 月 1 日《三千里》发表上海金学俊所写的一文《动乱中的中国作家》，他说明了“日支事变”爆发后，“日本亡命作家郭沫若趁机回国代替中国文坛上的王座鲁迅纠合一些作家，参加国民政府政治宣传工作。听说刚开始在上海活动，但随着皇军活跃，不得不避难，有时在南京，或说在长沙，不知目前在哪。最近读英文报，郭沫若一直活跃于中国文化运动，与政府共同建立战线展开抗日，最近报道说与一个支那的年轻电影演员谈恋爱，一方面看以前他的文学，他又纯粹又积极，很有可能性，但是，另一方面放弃日本妻子为祖国活跃于文化战线，某意义上说，这风声不能听信。而且，郭沫若回国时当时的杂志报道，我们可知那时全中国的知识阶级很感激。”

1945 年以后对他的报道主要可以在《自由新闻》上看到。1945 年 12 月 6 日，韩国临时政府宣传部秘书安偶生回国汇报上说“重庆文化界的领导是郭沫若，朝鲜人熟悉”，也介绍了作为剧作家的郭沫若。1948 年 11 月 14 日报道“中国文坛从上海到香港，众多出版社也搬”，说：“郭沫若是香港文坛的元老，从去年至今年，陆续出版发表战争中的著作，让读书界轰动”。1949 年 12 月 14 日，笔名叫 KM 生写文《郭沫若的新刊——助涨纸价的作品》，共有二十本书：《苏联纪行》、《青铜时代》、《历史人物》、《屈原研究》、《中国古代社会研究》、《棠棣之花》、《屈原》、《天地玄黄》、《沫若自传》等的历史研究和作品等。

总而言之，通过 20 世纪上半期韩国报刊上的一些资料，我们可获悉当时的韩国人认为郭沫若是一个著名的中国诗人，也是抗日作家。但是一些报道还是惹起对他的评价的纷争。我们应当在今后的探讨中更为深入地开展。

（原载《郭沫若学刊》2011 年第 2 期，作者为韩国外国语大学副教授）

1978年以后英语世界的郭沫若研究综述

杨玉英 廖 进

1978年后英语世界的郭沫若研究，无论是从研究者对郭沫若作品的译介、对郭沫若思想与学术的研究，还是对有关郭沫若研究的评价来看，都较1978年前英语世界的郭沫若研究有了较大的发展。这一研究领域出现的研究文献已显示出一定的学术实力和学术积累，无疑为异域进一步深入研究郭沫若及其思想与作品打下了较为坚实的基础，同时也为我们从"他者"的眼光审视我们自己的文学巨人及其留下的精神财富开拓出了新的学术空间。

译 介

1984年澳大利亚学者邦妮·麦杜戈尔和我国学者彭阜民合译的《郭沫若剧作选》[①]由北京外文社出版。从英文标题即可看出，这部选集共包括了郭沫若的五部历史剧。这五部剧作是：《棠棣之花》、《屈原》、《虎符》、《蔡文姬》和《武则天》。除《屈原》仍用的是1953年杨宪益和戴乃迭的英译本[②]外，其余四部都是彭阜民和邦妮·麦杜戈尔翻译的。除1954年和1958年的三个中国诗歌英译版本外，新西兰学者路易·艾黎还选译了《伟大道路上的光与影——中国现代诗选》[③]，该书于1984年由北京新世界出版社出版。书中作者共选译了郭沫若的四首诗：《立在地球边上放号》、《晨兴》、《水牛赞》和《怀念周总理》。同其前三本诗选一样，这部诗选也仅有简略的

① Peng Fumin and Bonnie. S. McDougall. Selected Works of Guo Moruo: Five Historical Plays. Beijing: Foreign Language Press, 1953.

② Yang, Hsien－yi and Gladys Yang trans. Chu Yuan: A Play in Five Acts. Peking: Foreign Languages Press, 1953.

③ Rewi Alley. Light and Shadow along a Great Road; An Anthology of Modern Chinese Poetry. Beijing: New World Press, 1984.

前言对其编选意图作出交代，并无译者对原诗歌作者和其作品的相关评价。

专　著

1980 年，斯洛伐克著名汉学家玛利安·高利克的《中国现代文学批评发生史：1917—1930》一书出版。[①] 直到 1997 年，此书的中译本才由陈圣生等人翻译出版。[②] 在该书的第二章作者用了 33 页的篇幅以《郭沫若：从唯美印象主义到无产阶级批评》为题分"审美印象主义时期、表现主义时期和无产阶级时期"三部分详细评介了郭沫若的文学批评理论及实践。文中论及郭沫若的文学批评文章共 23 篇。

1986 年，高利克编辑的另一本研究专著《中西文学碰撞的里程碑(1898—1979)》[③]出版。作者在该书篇幅长达 39 页的第三章《郭沫若的〈女神〉：与泰戈尔、惠特曼、歌德的创造性对抗》中详细分析探讨了郭沫若受泰戈尔、惠特曼和歌德的影响，以及他对这三位外国诗人的创造性接受。

1987 年，由澳大利亚学者康斯坦丁·董和麦克勒斯·科林编辑的会议论文集《中华人民共和国戏剧》出版，文集中收录了澳大利亚著名汉学家陶步思的论文《郭沫若戏剧作品中的女性形象：以武则天为例》。[④]

1988—1990 年，四卷本的《中国文学指南：1900—1949》出版。在由捷克汉学家米列娜编辑的第一卷"小说卷"中，收录了米列娜分析阐释郭沫若的小说《落叶》和传记作品《我的幼年》的文章[⑤]。在由波兰华沙大学的汉学家史罗甫编辑的第二卷"短篇故事卷"中收录了郭沫若的《橄榄》和《地下的

---

① Marian Galik. The Genesis of Modern Chinese Literary Criticism (1917—1930). London: Curzon Press, 1980.

② (斯洛伐克)玛利安·高利克：《中国现代文学批评发生史：1917－1930》，陈圣生等译，社会科学文献出版社 1997 年版。

③ Marian Galik ed. Milestones in Sino－Western Literary Confrontation (1898—1979). Weisbaden: Otto Harrassowitz, 1986, p. 1. 该书的中译本由伍晓明和张文定翻译，于 1990 年由北京大学出版社出版。其中译本书名为《中西文学关系的里程碑》。中译本书名没有特别强调原书名中的"遭遇"、"碰撞"(confrontation)二字。

④ Bruce Gorden Doar. "Images of Women in the Dramas of Guo Moruo: The Case of Empress Wu" In Constantine Tung and Colin Mackerras eds. Drama in the People's Republic of China. Albany: State University of New York Press, 1987.

⑤ "Fallen Leaves" and "The Years of My Youth" In Milena Dolezelova—Velingerova ed. A Selective Guide to Chinese Literature, 1900—1949, Volume 1: The Novel. Leiden: E. J. Brill, Netherlands, 1988, pp. 86—91.

笑声》,[①]两篇评论文章都是由米列娜撰写的。在由荷兰莱顿大学的汉学家汉乐逸编辑的第三卷“诗歌卷”中,收录了对郭沫若的诗歌《女神》、《瓶》、《前茅》的分析。[②] 其中对《前茅》的品评文章是由香港中文大学的孔慧怡(Eva Hung)撰写的。在由德国汉学家艾伯斯坦编辑的第四卷“戏剧卷”中涉及郭沫若的戏剧作品《三个叛逆的女性》、《屈原》、《虎符》、《孔雀胆》的分析研究。[③] 其中关于《三个叛逆的女性》的鉴赏由捷克学者安娜·多勒扎洛娃(Anna Doležalová)完成,对《屈原》的品评由艾伯斯坦撰写,对《虎符》的分析阐释则是由邦妮·麦杜戈尔完成的。

1990年,高利克还编辑出版了《1919年中国五四运动时期文学间及文学内部的各个方面》,该书收录了意大利汉学家,专门研究中国现代文学的安娜·布亚蒂的论文《郭沫若〈女神〉中的五四运动精神》和奥地利维也纳大学孔子学院院长理查德·泰普(其中文名为李夏德)的文章《论中国诗歌的现代主义和外国影响:以郭沫若和顾城早期诗歌为例》。[④] 同年,德国海德堡大学的汉学研究专家鲁道夫·瓦格纳的研究专著《中国当代历史剧:四个实例研究》出版,在该书的第四章作者以“历史剧中的政治”为题分别对郭沫若的戏剧《蔡文姬》和《武则天》进行了简短的分析讨论。[⑤]

1991年,温蒂·拉森出版了以其1985年的博士论文《二十世纪早期中国作家的自传》[⑥]为基础的专著:《文学权威与中国现代作家:矛盾心理与自

① "Olive" and "Laughter Underground" In Zbigniew Slipski ed. A Selective Guide to Chinese Literature, 1900—1949, Volume 2: The Short Story. Leiden: E. J. Brill, Netherlands, 1988, P66—72.

② "The Goddesses", "The Vase" and "The Vanguard" In Lloyd Haft ed. A Selective Guide to Chinese Literature, 1900—1949, Volume 3: The Poem. Leiden: E. J. Brill, Netherlands, 1989, pp. 108—119.

③ "Three Rebellious Women", Qu Yuan, "The Tiger Tally" and "The Peacock Gall" In Bernd Eberstein ed. A Selective Guide to Chinese Literature, 1900 — 1949, Volume 4: The Drama. Leiden: E. J. Brill, Netherlands, 1990, pp. 110—117.

④ Anna Bujatti. "The Spirit of the May Fourth Movement in The Goddesses of Guo Moruo." and Richard Trappl. "Modernism and Foreign Influence on Chinese Poetry: Exemplified by the Early Guo Moruo and Gu Cheng" In Marian Galik ed. Interliterary and Intraliterary Aspects of the May Fourth Movement 1919 in China. Bratislava: Veda, 1990, pp. 101—110, pp. 83—92.

⑤ "Cai Wenji" and "Wu Zetian" In Rudolf Wagner. The Contemporary Chinese Historical Drama: Four Studies. Berkeley: University of California Press, 1990, pp. 245—250, pp. 282—289.

⑥ Wendy Ann Larson. "Autobiographies of Chinese Writers in the Early Twenties Century". Ph. D. Thesis. University of California, 1985.

传》。在该书的第五章,作者以《郭沫若:"中国"与中国》[①]为题分13个部分较全面地分析探讨了郭沫若的文学创作及其对待传统与现代西方的矛盾态度和选取的解决之道。这年,美国汉学家耿德华的专著《重写中文:二十世纪中国散文的风格与革新》出版。书中,作者在第四章《美学处方及其问题》中论述"陈词滥调",阐释1933年作家谢六逸对那些过度使用的陈词滥调,如"一切的一切"、"雨后春笋"、"永远刻在我心板上"等给予特别谴责时,引了郭沫若作品中的两个句子作为实例。一是《凤凰涅槃》中"身外的一切!身内的一切!一切的一切!请了!请了!"。二是《水平线下:番茄与百合》中"外界的出版物虽也如雨后春笋般的畅发,但我总觉得身之内外,只是非常的寂寞"。[②]

1995年,曾先后在伯克利加州大学和密歇根大学任教的刘禾的英文专著《跨语际实践——文学、民族文化与被译介的现代性(中国,1900—1937)》由美国斯坦福大学出版社出版。[③] 在该书的第五章和第七章作者从跨语际实践的角度分别分析探讨了郭沫若对弗洛伊德心理分析方法的运用及其运用此方法进行的文学批评,郭沫若对国民文学与世界文学之间关系的阐释及其实质。

1996年,由海伦·凯莎编辑的《女性主义戏剧与理论》一书由圣·马丁出版社出版,书中收录了颜海平的文章《男性思想与女性身份:中国现代四大历史剧中的女性形象》,文章中对郭沫若戏剧三部曲《三个叛逆的女性》中的《卓文君》和《蔡文姬》、曹禺的《王昭君》和陈白尘的《大风歌》共四部历史剧中的女性形象进行了精妙分析。[④] 同年,由Gao,Yan撰写的《戏仿的艺术:汤婷婷对中国元素的运用》[⑤]一书对郭沫若的《蔡文姬》与汤婷婷的

---

① "Guo Moruo: 'China' Versus China" In Wendy Larson. Literary Authority and the Modern Chinese Writer: Ambivalence and Autobiography. Durham: Duke University Press, 1991, pp. 113—152.

② Edward M. Gunn. Rewriting Chinese: Style and Innovation in Twentieth-Century Chinese Prose. Stanford: Stanford University Press, 1991, pp. 73—74. 译文后的中文未标明出处,且与原文有误。原文为:"外界的出版物虽也是雨后的春笋般的畅发,但我总觉得身之内外,真是非常的寂寞。"中文原文可参见《郭沫若全集·文学编》第十二卷,第328页。

③ Liu, Lydia H. Translingual Practice: Literature, National Culture, and Translated Modernity——China, 1900—1937. Stanford, California: Stanford University Press, 1995.

④ Yan, Haiping. "Male Ideology and Female Identity: Image of Women in Four Modern Chinese Historical Plays" In Helene Keyssar ed. Feminist Theatre and Theory. New York: St. Martin's Press, 1996, pp. 251—274.

⑤ Gao, Yan. The Art of Parody. Maxine Hong Kingston's Use of Chinese Sources. New York: Peter Lang Public, 1996.

《女勇士》对蔡文姬(蔡琰)故事的不同处理,尤其是对蔡文姬诗作《胡笳十八拍》的解读进行了分析比较。

1997年,香港大学出版社出版了澳大利亚学者邦妮·麦杜戈尔和凯姆·路易合著的《二十世纪中国文学》。[①] 在该书的第一和第二部分共有阐释诗歌和戏剧的四个小节中讨论郭沫若的诗歌和戏剧创作。

2001年,史书美的《现代的诱惑:半殖民地中国的现代主义书写》出版,该书的第三章以《心理分析和世界主义:郭沫若作品》为题介绍了郭沫若。[②]

由美国学者伊德·富尔森编辑的《惠特曼在东方与西方:解读惠特曼的新语境》于2002年出版,该书是2000年在北京举行的惠特曼学术研讨会的部分英文论文汇集,里面收录了中国学者区鉷的论文《郭沫若〈女神〉和惠特曼〈草叶集〉中的泛神论思想》和刘荣强的论文《惠特曼在中国:新文化运动中的郭沫若诗歌》。由于该书收录文章均为用英文写作的论文,且由美国衣阿华大学出版社出版,致使有的学者认为区鉷和刘荣强为美国学者,将他们的研究成果归入美国的郭沫若文学研究中。[③]

2004年出版的美国新泽西州立大学文学艺术系米家燕的研究专著《中国现代诗歌中自我塑造和反身的现代性》一书探讨了1919年至1949年间中国现代诗歌的现代性在曲折变化的过程中自我塑造的各种模式。作者将研究对象集中在1949年以前的四个中国现代诗人郭沫若、李金发、戴望舒和穆旦身上,为塑造出与民族/国家相关的、新的、现代的自我主体性的历史复杂性提供了新鲜的、颇有洞见的分析。这年,凯维尼以其博士论文为基础的专著以《中国现代文学中的颠覆性自我:创造社对日本私小说的再创造》[④]为书名出版。文中作者分析探讨了日本私小说对创造社诸作家

---

① Bonnie S. McDougall and Kam Louie. The Literature of China in the Twentieth Century. London: Hurst & Company, 1997. 该书的封面上有中文《二十世纪中国文学》,杜博尼、雷金庆著字样。

② "Psychoanalysis and Cosmopolitanism: The Work of Guo Moruo" In Shih, Shumei. The Lure of Modern: Writing Modernism in Semicolonial China, 1917—1937. Berkeley: University of California, 2001, P96—109. 史书美,华裔美国学者,美国加州大学洛杉矶分校比较文学系、亚洲语言文化系及亚美研究系合聘教授,其著述主要有《现代的诱惑》、《视觉与认同:跨太平洋的华语呈现》。何恬将此书名译为《现代的诱惑:书写半殖民地中国的现代主义》。

③ Liu, Rongqiang. "Whitman's Soul in China: Guo Moruo's Poetry in the New Culture Movement" and Ou, Hong. "Pantheistic Ideas in Guo Moruo's The Goddesses and Whitman's Leaves of Grass" In Ed Folson ed. Whitman East and West: New Contexts for Reading Walt Whitman. Iowa City: University of Iowa Press, 2002, P172—196.

④ Christopher T. Keaveney. The Subversive Self in Modern Chinese Literature: The Creation Society's Reinvention of the Japanese Shishosetsu. Palgrave: Macmillan, 2004.

的影响，详细阐释了郭沫若的小说，尤其是短篇故事《未央》、《漂流三部曲》、《残春》受私小说的影响及郭的创造性接受。同年，Lu，Yan 的《重释日本：中国视角，1895—1945》一书由夏威夷大学出版社出版。① 在该书中，作者从全新的视角对曾留学日本的蒋百里、周作人、郭沫若和戴季陶四人与日本之间的渊源、因留日经历生发的观点和从事的职业进行了描述。该书是对其 1996 年的博士论文《太人性：中日两国间的交锋：1895－1945》观点的完善和补充。

2005 年，由王宏志等翻译，以李欧梵 1971 年的博士论文为基础的专著《中国现代作家的浪漫一代》的中文译本出版。② 在第三部分《浪漫的左派——郭沫若》一节中作者详细阐释了郭沫若从早年的叛逆者和泛神论者，到自称为马克思主义者的转变过程。③ 同年，于 1961 年出版的夏志清的专著《中国现代小说史》④的中译本由上海复旦大学出版。该书在第四章《创造社》中概述了郭沫若的思想和创作。⑤

2007 年，美国俄亥俄卫斯理大学历史系教授陈小明的专著《从五四运动到共产主义革命：郭沫若与中国的共产主义道路》在纽约出版。⑥

2011 年 1 月，澳大利亚悉尼大学中国研究所郑怡的研究专著《从伯克和华兹华斯到中国文学中的现代崇高》由美国普渡大学出版社出版，该书中有一半的内容论及郭沫若及其文学创作。⑦

博士论文

1979 年，美国宾夕法尼亚大学的 Emily Woo Yuan 探讨了转向马克思主义之后至新中国成立前的郭沫若的思想及其文学创作，她的博士论文题

---

① Lu，Yan. Re－Understanding Japan：Chinese Perspective，1895—1945. Honolulu：University of Hawaii Press，2004.

② （美）李欧梵：《中国现代作家的浪漫一代》，王宏志等译，新星出版社 2005 年版。

③ “The Romantic Leftist——Guo Moruo” In Lee，Leo Ou－fan. The Romantic Generation of Modern Chinese Writers. Cambridge：Harvard University Press，1973，pp. 177—200.

④ “The Creation Society” In Hsia，Chih－tsing. A History of Modern Chinese Fiction，New Haven：Yale University Press，1961.

⑤ （美）夏志清：《中国现代小说史》，刘绍铭等译，复旦大学出版社 2005 年版。

⑥ Chen，Xiaoming. From the May Fourth Movement to Communist Revolution：Guo Moruo and the Chinese Path to Communism. Albany：State University of New York Press，2007.

⑦ Zheng，Yi. From Burke and Wordsworth to the Modern Sublime in Chinese Literature，West Lafayette：Purdue University Press，2011.

目为:《郭沫若:一个现代革命的文学人物:1924—1949》。[①]

1980,加利福尼亚大学的 Helen Strand Tokuyama 的博士论文研究的则是 1917 年至 1933 年间中国的短篇小说,其论题为《压力、中国作家和中国的短篇小说》,[②]该论文从社会学的角度分三章探讨了中国作家所处的位置和所受的教育与他们的短篇小说中所表现出的压力之间的关系,并以鲁迅和郭沫若为例分析了压力与作家的创作之间的关系。

1983 年,哈佛大学的 Harry Allan Kaplan 的博士论文《中国现代诗歌中的象征主义运动》出版。[③] 1985 年,加利福尼亚大学的温蒂·拉森的博士论文研究了中国作家的自传,其论文题目为《二十世纪早期中国作家的自传》。[④]

华裔美籍学者史书美 1992 年的博士论文以《传统与西方间的书写:中国现代小说,1917—1937》为题介绍了二十世纪早期的中国现代小说,并在第一章中探讨了郭沫若、陶晶孙与先锋派的关系。[⑤]

1993 年哥伦比亚大学的 Janet Mui—Fong Ng 的博士论文研究的同样也是中国现代作家的自传,其研究论题为:《中国现代文学中的自传:社会中自我的文学表达形式》,她将其论文的研究范围限定在 1911 年至 1950 年。[⑥] 同年,德克萨斯大学的 Huang Guiyou 从跨文化的角度探讨了美国文学、中国的文化以及中、美现代主义之间相互影响的关系,其博士论文题目为《跨越激流:美国文学与中国的现代主义,中国文化与美国的现代主义》。[⑦]

俄亥俄卫斯理大学历史系教授陈小明 1995 年的博士论文也是以郭沫若为研究对象的,他研究的是郭沫若从浪漫主义转向儒学和马克思主义的思想发展过程,其论文题目为《朝向儒学与马克思主义相结合的解决之道:

① Emily Woo Yuan. "Kuo Mo—jo: The Literary Profile of a Modern Revolutionary 1924—1949". Ph. D. Thesis. University of Pennsylvania, 1979.

② Helen Strand Tokuyama. "Stress, Chinese Authors, and Chinese Short Stories, 1917—1933". Ph. D. Thesis. University of California, 1980.

③ Harry Allan Kaplan. " The Symbolist Movement in Modem Chinese Poetry", Ph. D. Thesis. Harvard University, 1983.

④ Wendy Ann Larson. "Autobiographies of Chinese Writers in the Early Twenties Century". Ph. D. Thesis. University of California, Berkley, 1985.

⑤ Shih, Shu—mei. "Writing between Tradition and the West: Chinese Modernist Fiction, 1917—1937" Ph. D. Thesis. Univereity of California, Los Angels, 1992.

⑥ Janet Mui—Fong Ng. "Autobiography in Modern Chinese Literature (1911—1950): Forms of Literary Expression of Self in Society". Ph. D. Thesis. Columbia University, 1993.

⑦ Huang, Guiyou. "Cross Currents: American Literature and Chinese Modernism, Chinese Culture and American Modernism". Ph. D. Thesis. Texas University, 1993.

郭沫若至1926年的思想发展》。[①] 同年,耶鲁大学 Liang Kan 的博士论文探讨的仍然是知识分子的问题,他将其论文的研究范围限制在抗日战争时期的重庆,标题为:《战争中的中国知识分子:重庆,1937—1945》。[②]

1996年,美国康奈尔大学 Lu Yan 的博士论文《太人性:中日本两国间的交锋:1895－1945》出版。[③] 作者对郭沫若在日本的生活、学习、文学创作、思想发展等进行了全面的梳理分析,并对日本对郭沫若产生的影响、郭沫若对日本的看法给予了阐释。

2000年,华盛顿大学的克里斯托弗·凯维尼的博士论文以《创造社对日本私小说的吸收》为题探讨了日本私小说对五四作家的影响。[④]

2001年有一篇研究中国新诗的论文,作者是芝加哥大学的约翰·阿瑟,其论文题目为《畅言无忌的少数人:中国的新诗与诗歌朗诵,1915—1975》。[⑤]

2004年,现为美国布鲁克林学院现代语言文学系的张家儒以《中国蛇女:神话、文化以及女性表达》[⑥]为题探讨了神话、民间传说、文学作品以及艺术作品中对中国蛇女形象的运用,研究了女性所受的压制、欺辱及其现代的复活。作者通过分析神话故事中的女娲,诸如在《李黄》和《西湖三塔记》等前现代蛇妖故事中邪恶的蛇妖形象,中国封建晚期《白蛇传》中的儒家女性形象的恢复,五四时期鲁迅和郭沫若文学创作中对女性生命力的复活,田汉改编的共产主义戏剧中对无产阶级女性形象的塑造等,考察了中国传统文化中“蛇”这一形象的演进变化过程。

2008年,哈佛大学杨昊昇博士的论文题为《以前现代为基调的现代性:论郁达夫、郭沫若和周作人的旧体诗词》。作者在论文的第三部分以《从现代浪漫诗人到“口号诗人”:论郭沫若及其与毛泽东之间往来唱和的旧体诗

① Chen, Xiaoming. “Towards a Confucian/Marxist Solution: Guo Moruo's Intellectual Development to 1926”. Ph. D. Thesis, The Ohio State University, 1995.

② Liang Kan. “Chinese Intellectuals in the War: Chongqing, 1937—1945.” Ph. D. Thesis. Yale University, 1995.

③ Lu, Yan. “All Too Human: Chinese Engagements with Japan: 1895 — 1945”. Ph. D. Thesis. Cornell University, 1996.

④ Christopher T Keaveney. “The Assimilation of the Shishosetsu by China's Creation Society”. Ph. D. Thesis. Washington University, 2000.

⑤ John Arthur Crespi. “A Vocal Minority: New Poetry and Poetry Declamation in China, 1915－1975.” Ph. D. Thesis. The University of Chicago, 2001.

⑥ Chang Chia－ju. “The Chinese Snake Woman: Mythology, Culture and Female Expression”. Ph. D. Thesis. The State University of New Jersey, 2004.

词》为题介绍了郭沫若与毛泽东之间的旧体诗词唱和及其产生的作用。[①]

学术期刊论文

通过 CASHL 系统、EBSCO 数据库检索，在检索到的与关键词“Guo Moruo”、“Kuo Mo－jo”、“Creation Society”、“Modern Chinese Literature”、“Chinese Poetry”相关的期刊文章中，发表在 1978 年以后较具代表性的有不少。

1979 年，柳无忌评论美国学者默尔·戈德曼编辑的《五四时期的中国现代文学》的文章发表在《太平洋事务》上。[②]

1980 年，《澳大利亚中国问题月刊》上刊登了一篇澳大利亚学者玛丽·法夸尔的文章《革命儿童文学》，文中分析阐释了郭沫若的短篇故事《一只手》。[③] 1981 年，法国的保尔·巴迪对中国现代作家们的文学创作的收入情况以及作品收入的排名进行了考证。[④]

玛利安·高利克有两篇研究郭沫若的文章发表在《亚非研究》上，分别是发表于 1986 年的《中国现代思想史研究：青年郭沫若（1914—1924）》，[⑤] 与发表于 1991 年的《歌德的〈浮士德〉在郭沫若创作与翻译中的接受与幸存》，[⑥]作者对郭沫若的创作受歌德作品《浮士德》的影响及其对《浮士德》的创造性接受进行了解读。

1990 年，奚密的《诗歌的新走向：从传统到现代的过渡》发表在《中国文学》第 12 卷上。[⑦] 1996 年，美国霍普金斯大学 Feng，Liping 的文章《民主与

---

① Yang，Haosheng. “A Modernity in Pre－modern Tune：Classical－style Poetry of Yu Dafu，Guo Moruo and Zhou Zuoren”. Ph. D. Thesis. Harvard University，2008.

② Liu，Wu－chi. “Modern Chinese Literature in May Fourth Era”（book review）. Pacific Affairs，Vol. 52，No. 1，1979，pp. 123—124.

③ Mary Farquhar. “Revolutionary Children's Literature”. The A ustralian Journal of Chinese Affairs，No. 4（July 1980），pp. 61—84.

④ Paul Bady. “The Modem Chinese Writer：Literary Incomes and Best Sellers”. China Quarterly，No. 88（Dec. 1981），pp. 645—657.

⑤ Marian Galik. “Studies in Modern Chinese Intellectual History. Part IV：Young Guo Moruo（1919—1924）. Asian and African Studies' No. 22，1986，pp. 43—72.

⑥ Marian Galik. “Reception and Survival of Goethe's Faust in Guo Moruo's Works and Translations（1919－1923）. Asian and African Studies，No. 26，1991，pp. 49—70.

⑦ Michelle Yeh. “A New Orientation to Poetry：the Transition from Traditional to Modern” . Chinese Literature：Eassays，Articles，Reviews，Vol. 12（Dec.，1990），pp. 83—105

精英主义：文学中的五四理念》在《现代中国》第2期上刊登出来。[①] 作者在文章“五四文学话语中的内在矛盾”一节中引郭沫若论述“诗歌的本职专在抒情。抒情的文字便不采诗形，也不失其诗”[②]的诗学主张对抒情主义试图甩掉文学的“形式”这一包袱的特点进行了阐释。

2000年，Tsu，Jing研究郁达夫、郭沫若和弗洛伊德作品中男性的受虐主题，题名为《男性的性反常：郁达夫、郭沫若和弗洛伊德作品中受虐的男性主题》的文章在《立场：东亚文化批评》杂志上发表。[③]

2002年，一篇署名为Linda Wong的评论文章发表在《以色列研究期刊》上，作者以《着中国服装的莎乐美：郭沫若的〈三个叛逆的女性〉》为题分析了郭沫若的三部戏剧《卓文君》、《王昭君》和《聂嫈》对奥斯卡·王尔德戏剧《莎乐美》主题的吸收与采纳和郭在剧中运用女性主人公来表达他对性别问题的关照。同年，俄国历史学博士、外交官谢尔盖·齐赫文斯基的文章以《我与郭沫若的相遇》为题描绘了在1943年10月莫斯科举行的美、英、苏三国外长会议结束后不久，自己作为苏联驻重庆大使馆的二等秘书，陪同大使潘友新（Alexander Paniushkin）参加当时的国民党左派著名人士，曾任中国驻莫斯科大使的邵力子举行的早餐会，在早餐会上与郭沫若相遇的情形及其后的交往。文章发表在《远东事务》第4期上。[④]

---

① Feng, Liping. “Democracy and Elitism: The May Fourth Ideal of Literature”. Modern China, Vol. 22, No. 2 (April, 1996), pp. 170—196.

② 郭沫若：《郭沫若全集·文学编》第十五卷，人民文学出版社1990年版，第42页。

③ Tsu, Jing. “Perversion of Masculinity: The Masochistic Male Subjection in Yu Dafu, Guo Moruo, and Freud”. Positions: East Asia Cultures Critique, Fall 2000, Vol. 8, Issue 2, pp. 269—316.

④ Sergei Tikhvinsky. “My Encounters with Guo Moruo”. Far Eastern Affairs, No. 4, 2002, pp. 99—105. 文中这位被称为是“苏联以反华著称的四位汉学家”之一的学者提及1943年至1957年间自己与郭沫若前后六次的交往过程，以及三件特别有意思的事情。第一件事是，1943年第一次相遇时，当邵力子和郭沫若得知作者作为外国外交人员还没有用中文印制的名片时，马上商量着给他取中文名字。最后给他取了发音听起来像（Qi Hewen）“齐和文”的三个中文字名。作者解这三个字的意思与“性情平和的”（even-tempered）和“有文化的”（highly cultured）相关。（作者名字中译为“齐赫文斯基”，邵力子和郭沫若在为其取中国名字时应是根据其音而选择的）第二件事是，作者谈到当时自己正在写关于孙中山博士的国内政策的硕士论文（Master's Dissertation on the Domestic Policy of Dr. Sun Yatsen），郭沫若听后建议作者去见见侯外庐这位研究中国社会思想史的权威，以及历史学家翦伯赞。但经查《郭沫若年谱》，1943年与1944年的年谱中都未有关于郭沫若陪同邵力子举行早餐会招待苏联大使一事之记载。这里需要特别指出的是，其一，根据齐赫文斯基载于《远东事务》杂志上的英文原文，作者陪同大使潘友新出席的早餐并未指明是在邵力子家，但乌兰汗的译文中则有明确交代。其二，齐赫文斯基的硕士论文研究的是孙中山的国内政策，但乌兰汗将其译为“外交政策”，并反了意思。此可参见（俄）齐赫文斯基著，乌兰汗译“回忆我见过的郭沫若”一文，载中国郭沫若研究会、四川省郭沫若研究学会编《郭沫若与百年中国学术文化回顾》一书第26至29页。第三是作者提及在后来与郭沫若的交往中，郭沫若送其亲自签名的论著《青铜时代》和《十批判书》之事。

2004年,澳大利亚学者郑怡的文章《崇高起源的塑造:郭沫若的〈屈原〉》发表在《中国现代文学与文化》第1期上。①

2005年,任职台湾中央研究院的俄裔美籍学者沙培德(Peter Zarrow)评论Lu,Yan的专著《重释日本:一个中国观点,1895—1945》的文章刊登在2005年11月的《亚洲研究期刊》上。②

2006年,菲利普·威廉斯对《现代中国文学中的颠覆性自我:创造社对日本私小说的再创造》的评论文章发表在《中国国际评论》上。③ 书评中有两篇是评论陈小明的专著《从五四运动到共产主义革命:郭沫若与中国的共产主义道路》的,一篇是2008年美国著名汉学家舒衡哲的,发表在《中国季刊》上。④ 另一篇是2009年英国牛津大学教授魏希德的,发表在《历史学家》上。⑤

2009年,Liu,Siyuan与Kevin J. Wetmore合作的文章《中国现代戏剧的英译》在《亚洲戏剧》上刊出,⑥该文对中国现代戏剧的英译情况分作者作品、专著、选集等类别进行了详细的梳理。

2010年,《现代中国研究》上刊登了Qiu,Jin研究郭沫若的长篇文章,文章题名为《在权利与知识之间:郭沫若事业中的抉择时刻》。文章详细梳理并评价了在郭沫若事业的各个关键时刻,郭基于权利和知识的考虑所作出的最终选择。⑦

---

① Zheng, Yi. "The Figuration of a Sublime Origin: Guo Moruo's Qu Yuan", Modern Chinese Literature and Culture, Vol. 16, No. 1 (Spring/Summer, 2004), pp. 153—198.

② Peter Zarrow. " Review: Re-Understanding Japan: Chinese Perspective, 1895—1945". Journal of Asian Studies, Vol. 64, No. 4 (Nov. 2005), pp. 985—987.

③ Philip Williams. " The Subversion Self in Modern Chinese Literature: the Creation Society's Reinvention of the Japanese Shishosetsu". China Review International, Vol. 13, Issue 1. Spring, 2006, pp. 163—166.

④ Vera Schwarcz. "From the May Fourth Movement to Communist Development: Guo Moruo and the Chinese Path to Communisim". (book review). China Quarterly, Issue 195. Sept., 2008, pp. 710—711.

⑤ Hilde De Weerdt. "From the May Fourth Movement to Communist Development: Guo Moruo and the Chinese Path to Communisim". (book review). Historian, Vol. 71, Issue 2. Summer, 2009, pp. 389—390.

⑥ Lin, Siyuan and kevinJ. WetmoreJr. "Modern Chinese Drama in English: A Selective Biography". Asian Theatre Journal, VoL26, No2 (Fall 2009), pp. 320—351.

⑦ Qiu, Jin. "between Power and Knowledge: Defining Moments in Guo Moruo's Career". Modern China Studies, VoLl7, No2, 2010, pp. 135—178.

第一届世界郭沫若研究学会(IGMA)学术研讨会

(First World Congress of the International Guo Moruo Academy)

2009年8月27—29日,由日本郭沫若研究会主办,美国的约翰·霍普金斯大学(John Hopkins University)协办的第一届世界郭沫若研究学会(IGMA)学术研讨会在约翰·霍普金斯大学华盛顿特区学区召开。来自中国、日本、韩国、美国、印度尼西亚和中国台湾的各位学者以"世界文学与文化视野下的郭沫若"为主题,就"国际郭沫若研究活动"、"郭沫若与文学研究"、"郭沫若与中国文化与中国文字研究"、"郭沫若诗词研究"、"郭沫若生涯与国际关系和文学"以及"郭沫若与历史和医学"等论题进行了交流与探讨。"世界郭沫若研究学会"(International Guo Moruo Academy,IGMA)成立于2008年,该协会旨在促进和发展国际郭沫若学术研究及调研的合作,倡导不带政治偏见的、多元的、科学的研究视角。根据藤田梨那和魏启明教授会前所收到的论文编汇,这次大会共收到学术论文23篇,其中英文学术论文只有7篇。这7篇英文论文中也仅有两篇是英语世界学者的相关研究论文。

郭沫若文献史料国际学术研讨暨国际郭沫若研究会(IGMA)学术年会

(The Second International Seminar on the Historical Documents on Guo Moruo and the Annual Conference of the International Guo Moruo Academy)

2010年8月22—24日,郭沫若文献史料国际学术研讨会暨国际郭沫若研究会(IGMA)学术年会在济南山东师范大学举行。由于会前举办方长达8个月时间的充分准备,此次会议参加的国内外学者较第一届多,共有来自中国(含香港、澳门、香港)、日本、美国、韩国、新加坡、斯洛伐克和奥地利等国家的86位学者,提交的学术论文达六十多篇。与会学者主要围绕郭沫若研究的文献和史料问题进行了热烈的学术研讨,具体议题共有如下四个:一是郭沫若文献研究;二是郭沫若史料研究;三是郭沫若的文学创作与学术研究;四是其他郭沫若研究的相关议题。论文中也仅有两篇是英语世界学者用英文撰写的相关研究论文。

通过对英语世界郭沫若学者的研究情况的梳理可以看出,1978 年后英语世界的郭沫若研究,无论是从研究者的研究视角、研究范围,还是从其研究的深度、广度来看,都较 1978 年前的郭沫若研究有了极大的提高,研究的激情和成果都呈现出逐渐增长的势头。其特征主要表现为以下几个方面:一是关于郭沫若及其作品的译介较 1978 年前要少;二是博士论文对郭沫若的思想、作品、创作手法的关注逐渐增加;三是研究专著将观照的目光投向了郭沫若与西方文学理论和文学批评的继承与发展的关系;四是郭沫若研究的国际化趋势的显现。

总体说来,跟国内和日本的郭沫若研究相比,目前英语世界的郭沫若研究相对来说还是比较薄弱的,而关于英语世界的郭沫若研究的研究则更不容乐观。从收集到的资料来看,国内只有郭沫若著作编委会的晨雨[①]节译的美国学者戴维·托德·罗伊《郭沫若的早年岁月》一书的第五章[②]和第七章[③]中的部分内容。晨雨还翻译了澳大利亚学者邦妮·麦杜戈尔《西方文学理论与现代中国导论:1919—1925》一书的第三章“浪漫主义与新浪漫主义”中有关郭沫若的内容[④]和第五章“先锋派文学理论”中有关郭沫若、郁达夫与表现主义的内容。[⑤] 秦川先生在其“国外郭沫若研究述略”一文中也有两段简略提及欧美的郭沫若研究情况。[⑥] 英语世界也只有美国学者朱莉娅·林在其《中国现代诗歌概论》中引用了 1963 年许芥昱编译的《二十世纪中国诗歌选集》中选译的郭沫若《铁的处女》(*Iron Virgin*)一诗,并对该诗给予了高度的评价;米家燕、陈小明、李欧梵等在文中对郭沫若诗歌阐释时对勒斯特和巴恩斯合译的《女神诗选》中诗歌的引用,尽管大部分情况下作者并未声明;夏志清先生在《中国现代小说史》中除在第四章《创造社》中

① 2009 年 8 月 21 日,在山东济南举行的第二届郭沫若文献史料国际学术研讨会会间休息时,中国郭沫若学会的会长蔡震先生与我商榷,提及他翻译的郭沫若曾看过的那部关于表现主义的电影的名字。这时我才知道,原来晨雨即是蔡先生的笔名。

② 译文标题《郭沫若与惠特曼》为译者所加。参见《郭沫若学刊》1989 年第 4 期,第 12—14 页。

③ 译文标题《从浪漫主义到马列主义》为译者所加,参见《郭沫若研究》第 7 辑,第 286—303 页。

④ 译文标题为《郭沫若与西方文学理论》,乃译者所加。但该书中有三个部分论及郭沫若与西方文学理论的关系,因此,用“郭沫若与浪漫主义和新浪漫主义”应更恰当些。参见《郭沫若研究》第 5 辑,第 344—363 页。

⑤ 译者自加译文标题为《郭沫若与先锋派文学理论》,参见《郭沫若学刊》1991 年第 2 期,第 13—15 页。但译文主要涉及内容为其中的“郭沫若与表现主义”,仅分别各有一段涉及未来主义和新文学运动。

⑥ 秦川:《国外郭沫若研究述略》,《郭沫若学刊》1994 年第 4 期,第 20—23 页。

对郭沫若有所介绍外，还在本书的〈中译本序〉中提到“许芥昱教授那时在史丹福(斯坦福)编译一部《二十世纪中国诗》”[1]和给他的这部《中国现代小说史》的英文原著写长评之事。“四月十三日波士顿 Christian Science Monitor 报登出一篇长评，写得很内行，评者大卫·洛埃(David Roy)现任芝加哥大学中国文学教授，那时还在哈佛写他《郭沫若评传》的博士论文”这两件事。[2] 李欧梵在《中国现代作家的浪漫一代》中提及周策纵先生的《五四运动史》和戴维·罗伊的《郭沫若的早年岁月》，并在“浪漫的左派”部分即全书的第九章对郭沫若进行了较详细的介绍。除此之外，总体的研究几乎没有，更不用说有专著出现。

(原载《郭沫若学刊》2011 年第 2 期，作者杨玉英为乐山师范学院外国语学院副教授，廖进为乐山师范学院物理与电子工程学院教师)

注：本文为 2010 年度四川省教育厅人文社会科学(郭沫若研究)课题“英语世界的郭沫若研究”(项目编号：GY2010A01)和 2010 年度教育部人文社会科学研究项目“英语世界的郭沫若研究”(项目编号：10XJA751005)的阶段性成果。

---

① 夏志清：《作者中译本序》，《中国现代小说史》，刘绍铭等译，香港中文大学出版社 2001 年版。

② 夏志清：《作者中译本序》，《中国现代小说史》，刘绍铭等译，香港中文大学出版社 2001 年版。

文　　摘

基督教文化对郭沫若诗歌的影响

薛沛文

基督教文化本身包含着丰富的内容，其独特作用和价值吸引了向西方学习先进思想的新文学先驱们。郭沫若的思想带有明显的基督教情结，他的主张也常使创造社受到基督教文化的启迪。泰戈尔、梅特林克、但丁等深受基督教文化影响的西方作家，是郭沫若潜心学习的对象，从众多外国作家的创作中，郭沫若加深了对基督教文化的了解。在创作中，郭沫若常用基督教的意象构思作品，以忏悔的方式叙写内心，而且常常引用《圣经》中的典故，使作品洋溢着基督教文化的色彩。郭沫若创作中宗教情绪与倾向的形成原因十分复杂，如《女神》诸篇中死而复生与坦然献身的宗教情绪就是一种与时代社会及个人理想等多种因素相关联的自然契合。从基督教文化的层面对郭沫若及其诗歌创作进行分析，有助于我们加深对其作品的理解。

（载《长春师范学院学报》2011 年第 1 期）

私塾教育与郭沫若、康白情的新诗创作

龚奎林

受巴蜀文化影响的郭沫若、康白情出身于封建家庭，接受私塾启蒙教育，受到“修身、齐家、治国、平天下”的传统文化的建构的影响，然后又在新式教育中学习外来文化知识，在西方文化的重构下坚定了自己追求现代化前景的意愿。私塾教育对他们的影响是深层次的，内化在了作家的精神血脉中，铸造了他们的文学功底和文化学养，因而在其创作的白话新诗中融入了古典意境、情境和传统文化。本文主要以郭沫若、康白情这两位“五四”诗人为参照，研究私塾教育与新文学的发生、生产的关系，探讨传统教育与新文学的渊源。

（载《名作欣赏》2011年第18期）

论郭沫若的“情绪”诗学观

吕周聚

郭沫若在胡适现代自由诗理论的基础上进一步探讨现代诗歌的本质，在认识到“诗的本职专在抒情”后，又提出了极富超越性的“情绪”理论。郭沫若进而以情绪为核心构建自己的诗学观念，他将情绪的“自然消涨”视为诗歌的“内在律”，由此奠定了其诗学理论的基础。以“情绪”为出发点，郭沫若进一步思考诗歌的语言形式问题，试图建构与“情绪”相适应的语言形式，实现诗歌外在韵律与内在情绪的融合统一。郭沫若在对现代诗学进行大胆探索后提出了自己的“情绪”诗学观，对现代新诗发展作出了突出的贡献。

（载《中国现代文学研究丛刊》2011年第8期）

《三叶集》的新诗观

管兴平

1920年5月出版的《三叶集》是郭沫若、田汉、宗白华三人的书信结集，他们通过书信中的对话交流互相影响。宗白华对郭沫若真情流露的“真诗”给予赞扬，郭沫若这位“真诗人”秉持真性情进行的自我忏悔，也获得了田汉的理解和回应。宗白华指出郭沫若的诗歌“是以哲理做骨子”，郭沫若则用泛神论的思想予以解释，同时由崇拜自然得出“诗的创造贵在自然流露”的观点。在集中三人以突入现实的人生态度探讨时代社会诸问题，相比于理智的宗白华，郭沫若与田汉则更加浪漫理想化。三人虽然性情不一、观点各异，但是创造的精神、启蒙的理念和对自由的热爱是他们所共有的。《三叶集》是他们友情的见证，也为研究早期的新诗观提供了线索。

（载《黄冈师范学院学报》2011 年第 4 期）

郭沫若流亡日本期间若干旧体佚诗考

蔡震

郭沫若在流亡日本的十年间少有新诗作品，但创作了不少旧体诗。这些旧体诗不是为发表而作，故均呈散佚之态，或录在书信中，或题写在画卷上，或书赠友人等等。它们迄今多未曾被整理、汇辑（只有五六首后由诗人自己编入《潮汐集》中），甚至根本不为世人所知，所以其创作的情况，诸如时间、缘由、文本、内容等，多有需要予以考释、勘订者。本文述及其中有代表性的几首。这些旧体诗作多为未刊之作，故尚未为研究者所注意。然而，它们对于了解郭沫若在流亡日本期间的生活、创作、精神心态、人际交往等等，是很重要的原初史料。而且，它们实际上是郭沫若在 40 年代大量创作旧体诗词的开始，因此对于了解他整个诗歌创作活动的轨迹，也是很重要的文字史料。

（载《新文学史料》2011 年第 3 期）

郭沫若"五四"时期诗歌翻译选材及策略

张玥

"五四"时期正是中国整个社会文化系统的转型期,中国诗歌也经历了一个从"旧诗体"向"新诗"的转型,这一时期的诗歌翻译就被时代赋予了特殊的历史责任,也使译者有了不同的翻译选材及策略。郭沫若是我国新文学史上的一代巨匠,也是诗歌翻译和创作领域的先锋泰斗。东西方文化的交汇使郭沫若形成了泛神论思想,影响了他的诗歌翻译选材,与"五四"时期翻译作品的反帝反封建特色共同影响了郭沫若的诗歌翻译。郭沫若的诗人天才与气质,使他开译诗浪漫主义之先河,更创造性地提出"风韵译"和译者主观感情投入等诗歌翻译策略。郭沫若作为"五四"时期浪漫主义诗歌的开拓者,曾登诗界高峰,他的翻译理论带着浓厚的个人色彩,同时也留下了深刻的时代印记。

(载《河北理工大学学报》2011 年第 6 期)

论诗、作诗与译诗之知行合一

——试析郭沫若的诗歌翻译理论与实践特色

孔令翠　王慧

作为诗人,郭沫若不但是中国新诗的奠基人,而且在中外诗论的影响下结合自己的诗歌创作实践提出了一系列诗歌创作的见解。作为诗歌翻译家,他就诗歌翻译进行了大胆的理论探索与实践。在理论上,提出了"韵律"、"自然流露"、"内在韵律、节奏与情绪"等诗歌创作理论,以及"风韵译"、"创作论"、"共鸣说"和"以诗译诗"等诗歌翻译理论。在实践上,郭沫若坚持有感而译,作译并举,其译诗形式丰富多彩,有特别强的音乐性。因此，郭沫若的诗歌翻译理论与实践具有诗人译诗、知行合一的鲜明特色。

（载《重庆邮电大学学报》(社会科学版)2011 年第 1 期）

论郭沫若译诗的修改

彭建华　邢莉君

译诗的好坏，超出了原诗及原语文化的价值，因为译诗只生存在译入文化中，并从译入文化获得其生命的意义。郭沫若信仰以诗译诗，他的译诗往往有修改，它们是个性化的，大多重现了原诗的精神、气韵和情绪，这些译诗是当时最深入、最广泛的、最诗情化的，也是自觉而成熟的。郭沫若的译诗特别张扬了译者的主体创造性，它们竭力追求在汉语文化中的价值和意义，同时参与了白话新诗的建设，激发并促进了白话新诗的创作。本文选取了郭沫若几首修改的译诗，通过对比分析来揭示郭沫若译诗的目标性和主体性。

（载《郭沫若学刊》2011 年第 2 期）

郭沫若历史悲剧的存在主义解读

陈鉴昌

生活中、艺术中的悲剧有何特征，引起了无数哲学家、美学家、文学家的思考？存在主义的哲学观和美学观认为，悲剧的实质是显示人类存在的终极不和谐，悲剧的根源是人的意识与能力不协调，悲剧的功能是帮助人们摆脱生存困境。本文用上述观点解读郭沫若创作于 1941 年至 1943 年的六部历史悲剧：剧作中反动意识战胜进步意识或完全真理战胜局部真理显示出悲剧的实质；剧中人物政治意识或伦理意识与个人能力的不协调是悲剧产生的根源；郭沫若的历史悲剧通过表现以生命的全力拼死抗争、以自杀完成生命的创新与暂时退却积蓄力量这三种生命存在形式，彰显人类的自由意志，从而实现帮助人们摆脱生存困境的悲剧功能。

（载《地方文化研究辑刊》2011 年第 4 辑）

意图与表现的龃龉

——郭沫若《三个叛逆的女性》新观察

陈荣阳

郭沫若《三个叛逆的女性》系列剧本分别以卓文君、王昭君、聂嫈为主角，以鲜明的创作意图贯串始终，作者借助三个著名女性的经历来书写女性叛逆历史，鼓吹女子自由解放。然后，剧本最终呈现的却是三位女性配角红箫、毛淑姬、春姑角色鲜明，自然优美，抢了主角不少戏份。这种作者先在意图与剧本呈现的不统一，与《三个叛逆的女性》之选材、作者的创作背景等因素息息相关，都在政治意图掩盖下的文学空隙中为我们保留了人性的丰厚与真元。作者意图表现的是三个女性的叛逆，然后却成就了另外三个女性配角的别样传奇。

（载《郭沫若学刊》2011 年第 4 期）

中外戏剧史上的一对奇葩

——《玩偶之家》与《卓文君》之比较

张柏柯

挪威文坛巨匠易卜生是欧洲戏剧史上继莎士比亚和莫里哀之后的第三个高峰，他的戏剧继承和发扬了现实主义的传统，使得当时剧坛盛行的空洞、浮泛的形式主义荡然无存。作为中国现代文化三巨匠之一的郭沫若，对我国现代戏剧的开创作出了巨大的贡献。在易卜生的《玩偶之家》与郭沫若《卓文君》的剧本中，分别塑造了两个个性独立的女性，两个剧本有诸多共性和个性，但他们对于社会的影响作用却是相同的。本文试图通过分析两个作品的共性和个性，来揭示易卜生和郭沫若对时代的影响。

（载《延安职业技术学院学报》2011 年第 1 期）

析郭沫若与曹禺的史剧《王昭君》

康鑫

“昭君出塞”的历史故事是我国从古至今的一个文学创作资源。在中国现代文学史上郭沫若、曹禺两位大家同样以《昭君出塞》为题创作过同名历史剧。郭沫若、曹禺两人的创作对“昭君出塞”这个古老的题材进行了再创造，它们都与以往有关王昭君的文学作品的幽怨情调迥然不同。通过考察他们两位在此剧中表现出的创作动因，以及当时的历史语境，不仅能让我们重返历史场景中触摸真实的文学现场，发现作品背后投射出的历史真实，而且根据同一历史人物而重塑的截然不同的文学形象，同样能够揭示出夹裹于历史话语中的不同时代环境中知识分子的精神走向。

（载《郭沫若学刊》2011 年第 2 期）

论郭沫若的戏剧功能观

孙淑芳　许祖华

郭沫若的戏剧创作同时包蕴着审美现代性与启蒙现代性，体现了他注重娱乐与教化的双重戏剧功能观。郭沫若的戏剧创作从整体上呈现出西方浪漫主义的审美现代性，其剧作最鲜明的特色是大胆的反叛精神，其次是自我意识的张扬，再次就是追求诗性的审美品质。同时郭沫若的戏剧尤其是他的历史剧仍然充分发挥了精神启迪和文化启蒙的功能。在社会意识凸显，民族精神高涨，政治高于一切的中国现代化的特定历史时期，郭沫若仍然坚持将艺术的审美品质放在首位，注重戏剧的"游戏——娱乐"功能，并以此特定历史时期为契机，充分发挥了戏剧的启蒙教化功能，起到了开启民智、凝聚人心、鼓舞斗志的巨大作用。

（载《中国文学研究》2011 年第 1 期）

郭沫若早期小说创作模式的构建与演变

贾剑秋

郭沫若在近三十年的小说创作实践中，历经曲折的小说创作模式的构建过程。与创造社同人小说模式特征的鲜明和稳定不同，郭沫若小说的模式形态更为复杂和动态，难以用恒定单纯的模式范畴完整概括。其早期小说创作模式在中外多元文化影响下，经杂糅多种哲学、美学元素和现代文学思想后，形成独特的主观情绪表现和抒发与客观写实结合的复合型小说模式形态。这一模式包含的情感抒写和自然写实的创作基质，为他中后期小说演变为"革命浪漫主义"和"革命现实主义"小说模式奠定了基础。本文从郭沫若小说模式构建的思想基础、模式形态和模式演变三方面论述郭沫若早期小说模式的构建和发展情况。

（载《郭沫若学刊》2011 年第 4 期）

是自叙性"小说"，还是自叙性"散文"？

——关于郭沫若《鸡之归去来》体裁的辨析

李存光

郭沫若的《鸡之归去来》内容的自叙性毋庸置疑，但究竟是自叙性"小说"还是自叙性"散文"？这个问题看似不大，却不容小视，很值得研究。郭沫若一直把这篇作品作为散文处理，中国研究者对此众所认同。郭沫若的自传文学卷帙浩瀚，体式博杂，不能任意广大其作品中“小说”的范围。如果把《鸡之归去来》当做小说解读，将妨碍对作品整体的艺术诠释，影响对作品内容和细节真实性的判断，最终将降低它在郭沫若创作中和现代文学有关朝鲜人作品中的位置。

（载《郭沫若学刊》2011 年第 4 期）

作品异本与作品集异本

——以郭沫若后期作品为例

魏建

郭沫若后期（1949—1978 年）诗作的异本现象比较突出，在许多诗作呈现的不同文本形态中，有的是具体作品多次修改，但没有注明；还有的是作品集就有差异很大的版本，尤其是单行本《沫若诗词选》和《郭沫若全集》中的《沫若诗词选》异本现象最为明显。其中不少文本的变化呈现了历史的某种变动，呈现了作者心灵的波动。面对郭沫若后期作品的异本现象，不能随便看到一个版本就妄下结论。无论具体作品的异本还是作品集的异本，都是郭沫若后期创作重要的组成部分。认真研究这些作品变化的面目，有助于深化对文学史复杂面目的认识；忽略这些文本的变动，研究者就有可能得出错误的认识。

（载《重庆大学学报（社会科学版）》2011 年第 1 期）

郭沫若对孟子的认识和评价论述

杨胜宽

郭沫若一生推尊孔子，但对孟子的认识和评价则持基本否定态度，是十分值得注意的现象。早期郭沫若将孟子定位为歪曲历史事实、美化“禅让”神话、鼓吹“君权神授”的诈伪之人。在历史小说《孟夫子出妻》中，郭沫若延续了对孟子的基本否定态度，他通过对史料的重新阐释，塑造了一个伪善、无情、自私的“孟夫子”形象。郭沫若在其一系列研究著作中，也对儒家经典《孟子》中“井田制”的相关记载、性善论的思想等予以辨析。郭沫若在三四十年代亡命东瀛和回国抗战两个时期的时代背景与人生处境，对他认识、研究孟子产生了巨大影响。

（载《郭沫若学刊》2011 年第 1 期）

梁启超、胡适、郭沫若史学特点之比较及其学术关联

周文玖

中国史学在 20 世纪前半期完成了从传统向近代的转型，在这一过程中，梁启超、胡适、郭沫若是最有代表性的史家，他们先后引领了三大史学思潮，体现了史学近代转型的阶段性起步。梁、胡、郭三人都以“但开风气不为师”为旨趣，将开学术新风作为首要追求。就治学特点而言，三人在多个学术领域尽显才华，属于“球形的发展”式的天才学者。他们之间还有学术关联，彼此之间存在不少学术争论，又反映出其治史特点的差异。胡适、郭沫若均受梁启超的影响。梁、胡有直接的学术交往，梁、郭则没有。胡、郭的学术交往反复曲折，学术论争中夹杂着政治和个人义气的因素。文章最后对近年来贬损郭沫若史学地位的倾向做了辨析，肯定了郭沫若的史学成就。

（载《史学史研究》2011 年第 3 期）

“体用同称”与郭沫若辞章视点金文考释的当下意义

李义海

郭沫若是现代文学史上的创作大家，他丰富的文学创作阅历形成了自己在金文考释方面的一大特色，即通过对西周金文的整体认识，在辞章学的理论框架下，从铭文创作的角度进行西周金文的考释。郭沫若采用这种研究方法，不仅解决了许多重大疑难问题，而且为学术界树立了通过金文语篇的整体理解来考释局部细节的典范，对当今正确训释疑难词语有重大启示。本文借鉴郭沫若的成功经验，试图以“体用同称”的行文条列为视点，对史喪尊铭的一个释读细节予以分析。若分析能够成立，就可以确证郭沫若金文考释辞章视角对包括西周金文在内的出土文献予以立体式理解的可能性与正确性。

（载《闽江学院学报》2011 年第 4 期）

由静坐看郭沫若早期精神修养的一个侧面

周文

本文在梳理郭沫若对静坐的理解感悟和考证的基础上，从郭沫若静坐“调息”与冈田式静坐法的不同以及 1915 年一封家书中的作息时间表入手，论证郭沫若所实行并提倡的静坐，既不同于佛道的坐禅打坐，也不单纯的是一种益寿延年的养生手段，而是“奋斗主义”的，是一种伟大的精神生活，是一种符合儒家修身传统的精神修养。王阳明和静坐影响了郭沫若对以儒家文化为核心的中国传统文化的整体认知，也启发了郭沫若的哲学思考，是其早期精神修养的重要组成部分。

（载《郭沫若学刊》2011年第4期）

郭沫若晚年的领袖崇拜问题分析

逯艳

郭沫若和毛泽东等领导人的关系历来都是学界研究和关注的焦点，就目前的研究趋向来看，更多的研究者把目光集中在新中国成立后尤其是“文革”时期郭沫若对毛泽东的崇拜和讴歌上，最终得出的结论也无外乎是郭沫若明哲保身的生存策略，这里面忽略了郭沫若对毛泽东本人的真挚情感，更疏漏了郭沫若本人对领袖崇拜的原始动机。本文从实体的领袖与符号的表征内外两个层面探讨郭沫若晚年的领袖崇拜问题。首先从郭沫若对毛泽东思想的恭敬学习以及他对毛泽东的私人缅怀中，可以看出郭沫若对毛泽东的崇敬是真诚的。然而郭沫若尊崇的不只是毛泽东本人，更是“主席”这一称谓所表征的领袖身份。从实在和虚幻这两个维度能够更好地考察郭沫若领袖崇拜的潜在意识和真实动机。

（载《淄博师专学报》2011年第4期）

学术会议

“《女神》与20世纪中国文学国际学术研讨会暨青年论坛”综述

罗文军　傅宗洪

2011年10月28日至31日，“《女神》与20世纪中国文学国际学术研讨会暨青年论坛”，在坐落于南充市的西华师范大学校内隆重举行。此次会议由中国郭沫若研究会、西华师范大学文学院联合主办，来自德国、日本、韩国及国内科研院所的六十余位学者应邀参与研讨。适逢《女神》出版90周年，与会代表就郭沫若这一诗集的文本特征、编排发行、版本变异、语境关联等问题作了集中论述，在郭沫若的历史剧创作、古诗今译、创作资源等方面也进行了深入思考。部分学者还就郭沫若研究的历史与现状、问题与可能发表了看法。论述角度的多样化，思考领域的进一步扩展，使会议在展示郭沫若研究的新成果之时，又充分表现了该领域的学术活力。

一、聚焦于《女神》的重新辨析与展现

《女神》的历史位置、源流影响等已得到了多重视角的研究，但这之中仍有说不尽的话题。哪些地方需要重新辨析和思考，又怎样认识其历史价值和当代意义，成为了当下学者亟须面对的问题。中国郭沫若研究会会长蔡震，首先强调了《女神》研究还有许多需要重新思考的地方，指出创作的地域背景、无目的性，集外佚诗形成的多层文本，改编与出版中的意识变迁，以及相关研究的思维定式都是问题所在。北京师范大学李怡，对《女神》的“浪漫主义”性质说重新作了清理和辨析，认为相较于西方的“浪漫主义”因素，诗人自己建构的自由、自然、非功利的原始文化想象，才是更为完整的影响因素，并指出以西方思潮和方法作为基本的学术方式，在今天应该引起相当警惕。

乐山师范学院陈晓春则指出《女神》需要多元解读，既往研究对这种多元性的忽略，与政治性的阅读经验图式密切相关。中国传媒大学周靖波、丁明拥，对《女神》佚诗在诗人早期创作中的位置再次作了论析。山东师范

大学张勇也以佚诗为思考点，对《女神》初版本与泰东图书局的关系及影响作了论析。四川郭沫若研究中心廖久明，则从《女神》的编排重新读出了"地方色彩"，认为心境变化、童年经验都是其中原由，编排页研究理应受到重视。

思想内涵及艺术魅力虽然是《女神》的基础性问题，但它们同样具有重新展现的价值。香港城市大学吴耀宗聚焦于《女神》的死亡意识，论析了其中的语境因由，以及升华生命、开启新诗传统的意义。河北大学邓招华从抒情主体、散文化角度，再次分析了《女神》对新诗形象的建构作用。西华师范大学吴晓川，则集中解读了郭沫若早期诗歌的狂欢现象。同时，《天狗》激情与哲理的交融，在张霞的文本分析中得到了展现；《女神》对中西美学思想的兼容并蓄，在李媛的对照式论述中受到了重视；从古代"神女"到新时代"女神"的转变，也引发了粟斌有意义的思考。贵州师范大学彭冠龙则分析了《女神》的抒情空间，商丘师范学院刘海洲论析了《女神》的"大我"内涵，华北科技学院钱晓宇对《女神》的创作心态作了再探。

二、历史还原与多领域的深入思考

历史还原这种郭沫若研究中的共识，只有在不断的实践和探索中才能落到实处。德国波鸿鲁尔大学冯铁，就以对冯至《重读〈女神〉》一诗手稿的辨析，阐发了对《女神》研究的看法；乐山师范学院杨胜宽，则思考了诗集名为"女神"而非"凤凰"的真实缘由，并对这两个神话原型作了文化学的考察。成都大学张起，进而将古蜀文化中的"凤凰"族源、民间祭祀，视为了《女神》得以形成的一种缘由。西华师范大学王琳，也注意到了《女神》对四川民谣、神话的吸收和借鉴。对于文化资源的交融问题，西华大学王学东则以《卷耳集》为例，思考了郭沫若"古诗今译"的历史策略。中国新诗研究所熊辉又换一角度，强调了翻译语境与小诗际遇在郭沫若的泰戈尔接受转变中的作用。

贵州师范大学颜同林，将重心置于普通话写作与 20 世纪 50 年代《女神》版本的关联上，进一步还原了文学体制与版本变化之间的复杂关系。绵阳师范学院杨华丽，则将论述对象转为 1935—1936 年间郭沫若的历史小说，论析了新生活运动等语境对作者现实讽喻意图的促发。西华师范大学傅学敏在认识郭沫若历史剧时，集中分析了人格意识所带来的得与失问题。龙彦竹则对郭沫若历史剧与李劼人小说中的女性形象作了比较。中国新诗研究所张传敏，进而探讨了生命经历、特定女性、男性欲望对《女神》"女性情结"的微妙影响。

西华师范大学何希凡，则将郭沫若20世纪40年代的创作视为又一“女神状态”，深入论析了创作心态、动力机制等交互因素。山西大同大学刘殿祥通过对诗集序诗的比较，辨析了郭沫若与闻一多内在精神取向上的不同。四川大学周维东则分析了郭沫若早期诗歌的时间观，及其对自我分裂感的对抗与消解。西南大学张武军，对郭沫若与鲁迅笔下的岳飞形象发表了看法。西华师范大学甘秋霞，转而论述了蒙太奇手法对《女神》诗剧的多重影响。罗文军则关注了郭沫若早期诗歌的改写，论述了其中的语境关联问题。

三、视野扩展与问题的再出发

研究视野的多方位扩展，以及研究者文化背景的多元化，无疑有利于更好认识世界文学中《女神》的位置和意义。日本郭沫若研究会会长岩佐昌暲，综述了日本的《女神》研究历史，进而指出《女神》与日本大正时代的思想文化关联，应是今后研究的重要问题。韩国学者白贞淑，梳理了《女神》在韩国的传播和接受轨迹，阐述了近三十年韩国的《女神》研究状况。乐山师范学院杨玉英则从译介和研究两个角度，梳理了英语世界的《女神》研究成果。异域视野上的探索，显然可以为郭沫若研究带来更多可能，甚至可以成为一种整体性的思考向度。

中国郭沫若研究会副会长魏建，则对郭沫若研究所存在的问题作了深刻审视。他以《凤凰涅槃》为例，认为流行六十余年的“共识”缺乏足够的文本支持，是偏狭的文学观造成的误读。乐山师范学院陈俐，也认为学界误读了五四时期郭沫若的个性主张，指出诗人对女神的复数化改写，是理解其思想大众化转向的突破口。中国社会科学院郭沫若纪念馆李斌，集中论析了郭沫若在多种批评声音下对《女神》的修订，认为其修改并非是迫于外部压力、更非是媚俗之举。山东师范大学逯艳，则又将问题转向《女神》的文学史书写，论析了史学观念等合力因素的作用与表现。成都大学张建锋，则再次探讨了现代科学背景对《女神》“科学之思”的影响。

同样是对研究或研究之研究所作出的反思，乐山师范学院张昭兵则认为郭沫若诗歌研究热闹中不无贫乏，在多维系统中作动态的、辩难式的考察，也许才是可行路径。杨兴玉则主张以开放的生态论视野，来合理关照郭沫若历史剧研究。山东师范大学贾振勇指出，新世纪的郭沫若研究在政治身份与学术表达、通识眼光的提升等方面，存在不少问题以及创新可能，而回归历史真相才是突破现状的重要支点。

在会场研讨之外，不少学者也以提交论文的形式参与了会议。中国社会科学院郭沫若纪念馆李晓虹，华南师范大学咸立强、黄雪敏，乐山师范学院王海涛，四川大学朱力等纷纷撰文，论析了《女神》涵盖下的经典激活、出版机制等问题。

此次会议共收到论文 46 篇，学者们在三场主题研讨及两场青年论坛中做了发言。在每场评议期间，与会代表积极发表意见，形成了良好的互动氛围。与会学者不仅在版本考释、语境探索、历史还原等方面展示了实际内容，而且在辨伪正误、自我反思、问题新探等方面展现了新的可能。虽然历史语境、出版机制、艺术思潮等方面的思考，并非都为新异之举，但这之中所包含的内部性阐释，史料整理与利用，视野上的拓展与新探，以及对研究方式的自我审视与调整，都使得会议具有了十分积极的意义。

（原载《郭沫若学刊》2011 年第 4 期）

《女神》出版90周年学术座谈会综述

李斌

为纪念《女神》出版90周年暨国际博物馆日，郭沫若纪念馆、中国郭沫若研究会与中国博物馆协会文学专业委员会共同主办的"文学与记忆"学术座谈会近日在京召开。《女神》这一新诗史上的杰作，引发各界专家热议。

《女神》至今仍富有生命力

1921年，《女神》由上海泰东图书局出版，该诗集内涵丰富，具有复杂的时代背景和深层的文化缘由，并深刻影响着中国新诗的发展，给后人留下了广阔的阐释空间。中国社会科学院研究生院教授张恩和说，为现代文学史上的某部诗集召开专题研讨会的并不多，《女神》则有这种资格。这也是与会者的共识。

与会者一致认为，即使在今天，《女神》仍具有强烈的艺术感染力。北京大学中文系教授孙玉石认为，如果对当下社会问题有所了解，那么对《女神》所高扬的自由精神就能产生共鸣，因此，《女神》在今天仍具有现实意义。张恩和指出，《女神》极富生命力，郭沫若对当时社会的揭示相当深刻，它的青春激情到现在还感染着很多人。北京大学外国语学院世界文学研究所教授喻天舒讲述了她在德国经历的故事：有位很有名的汉学家，起初因为偏见，在讲中国现代文学时没有选择郭沫若，但后来读了《女神》极为兴奋，在课堂大力推举。

《女神》文学史价值待深掘

在现有知识传播系统里，《女神》往往被简化，由此蔡震的《〈女神〉及佚诗》引起了研究者的兴趣。中国传媒大学影视艺术学院教授周靖波呼吁，学界应对这本书给予更多的关注。山东师范大学文学院教授魏建认为，自王瑶《中国新文学史稿》至现在流行的文学史著作，其对《女神》的介绍大同小异，所突出的主要是《女神》第二辑中少数几篇作品，但读了《〈女神〉及佚诗》后，却发现文学史的介绍并不可靠。巴金故居（筹）周立民认为，像《女神》这样已被经典化了的现代文学作品，是作为一个知识序列，而不是审美、感情与记忆进入我们的视野，因此，经典化扭曲了作家跟读者的原初关系，很多读者接触的是一个风干的知识体系，他们不读原著就能作出评价。首都师范大学教授王光明认为，对于那些远去了的大师，我们不一定要作出多么明晰的价值判断，而应多读原著，通过原著去阅读那个时代。郭沫若纪念馆副馆长李晓虹提出，《女神》对于青春、爱情甚至死亡这些文学主题的关注，使它具有了更多的超越性，这可以从韩国在20年代初期的三首郭沫若诗作翻译中得到佐证。

与会者对《女神》的文学史价值给予了充分肯定。中国人民大学文学院教授高旭东认为，从旧诗向新诗的转型是由郭沫若完成的，胡适提倡有什么话说什么话，导致新诗跟散文界限模糊，从而将新诗引向歧途，《尝试集》前后的新诗并不乐观，《女神》在此情况下出现，给诗坛带来了冲击，闻一多、徐志摩实际上都接续了郭沫若的传统。中国社会科学院文学研究所研究员刘福春认为，胡适做的是破坏性的工作，郭沫若做的是建设性的工作。王光明表示，郭沫若为新诗带来了一个大气的、有感受力的自我，他是中国诗体试验的重要开拓者，除十四行诗外，几乎所有的新诗诗体他都尝试过。

从《女神》谈到郭沫若研究，与会者一致认为，郭沫若这一丰富复杂的文化巨人，蕴涵着很多有待深入研究的学术空间，学界应摒弃对他的简单化道德判断，深入地探讨其留下的文化遗产。中国现代文学馆研究员傅光明说，我们书写历史人物时往往抽掉其复杂性，这样的思维太简单。喻天舒以自己跟郭沫若的交往为例，认为郭沫若非常亲切、非常真诚，对新中国发自内心的热爱和捍卫。张恩和认为，这些年对郭沫若评价偏低，是不公平的，我们很多人能够原谅周作人，为什么不能原谅郭沫若呢？郭沫若应成为文化史、思想史、学术史、文学史的重要资源。

（原载2011年5月31日《中国社会科学报》，原题《说不尽的〈女神〉：学界畅言郭沫若新诗写作》）

资讯·动态

结项重要课题

课题名称:郭沫若抗战归国问题研究

课题类型:四川省哲学社会科学规划项目

课题负责人:廖久明

课题管理单位:乐山师范学院

该课题2008年11月立项,2011年9月结项。课题成果由序言、上编、下编、结语四部分组成:序言以郭沫若抗战归国问题为例,阐发了课题负责人对可能考的一些看法;上编由七篇考证文章组成,主要结合时代背景考证了郁达夫、王芃生、何廉、陈布雷、周恩来等人与郭沫若归国的关系;下编重点介绍1936年11月—1937年7月郭沫若本人的情况,可能反映郭沫若归国意愿、行动、经过的内容详,其他略;结语结合郭沫若归国问题分析了七七事变前国民政府的内政外交。

在研重要课题

1. 郭沫若《女神》接受史

课题类型:四川省哲学社会科学规划项目

课题负责人:陈晓春

课题管理单位:乐山师范学院

课题简介:该课题是2011年立项的四川省哲学社会科学基地课题。课题主要内容为:一、从历时的角度,运用翔实的史料描述《女神》在不同时代升沉起伏过程,在此基础上探讨不同历史时期读者接受变化的原因和内在关联，特别注意前一时代接受过程中形成的历史“定见”对以后时代读者的“期待视野”形成的不同效应；二、从共时性角度，探索每一个历史阶段《女神》被积极接受或消极接受甚至被拒绝接受的内在原因，注意政治思想观念和社会文化心理对读者接受的影响；三、从立体、综合研究视角描述《女神》接受史，注意从时代、作者、传播媒体、读者等关系网络中研究其复杂的接受关系，探究其背后所蕴藏的主流意识形态与大众文化接受之间，文化生产、传播、消费之间的内在关联。

2. 郭沫若戏剧研究史论

课题类型：四川省哲学社会科学规划项目

课题负责人：杨兴玉

课题管理单位：乐山师范学院

课题简介：该课题为 2011 年立项的四川省哲学社会科学规划办基地课题，其主要内容包括郭沫若戏剧研究的基本历程、典型范式、核心范畴和主要论题。该课题旨在明瞭现状、调整方向、确立规范，促进沫若戏剧研究的健康发展。

3. 四川省教育厅人文社会科学重点研究基地(郭沫若研究)2011 年立项目录

郭沫若与这几个“文学大师”(王锦厚)、日本对郭沫若美学话语形成之影响研究(魏红珊)、沫若廉政文化建设理论与实践研究(黄大敏)、郭沫若金文考释特色的形成与当下意义(李义海)、文本细读与《女神》研究的深化(张德明)、郭沫若后期历史小说与初期新生活运动(杨华丽)、郭沫若、金斯堡诗歌比较研究(廖飞)、张培基英译的郭沫若散文研究(张慧)、功能语言学视角下的郭沫若英诗翻译研究(徐波)、沫若品牌价值及其开发战略研究(任文举)、郭沫若教育思想文化对高校校园文化建设的启示(佘万斌)、教材中的郭沫若作品评价研究——以大学现代文学史教材、中学语文教材为例(杨宏)、郭沫若报刊杂志经营策略研究(王立新)、郭沫若与知识分子的民间想象(曾平)、以沫若文化精神深化学生文化类社团内涵发展(李忠伟)、郭沫若与陶希圣之比较——以社会史研究为中心(帅刚)、郭沫若作品在中国的英译研究(黄芳)、创造社与泰东图书局的联姻——以出版为中心的考察(邱雪松)、郭沫若“风韵论”诗译思想研究(卢丙华)、近代中国教育变革对郭沫若成长历程影响研究(屈军)。

获奖成果

获奖论文:魏建《〈沫若诗词选〉与郭沫若后期诗歌文献》

《中国现代文学研究丛刊》编辑部举办的第一次优秀论文评选日前揭晓。中国郭沫若研究会副会长魏建的论文《〈沫若诗词选〉与郭沫若后期诗歌文献》获该刊 2011 年度优秀论文奖。获奖评语认为:“这是一篇扎实的史料考证文章,对郭沫若后期诗歌的不同版本、篇目的校勘考证很见功夫,且阐述清晰不繁琐,所论可信可靠,填补了郭沫若研究的空白之处,对完善郭沫若研究有重要作用。论文体现出的‘熬苦求学’得‘真学问’的精神,值得肯定与提倡,也有学风纠偏的意义。”

(据 2012 年 1 月 11 日《文艺报》)

新版《创造十年》

著　　者:郭沫若
编　　者:郭平英
出 版 社:云南人民出版社
版　　次:2011 年 5 月第 1 版

本书收录了郭沫若创作的《创造十年》与《创造十年续编》。总的说来,两者都以郭沫若自身为叙述视角,采取个人传记的体裁,讲述了“创造社”这一与“文学研究会”并驾齐驱的新文学团体十年间的活动情况。其中,《创造十年》是郭沫若 1932 年流亡到日本时对 1918 年至 1923 年创造社前期活动的回忆,此时这一团体以郭沫若、郁达夫、成仿吾为骨干,从创办《创造》季刊开始,以宣扬浪漫主义与个性解放的文学实践成为五四新文化运动的重要组成部分。而《创造十年续编》则记录了他们 1924 年至 1926 年的活动,这时以郭沫若为代表的部分创造社成员把目光从纯文学的角度转向对中国社会问题的关注,意识到了建立革命文学的社会使命,成为积极宣传马克思主义的知识分子。

作为附录,本书还收入了郑伯奇的《二十年代的一面》、陶晶孙的《创造三年(节选)》以及成仿吾的《怀念郭沫若(节选)》三篇文章。这些创造社同人的回忆都从不同的侧面加深了读者对郭沫若与“创造社”成长的理解。

《图本郭沫若传》

著　　者:黄曼君、王泽龙、李郭倩
出版发行:长春出版社
版　　次:2011 年 1 月第 1 版

作为丛书“图本中国现当代作家传”中的一本,此书以图文互动的形式,分六章讲述了郭沫若一生中的几个关键时期:幼年时在绥山沫水初学作文,后首渡东瀛与安娜成家立业,并弃医从文踏入中国新诗坛;再投笔从戎参加北伐革命军;因笔诛蒋介石被迫流亡海外二渡东瀛,十年间潜心研治中国古代文史;后在抗日战争爆发时毁家纾难,归国投入中国无产阶级革命的洪流中;最后在新中国成立后,迎合政治意识形态,更多地以社会活动家的身份度过风雨晚年。

此书叙述简洁，并在图文互为阐释的基础上，做到了平视传主、立足真实、回归日常，在生动映现了郭沫若作为中国知识分子探求真理、追求光明的精神轨迹的同时，也并不回避其思想与性格上的弱点，并展现了其许多日常表现与逸闻琐事。总体上以平实活泼的笔调塑造出了立体而丰盈的人物形象。

《郭沫若画传》

撰　　文：蔡震

图片选编：钟作英

出 版 社：江西人民出版社

版　　次：2011年3月第1版

作为丛书"文化的记忆——中国近现代文化名人画传"中的一本，此书分15章节图文并茂地详述了郭沫若跌宕起伏又精彩纷呈的一生，着重凸显出这位大师作为中国现代著名的无产阶级文学家、诗人、剧作家、考古学家、思想家、古文字学家、历史学、书法家，和著名的革命家、政治家等多种身份的形成历程，力现其在动荡不安、蜕旧变新的时代所经历的人生坎坷与思想变迁，展示出了他各方面的成就与辉煌。

作为传记，本书以讲述历史故事的口吻生动地为读者娓娓道来，语言精炼流畅、资料详尽丰富；同时，作为一本画传，它还提炼出郭沫若纪念馆多年积累的历史图片和资料精华，以图导文，以文述图，通过一手资料激活记忆空间，使郭沫若的生命轨迹在读者面前更加鲜活。

《郭沫若和这几个"文学大师"》

著　　者：王锦厚

出 版 社：四川大学出版社

版　　次：2011年6月第1版

作为《决不日夜记着个人的恩怨——鲁迅与郭沫若个人恩恩怨怨透视》（王锦厚著，重庆出版社2010年4月版）的姊妹篇，本书在梳理丰实史料的基础上，以郭沫若与闻一多、梁实秋、郁达夫、林语堂等几个代表不同政治倾向、不同意识形态、不同文学见解，却都曾在中国现代文坛扮演过重要角色的文学大师之间复杂而微妙的关系作为切入点，通过具体辨析文学活动中的事件，展示了他们之间的友谊、分歧和矛盾。此外，书中还集录了毛泽东对郭沫若的种种评价，以及楼适夷、戈宝权、王瑶等前辈学人的关心与支持，多角度呈现出郭沫若研究的视域。

作为一本以史料为基石的学术著作，本书钩沉了大量有价值的文献资料，并融入不少鲜活、真实的访问记、来往书信以及手迹、照片等第一手材料，向人们展示了当代文坛的真实风貌。此外，本书还注重独立与批判之精神，力图做到不发空论，不为贤者讳，不人云亦云，并立场鲜明地表达出自己对是非曲直的判断，对当今学术研究具有正面导向的意义。

《郭沫若新论》

著　　者：秦川

出 版 社：社会科学文献出版社

版　　次：2011 年 10 月第 1 版

此书收录了近年来作者所撰写的 28 篇有关郭沫若研究的学术论文。内容主要分为四个部分：一、郭沫若论、辩，涉及有关其热点与争议的问题；二、中国文化与中国文化导论；三、郭沫若与创造社文艺论；四、郭沫若研究述略、考释。

作者希望从不同侧面作出对郭沫若这一时代大师客观公允的科学评价，意在反驳近年来因为思想的多元化、价值观和信仰的失落以及各种海外思潮的冲击而形成的，以反思为名，行否定郭沫若之实的不良之风。因为作者认为，要创建 21 世纪富有中国特色的新文化，就要对 20 世纪的思想文化作出科学分析与深刻反思。所以在此前提下，郭沫若在中国现代历程中对文学、史学、考古、古文字、翻译、古籍整理、书法艺术等方面所作出的卓越建树，不该因为“政治投机轮”的老调重弹而再次遭受不公正的评判。

《英语世界的郭沫若研究》

著　　者：杨玉英

出 版 社：复旦大学出版社

版　　次：2011 年 11 月第 1 版

本书作为学术专著，分四章阐释了“英语世界的郭沫若研究”这一主题：第一章“郭沫若在英语世界的传播”以 1978 年为界，论述了在这一时间段前后该领域出现的显著变化；第二章“英语世界郭沫若译介”主要介绍了其自传、戏剧、诗歌与小说的英语译介情况；第三章“英语世界的郭沫若学术研究状况”则包括了其传记与思想、西方文学理论与文学批评、诗歌与戏剧，小说与书评等范畴；最后，在第四章“英语世界郭沫若研究的借鉴”中，作者主要论述了这一研究范式的特征，以及与中国郭沫若研究的互动互补，并阐发了其对中国现当代文学研究的启示。

总体说来，“英语世界”既指向殊异文化语境下的研究，也意味着时间概念上学术史意义的考察，而郭沫若作为具有西方知识背景的大师，则可以从不同的文化中解读出丰富的内涵。因此作者全面收集、整理（包括很大的翻译量）英语世界译介的郭沫若作品和郭沫若研究的文献资料，并在时间与空间两条线索上作出的十分清晰的梳理与归纳，显然可以补充与丰富有关于郭沫若英语资料的研究。

“文学与记忆”教育戏剧走进郭沫若纪念馆

2011年5月17日，郭沫若纪念馆展厅里一场解读《女神》的教育戏剧观摩活动，吸引了全国各地二十多家文学家、作家博物馆专业人员的关注。这场观摩活动由郭沫若纪念馆、中国郭沫若研究会、中国博物馆协会文学专业委员会共同主办。北京抓马宝贝(Drama rainbow)英式创意学校的年青老师作为志愿者，和北京市朝阳区同心实验学校的18名六年级的农民工子弟一起，在教育剧场中担当了主角。整场教育戏剧活动真切感人，别开生面，成为博物馆公众教育活动的一次全新体验和成功尝试。

活动结束后，郭沫若纪念馆馆长郭平英主持召开了座谈会。来自中国现代文学馆和北京人艺戏剧博物馆，来自蒲松龄、曹雪芹、鲁迅、茅盾和赵树理等中国著名文学家故居、纪念馆的研究人员，以及来自北京师范大学、北京抓马宝贝(Drama rainbow)学校从事教育理论研究的专家们就教育戏剧与博物馆、教育戏剧与名家名篇教学等问题进行了现场讨论。

《女神》出版90周年纪念活动在上海举办

2011年6月9日和11日，为纪念《女神》出版90周年，上海市作家协会、上海市图书馆、上海戏剧学院、郭沫若纪念馆、上海青浦农民工子弟学校等单位在上海市作家协会大礼堂和上海图书馆讲座中心分别举办了两场题为“女神礼赞”的郭沫若诗歌朗诵表演会。

这次朗诵表演会形式独特，表演者来自多个领域。著名作家苏叔阳，上海著名演员陈奇、张铭煜，郭沫若纪念馆馆长郭平英、副馆长李晓虹，《解放日报》文艺部主任、著名诗人徐芳等作为特邀嘉宾朗诵了《炉中煤》、《司春的女神》、《我们的花园》等作品。上海戏剧学院导演系2010级学生编导、表演了诗剧《女神之再生》、《棠棣之花》和《湘累》。上海市图书馆朗诵组和上海青浦农民工子弟学校的孩子们也参与了朗诵。

郭沫若纪念馆与国际芥川龙之介学会进行文化交流活动

2011年10月10日下午，国际芥川龙之介学会的中外学者一行35人到郭沫若纪念馆参观交流,受到热情接待。

来访的国际芥川龙之介学会会员,大多是来自东京大学、早稻田大学、京都大学的日本知名学者,也有部分学者来自韩国和中国台湾。郭沫若纪念馆为了欢迎这些客人,在常规展出外,特意准备了“跨着东海——郭沫若与中日文化交流”的小型展览,介绍了郭沫若不同时期在中日文化交流中的作用。

郭平英馆长介绍了现代中国的留日学生群体在文学创作、学术研究和中日友谊上所作出的贡献。郭平英馆长说:中日韩一衣带水,世代交好,东北亚人民爱好和平,爱好友谊。我们这些来自中国大陆、日本、韩国、台湾的学者,应该积极从事文化交流活动,促进东北亚各国人民的相互了解,加深各国人民的友谊,为亚洲与世界的永久和平作出自己的贡献。

新加坡文艺协会会长骆明一行访问郭沫若纪念馆

2011 年 10 月 19 日下午,新加坡文艺协会会长骆明等一行 5 人到郭沫若纪念馆参观交流,受到热情接待。骆明会长等在郭沫若纪念馆工作人员的引导下,参观了故居庭院和展陈。客人们仔细观看了展陈,并就他们关心的问题详细询问讲解员。骆明会长说,新加坡也曾上演过郭沫若的《屈原》、《棠棣之花》、《虎符》、《南冠草》等戏剧,并产生了一定的影响。参观结束后,郭平英馆长带领纪念馆研究人员与骆明会长等进行了文化交流。骆明会长向郭沫若纪念馆赠送了新加坡文艺协会主编的文艺刊物和出版的相关著作,介绍了新加坡华文文学的发展和现状。郭平英馆长对新加坡文艺协会造访郭沫若纪念馆表示热情欢迎,并简要介绍了郭沫若纪念馆与国际博物馆协会中国文学专业委员会的情况,希望能够跟新加坡文艺协会就研究和展览等方面进行合作。新文化纪念馆和现代文学馆的相关领导也参加了这次交流活动。

郭沫若纪念馆等 8 家名人故居纪念馆携手相关单位联合举办“志愿北京之博物馆行动”启动仪式

为庆祝中国共产党建党 90 周年,在“5·18 国际博物馆日”的到来之际,郭沫若纪念馆与宋庆龄故居、李大钊故居、鲁迅博物馆、茅盾故居、老舍纪念馆、徐悲鸿纪念馆、梅兰芳纪念馆、北京市文博交流馆与中共北京市委宣传部、北京市文物局、共青团北京市委员会、北京志愿者联合会、北京博物馆学会结合今年博物馆日的主题“博物馆与记忆”，共同于2011年5月16日在北京市朝阳区星河双语学校隆重举行了“志愿北京之博物馆行动”启动仪式，启动的志愿服务项目包括“红色记忆——文化名人与中国共产党”展览进校园活动和“关爱农民工子女”志愿服务活动。选择在该校举办活动，旨在以博物馆、以展览为纽带，联系社会，带动各界关心和支持打工子弟群体。

“红色记忆——文化名人与中国共产党”展览巡展活动

自“5·18国际博物馆日”前夕郭沫若纪念馆与8家名人故居纪念馆联合举办了“红色记忆——文化名人与中国共产党”展览启动仪式之后，分别在朝阳区星河双语子弟学校、朝阳区弘善学校、十八里店中学、朝阳区明圆学校、朝阳工行支行、通讯兵驻京部队、望京科技园、西郊机场、北京女子劳教等地进行了巡展，其中许多单位还都结合展览的主题与各自的特点开展了纪念建党90周年的特色活动。年底，该展览赠送给了位于北京郊区的平谷上宅博物馆，由该馆继续在平谷区的学校、部队中巡展。

北京人艺术剧院上演《蔡文姬》第三版

2011年4月下旬，北京人民艺术剧院的保留剧目《蔡文姬》重现首都舞台。1959年郭沫若的史剧《蔡文姬》经过焦菊隐导演的再度创作搬上舞台，一举成为中国话剧艺术民族化道路上的一个里程碑。1978年北京人艺恢复演出此剧时，观众热切盼望重睹佳作，首都剧场外竟出现了买票队伍将院墙挤倒的场景。2001年人艺复排《蔡文姬》，徐帆继朱琳之后，以其独到的戏曲功底和表演风格塑造了“第二代”蔡文姬。2011年版的《蔡文姬》由苏民、唐晔担任导演，被誉为80后的新版。青年导演唐晔与老艺术家苏民一起在回归“原汁原味”的同时，力求表现手法的清新简约。剧中人物，除曹操由濮存昕扮演外，其他角色几乎全部由人艺的话剧新秀担纲。29岁的年轻演员于明加为蔡文姬这一舞台形象注入自己对历史与人物内心的理解。

《虎符》成为中央戏剧学院教学实践题目

2011 年 11 月 16 日至 25 日，中央戏剧学院表演系 2008 级(2)班在北京成功上演郭沫若的五幕话剧《虎符》，纪念作者诞辰 119 周年。23 年前，中戏表演干部进修班曾经上演过该剧，这次的演出是中央戏剧学院 2008 年(2)班毕业前夕分量最重的一次教学实践。在导演刘国平老师的带领下，舞台各部门创作人员认真研读剧本，分析人物，体验角色的内心情感；在服装、布景、音乐、礼仪、台词等方面都有所创新，吸收战国时代的历史元素，立体地塑造了一个宏大的历史场景。中戏新版《虎符》的演出为观众带来深刻教义，传递了中华民族的传统美德，揭示了“大爱”的主题——不仅要爱自己和家人，还要爱国家，爱民族，爱和自己没有血缘关系的人，甚至甘愿为之作出牺牲。

2011年郭沫若研究成果索引

齐午月　陈晓嘉　编

一、2011年郭沫若研究报刊论文目录索引

郭沫若与韶山毛泽东同志纪念馆/李丽//《中国文物报》,2011年1月5日。

绿荫下的故事——记郭沫若与无锡东大池/薛镇岐//《太湖》,2011年第1期。

探源郭沫若的翻译成就/胡龙青//《兰台世界》,2011年第1期。

独特浓炽的爱国情怀——读《炉中煤》/刘金珠//《阅读与鉴赏》(下旬),2011年第1期。

例谈文本解读的有效引领/王小东、徐宏寿//《语文教学与研究》,2011年第1期。

“重写文学史”视野下的郭沫若研究——兼及夏志清《中国现代小说史》/李钧//《文化学刊》,2011年第1期。

论郭沫若的戏剧功能观/孙淑芳、许祖华//《中国文学研究》,2011年第1期。

评《决不日夜记着个人的恩怨——鲁迅与郭沫若个人恩恩怨怨透视》/杨秀芝//《世界文学评论》,2011年第1期。

中外戏剧史上的一对奇葩——《玩偶之家》与《卓文君》之比较/张柏柯//《延安职业技术学院学报》//2011年第1期。

20世纪中国文化巨人郭沫若论辩/秦川、侯彤//《西华大学学报(哲学社会科学版)》,2011年第1期。

基督教文化对郭沫若诗歌的影响/薛沛文//《长春师范学院学报(人文社会科学版)》,2011年第1期。

郭沫若史剧的男女人格共建观/陈鉴昌//《西华大学学报(哲学社会科学版)》,2011年第1期。

在记忆与反思中守望文学——论流亡时期诗人郭沫若的自传写作与理论思考/蔡震//《陕西师范大学学报(哲学社会科学版)》,2011年第1期。

作品异本与作品集异本——以郭沫若后期作品为例/魏建//《重庆大学学报(社会

科学版)》,2011 年第 1 期。

郭沫若《女神》时期佚诗的文献价值——以《〈女神〉及佚诗》为中心/李怡//《湘潭大学学报(哲学社会科学版)》,2011 年第 1 期。

论诗、作诗与译诗之知行合一——试析郭沫若的诗歌翻译理论与实践特色/孔令翠、王慧//《重庆邮电大学学报(社会科学版)》,2011 年第 1 期。

“耻不食周粟”?——郭沫若《甲骨文字研究》出版前后/何刚//《新文学史料》,2011 年第 1 期。

1912 年郭沫若在成都写回的家信/王锦厚//《郭沫若学刊》,2011 年第 1 期。

郭沫若对孟子的认识和评价评述/杨胜宽//《郭沫若学刊》,2011 年第 1 期。

北平《世界日报》1937 年关于郭沫若与凤子的一则报道/刘涛//《郭沫若学刊》,2011 年第 1 期。

“市街”还是“街市”/樊发稼//《郭沫若学刊》,2011 年第 1 期。

关于《郭沫若旧体诗词赏析》的通信/王廷芳//《郭沫若学刊》,2011 年第 1 期。

郭沫若文化的混搭风格与“标出性”历史/陈俐//《郭沫若学刊》,2011 年第 1 期。

郭沫若与日本杂志的关连/[日]藤田梨那//《郭沫若学刊》,2011 年第 1 期。

中国现代文学的日本借镜——以郭沫若与有岛武郎为中心的考察/王海涛//《郭沫若学刊》,2011 年第 1 期。

经学史学化对郭沫若中国古代社会研究的影响/周书灿//《郭沫若学刊》,2011 年第 1 期。

廖名春先生《毛泽东郭沫若〈孙悟空三打白骨精〉唱和诗索隐》之我见/廖久明//《郭沫若学刊》,2011 年第 1 期。

署名杜荃的文章没收进《郭沫若全集》/王锦厚//《郭沫若学刊》2011 年第 1 期。

历史剧《屈原》新时期研究综述/孙娜、颜同林//《郭沫若学刊》,2011 年第 1 期。

在郭沫若晚年作品中阅读中日友好/郭平英//《郭沫若学刊》,2011 年第 1 期。

沈从文书信中的郭沫若/任葆华//《读书文摘》,2011 年第 2 期。

由《女神》看诗歌的使命担当和大爱激情/葛娟//《飞天》,2011 年第 2 期。

郭沫若与傅抱石书画情深/周惠斌//《东方收藏》,2011 年第 2 期。

论惠特曼《草叶集》对郭沫若《女神》的影响/张浩//《文学教育》(上),2011 年第 2 期。

女性意识与民族国家——以现当代话剧文学中的昭君形象为中心/蒋芝芸、谢娅萍//《湖北民族学院学报(哲学社会科学版)》,2011 年第 2 期。

《凤凰涅槃》的再解读及诗歌经典化的再思考/曾攀//《广西民族师范学院学报》,2011 年第 2 期。

《女神》中的“太阳”与“月亮”/李闽燕//《聊城大学学报(社会科学版)》,2011 年第 2 期。

从《文艺论集》的版本看郭沫若文学批评的流变/周海波//《齐鲁学刊》,2011 年第 2 期。

韩国报刊上的郭沫若/[韩]林大根//《郭沫若学刊》,2011年第2期。

胡适与郭沫若/桑逢康//《郭沫若学刊》,2011年第2期。

梁实秋和鲁迅恩怨情仇始末——《郭沫若与这几个"文学大师"·后记》/王锦厚//《郭沫若学刊》,2011年第2期。

论郭沫若译诗的修改/彭建华、邢莉君//《郭沫若学刊》,2011年第2期。

廿五年间两决绝——郭沫若与唐弢/冯锡刚//《郭沫若学刊》,2011年第2期。

析郭沫若与曹禺的史剧《王昭君》/康鑫//《郭沫若学刊》,2011年第2期。

在革命烈火中永生——《凤凰涅槃》/杨芝明//《郭沫若学刊》,2011年第2期。

文化工作委员会史料特辑/编辑//《郭沫若学刊》,2011年第2期。

试论郭沫若对民族学材料的运用——兼及其与徐中舒"古史三重证"的分野/周书灿//《郭沫若学刊》,2011年第2期。

关于郭沫若一封佚简的释文/贺宏亮//《郭沫若学刊》,2011年第2期。

郭沫若对《水调歌头·赞焦裕禄》的改动/刘运峰//《郭沫若学刊》,2011年第2期。

1978年以后英语世界的郭沫若研究综述/杨玉英、廖进//《郭沫若学刊》,2011年第2期。

酷评:一种谩骂式的粗暴批评——以夏志清对郭沫若的点评为例/李钧//《文艺报》,2011年3月2日。

郭沫若巧对嵌字联/君山//《教师博览》(文摘版),2011年第3期。

浪漫的诗神——郭沫若与李白比较/赵长慧//《陕西教育》(高教版),2011年第3期。

论郭沫若音韵研究方法/王荣//《北方文学》(下半月),2011年第3期。

论《女神》的现代性追求/刘海洲//《时代文学》(下半月),2011年第3期。

论郭沫若早期小说创作中的基督教观念/刘海洲//《作家杂志》,2011年第3期。

扬弃·魅力·成就——郭沫若历史剧与儒家文化/李畅//《四川戏剧》,2011年第3期。

郭沫若与郭沫若/姚建杭//《中国钢笔书法》,2011年第3期。

论青年郭沫若的艺术创造力/姚全兴//《美与时代(上)》,2011年第3期。

梁启超、胡适、郭沫若史学特点之比较及其学术关联/周文玖//《史学史研究》,2011年第3期。

冯锡刚《郭沫若的晚年岁月》拾补四则/逯艳//《淄博师专学报》,2011年第3期。

主体思维与学科壁垒——再谈郭沫若研究中的时空关系/刘悦坦//《德州学院学报》,2011年第3期。

郭沫若《管子集校》训诂条例发微/刘凯//《成都电子机械高等专科学校学报》,2011年第3期。

身份嬗变与中国当代"新台阁体"诗词的形成——郭沫若旧体诗词创作转型论/李遇春//《中国政法大学学报》,2011年第3期。

浅谈郭沫若对古文字学研究的贡献/姜丽//《重庆城市管理职业学院学报》,2011

年第 3 期。

新中国成立后郭沫若两篇佚作笔名考释/张勇//《山东师范大学学报(人文社会科学版)》,2011 年第 3 期。

论郭沫若史学的特色/周文玖//《淮北师范大学学报(哲学社会科学版)》,2011 年第 3 期。

郭沫若研究迟到的"补课"——郭沫若文献史料国际学术研讨会暨国际郭沫若研究会学术年会述评/贾振勇、魏建//《中国现代文学研究丛刊》,2011 年第 3 期。

论郭沫若对《西厢记》的改编和现代阐释/彭林祥//《中国现代文学研究丛刊》,2011 年第 3 期。

郭沫若政治转向过程中的人际关系探微/陈俐//《新文学史料》,2011 年第 3 期。

郭沫若归国与王芃生所起作用考/廖久明//《新文学史料》,2011 年第 3 期。

郭沫若流亡日本期间若干旧体佚诗考/蔡震//《新文学史料》,2011 年第 3 期。

《凤凰涅槃》的三个译本/杨玉英//《郭沫若学刊》,2011 年第 3 期。

"我要取消掉我这个'文艺家'或'作家'的头衔"/陈占彪//《郭沫若学刊》,2011 年第 3 期。

从《女神》到《死水》——时代思潮的演变和诗人个性精神的变迁/刘殿祥//《郭沫若学刊》,2011 年第 3 期。

从郭沫若的译品看人品/王慧、孔令翠//《郭沫若学刊》,2011 年第 3 期。

关于郭沫若评价荀子的几个问题/杨胜宽//《郭沫若学刊》,2011 年第 3 期。

郭沫若、柳亚子关于《屈原》的唱和/周晓晴//《郭沫若学刊》,2011 年第 3 期。

郭沫若用寺字韵诗作考/蔡震//《郭沫若学刊》,2011 年第 3 期。

郭沫若与无政府主义思潮/夏敏//《郭沫若学刊》,2011 年第 3 期。

经典如何激活——《女神》接受方式的探寻/李晓虹、李斌//《郭沫若学刊》,2011 年第 3 期。

他者叙述与自我"作为"——郭沫若《中国古代社会研究》"经典之路"再析/何刚//《郭沫若学刊》,2011 年第 3 期。

永远的精神支柱——从周公致郭老的两封信谈起/王锦厚//《郭沫若学刊》,2011 年第 3 期。

是"说谎",还是杜撰?——郭沫若"读完"过《吴宓诗集》质疑/梁胜//《郭沫若学刊》,2011 年第 3 期。

佚简三封/贺宏亮提供//《郭沫若学刊》,2011 年第 3 期。

题《程砚秋图文集》/王锦厚提供/《郭沫若学刊》,2011 年第 3 期。

对郭沫若研究的"补课"——郭沫若文献史料国际学术研讨会/李钧//《社会科学报》,2011 年 4 月 28 日。

别了,"鲁郭茅"/陈歆耕//《杂文月刊》,2011 年第 4 期。

毛泽东与郭沫若的情谊/刘国学//《红广角》,2011 年第 4 期。

"四为"读书法/育林//《老同志之友》,2011 年第 4 期。

论郭沫若、康白情新诗创作中的自然崇拜/龚奎林//《长城》,2011 年第 4 期。

游离与整合——中西文学坐标上的《女神》及五四浪漫主义/胡勇//《青海社会科学》,2011 年第 4 期。

郭沫若晚年的领袖崇拜问题分析/逯艳//《淄博师专学报》,2011 年第 4 期。

聂耳死因的调查及郭沫若的墓碑文/向延生//《黄钟(中国．武汉音乐学院学报)》,2011 年第 4 期。

历史剧《屈原》的浪漫诗剧品格/程致中//《湖州师范学院学报》,2011 年第 4 期。

《女神》时期集外诗作的发掘与郭沫若早期新诗的文学史形象/颜同林//《西南大学学报(社会科学版)》,2011 年第 4 期。

“体用同称”与郭沫若辞章视点金文考释的当下意义/李义海//《闽江学院学报》,2011 年第 4 期。

《三叶集》的新诗观/管兴平//《黄冈师范学院学报》,2011 年第 4 期。

郭沫若建国初期对诗集《女神》的筛选/商金林//《南京师范大学文学院学报》,2011 年第 4 期。

郭沫若历史悲剧的存在主义解读/陈鉴昌//《地方文化研究辑刊》,2011 年第 4 期。

学界呼吁“客观探讨郭沫若”/陈菁霞//《中华读书报》,2011 年 5 月 25 日。

说不尽的《女神》:学界畅言郭沫若新诗写作/李斌//《中国社会科学报》,2011 年 5 月 31 日。

从旅游视角看郭沫若文化资源品牌设计与塑造/杨小川//《作家杂志》,2011 年第 5 期。

关于郭沫若论上古音的几点探讨/王荣//《青春岁月》,2011 年第 5 期。

郭沫若《龙潭》诗稿手迹真伪探讨/汤根姬//《收藏》,2011 年第 5 期。

郭沫若上当/丁冬//《读写天地》,2011 年第 5 期。

郭沫若:我一生最厌恶最憎恨的就是虚伪造作/陈占彪//《档案春秋》,2011 年第 5 期。

解诗之难——从毛泽东为郭沫若修改《忆秦娥·娄山关》考证解读说起/卢洁//《秘书工作》,2011 年第 5 期。

借古鉴今、古为今用——浅谈郭沫若的历史剧/贾雨潇、冉海涛//《北方文学》(下半月),2011 年第 5 期。

历史题材中的现代心态——评郭沫若的历史剧《蔡文姬》/吴斯佳//《名作欣赏》,2011 年第 5 期。

论郭沫若、康白情的诗艺源流及诗学观/龚奎林、张明华//《学理论》,2011 年第 5 期。

缪斯之幡的精神引领——外国诗人对郭沫若《女神》抒情形态的影响/张浩//《学理论》,2011 年第 5 期。

论郭沫若历史剧中女性意识的发展演变/钱明芳//《黄冈师范学院学报》,2011 年第 5 期。

郭沫若文学创作的忏悔情结/刘海洲//《广西师范大学学报(哲学社会科学版)》,2011年第5期。

基于名人文化资源品牌化的旅游营销模式研究——以郭沫若文化为例/杨小川//《乐山师范学院学报》,2011年第5期。

作为文献史料的报纸文章——记郭沫若1955年访日的报道/[日]岩佐昌暲//《郭沫若学刊》,2011年第5期。

"脚踏实地而神游天外"——关于郭沫若的精神个性/蔡震//《文艺报》,2011年6月8日。

"一拳缱绻,两仪斡旋"——《郭沫若题画诗存·缀语》之余/郭平英//《文艺报》,2011年6月8日。

郭沫若评诗一偏/北塔//《文艺报》,2011年6月8日。

郭沫若与巴蜀文化/李怡//《文艺报》,2011年6月8日。

《雷电颂》的感情脉络/周兴国//《语文》,2011年第6期。

儒家"仁义"思想与郭沫若抗战历史剧/李畅//《四川戏剧》,2011年第6期。

谈郭沫若《女神》对现代诗词的影响/贺雨涵//《黑河学刊》,2011年第6期。

周恩来与郭沫若武汉联手促抗战/王进//《文史春秋》,2011年第6期。

从《论曹植》看郭沫若的文艺批评观/唐瑛、周洪林//《时代文学》(上半月),2011年第6期。

郭沫若《女神》中的"西方形象"/方长安//《福建论坛·人文社会科学版》,2011年第6期。

郭沫若"五四"时期诗歌翻译选材及策略/张玥//《河北理工大学学报(社会科学版)》,2011年第6期。

"他是乐山当之无愧的伟人"/张清//《乐山日报》,2011年7月6日。

郭沫若为什么成为"愤青"/李洁非//《爱情婚姻家庭》,2011年第7期。

浅析郭沫若作品的特点/叶丽佳//《才智》,2011年第7期。

郭沫若的一件轶事与一首诗/管冠生//《鲁迅研究月刊》,2011年第7期。

《郭沫若全集》部分方言词语考释/周雅琴//《青年文学家》,2011年第8期。

干戈化玉帛文坛留佳话——上世纪20年代,胡适、郭沫若在上海/康小康//《中国西部》,2011年第8期。

鲁迅郭沫若间的误会与纠葛/张家康//《党史博采》(纪实),2011年第8期。

论郭沫若的"革命文学"理论主张/刘海洲//《商丘师范学院学报》,2011年第8期。

郭沫若的文艺思想——以二十世纪四十年代郭沫若杂文创作为中心/令狐兆鹏、赵学斌//《宜宾学院学报》,2011年第8期。

论郭沫若的"情绪"诗学观/吕周聚//《中国现代文学研究丛刊》,2011年第8期。

是郭沫若给了我力量——访日本国士馆大学文学部中文系教授藤田梨那/雷永莉//《太原日报》,2011年9月13日。

郭沫若"静坐"享长寿/佚名//《晚报文萃》,2011年第9期。

从《中国文化之传统精神》看郭沫若的早期传统文化观/牛林豪//《史学月刊》,2011年第9期。

郭沫若新中国成立后为何变得奴颜媚骨/谢铁群//《学习博览》,2011年第9期。

郭沫若辛亥佚作 见证百年历史变迁——郭沫若《敝帚集》整理手记/秦川、郭平英//《中国社会科学报》,2011年10月13日。

《桃花源记》与《天上的街市》的异同点/石美丽//《新作文》(教育教学研究),2011年第10期。

我所知道的郭沫若先生/严寄洲//《中外文摘》,2011年第10期。

难忘为郭沫若当翻译/周斌//《档案春秋》,2011年第10期。

郭沫若对殖民地上海的体验与书写/刘永丽//《东岳论丛》,2011年第10期。

浅析郭沫若、田汉写意性话剧语言的意义/陈留生//《中国现代文学研究丛刊》,2011年第10期。

掰开生涩、奇崛的"石榴"——对郭沫若散文《石榴》的有效教学探究/杭法刚//《探索·争鸣》,2011年第11期。

《沫若诗词选》与郭沫若后期诗歌文献/魏建//《中国现代文学研究丛刊》,2011年第11期。

郭沫若如何离开安娜/管冠生//《鲁迅研究月刊》,2011年第11期。

时代的反讽 人生的反思——论郭沫若的《李白与杜甫》/刘海洲//《文艺评论》,2011年第12期。

从天上到人间——从郭沫若的《天狗》和穆旦的《我》看抒情主体的变化/刘丙芬//《青年文学家》,2011年第13期。

郭沫若与《大连日报》的情缘/王维成//《东北之窗》,2011年第13期。

试论郭沫若的体育观/袁斌//《飞天》,2011年第14期。

从《女神》看郭沫若的审美精神/戴璐//《青年文学家》,2011年第17期。

郭沫若登泰山/孟宪飞//《东北之窗》,2011年第17期。

私塾教育与郭沫若、康白情的新诗创作/龚奎林//《名作欣赏》,2011年第18期。

探究郭沫若《女神》的浪漫主义特色/吴玥//《神州》,2011年第23期。

《女神》:新诗的奠基之作/付红侠//《青年文学家》,2011年第23期。

郭沫若之女在《女神》发表90周年之际谈父亲/郭平英//《语文教学与研究》,2011年第24期。

社会大转换时代的骄子——对郭沫若自传体散文的观照/谷宇//《名作欣赏》,2011年第24期。

时代洪流中的有机知识分子——以郭沫若杂文研究为个案/令狐兆鹏、吴云//《名作欣赏》,2011年第26期。

纵情的极限——郭沫若诞生(上)/李兆忠//《名作欣赏》,2011年第31期。

纵情的极限——郭沫若诞生(下)/李兆忠//《名作欣赏》,2011年第34期。

论《女神》的文本细读问题/张德明、杨先林//《名作欣赏》,2011年第36期。

郭沫若与华兹华斯的浪漫主义/张尚信//《考试周刊》,2011 年第 52 期。

解剖室中的人格想象:对郭沫若早期诗人形象的扩展性考察(初稿)/姜涛//《新诗与浪漫主义学术研讨会论文集》,2011 年。

二、2011 年郭沫若研究研究生学位论文目录索引

女神诗歌用韵研究/高燕//兰州大学汉语言文字学硕士学位论文

郭沫若"女神体"研究/胡忱//华中师范大学中国现当代文学硕士学位论文

郭沫若的甲骨学研究/郝雯雯//西南大学汉语言文字学硕士学位论文

郭沫若翻译理论与实践研究/王影//河北大学英语语言文学硕士学位论文

郭沫若历史人物评价述论/李端生//安徽大学史学理论和史学史硕士学位论文

论诗学对翻译策略的操控——以郭沫若译雪莱诗歌为个案研究/李青蔚//西南交通大学外国语言学及应用语言学硕士学位论文

编后记

2011年对于郭沫若研究而言是一个值得注意的时间：在中国现代新诗史上具有重大意义的《女神》出版九十周年，创造社成立也已经九十周年。理所当然的，这一年的许多学术活动与学术取向都与此有关。

郭沫若文献史料的收集、整理、考订，是近些年来郭沫若研究着力在做的工作，"史料辨证"栏目征录了几篇相关文章。"论文选粹"栏目全文选录2011年发表在正式报刊上的论文26篇，代表了本年度郭沫若研究的几个基本领域的最新成果。"文摘"栏则对本年度其他有代表性的学术观点进行了扼要介绍。

本年度的学术会议分别在北京与四川南充召开，主题均围绕《女神》出版九十周年的纪念，我们在"学术会议"专栏中发表了有关的会议综述，值得一提的是，在南充召开的"《女神》与20世纪中国文学国际学术研讨会"同时也是第一届郭沫若研究青年论坛，能够不断发现和推出郭沫若研究的青年学者，是中国郭沫若研究会与《年鉴》编辑部的历史责任，我们有信心继续推进这样的工作。

"资讯·动态"栏目为大家简介了本年度推出的几种新著，汇辑了本年度郭沫若研究的课题情况，以及相关的学术与文化活动等等，能够让大家掌握更为丰富的信息。

《郭沫若研究年鉴》已经连续出版了两辑，虽然当今的郭沫若研究远非二十多年前那样的热闹，但寂寞而扎实的工作氛围可能正是一种学术事业走向成熟的需要，因此，我们都希望《年鉴》能够为这样的成熟继续创造条件。

《郭沫若研究年鉴》编辑委员会

2012年4月